乐昌年鉴

LECHANG YEARBOOK

（2018）

乐昌年鉴编纂委员会　编

方志出版社
Publishing House of Local Records

图书在版编目（CIP）数据

乐昌年鉴. 2018 / 乐昌年鉴编纂委员会编. -- 北京：方志出版社，2018.8

ISBN 978-7-5144-3227-5

Ⅰ. ①乐… Ⅱ. ①乐… Ⅲ. ①乐昌—2018—年鉴 Ⅳ. ①Z526.54

中国版本图书馆CIP数据核字（2018）第204689号

乐昌年鉴（2018）

编　　者：乐昌年鉴编纂委员会
责任编辑：罗　滔
出 版 人：冀祥德
出 版 者：方志出版社
　　地址　北京市朝阳区潘家园东里9号（国家方志馆4层）
　　邮编　100021
　　网址　http://www.fzph.org
发　　行：方志出版社图书经销中心
　　电话（010）67110500
经　　销：各地新华书店
印　　刷：韶关市文星彩色印务有限公司

开　　本：889×1194　　1/16
印　　张：19.75
字　　数：533 千字
版　　次：2018 年 8 月第 1 版　　2018 年 8 月第 1 次印刷
印　　数：001~500册

ISBN　978-7-5144-3227-5　　定价：185.00 元

比例尺　1：250000

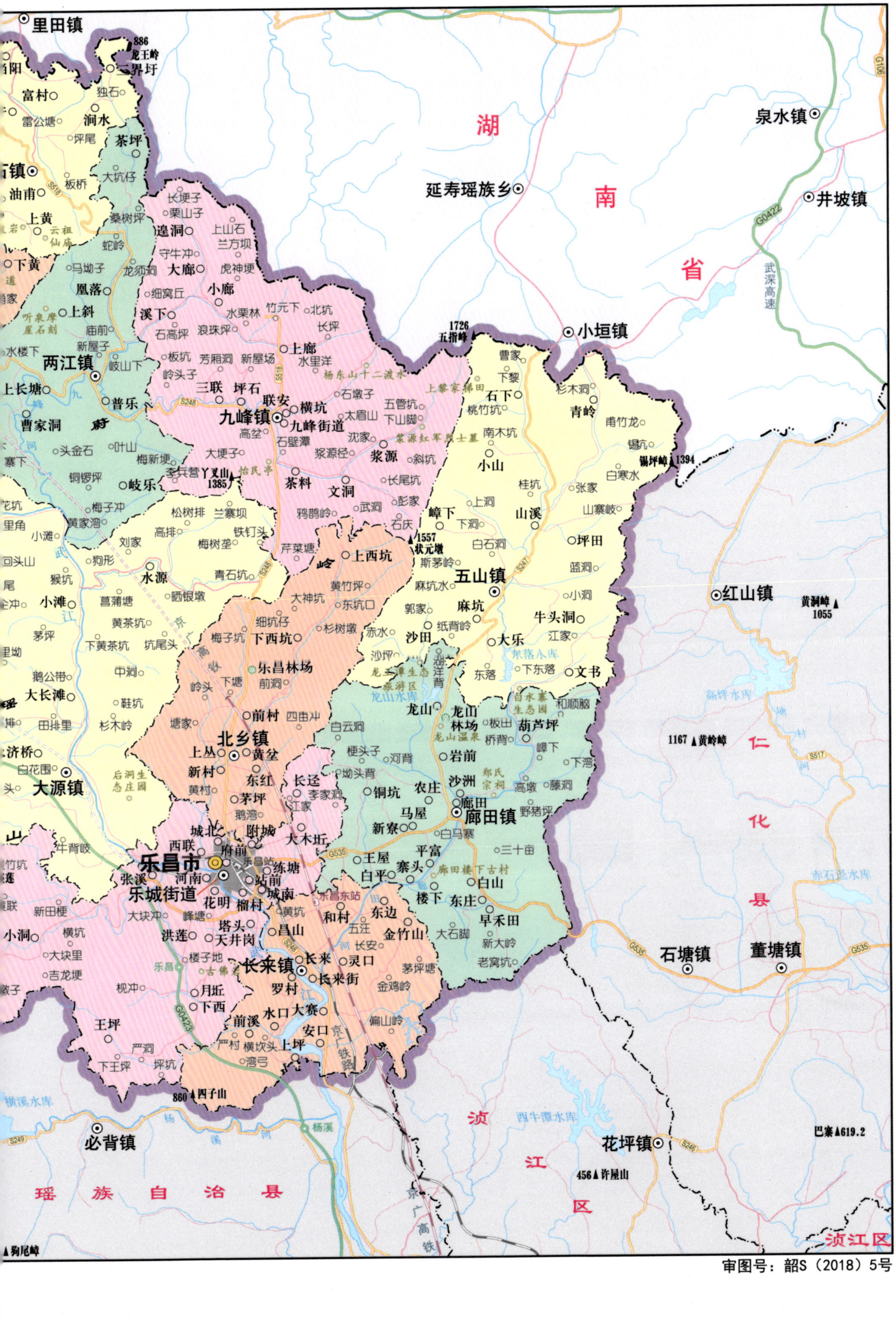

审图号：韶S（2018）5号

编辑说明

一、《乐昌年鉴》以马克思列宁主义、毛泽东思想、邓小平理论、“三个代表”重要思想、科学发展观、习近平新时代中国特色社会主义思想为指导，坚持辩证唯物主义和历史唯物主义的立场、观点和方法，旨在逐年记述本行政区域年度内自然、政治、经济、文化、社会等方面的情况，所载资料全面、系统、翔实、准确，是国内外各界人士了解乐昌的年度资料性文献。

二、《乐昌年鉴（2018）》所收录的资料上限起自2017年1月1日，下限截至于2017年12月31日。为了较完整地保存和积累地方文献资料，对一些史实作了简要的上溯。所收录的先进集体和个人，是2017年度获市级以上表彰的先进集体和个人。由于个别单位未按要求提供资料，以致缺载，请予以谅解。

三、《乐昌年鉴（2018）》主要收集2017年乐昌市各项事业发展的基本情况。主体内容分为类目、分目、条目三个层次，少数条目下设子目，条目标题采用黑体字并加【】表示，少数包含多方面内容的条目则在文内用楷体标题标示各段内容的主题。全书设特载、年度关注、大事记、全市概述、中共乐昌市委员会、乐昌市人民代表大会、乐昌市人民政府、政协乐昌市委员会、纪检监察、民主党派、群团组织、法治、军事、经济管理、农业·林业·水利·气象、工业、交通、邮政·通信、城建·环保、商贸·旅游、财政·税务、金融·保险、教育、科技·体育、卫生、文化、社会生活、镇（街道、办事处）、荣誉榜、统计资料、附录共31个类目。

四、稿件大部分由市直各部门、各单位、各镇、街道办及上级驻乐昌有关单位提供，《乐昌年鉴》编辑部撰写了部分稿件并统纂全书。所提供的稿件资料均经供稿单位主要领导审阅，撰稿人署名于各相应条目文末。因统计时间、口径不同等原因，个别数据在不同稿件中可能不尽一致，敬请读者采用时引起注意。反映全市国民经济和社会发展情况的数据，以乐昌市统计局资料为准。

《乐昌年鉴》编辑部

二〇一八年五月

乐昌年鉴编纂委员会

乐昌年鉴编辑部

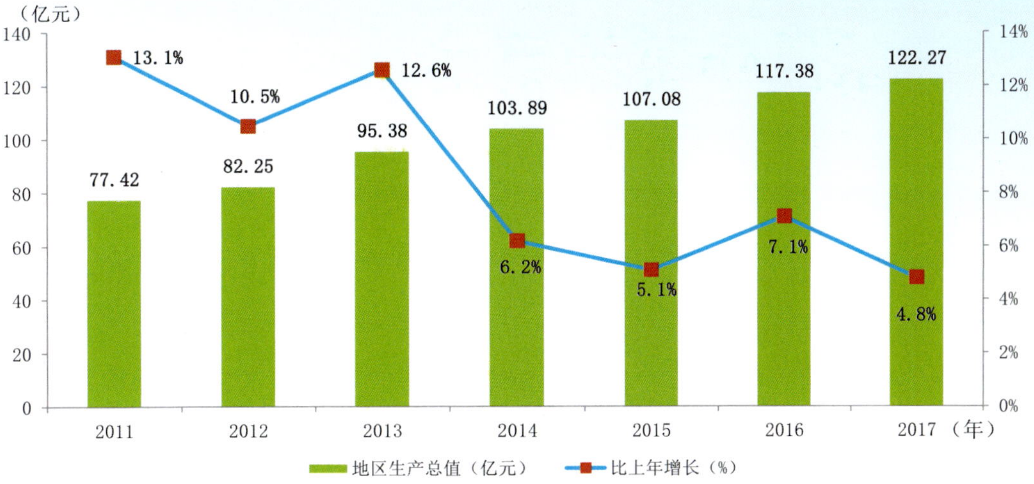

2011—2017年乐昌市地区生产总值及其增长速度图

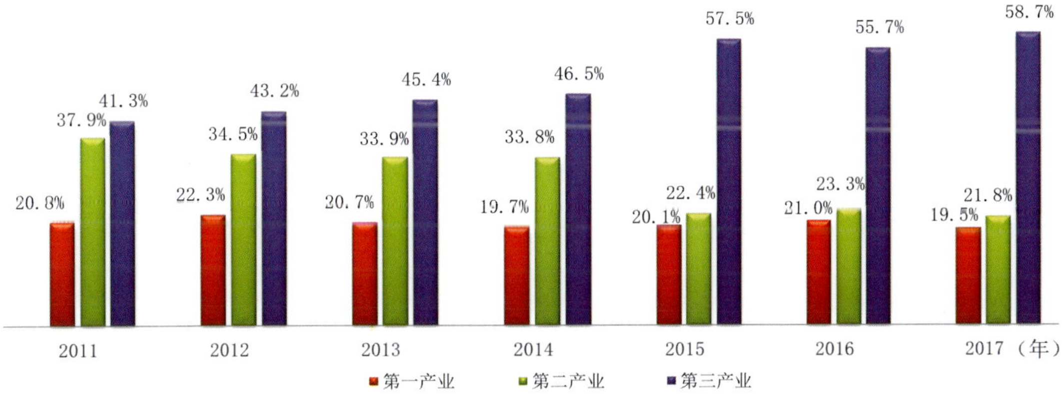

2011—2017年乐昌市三次产业结构占比图

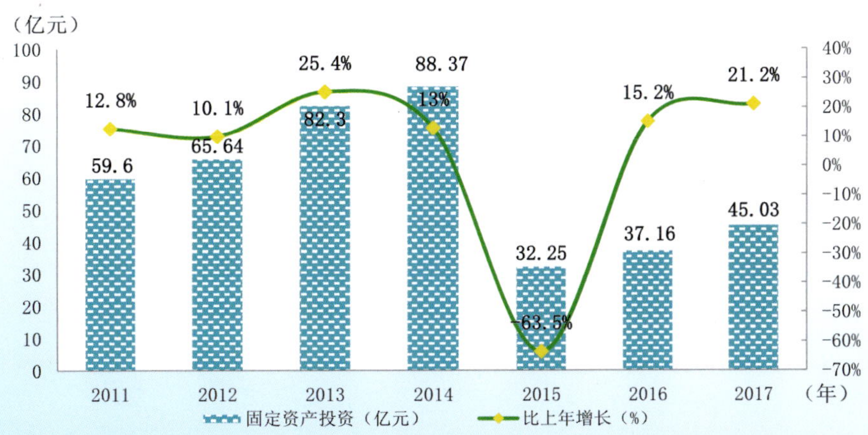

2011—2017年乐昌市固定资产投资与增长速度图

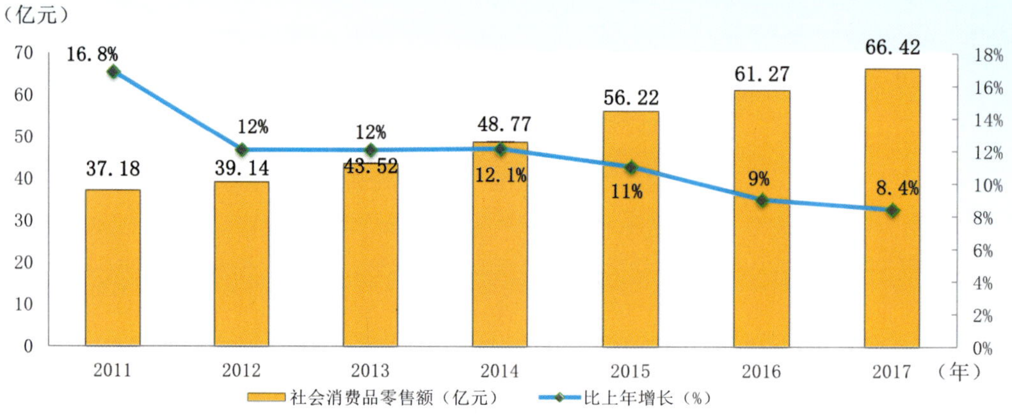

2011—2017年乐昌市社会消费品零售额及增长速度图

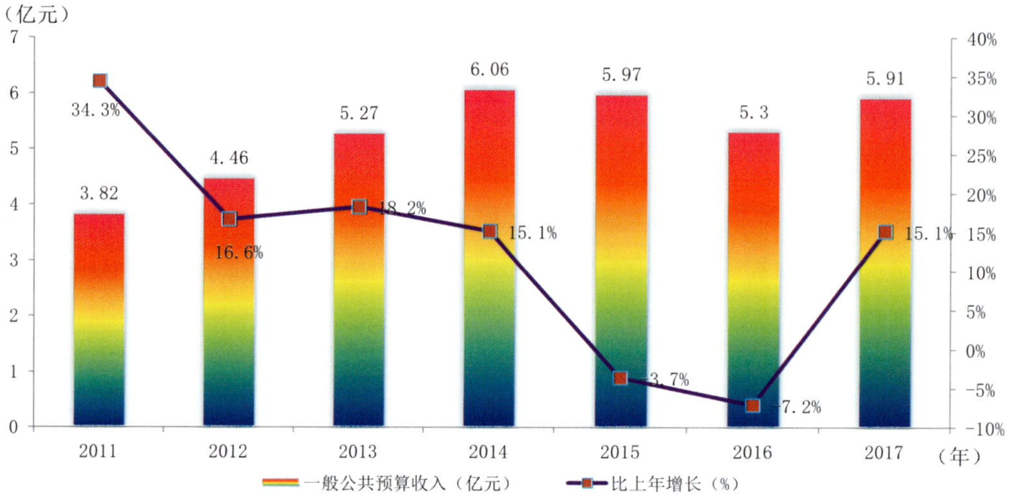

2011—2017年乐昌市一般公共预算收入及其增长速度图

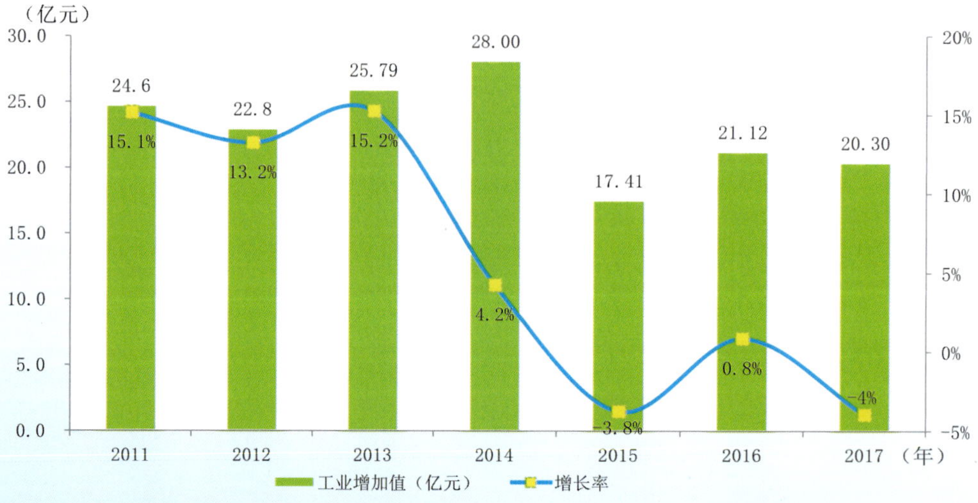

2011—2017年乐昌市全部工业增加值及增长速度图

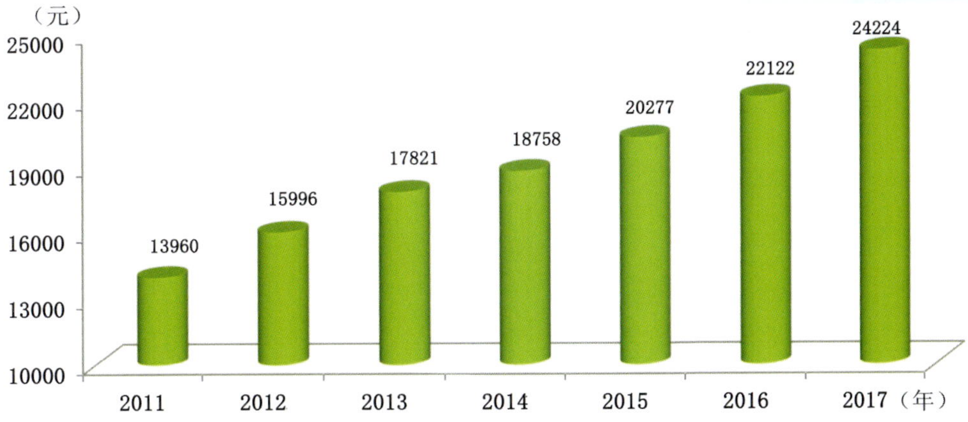

2011—2017年乐昌市城镇居民人均可支配收入图

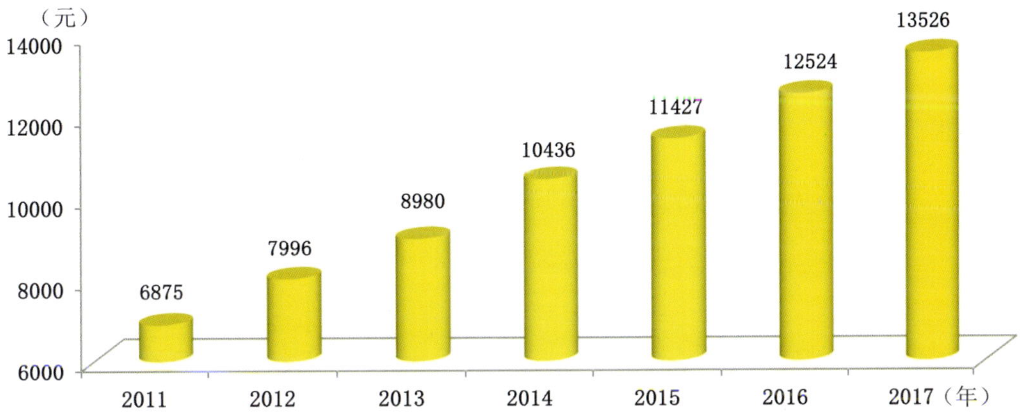

2011—2017年乐昌市农村居民人均可支配收入图

2017年5月5日，韶关市委书记莫高义（右三）到黄圃镇应山村调研指导村委换届选举工作（黄圃镇 供）

2017年7月12日，韶关市委副书记、市长殷焕明（右五）到大源镇调研指导库周公路硬底化工程建设工作（大源镇 供）

2017年7月26日，乐昌市委书记陈宏宇（前左四）慰问环卫工人

（何海松　摄）

2017年1月2日，乐昌市委副书记、市长沈河民（左二）到三溪镇调研农业农村工作

（龚云亮　摄）

政务活动

2017年2月17日，中国共产党乐昌市第十三届委员会第二次全体会议在市政府礼堂召开

（何海松　摄）

2017年2月27日，乐昌市第十五届人民代表大会第二次会议开幕

（何海松　摄）

2017年2月26日，中国人民政治协商会议第十届乐昌市委员会第二次会议开幕　（何海松　摄）

2017年3月2日，中国共产党乐昌市第十三届纪律检查委员会第二次全体会议在市政府礼堂召开　　（黄贵华　摄）

2017年11月21日，2017年大朗乐昌对口帮扶联席会议暨新时期精准扶贫精准脱贫工作会议在市政府礼堂召开（大朗乐昌对口帮扶指挥部　供）

政务活动

2017年5月1日，京广铁路客运专线乐昌东站正式启用　（何海松　摄）

2017年9月27日，乐昌市第二人民医院新建项目工程举行开工仪式
（何海松　摄）

2017年8月9日，全国首个非现金支付试点镇授牌仪式在九峰镇举行
（九峰镇　供）

2017年11月30日，乐昌市首届全国青年“乐创杯”创业创富大赛（乐昌）总决赛暨颁奖典礼在乐昌市碧桂园举行
（曾洁　摄）

政务活动

2017年4月14日，乐昌市国地税联合邮政乐昌市分公司启用全省首条“税宣邮路”（胡桂敏 摄）

2017年11月6日，坪石镇成立韶关首家镇级电子商务行业协会（坪石镇 供）

2017年7月21日，乐昌市启动“精准扶贫+电商·桃李香飘全国”九峰黄金奈李邮政快递直运首发仪式（骆志军 摄）

2017年6月29日，韶关《民声热线》大型户外上线活动在乐昌市北乡镇举行（吴卫东 摄）

政务活动

2017年1月10日，乐昌市土产公司农副产品配送中心暨“好方便”网上超市举行开业庆典 （张楚 摄）

2017年12月22日，乐昌市农村信用合作社联合社设立辖区首个“鲜特汇”驿站 （吴霞 摄）

2017年11月11日,第十届广东省遥控航模大赛在市河堤广场举行
（邓英才　摄）

2017年3月3日，乐昌桃花节开幕式在九峰镇举行　（钟志　摄）

2017年7月28日，乐昌黄金奈李水果节开幕式暨广东省第二届“十大名牌”系列农产品推介活动及乐昌市好方便卖货郎农村电商启动仪式在市河堤广场举行　　（市旅游局 供）

2017年11月18日，第二届2017年全民健身徒步乐昌峡活动在市河堤广场拉开序幕　　（市旅游局 供）

2017年11月22日，东莞市大朗镇党委书记谢锦波（前左三）到乐昌产业园调研大朗乐昌产业共建工作　　　（大朗乐昌对口帮扶指挥部　供）

2017年5月1日，乐昌东站启用仪式暨签约仪式在乐昌东站站前广场举行　　　（市商务局　供）

产业共建

2017年6月23日，产业共建·合作共赢 大朗乐昌产业共建经贸合作交流会在乐昌市碧桂园凤凰酒店举行 （何海松 摄）

2017年7月26日，乐昌市企业项目奠基暨招商引资项目集中签约仪式在市产业转移工业园举行 （市商务局 供）

2017年8月28日，凝聚乡情·携手共赢 乐昌市2017珠三角韶商经贸合作交流会在碧桂园凤凰酒店举行 （市商务局 供）

2017年9月18日,乐昌市艾尔康电子元器件招商引资项目在德国纽伦堡签约 （大朗乐昌对口帮扶指挥部 供）

2017年10月30日，第二批集中动工项目奠基暨招商引资项目集中签约仪式在乐昌市产业转移工业园举行 （何海松 摄）

产业共建

2017年11月30日，2017年乐昌产业项目集中奠基动工仪式暨招商项目集中签约仪式在乐昌产业园举行（市商务局 供）

2017年12月29日，“精准扶贫 产业共建”系列活动启动仪式在市河堤广场举行（大朗乐昌对口帮扶指挥部 供）

长来镇和村观光农业——向日葵　　　　（吴卫东　摄）

庆云镇大坪村墙绘　　　　（市委农办　供）

新农村建设

《时光映画》——廊田大村　　　　（邓亚雄　摄）

2017年11月28日，乐昌市广场舞队参加2017年福摩杯“舞动中国—广场舞联赛”总决赛，获5项大奖：自选曲目一等奖、规定曲目二等奖、团队第五名、优秀组织奖、欧向阳老师获优秀教练员奖　（市体育局　供）

2017年7月，乐昌市象棋运动员何媛代表广东省队参加第十三届全国运动会群众项目象棋比赛，以5胜2平积12分的成绩获得冠军（市体育局　供）

2017年8月12日至9月18日，韶关市第二届“竹林堂杯”男子篮球联赛总决赛在乐昌市体育馆举行，乐昌勇夺冠军　（市体育局　供）

2017年6月18日，乐昌市首届荷花旗袍文化节在荷花山庄举行　（吴卫东　摄）

文化建设

2017年6月14日，2017年文化和自然遗产日——乐昌市非物质文化遗产宣传展演活动在市河堤文化广场举行　　（钟志　摄）

2017年9月15日，讲乐昌故事，建善美乐昌——推广规范使用普通话演讲活动在市文化馆举行　　（罗柏荣　摄）

2017年1月7日至9日，乐昌花鼓戏《打鞭进城》在“2017粤戏越精彩——全省优秀地方戏曲剧种汇演暨学术研讨会”中展出　（钟志　摄）

2017年正月初一，乐昌市举行“民间民俗文化迎新春展演”活动（钟志　摄）

美丽乡村

廊田楼下村　　（吴卫东　摄）

九峰茶料村　　（吴卫东　摄）

梅花大富村　（吴卫东 摄）

庆云户昌山村　（李超 摄）

美丽乡村

黄圃应山村　　　　（吴卫东 摄）

五山石下村　　　　（李超　摄）

目　　录

乐昌市人民代表大会

乐昌市人民政府

政协乐昌市委员会

纪检监察

民主党派

群团组织

法　　治

军　　事

经济管理

农业·林业·水利·气象

工　业

交　通

邮政·通信

城建・环保

商贸・旅游

财政・税务

金融·保险

教　育

科技·体育

卫　生

文　化

社会生活

镇(街道、办事处)

荣誉榜

统计资料

附　录

索　引

特 载

抢抓机遇求突破 加快落实促发展 筑牢决胜全面建成小康社会坚实基础

——在中共乐昌市委十三届二次全体会议上的报告

（2017年2月17日）

市委书记 陈宏宇

这次会议的主要任务是，深入学习贯彻党的十八届六中全会和中央经济工作会议精神，认真落实省委十一届八次全会、省委经济工作会议和韶关市第十二次党代会、韶关市委工作会议的决策部署，总结2016年工作，部署2017年任务。下面，我受市委常委会委托，向全会报告工作，请审议。

一、2016年市委常委会工作

2016年，是实施“十三五”规划的开局之年。一年来，在上级党委的正确领导下，市委团结带领全市广大党员干部群众，坚定实施主动融入珠三角发展战略，着力稳增长、打基础、惠民生、促改革、强党建，实现全市经济社会平稳发展，各项工作取得了新的成绩。

*一是深入学习贯彻习近平总书记系列重要讲话精神。*我们始终把学习贯彻习近平总书记系列重要讲话精神作为一项重大政治任务来抓，牢固树立“四个意识”，引导全市广大党员干部更好地用系列重要讲话精神统一思想、武装头脑、指导实践，始终在思想上政治上行动上同以习近平同志为核心的党中央保持高度一致。先后召开全市干部大会专题学习贯彻党的十八届六中全会、省委十一届八次全会及韶关市第十二次党代会精神，引导全市上下把思想和行动统一到中央、省委和韶关市委最新精神和要求部署上来，推动乐昌各项事业沿着正确的方向不断前进。

*二是县域经济平稳发展。*我们积极应对经济下行压力，全力以赴加快发展步伐，经济发展总体趋稳向好，全年完成地区生产总值117.38亿元，同比增长7.1%；完成地方一般公共预算收入5.3亿元。坚持工业主攻方向，促进工业提质增效，工业经济逐步企稳回升。招商引资机制不断完善，成功引进东华重工、佛山科优精密机械制造等一批项目，招商成效初步显现。农业区域布局不断优化，农产品品牌培育呈现新亮点，新型农业经营主体进一步壮大，农村电商蓬勃发展。旅游业持续兴旺，旅游招商工作取得新成效，成功举办桃花节等节庆活动，九峰茶料村入选“中国美丽休闲乡村”。

*三是城乡面貌持续改善。*我们认真落实打基础年工作部署，全面加快城乡基础设施建设，发展环境进一步优化。京广高铁乐昌东站站房主体工程整体竣工，乐昌峡库周公路25千米硬底化项目启动建设，完成一批公路、桥梁新改建项目。中小河流治理年度任务全面完成，张滩闸坝枢纽重建、村村通自来水、中小型灌区改造等项目稳步推进。坚持实施“一市两城”战略，初步完成乐昌新城控制性详细规划编制，市政基础设施进一步完善，坪石新型城镇化“2511”综合试点工作扎实推进。南部八镇（街道）生活垃圾清运正式实施，城乡人居环境进一步改善。

*四是社会民生有新进步。*我们坚持把有限财力

向民生领域倾斜，让百姓共享发展成果。新时期精准扶贫工作稳步推进，完成年度脱贫任务。省教育强镇创建全面完成，国家义务教育发展基本均衡县复检顺利通过，中高考成绩稳中有进。公共文化基础设施建设不断完善，一批文艺精品屡获殊荣，文化遗产保护传承工作有效开展。医药卫生体制改革全面推进，城乡居民大病保险相关政策有效落实，人民健康水平不断提升。全民健身运动广泛开展，成功创建全国健康促进市。推进计划生育服务管理改革，依法有序实施全面两孩政策。原坪石矿棚户区改造和农村危房改造年度任务全面完成。生态建设和环境保护工作进一步加强，生态文明水平有效提升。推进信访工作改革，严格落实安全生产“一岗双责”责任制，法治乐昌、平安乐昌工作稳步推进，社会大局保持稳定。

*五是体制机制更加顺畅。*我们坚持改革创新，大力破除体制机制障碍，激发发展活力。行政审批制度改革进一步深化，“一门式”“一网式”政务服务模式稳步推行。坪石镇“扩权强镇”事权下放有序推进，镇级自主发展能力进一步激发。国企国资改革继续深入，商事登记制度改革持续深化，市场主体量质齐升。农村土地承包经营权确权登记颁证工作扎实推进，土地整合改革试点有序开展，农村发展活力进一步增强。农村普惠金融工作稳步推进，城乡金融服务体系日益健全。政府投融资平台建设逐步完善，政策性贷款融资工作成效显著。

*六是党的建设全面加强。*我们坚持党要管党、从严治党，全面落实“两个责任”“一岗双责”，着力营造风清气正的政治环境。认真抓好省委巡视组反馈意见整改落实，如期完成整改任务。巩固“三严三实”专题教育成果，广泛开展“两学一做”学习教育，深入开展镇（街）领导干部驻点普遍直接联系群众工作，积极推进软弱涣散基层党组织整顿，推广北乡镇“抓党建、促扶贫”工作模式，全市党建工作水平稳步提升。加强领导干部队伍建设，坚持正确的选人用人导向，圆满完成市镇两级换届。保持反腐高压态势，坚持正确的执纪导向，落实“两个尊重、三个区分”，准确理解和把握监督执纪“四种形态”，建立健全容错免责和激励机制，有效巩固了干事创业的浓厚氛围。

上述成绩的取得，是省委和韶关市委正确领导的结果，是历届市委打下良好基础的结果，是全市各级党组织和广大党员干部群众共同奋斗的结果，也是大朗乐昌对口帮扶指挥部、省韶驻乐单位和社会各界人士大力支持帮助的结果。在此，我代表中共乐昌市委向所有关心支持乐昌发展的同志们、朋友们表示衷心的感谢和崇高的敬意！

在充分肯定成绩的同时，我们也清醒地看到当前还存在县域经济总量不大、产业结构不合理、财政收支矛盾突出、民生欠账较多、干部主动担当精神不足、行政效能有待进一步提高、服务意识不强等一系列突出问题。对此，我们必须高度重视，主动应对，逐步加以解决。

二、2017 年面临的形势和任务

2017 年，是实施“十三五”规划的重要一年，也是供给侧结构性改革的深化之年，特别是今年将喜迎党的十九大和省第十二次党代会胜利召开，做好今年的工作意义十分重大。党的十八届六中全会和省委十一届八次全会专题研究了全面从严治党重大问题，围绕严肃党内政治生活、加强党内监督提出了明确要求。中央经济工作会议提出，要坚持稳中求进工作总基调，坚持以提高发展质量和效益为中心，促进经济平稳健康发展和社会和谐稳定。省委经济工作会议明确，要推进珠三角与粤东西北一体化发展，推进交通、产业、政策一体化和基本公共服务均等化，促进珠三角的优质资源向粤东西北地区流动。韶关市第十二次党代会再次强调，要坚定不移主动融入珠三角，积极实施加快县域发展行动计划，强化以县域发展为中心的工作格局。中央、省委和韶关市委的重大决策部署，为乐昌加快振兴发展指明了方向、明确了任务、提供了遵循。我们要坚持把深入学习贯彻习近平总书记系列重要讲话精神和中央、省委、韶关市委系列会议精神，作为当前和今后一个时期的重大政治任务，进一步领会精神实质，结合实际抓好贯彻落实。特别是要紧紧抓住省委深化全面对口帮扶、推进珠三角与粤东西北产业共建和全面振兴县域经济发展等重大战略的难得机遇，进一步统一思想认识，强化责任担当，增强发展的紧迫感，围绕市第十三次党代会确定的目标任务，开拓进取，务实重干，为决胜全面小康、加快乐昌振兴发展筑牢坚实的基础。

做好今年工作的总体要求是：全面贯彻党的十

八届六中全会和中央经济工作会议精神，深入学习贯彻习近平总书记系列重要讲话精神，认真落实省委十一届八次全会、省委经济工作会议和韶关市第十二次党代会、韶关市委工作会议的决策部署，统筹推进“五位一体”总体布局和协调推进“四个全面”战略布局，坚持稳中求进工作总基调，牢固树立和贯彻落实新发展理念，适应把握引领经济发展新常态，加快供给侧结构性改革，坚定不移主动融入珠三角，突出产业振兴、农村改革发展、城镇整体提升三大主攻方向，坚守民生底线，深入推进全面从严治党，推动经济社会发展各项工作上新台阶，全面加快乐昌振兴发展步伐，以优异的成绩迎接党的十九大和省第十二次党代会胜利召开。

根据省委和韶关市委要求，结合我市实际，市委提出今年经济增长的预期目标为，地区生产总值增长8%，地方一般公共预算收入增长8%。

三、加快主动融入珠三角

主动融入珠三角，是增强发展动能、加快乐昌振兴发展的必然选择。要主动对接珠三角先进思想观念和体制机制，加快完善基础设施建设，积极参与珠三角产业分工，推动乐昌加快振兴发展步伐。

*要加强思想观念和体制机制对接。*融入珠三角，思想观念和体制机制是前提。我们要进一步增强机遇意识和忧患意识，站在全韶乃至全省的角度审视乐昌发展，牢固树立改革创新和主动接轨的观念，使加快主动融入珠三角成为全市上下的自觉行动；积极加强与珠三角地区开展交流对接，进一步推动全市广大党员干部群众思想观念大解放，促进工作方式方法大创新，开创振兴发展新局面。要加快推进全面深化改革，坚持用改革的办法破解制约乐昌经济社会发展的体制机制障碍，重点深化投资项目落地审批制度、园区管理体制、投融资体制、扩权强镇等重点领域改革，在改革创新中推出新思路、新举措；学习借鉴珠三角地区推出的便民利民举措，积极推广珠三角地区试点进行的改革，全面对接珠三角地区的技术、人才、融资、产业等平台，推动乐昌实现更高层次发展。

*要加快重点基础设施建设。*融入珠三角，基础设施是必要条件。我们必须优化融入珠三角的快捷交通网络，完善京广高铁乐昌东站建设并正式投入运营，加快连通京广高铁乐昌东站至产业转移工业园道路建设，推进国道、省道、县道、乡道新改建工程，推动全市交通网络无缝对接京广高铁、乐广高速等交通大动脉。科学布局园区产业发展空间，加快启动乐广高速引线以南产业集聚区建设，推动园区扩能增效；加快落实国开行、农发行政策性融资贷款，推广政府和社会资本合作（PPP）模式，加快完善园区道路、水电、排污及配套服务等基础设施建设，加大园区土地收储和闲置土地清理力度，提高园区土地使用效率，增强园区吸引力和承载力。

*要积极参与产业分工。*融入珠三角，参与产业分工是关键环节。我们必须积极把握和适应全省区域发展格局的新变化，主动参与珠三角产业分工与协作，推进与珠三角协同发展。当前，珠三角地区正处于切换发展动力，加快向创新驱动发展的关键阶段，各种产业链条正在加速重整，一大批成长起来的企业正在有意识地在更大范围内进行产业布局，以获取综合的竞争优势，为我们融入珠三角、参与珠三角产业分工创造了有利条件。要加强对产业发展的研究，认真分析珠三角产业发展态势，分析我市产业发展的基础和优势，制定参与珠三角产业分工的政策措施，形成政策叠加效应。充分发挥我市交通、区位、资源、生态等相对优势，着力推动农业、工业、旅游业、现代物流业等参与珠三角产业分工协作，构建与珠三角错位发展、互补发展的产业体系。

四、突出抓产业振兴发展

产业振兴是加快乐昌振兴发展的根本路径。要进一步加大招商引资力度，优化投资营商环境，培育发展特色产业，大力推进与珠三角产业共建，推动产业转型升级，逐步构建现代产业体系。

*要在招商引资上求突破。*坚持把招商引资作为推动乐昌振兴发展的“生命线”，落实招商引资工作责任，明确招商引资目标任务，各级领导干部带头招商，营造全市上下共同参与招商的浓厚氛围；选准招商引资主攻方向，重点瞄准珠三角产业转移溢出地，围绕特色优势产业建链、补链、强链的关键环节、目标客户，开展定向招商、产业招商、以商招商，大力引进一批具有明显拉动效应的优质项目，推动产业集聚发展。健全完善招商引资激励机制，坚决兑现招商引资奖励办法。认真做好招商项

目策划、储备、包装，积极宣传推介我市整体形象和投资环境，吸引更多企业到我市投资。要充分发挥大朗乐昌对口帮扶指挥部作用，加强与珠三角各行业商会及珠三角城市乐昌同乡会等平台的沟通联系，积极到珠三角地区开展招商活动。要重视招商项目落地建设，落实市领导挂点联系重点项目制度，强化项目跟踪协调服务，推动项目尽早开工建设、竣工投产。

*要在营商环境上求突破。*加快政府职能转变，深化“放管服”改革，使市场在资源配置中起决定性作用和更好发挥政府作用，激发市场活力和社会创造力。加大简政放权力度，继续深化行政审批制度改革，优化审批流程，简化办事程序；进一步放宽市场准入，持续推进工商注册制度便利化，清理规范行政审批中介服务事项，重点整治各种涉企乱收费，降低企业生产要素成本和制度性交易成本。鼓励发展实体经济，按照“非禁即入、非禁即许”的原则，破除民间投资不合理限制和隐性壁垒，促进各类市场主体公平竞争。加快构建事中事后监管体系，确保企业申办时间大幅压缩，投资项目审批全面提速，群众办事更加方便。优化政府服务，大力推行“互联网+政务服务”，推进实体政务大厅向网上办事大厅延伸；加快构建“亲”“清”新型政商关系，主动为企业提供优质高效服务，支持企业依法经营，进一步营造亲商、安商、惠商的良好营商环境。

*要在特色产业上求突破。*立足独特资源禀赋，制定出台健康养生、旅游、新能源等特色产业扶持政策，进一步加大财政扶持力度，促进特色产业集聚发展，提升经济发展内在质量。加快健康养生产业发展，支持中药材种植、健康养生基地开发建设，做大做强保健食品产业，逐步形成以中药材种植、大健康养生、食药制造为主的特色健康产业体系。树立“全域旅游”理念，完善旅游发展规划，加强旅游招商，推进全市旅游资源整合开发、改造升级。积极培育旅游新业态，因地制宜大力发展乡村旅游，精心打造特色旅游节庆品牌，提升乐昌旅游整体形象和影响力。推动新能源产业发展，大力开发以风能、太阳能为代表的清洁能源，积极引进和对接风电、光伏发电等新能源项目，打造乐昌新能源基地。改造提升机械制造、纺织服装、新型化工、建材等传统优势产业，鼓励企业加大技改投入，推动企业转型升级，提高传统优势产业的竞争力。

*要在产业共建上求突破。*依托现有产业基础，重点围绕机械制造、现代商贸物流业和食品加工业，打造跨区域产业链，形成与珠三角和韶关产业分工合作协同发展新格局。充分利用乐昌独特区位优势和多位一体的交通优势，谋划将乐昌打造成珠三角产业梯度转移的区域性总部经济首选地和集聚区，成为珠三角联通华中、中南地区产业对接的重要枢纽。积极主动对接省属国企，争取更多新投资工业项目落户我市。抢抓韶关建设珠江西岸先进装备制造业产业带配套区的机遇，大力引进和发展先进装备制造的相关上下游产业，鼓励支持企业主动对接和融入配套区建设，打造韶关配套区建设重要板块。抓住韶关正在筹建丹霞机场的契机，结合乐昌独特交通区位优势，推进现代商贸物流业融入韶关空港物流规划，优化商贸物流业发展布局，大力引进和培育商贸物流龙头企业，建设粤北重要物流节点城市。进一步深化大朗乐昌对口帮扶，加强两地产业合作共建的研究，明确产业共建方向，探索建立推动大朗乐昌产业合作共建的制度机制，引导大朗和珠三角地区特色优势产业的加工制造环节、增资扩产和转型升级项目向乐昌延伸。

五、突出抓农村改革发展

农村改革发展是加快乐昌振兴发展的基础所在。要以农业供给侧结构性改革为主线，统筹推进农村综合改革、特色农业发展、人居环境整治，促进农业基础稳固、农村和谐稳定、农民安居乐业，为乐昌加快振兴发展提供有效保障。

*要大力推进农村综合改革。*有序开展“三个下沉”和“两个整合”示范创建工作，积极构建农村基层治理新模式，转变农业生产经营方式，全面激活农村发展活力。加快推进农村土地承包经营权确权登记颁证工作，切实维护好农民土地权益，夯实农业发展基础。深化农村金融改革创新，大力发展普惠金融，引导金融机构加大支农服务力度，推进信用户、信用村、信用镇创建，构建农村信用体系。加强农村集体“三资”监管，加快农村集体“三资”平台建设。推动农村经营体制创新，培育规范有序的新型农业经营主体和服务主体，引导农

业适度规模经营健康发展。加快发展农村电子商务，培育新型职业农民队伍，建设农产品电商平台，带动农业全方位变革。

*要大力推进特色农业发展。*制定特色农业产业扶持政策，为推进农业产业化发展提供良好的政策环境。推进农业供给侧结构性改革，加快创建国家级生态原产地产品保护示范区。进一步优化农业区域布局，培育特色主导产业，因地制宜建设一批特色农业产业带。规范发展农业龙头企业、农民专业合作社、家庭农场，大力发展农产品深加工，促进生产、加工、流通各环节有效衔接。持续发展“三品一标”农产品，打造一批名优特新品牌，提高质量安全，提升品牌效益。加快高标准基本农田建设进度，完善配套设施，加强建后管护，促进农业提质增效。规划建设农业产业特色园区，打造新型农业综合体，促进农村一、二、三产业融合发展。

*要大力推进人居环境整治。*突出规划引领、制度约束、政策引导和试点推广，建立人居环境整治长效机制。统筹安排全市农村交通路网建设，逐步实现具备通客车条件的所有行政村通客车和通200人以上自然村公路路面硬化。继续推进山区五市中小河流治理、村村通自来水、农村生活污水处理等工程项目建设，确保农村饮水用水安全。科学制定村庄整治规划，大力实施农村人居环境整治“五项工程”；推进北部九镇生活垃圾集中清运项目，进一步完善全市农村生活垃圾处理清运体系；加快农村环境连片整治和农村危房改造，全力推进文明镇村、卫生镇村创建工作，建设美丽乡村。

六、突出抓城镇整体提升

城镇化是加快乐昌振兴发展的重要推动力。要深化“一市两城”战略，以巩固和深化“省文明城市”工作为抓手，加快推进以人为本的新型城镇化，全面增强城市综合竞争力，打造南北“双轮驱动”“两翼齐飞”城镇发展新格局。

*要加速乐城优化提升。*加快推进新一轮城市总体规划、控制性详细规划和城市专项规划修编，落实城市扩容提质“三年行动计划”。加快谋划、有序推进乐昌新城建设，优化提升旧城区，进一步推动城区扩容提质，提高城市综合承载能力和竞争力。完善公共基础设施配套建设，引导房地产合理布局和健康发展，优化城市空间布局。实施城市道路提升工程，完善城市道路网络，打造相互衔接、高效贯通的城市道路体系。依法严厉打击“两违”“六乱”行为，提升城市文明程度和管理水平。加快城市绿化、美化、亮化工程建设，升级改造城市防洪排涝和污水处理系统，改善人居环境，全面提升城市品位。

*要加速坪石扩权强镇。*加快推进省新型城镇化“2511”综合试点和“扩权强镇”试点工作，有序实施事权下放，建立科学高效的行政管理体制和运行机制，释放坪石自身发展活力。突出规划引领，坚持“南延西拓”发展思路和“一主两翼三组团”总体布局，有序推进一江两岸建设、河西新城开发、坪石老城区和老坪石地区升级改造，不断拉大城镇框架。发挥坪石镇工业、旅游、物流等产业和资源优势，同步推进产业集聚和城镇化建设，辐射带动乐昌北部地区发展。进一步推进粤湘开放合作试验区规划建设，推动交通基础设施、产业发展、劳务合作全面对接，拓宽坪石镇发展战略空间。

*要加速特色小镇建设。*坚持因地制宜、突出特色，发挥要素禀赋和比较优势，加强策划包装，争取政策资金支持、引导社会资金投入，加快打造一批特色小镇，为县域发展提供重要支撑和补充。要尽快完成廊田镇总体规划、中心镇区控制性详细规划及特色小镇发展规划编制工作，认真抓好九峰镇特色小镇规划建设前期工作，引导其他各镇特别是梅花镇、黄圃镇和长来镇等人口较多镇加快建设步伐，推进镇区规划编制，完善功能配套，加快向特色小镇发展。

七、不断增进民生福祉

改善民生是加快乐昌振兴发展的目的所在。要牢固树立共享发展理念，始终把保障和改善民生作为一切工作的出发点和落脚点，让人民群众更多地分享经济社会发展成果，不断提升幸福感和获得感。

*要加快推进精准扶贫精准脱贫工作。*2017年是扶贫工作承上启下、重点攻坚的关键年，要坚持把扶贫攻坚作为最大的民生工程抓紧抓实。加强与省、莞、韶帮扶单位的沟通对接，争取更多的资金、项目支持。重点推进贫困地区基础设施建设，改善贫困村贫困户生产生活条件。加大扶贫资金投入，严格资金使用监管，实现资金效益最大化。总

结推广北乡镇党建促扶贫工作模式，坚持扶贫开发与基层党建“两手抓、两不误、两促进”，提高贫困村党员干部整体素质和“带头致富、带领致富”能力。加强扶贫工作统筹指导，切实加快脱贫攻坚步伐，全市各部门、各镇（街道）要在既定目标任务的基础上，力争超额10%完成2017年年度脱贫任务，为2018年全面完成脱贫攻坚任务打下坚实基础。

要加快推进教育现代化。推进省教育现代化先进市创建工作，加快推进教育管理体制改革，突出抓好办学体制、学校治理体系、高中阶段学校招生考试制度等改革，提高教学质量和办学水平。加快教育布局调整和资源整合，推进乐城一小等新建及改扩建学校建设，切实解决教育“大班额”问题。统筹发展各类教育，全面促进教育事业协调发展。进一步加强教师队伍建设，优化队伍结构，完善管理体制机制。巩固省教育强镇创建成果，确保年内通过复评验收。

要加快推进卫生强市创建。把加强基层医疗卫生服务能力建设作为卫生创强的主攻方向，全面深化医药卫生体制改革。加快市内医疗卫生资源布局调整，启动新建乐昌市第二人民医院和乐城街道社区卫生服务中心建设项目，稳步推进市妇幼保健计划生育服务中心资源整合配置调整。深化县级公立医院综合改革，推进分级诊疗制度建设和家庭式医生（团队）签约服务，加快乡镇卫生院标准化建设和村卫生站建设，不断提升基本公共卫生服务水平。

要统筹推进社会事业发展。加强科技普及和推广，推进科技企业孵化器建设，促进科技成果转化。加快公共文化基础设施建设，鼓励文艺精品创作，做好文化遗产保护与开发。坚持计划生育基本国策，提升计划生育优质服务。持续开展新一轮绿化广东大行动，贯彻落实国家“大气十条”“水十条”“土十条”，加强矿山地质环境治理恢复，做好节能减排工作，持续改善生态环境质量。加强保障性住房建设，改善城市低收入家庭住房条件。加强就业和再就业工作，促进居民充分就业。建立健全新型社会救助体系，推行多元化城乡养老服务，保障残疾人合法权益，大力发展社会慈善事业，不断完善社会福利和优抚安置保障体系，提升底线民生保障水平。

要加强依法治市和社会管理。深入推进依法治市，积极开展法治市镇村“三级联创”活动，继续做好“一村（社区）一法律顾问”、司法救助和法律援助工作。深入推进“七五”普法，提高全民法律意识。推进司法体制改革向纵深发展，促进司法责任制改革落实落地，进一步提高司法质量和公信力。深化涉法涉诉信访制度改革，建立健全诉访分离善后衔接机制，积极推广“互联网+”信访工作模式，全面推进综治“中心+网格化+信息化”建设，加大矛盾纠纷排查调处力度，按法治框架解决基层矛盾。全面推进平安乐昌建设，完善立体化社会治安防控体系，依法打击暴力恐怖、涉黑犯罪、邪教和黄赌毒等违法犯罪行为。建立健全社会组织培育扶持机制，完善社会组织综合监管，促进社会组织健康有序发展。严格落实“党政同责，一岗双责，齐抓共管，失职追责”安全生产责任制，加强安全生产基层监管队伍建设，提升应急处置能力，坚决遏制重特大安全生产事故。切实加强食品、药品监管工作，确保人民群众健康安全。

八、推进全面从严治党

全面从严治党是加快乐昌振兴发展的根本保障。要深入贯彻落实中央和省委关于全面从严治党的决策部署，激发全市广大党员干部群众团结奋进的强大力量，努力营造风清气正的政治环境和干事创业的浓厚氛围。

要坚决维护以习近平同志为核心的党中央权威。全市各级党组织和广大党员干部，要进一步深入学习贯彻习近平总书记系列重要讲话精神，进一步增强政治意识、大局意识、核心意识和看齐意识，始终在思想上政治上行动上与以习近平同志为核心的党中央保持高度一致，做到党中央提倡的坚决响应，党中央决定的坚决执行，党中央禁止的坚决不做，决不在执行中央决策部署上打折扣、做选择、讲特殊、搞变通，确保中央政令在乐昌畅通、中央各项决策部署在乐昌落地生根。

要进一步规范和加强党内政治生活。严格落实《关于新形势下党内政治生活的若干准则》和《中国共产党党内监督条例》，大力推进理想信念教育，深化党章党规学习，使广大党员干部不断坚定理想信念。自觉落实“三会一课”、领导干部双重组织生活、民主评议党员等制度，推动民主生活会和组织生活会经常化，批评和自我批评常态化。各级领导干部特别是党政“一把手”，必须带头遵循组织程序，严格执行请示报告等制度。加强各级党委（党组）以民主集中制为核心的制度体系建设，健全各级党委议事和决策规则，建立完善党内重大决策论证评估和征求意见等制度，坚决执行“三重一大”事项集体决策，切实提高科学决策、民主决策、依法决策水平。

*要进一步加强领导班子和干部队伍建设。*继续深化干部人事制度改革，坚持正确的选人用人导向，加强领导班子分析研判，把好选人用人的政治关和廉洁关，建立健全干部选任机制，锻造一支有凝聚力、战斗力、执行力的干部队伍。加大优秀年轻干部培养选拔力度，重视选拔女干部、党外干部，合理使用各年龄段干部，增强干部队伍活力。加强领导班子和干部队伍教育培训，广泛开展各类专题学习教育活动，大力开展市镇换届后的任职培训工作，推进“四有”领导班子和干部队伍建设，建设与发展新常态相适应的各级新班子。完善从严管理监督干部制度体系，建立健全跨部门的干部监督信息网络，实现干部监督全方位覆盖，严格执行诫勉谈话、“三提示三书”和领导干部个人有关事项报告等制度，加强经常性警示教育，促进各级干部健康成长。坚持党管人才原则，完善人才培养、引进、使用和管理机制，突出做好乐昌发展紧缺人才的引进工作，为乐昌各项事业发展提供人才保障。

*要进一步夯实基层组织建设。*牢固树立基层党组织书记抓党建工作的主业意识，落实党（工）委、党组书记抓基层党建工作述职评议制度。以抓好村“两委”换届工作为契机，进一步强化基层党组织政治引领作用和服务功能。积极抓好发展党员工作，坚持质量优先、严格把关，坚持多层次、多渠道吸纳、培养、发展党员，不断优化党员队伍结构。继续开展乡镇（街道）领导干部驻点普遍直接联系群众工作，建立完善微信网络监督平台，及时解决群众的实际困难和普遍关心的问题，密切党群干群关系。继续开展软弱涣散村（社区）基层党组织整顿转化活动，推进精准排查和整顿，增强基层党组织凝聚力战斗力。创新机关党建工作，落实机关党建保障措施，着力提升机关效能。进一步加强“两新”组织党组织建设，打造特色党建亮点。大力推进国有和集体企业党建工作，促进全市各领域党建工作平衡。

*要进一步营造良好的干事创业氛围。*严格落实党风廉政建设党委主体责任和纪委监督责任，认真执行主体责任清单制度，全面加强对党风廉政建设和反腐败工作的领导；组建巡察机构，建立巡察工作制度，深化纪检监察派驻机构改革，构建派驻和巡察相结合的监督执纪格局，实现对全体党员和各级党组织监督的全覆盖。加大对违反中央八项规定精神问题及腐败案件的查处力度，始终保持反腐败的高压态势。坚持正确的执纪导向，运用监督执纪“四种形态”，抓早抓小、关口前移，把问题处理在萌芽状态。把握“两个尊重”“三个区分”，建立健全容错免责机制，宽容干部在工作中特别是改革创新中的失误，让敢担当、会作为的干部有平台。完善差异化镇级考核办法和市直单位绩效考核办法，依法有序提高干部职工收入水平，激发干事创业的积极性，在全市上下形成想作为、敢担当、合力干的浓厚氛围。

*要进一步发挥党总揽全局协调各方的作用。*大力支持人大依法加强对“一府两院”的监督，支持政协依照章程开展工作。密切党委与各民主党派、工商联、无党派人士、新的社会阶层人士的联系，巩固和发展最广泛的爱国统一战线。加强和改进党的群团工作，推动群团组织改革和转型发展。认真落实党管武装工作制度，巩固发展双拥创建成果，推动军民深度融合发展。

同志们，加快乐昌振兴发展，任务艰巨，使命光荣。让我们更加紧密地团结在以习近平同志为核心的党中央周围，在省委和韶关市委的坚强领导下，团结带领全市广大党员干部和人民群众，以更加解放的思想、更加务实的作风、更加创新的举措，践行新发展理念，主动融入珠三角，为实现与全国基本同步全面建成小康社会、加快乐昌振兴发展而共同奋斗，以优异的成绩迎接党的十九大和省第十二次党代会胜利召开。

政府工作报告

——2017年2月27日在乐昌市第十五届人民代表大会第二次会议上

市长　沈河民

各位代表：

现在，我代表市人民政府，向大会报告政府工作，请予审议，并请各位政协委员和其他列席人员提出意见。

2016年工作回顾

过去的一年，在市委的正确领导下，在市人大及其常委会和市政协的监督支持下，市政府积极应对经济下行压力，紧紧围绕项目攻坚、城市提升、县域发展三大主题工作，强化精准扶贫、教育发展、医疗卫生等重点民生工作，全力以赴推动经济社会持续健康发展，实现了“十三五”发展良好开局。

发展质量不断提升。在经济下行压力持续增大的严峻形势下，全市完成地区生产总值117.38亿元，增长7.1%。实现财政总收入32.04亿元，其中地方一般公共预算收入5.3亿元；财政总支出27.13亿元，增长15.1%。工业经济企稳回升，完成工业增加值21.12亿元，增长0.8%。南方阳光节能新材料、高尔德防雷电子设备等工业项目有序推进。产业园发展步伐加快，实现园区税收0.45亿元，增长45.2%。招商项目质量明显提高，成功引入东华重工机械制造等10个项目，投资总额38.68亿元，其中超亿元项目6个。农业经济平稳发展，实现农业增加值24.62亿元，增长3.8%。新型农业经营主体不断壮大，新增韶关市级以上的示范农民专业合作社6家、示范家庭农场23家，百臻生态农业成功挂牌“新四板”。乡村旅游稳步发展，旅游市场持续畅旺，全年接待游客391.84万人次，实现旅游综合收入25.69亿元，分别增长13.8%、18.1%。举办了第三届乐昌桃花节等节庆活动，九峰茶料村获评“中国美丽休闲乡村”。商贸物流加快发展，九峰互联网农业小镇试点工作有序推进，快递物流网点实现乡镇全覆盖。房地产市场持续回暖，实现商品房销售面积49.18万平方米，增长23.6%。消费市场活跃旺盛，完成社会消费品零售总额61.27亿元，增长9%。

发展环境不断优化。全社会固定资产投资完成37.16亿元，增长15.2%。京广高铁乐昌东站站房主体工程整体竣工。一批公路、桥梁新改建项目陆续完成，启动建设乐昌峡库周公路硬底化25千米，农村公路硬底化60千米如期完工，城乡交通条件得到改善。山区五市中小河流治理年度任务全面完成。高标准基本农田建设、张滩闸坝枢纽重建、村村通自来水、中小型灌区改造等项目稳步推进，农田水利基础不断夯实。启动新一轮农村电网改造升级工程。城乡互联网宽带基本实现全覆盖。城市总体规划修编、新城控制性详细规划编制工作初步完成。城区“三旧”改造[1]项目扎实推进。完成省道248线环城路段节能照明工程，城区防洪排涝、地下综合管廊等项目建设前期工作有序开展，进站进园道路建设稳步推进。启动坪石镇省新型城镇化“2511”综合试点[2]建设。城乡环卫一体化PPP[3]项目正式启动，南部八镇（街道）生活垃圾清运项目全面实施，城乡人居环境持续优化。

改革创新不断深化。供给侧结构性改革扎实推进。国资国企改革稳步实施，完成105家国有（集体）企业清产核资。降低商品房库存13.26万平方米。“放管服”[4]改革深入推进。完成278项行政审批事项标准化建设，清理规范30项中介服务事项，完成公共服务事项目录编制工作。“一门式”“一网式”政务服务模式[5]改革稳步推进，工业项目建设审批时限压缩至57日内。基层公共服务平台建设基本完成。农村综合改革稳步推进。农村土地承包经营权确权登记颁证工作有序推进。完成195个经济联合社、2069个经济社的农村“三资”[6]清理。商事登记制度改革持续深化，“五证合一[7]、一照一码[8]”登记制度稳步实施。农村普惠金融工作[9]扎实开展，城乡金融服务体系日益健全。投融资体制改革不断深化，政府投融资平台建设得到加强。融资渠道不断拓宽，争取中央专项建设基金及上级财政专项资金1.49亿元，13个项目获批政策性银行贷款23.3亿元。

社会民生不断改善。持续加大民生投入，全年民生支出22.7亿元，占地方本级支出的83.8%。全力办好八件民生实事。坚决守住民生底线，各项社保待遇按时足额发放，高龄老人津贴全面落实。精准扶贫工作成效明显，完成韶关下达的年度脱贫任务。住房保障水平不断提升，完成农村危房改造343户、原坪石矿棚户区改造925户。坚持教育优先发展，完成省教育强镇创建工作，国家义务教育基本均衡县复评检查顺利通过，中高考成绩稳中有进，教育教学质量不断提升。医药卫生体制改革持续深化，城乡居民大病救助政策有效落实。计划生育服务管理改革稳步推进，全面二孩政策有序实施。食品药品安全监管持续加强，群众饮食用药安全得到保障。成功创建全国健康促进市。文体基础设施不断完善，全民健身运动广泛开展，成功举办省青少年象棋锦标赛和第十四届市运动会。林业生态建设扎实推进，全市森林覆盖率达75.1%。严格落实安全生产“一岗双责”[10]，平安乐昌建设有序开展，社会大局保持和谐稳定。

政府建设不断加强。巩固“三严三实”[11]专题教育成果，广泛开展“两学一做”[12]学习教育。全面贯彻落实中央八项规定，持续整治“四风”问题。坚持依法行政，严格按照法定权限和程序行使权力、履行职责。自觉接受人大法律监督、工作监督和政协民主监督，坚持重大事项向市人大常委会报告、向市政协通报制度，认真办好人大议案、代表建议和政协提案。扎实开展“六五”普法，全民法治意识明显增强。严格落实党风廉政建设责任制，持续加强政府系统党风廉政建设。不断强化行政监察和审计监督。政府机构改革和行政管理体制改革深入推进，政府职能加快转变，行政效能得到提升。

我们还加强了市场监管、粮食安全、编制、科技、代建、统计、物价、气象、烟草、供销、档案、史志、保密工作；抓好了武装、国防教育、人民防空和双拥工作；支持工青妇等群团组织开展工作；推进民族、宗教和对台、侨务工作；促进老龄、残联、文联、工商联、妇女儿童等社会事业发展。

各位代表！过去一年的成绩来之不易，这是全市上下齐心协力、奋力拼搏的结果。在此，我代表市人民政府，向全体人大代表、政协委员，向广大工人、农民、知识分子、机关干部、离退休老同志及驻乐部队指战员、武警官兵，向热心支持乐昌发展的各民主党派、人民团体和社会各界人士，表示衷心的感谢和崇高的敬意！

在看到成绩的同时，我们也清醒地认识到乐昌发展仍有不少困难和问题：一是县域经济总量不大，园区发展相对滞后，产业结构不合理，特色不明显，集聚度不高，工业依然是我市经济发展短板。二是项目攻坚力度不够，有效投入不足，重大项目少，项目推进相对缓慢。三是资源优势没有充分发挥，全域旅游发展较慢，旅游基础设施有待完善。四是改革任务依然艰巨，行政审批、国资国企、投融资等重点领域的关键改革配套措施不够完善，创新创业力度不够大。五是教育、医疗卫生等民生欠账较多，城乡公共服务基础设施需进一步完善，民生保障水平有待提升，财政收支矛盾较为突出，改善民生任务繁重，完成全面建成小康社会任务仍然艰巨。对于这些问题，我们将予以高度重视，切实采取有力措施，认真加以解决。

2017年工作安排

2017年是新一届政府施政的开局之年，也是供给侧结构性改革[13]的深化之年，做好今年的政府工作意义重大。我们将抢抓机遇，综合施策，全力推进产业共建，扩大有效投资，扶持实体经济，补齐民生短板，为乐昌振兴发展打下坚实基础。

今年政府工作的指导思想是：全面贯彻党的十

八届六中全会和中央经济工作会议精神，深入学习贯彻习近平总书记系列重要讲话精神，认真落实省委十一届八次全会、省委经济工作会议、韶关市第十二次党代会、韶关市委工作会议和乐昌市第十三次党代会、乐昌市委十三届二次全会的决策部署，统筹推进“五位一体”总体布局，协调推进“四个全面”战略布局，坚持稳中求进工作总基调，努力践行新发展理念，适应把握引领经济发展新常态，坚持以提高发展质量和效益为中心，以供给侧结构性改革为主线，坚定不移主动融入珠三角，全面做好稳增长、促改革、调结构、惠民生、防风险各项工作，坚持产业振兴、农村改革发展、城镇整体提升三大主攻方向，狠抓精准扶贫、教育现代化、卫生创强三大重点民生，推动经济社会持续健康发展，加快乐昌振兴发展步伐。

今年县域发展的预期目标是：地区生产总值增长8%；人均地区生产总值增长7%；地方一般公共预算收入增长8%；工业增加值增长9%；全社会固定资产投资增长15%；社会消费品零售总额增长10%左右；城镇登记失业率控制在3%以内；研究与试验发展经费占地区生产总值比重提高到0.87%；完成上级下达的节能减排等任务。

围绕上述目标，今年市政府将重点抓好七个方面工作。

一、着力改革创新，激发乐昌发展活力

加快推进基础性关键性改革，加大改革创新力度，破除发展瓶颈制约，不断增强经济社会发展的动力。

深化供给侧结构性改革。认真落实“三去一降一补”[14]政策，大力推进国资国企改革，完成一批关停企业出清重组，实现一批特困企业脱困。推进经营性国有资产统一纳入国资部门监管。积极推动房地产去库存，促进房地产业健康发展。深化财税金融改革，健全协税护税工作机制。推进工商注册便利化，进一步放宽市场准入条件。降低企业生产要素成本和制度性交易成本，落实减税降费政策，切实减轻企业负担。

深化农村综合改革。实施农村综合改革发展行动计划，全面启动“四大工程”[15]，大力开展“十三大行动”[16]。加快推进农村土地承包经营权确权登记颁证工作。开展农村集体产权制度改革试点，落实承包土地“三权分置”[17]，建立农村产权流转服务体系。完成市镇村互联互通的“三资”管理服务平台建设。改革农村公共服务和农村社会治理体系，加强农村基层治理，推进村民自治和公共服务重心下移。探索农村集体经济发展改革，激发农村发展活力。

深化行政审批制度改革。加大“放管服”改革力度。推广“一门式”“一网式”政府服务模式，提高政府服务水平。改进和创新行政审批方式，健全项目并联审批制度，提高行政审批效率。加强网上办事大厅建设应用，推行“互联网+政务服务”。健全“多规合一”基础数据和业务审批平台。深化商事登记制度改革，推行“五证合一、一照一码”登记制度。建立重点项目和招商引资项目用地预审制度，强化土地供应后续监管。

深化投融资体制改革。充分发挥政府投融资平台作用，有效拓宽融资渠道，推广应用PPP模式，加快市政道路、旅游开发、水利工程、污水和垃圾处理设施等项目开工建设。加强项目前期策划及申报，积极争取政策性银行贷款。大力发展普惠金融，引导金融机构加大支农服务力度。健全有效制衡的公司法人治理结构，建立灵活有效的市场经营机制。引进战略投资者参与国企改革，整合盘活国有资产，实现国有资产保值增值。

着力推动创新驱动发展。认真落实创新驱动发展扶持政策，鼓励企业自主创新。加强技术创新平台建设，加速科技成果转化。加大高新技术企业培育力度，引导中健行、利生源等企业申报省高新技术企业。深入实施人才强市战略，完善人才服务机制，做好高层次人才引进工作。落实小额担保贷款贴息政策，加大对创业者的扶持力度，促进大众创业、万众创新。

二、着力产业振兴，培育经济增长动能

加大产业培育力度，推动产业共建，促进新型工业、特色农业、全域旅游加快发展，不断提升产业集聚能力。

（一）加快推进产业共建

加强产业共建谋划。立足乐昌比较优势，全面对接珠三角地区技术、人才、融资、产业等平台；积极参与珠三角产业分工与协作，推动与珠三角协同发展。主动承接珠三角外溢产业，大力发展机械制造、新型化工、生物保健等产业，培育壮大新材料、新能源等产业。深化大朗乐昌对口帮扶工作，谋划产业共建新模式，加快产业共建进程。探索加强与湖南宜章、汝城等省际边界地区在生态、交通、产业等方面的合作共建。

加强产业平台建设。坚持把园区作为工业发展主战场，加快城东片区建设，启动乐广高速引线以南产业集聚区建设，实现“一园多区”互补发展，促进园区扩能增效。加大资金投入力度，加强园区路网建设，完成园区主干道绿化美化亮化工程。进一步完善园区水电气、光纤、金融、公共交通、医疗卫生等配套服务设施，补齐园区工业物流、生活配套等服务短板，提升园区服务功能。加大园区土地收储和闲置土地清理力度，拓宽园区发展空间。加强企业孵化平台建设，建成2.8万平方米标准厂房，吸引一批企业入驻。加快推进东华重工机械制造、科优精密机械制造等项目建设，力争新投产企业5家以上。

加大招商引资力度。加强招商引资队伍建设，健全招商引资激励机制，优化投资营商环境。完善招商引资工作机制，实行市政府领导分区域带队招商和部门“一把手”招商。重点围绕先进装备制造、现代物流、现代农业、生态旅游等产业，加大宣传推介力度，紧盯关键项目和目标客户，大力开展定向招商、产业招商、以商招商和乡贤招商，引进一批具有明显拉动效应的优质项目。

加大服务企业力度。认真落实市领导挂点联系重点企业制度，实施一企一策，帮助企业解决实际困难。加大“四上”企业〔18〕培育力度，落实促进民营经济发展各项扶持政策，鼓励发展实体经济。用好中小微企业贷款风险补偿基金，引导金融机构加大企业信贷支持力度，缓解企业融资难题。积极扶持企业技改创新，完成一批企业技改项目。建立健全招商引资项目“一对一”联系服务机制，促进项目如期建成投产。

（二）加快推进农业供给侧结构性改革

建设特色优质农产品生产基地。加快培育农业农村发展新动能，围绕优质稻、香芋马蹄、夏秋蔬菜、优质水果、茶叶等特色农产品，着力打造“五带五基地”〔19〕，推进农业标准化生产，带动农业提质升级。启动国家级生态原产地产品保护示范区创建工作。充分发挥地域特色优势，加大农业品牌培育力度，力争实现全市“三品一标”〔20〕农产品20个以上，省级农业名牌产品及名特优新农产品10个以上。

培育壮大新型农业经营主体。制定并实施构建新型农业经营体系实施意见，扶持新型农业经营主体发展，力争新增县级以上示范家庭农场20家、农民合作示范社15家、农业龙头企业5家。引导农业经营主体探索新型农业经营模式，完善利益联结机制。鼓励农业经营主体建立产业联盟或产业协会，支持有实力的农业龙头企业挂牌上市。

完善农业服务体系建设。成立乐昌岭南落叶果树研究所，推进惠农信息社建设，完成农业资源循环利用处理中心建设，建成并运营镇村基层公共服务平台，提高农业公益服务水平。实施新型职业农民培育工程。加快推进农产品产地预冷、批发市场、稻谷烘储等设施建设，提升农机服务水平。

推进一、二、三产融合发展。依托特色优质农产品生产基地，拓展农业多种功能，规划建设六大特色产业园〔21〕，打造新型农业综合体。积极发展休闲观光农业，打造休闲观光农业示范点。大力发展农产品深加工，构建生产加工流通一体化的农业生产链，提高农产品附加值和生产效益。推广“互联网+农业”〔22〕模式，加快推进九峰互联网农业小镇试点建设。借助阿里巴巴、京东等大型电商平台，促进农村电商发展。

（三）加快推进全域旅游发展

推动旅游项目建设。修编全市旅游发展规划。深化与旅游战略投资者合作，推动乐昌峡平湖游、金鸡岭、三龙谷等旅游龙头项目建设，加快古佛洞天、后洞森林公园等现有景区的升级改造，加强九峰乡村游、五山梯田竹海、7011工程旅游区等旅游项目的开发建设，打造“南龙北凤”〔23〕等特色旅游品牌。深挖九峰桃花、乐城葡萄庄园、梅花百臻生态农业、北乡兰花基地等乡村旅游资源，因地制宜发展特色乡村旅游。

打造精品旅游线路。通过串点成线，连线成片，整合公路沿线旅游资源，构建全域旅游格局。以省道247线连接三龙谷、五山梯田竹海等旅游资源，形成生态休闲旅游线路；以省道248线连接九峰花果园、两江楠木公园、庆云户昌山古村落、坪石金鸡岭等景区，形成乡村文化旅游线路；以省道249线连接梅花大坪古村、坪石皈塘古村等旅游资源，形成红色历史旅游线路；以城区道路连接古佛洞天、乐昌峡、后洞森林公园等景区，形成乐昌核心区旅游线路。

完善旅游基础配套设施。坚持科学规划，加大资金筹集和投入力度，提升乐昌旅游服务水平。建设完善“快旅慢游”交通网，推动九峰环镇公路等旅游公路开工建设。加快完善“便捷乐享”服务网，推进一批旅游道路标识、乡村民宿、旅游驿站、旅游厕所、停车场、游客服务中心、垃圾处理设施建设，打造一批旅游名镇、名村。加快构建“智慧旅游”[24]互联网，推进区域智慧旅游电子商务平台建设。

加大旅游宣传推介力度。创新营销方式，加强对旅游资源的宣传和包装，充分利用广播、电视、报刊、微信、互联网等平台，多渠道全方位开展旅游宣传，打响乐昌旅游品牌。以“九峰桃花季，乐昌欢乐游”等系列宣传活动为契机，广泛推介优质旅游资源和特色旅游产品，吸引更多游客到乐昌旅游。

三、着力项目攻坚，增强城乡发展后劲

持续扩大有效投资，加大项目推进力度，加快交通、水利、能源、信息等基础设施建设，夯实城乡发展基础。

加快交通路网建设。完善京广高铁乐昌东站建设并投入运营。推动国道535线廊田至乐昌市区段路面改造、梅花经坪石至黄圃段改建等项目动工建设。完成省道249线老坪石至高家村段、省道248线乐昌市区至长来中学段等路面改造项目。完成县道329线龙颈至大源段、村道759线北乡至西坑段等县乡公路改建工程。优化城区公交线路，推进行政村通客运班车，改善群众出行条件。

加强农田水利建设。完成高标准基本农田建设3.52万亩、山区五市中小河流治理22.81千米。加快推进张滩闸坝枢纽重建、农村水电增效扩容改造等项目建设。实施11个镇标准化水厂建设。完成中央小型农田水利重点县建设、7宗中小型水库除险加固、12宗中小型灌区改造等项目。健全农村水利保障体系，提高农村防洪灌溉能力。

加快能源项目建设。推进新一轮农村电网改造升级工程，完成南部24个中心村电网改造升级。加快东坑、城南、长来、北乡等输变电工程建设。推进长来镇和村电网精准扶贫示范点建设。推广应用新能源汽车，规划建设电动汽车充电设施。推动梅花风电场等新能源项目建设，发展风电、光电等清洁能源。

加强信息化建设。推进“智慧城市”[25]建设，提升各领域信息化水平。实施光纤到村入户工程，实现光纤基本全覆盖。推动信息化和工业化的深度融合，引导有条件的企业申报“两化”融合管理体系贯标试点企业。加快信息化与农业融合发展，推进廊田村信息化先导村项目建设，辐射带动周边镇村发展。

四、着力城镇提升，提高城镇发展水平

深入实施“一市两城”发展战略，加快推进城镇扩容提质，壮大镇域经济，切实提升城镇功能和管理水平。

加强城镇规划引领。出台城乡规划技术管理规定，提高城市规划编制水平。加快城市总体规划报批及土地利用总体规划中期调整，编制好乐城、坪石新旧城控制性详细规划及城市各项详细规划，优化城市发展布局。实施整县推进乡村规划工作，加快编制市域乡村建设规划，全面启动建制镇总体规划编制工作，完成80个村庄规划编制，提高城镇建设水平。

推进中心城区扩容提质。深入实施中心城区扩容提质三年行动计划，启动乐昌新城核心区基础设施建设，实施老城提质系统工程，促进新旧城区融合发展。启动城区防洪排涝、地下综合管廊等工程建设，完善供电、供气、给排水等设施布局。优化城区路网结构，推进乐昌大道、乐昌东站至产业园道路建设，完成人民路和站北路下穿京广铁路涵洞拓宽工程。加强城市经营，盘活城市资产。实施城市增绿工程，提升城区绿化景观。完善城市管理机制，深入开展城市综合整治，严厉打击“两违”“六乱”行为，提升城市形象。

加快县域副中心城市建设。推进坪石镇省新型城镇化“2511”综合试点建设，加快坪石扩容提质步伐。推进坪石扩权强镇[26]改革，增强坪石自主发展能力。加快实施省道248线坪石段改道工程、坪南大桥、神步大桥、坪石西大道等项目建设，拓宽坪石发展空间。推进坪石一江两岸建设，逐步升级公交、通讯、供水、供气等基础设施，完善镇区服务功能。深度挖掘坪石工业、旅游、文化等方面资源优势，促进产城融合。

加快镇域经济发展。充分挖掘各镇产业特色、生态特点和文化特征，促进差异化、特色化发展。加大对黄圃等中心镇及长来等人口较多镇的资金投入力度，启动一批基础设施建设项目，提高镇区综合承载能力。加快推进梅花镇农业、旅游、新能源等方面项目建设，增强镇区集聚辐射能力。制定并实施加快特色小镇规划建设实施方案，积极争取政策资金支持，做好廊田特色小镇建设试点示范工作，加快九峰等特色小镇建设前期规划工作，推动特色小镇建设。

五、着力改善民生，提升公共服务水平

坚持多谋民生之利，多解民生之忧，加大民生投入，抓好基础性、兜底性、普惠性民生工作，提升群众幸福感和获得感。

深入推进精准扶贫工作。围绕“五个一批”[27]、“六个精准”总体要求，加强对扶贫工作的统筹指导，落实脱贫攻坚责任制，推动各项扶贫政策落地。在完成既定目标任务的基础上，确保超额10%完成年度脱贫任务。加强与中省直、东莞市、韶关市各帮扶单位的沟通对接，争取更多帮扶资金支持。加大扶贫资金投入，推进贫困村交通、水利等基础设施建设，改善贫困村、贫困户生产生活条件。突出“一乡一品”特色农业，大力推进产业帮扶工作，打造一批脱贫示范村、示范户。建立贫困人口法律救助、基本生活救助等机制，提高农村救助水平。落实义务教育“两免一补”、资助贫困学生等帮扶政策，开展多种形式的继续教育和技能培训。总结推广北乡镇“党支部＋农民合作社＋贫困户”的抓党建促扶贫工作模式，增强贫困村党员干部带头致富、带领致富的能力。

大力发展教育事业。抓好省推进教育现代化先进市创建工作，加快教育布局调整和资源整合。推进中小学校“去行政化”、中小学教师“县管校聘”管理改革，深化高中阶段学校招生考试制度改革，着力提升教育质量和办学水平。启动乐昌实验中学、实验小学、坪石河西小学等新建项目，推动乐城三小、坪石坪南小学等扩建项目，完成梅花镇中心幼儿园等新建项目，着力缓解学位紧缺、大班额问题。创建10所中小学（幼儿园）示范性平安食堂。巩固省教育强镇创建成果，确保乐城、秀水、云岩、黄圃四镇（街道）顺利通过复评验收。

加强医疗卫生建设。深化医药卫生体制改革，推进卫生强市建设工作。完善公立医院、专业公共卫生机构、基层医疗卫生机构以及民营医院之间的分工协作机制。加快推进市第二人民医院、乐城社区卫生服务中心、大源镇卫生院综合楼等新建工程，完成市妇幼保健院、市卫生监督所、市疾控中心整合改建工程。加强基层医疗卫生服务能力建设，逐步解决基层医疗卫生资源配置不均衡的问题。加强人口计生服务管理，提升人口计生优质服务水平。加快乡镇卫生院标准化建设，完成一批村卫生站建设工作，为群众提供更加优质的医疗卫生服务。

提升社会保障水平。实施更加积极的就业政策，加强就业服务平台建设，完善城乡一体的就业制度。加强职业技能培训，健全创业培训、政策扶持、创业服务三位一体创业机制。强化社保扩面执法检查工作，扩大社保覆盖面和受益面。推进医疗保险城乡一体化工作，扩大异地就医定点医疗机构覆盖面。发展适度普惠型社会福利和慈善事业。谋划发展健康产业，完善以居家为基础、社区为依托、机构为补充的社会养老服务体系。加强敬老院规范化管理，推进农村居家养老服务中心建设。建立健全新型社会救助体系，逐步扩大社会救助对象范围，不断提高城乡低保、五保、孤儿补助标准。加快保障性住房建设，全面完成农村危房改造566户，基本建成保障性住房1842套。

提高公共文体服务能力。完成文化馆总分馆、6个基层综合性文化服务中心建设试点任务。推进“三馆一站”免费开放。实施“三送下乡”文化惠民示范项目。加强群众舞台、文化广场建设。强化对历史文化名村的申报、保护和利用，做好对非物质文化遗产的发掘、申报、传承和保护工作。鼓励原创文艺精品创作，推进地方特色戏曲发展。大力发展体育事业，完善群众晨晚炼运动场所，推进在城关中学新建市田径场。广泛开展全民健身运动，提高人民群众的健康水平。

加强社会综合治理。深化法治乐昌建设，加强法治宣传教育，做好“七五”普法工作，扎实开展“法律六进”主题活动[28]。完善“一村（社区）一法律顾问”[29]机制，做好司法救助、法律援助工作。严格落实安全生产责任制，完善安全生产监管体系，强化重点行业领域安全专项整治和隐患排查治理，坚决遏制重特大安全生产事故发生。加强食品药品安全监管，确保群众饮食用药安全。落实国家粮食安全考核责任制，增强粮食安全保障水平。深入推进平安乐昌创建工作。加快推进应急指挥平台和突发事件预警信息平台建设，完成市镇村自然灾害应急预案的修编，提高防灾减灾能力。加强社会治安防范体系建设，严厉打击违法犯罪行为，提升群众安全感。

全力办好十件民生实事。（1）完成乐城一小新建和乐昌一中教学楼维修；（2）建成北乡、廊田、五山三镇卫生院综合大楼；（3）完成市区顺华农贸市场、坪石坪南市场等一批农贸市场建设；（4）完成农村公路硬底化80千米；（5）完成50宗万立方米以上病险山塘除险加固工程；（6）完成北面九镇垃圾收集清运项目；（7）建成南部2个稻谷烘干中心；（8）完成一批市区小公园、小绿地、公厕建设；（9）建成职工文化广场群众活动舞台、五人足球场等一批公共文体设施；（10）完成17个农村人居环境综合整治示范点建设。

六、着力生态建设，打造美丽宜居乐昌

立足国家重点生态功能区定位，坚守生态底线，加强环境保护和综合整治，构建生态安全体系，巩固粤北绿色生态屏障。

加强林业生态建设。实施绿化造林三年行动计划，继续抓好林业生态工程建设，确保全年新增森林面积2万亩、森林蓄积量37.5万立方米，实现森林覆盖率75.4%以上。开展新一轮省森林资源二类调查工作。加强封山育林，强化生态红线划定。大力发展林下经济和林下产业。深入开展林业专项治理活动，严厉打击林业违法犯罪行为，提高森林火灾综合防御能力。

加强生态环境保护。落实环境网格化管理，加强对大气、水、土壤的污染防治工作，强化重点污染源动态监管，实现环境管理全覆盖，严厉打击环境违法行为。推进空气自动站设备备份工作，加强工业废气、施工扬尘、机动车尾气治理，提高城乡空气质量。实施农村饮用水环境安全保护工程，加强中心镇生活污水处理厂建设。强化重金属、化学品生产和危险固废处理等重点行业的全程监管。加大节能减排工作力度，推行清洁生产，降低企业能耗。加强复垦复绿、矿山整治、石漠化治理和地质灾害防治等工作，坚决打击“非采”，维护生态平衡。

改善农村人居环境。实施农村人居环境“五整五提”专项活动[30]，探索建立人居环境整治长效机制。实施城乡环卫一体化PPP项目。加强新一轮农村污水处理基础设施建设，推进农村生活污水就近净化处理。开展农业面源污染综合防治试点。加快畜禽养殖“三区”划定[31]，调整区域养殖布局。实施乡村绿化美化工程，完成20个自然村绿化美化、10个乡村绿化美化示范点、1个镇级森林公园建设。推进新农村建设，加强九峰镇省级新农村示范片申报创建工作。

七、加强政府自身建设，提升政府服务能力

打铁还需自身硬，重任千钧惟担当。我们将坚持把发展使命扛在肩上，把百姓忧乐放在心头，着力打造人民满意的法治政府、服务政府和廉洁政府。

严格依法行政。认真落实法治政府建设实施纲要。自觉接受人大法律监督、工作监督和政协民主监督，认真办好人大议案、代表建议和政协提案。健全“三重一大”[32]事项集体决策、专家咨询、公众参与、决策评估等制度，增强行政决策透明度和公众参与度。加强政务公开、信息公开、程序公开，规范权力运行。完善政府法律顾问制度，加强规范性文件、重大决策合法性审查。强化行政执法检查，规范行政执法行为。

优化政务环境。完善政府机构设置和工作流程，做好行政审批事项的承接落实和取消下放工作。加强公务员队伍建设，强化干部担当精神。建立差异化考核激励机制，落实容错免责机制，激发干事创业活力。精简会议文件，切实改进文风会风。推行一线工作法，健全抓落实的工作机制，对年度重点任务定责任、定时限、定标准，确保各项决策部署落实到位。完善市镇村三级便民服务网络，推进政务服务不断向基层延伸。积极回应社会关切，做好网络问政、民声热线以及“12345”政

府服务热线等工作，着力解决关系群众切身利益的热点、难点问题。

打造廉洁政府。全面落实中央八项规定精神，持而不息整治“四风”。落实党风廉政建设“两个责任”[33]，将“三重一大”事项纳入风险和可控性评估管理。强化对财政资金、国有资产、政府投资、政府采购、工程建设、公共资源等重点领域的监督，从源头上预防腐败。严格履行“一岗双责”，加大行政监察和审计监督力度，严肃查处各类违纪违法案件。加强行政程序制度建设，推进廉政风险防控工作全覆盖。

同时，我们还将认真抓好市场监管、编制、代建、统计、物价、气象、烟草、供销、档案、史志、保密等工作；支持武装、国防教育、人民防空和双拥工作，推动军民融合深度发展；支持工青妇等群团组织开展工作；抓好民族、宗教和对台、侨务工作；促进老龄、残联、文联、工商联等各项社会事业发展。

各位代表！振兴发展的使命，鼓舞我们砥砺奋进；乐昌人民的期盼，鞭策我们勇往直前。让我们更加紧密地团结在以习近平同志为核心的党中央周围，在市委的坚强领导下，团结和依靠全市人民，不忘初心，继续前进，全力加快乐昌振兴发展，以优异的成绩迎接党的十九大和省第十二次党代会胜利召开！

名词解释：（以出现先后为序）

〔1〕“三旧”改造：指旧城镇、旧厂房、旧村庄改造。

〔2〕省新型城镇化“2511”综合试点：指省政府选择2个地级市、5个县区、10个建制镇作为新型城镇化综合试点，选择10类项目作为新型城镇化专项试点。综合试点主要围绕破解农业转移人口融入城市难、城镇土地利用粗放低效、城镇空间结构不合理等问题展开。

〔3〕PPP：指政府与社会资本合作，是公共基础设施的一种项目融资模式。在该模式下，鼓励私营企业、民营资本与政府公共部门进行合作，参与公共基础设施建设。

〔4〕放管服：指简政放权、放管结合、优化服务。

〔5〕“一门式”“一网式”政务服务模式：指按照服务便民利民、办事依法依规、信息公开透明、数据开放共享的原则，依托实体办事大厅和网上办事大厅，创新政府服务模式，整合部门分设的办事窗口和审批服务系统为政府综合服务窗口和网上统一申办受理平台，打破部门界限、政务藩篱和信息孤岛，真正实现一个门、一张网办事，管住管好政府服务的进出两端。

〔6〕农村“三资”：指农村集体资金、农村集体资产和农村集体资源。

〔7〕五证合一：指营业执照、组织机构代码证、税务登记证、社会保险登记证和统计登记证等五证合一。

〔8〕一照一码：“一照”指新营业执照，“一码”指统一代码。

〔9〕农村普惠金融工作：指推动基础金融服务向行政村延伸，打通农村基础金融服务“最后一公里”，将金融机构的支付结算功能延伸到农民家门口。

〔10〕安全生产“一岗双责”：指各级领导干部在履行本职岗位管理职责的同时，还要对分管工作领域的安全生产工作负责的制度。

〔11〕三严三实：指严以修身、严以用权、严于律己，谋事要实、创业要实、做人要实。

〔12〕两学一做：指学习共产党党章党规，学习贯彻习近平总书记系列重要讲话精神，做合格党员。

〔13〕供给侧结构性改革：指从提高供给质量出发，用改革的办法推进结构调整，矫正要素配置扭曲，扩大有效供给，提高供给结构对需求变化的适应性和灵活性，提高全要素生产率，更好满足广大人民群众的需要。

〔14〕三去一降一补：指去产能、去库存、去杠杆、降成本、补短板。

〔15〕四大工程：指产业创强、乡村提质、产权制度改革和基层综合治理。

〔16〕十三大行动：指培育特色产业体系、构建新型农业经营体系、健全新型农业服务体系、推进一二三产业融合发展、农村人居环境综合整治、特色小镇创建、农村产权制度改革、建立农村产权流转服务体系、农村基层党组织创强、农村民主制

度模式创新、农村基层公共服务体系创建、农村精神文明建设创优、平安镇村创建。

〔17〕三权分置：指落实集体所有权、稳定农户承包权、放活土地经营权。

〔18〕“四上”企业：指规模以上工业企业、资质等级建筑业企业、限额以上批零住餐企业、规模以上服务业企业等四类规模以上企业的统称。

〔19〕五带五基地：指以廊田、长来为中心，打造优质稻种植产业带，建设优质稻种植基地；以乐城、北乡为中心，打造香芋、马蹄特色农产品种植产业带，建设香芋、马蹄特色农产品种植基地；以梅花、坪石、云岩为中心，打造夏秋蔬菜种植产业带，建设夏秋蔬菜种植基地；以九峰、两江为中心，沿省道248线打造优质水果产业带，建设优质水果种植基地；以大源、庆云为中心，打造茶叶种植产业带，建设茶叶种植基地。

〔20〕三品一标：指无公害农产品、绿色食品、有机农产品和农产品地理标志，是政府主导的安全优质农产品公共品牌，是当前和今后一个时期农产品生产消费的主导产品。

〔21〕六大特色产业园：指北乡园艺、乐城葡萄庄园、梅花百臻生态农业、九峰花果园、大源庆云茶叶、坪石河丰乐农现代示范园等六大特色产业园。

〔22〕“互联网＋农业”：指依托互联网的信息技术和通信平台，使农业摆脱传统行业中消息闭塞、产品流通受限制、农民分散经营、服务体系滞后等难点，使现代农业坐上互联网的快车，实现中国农业集体经济规模经营。

〔23〕南龙北凤：“南龙”指三龙谷生态旅游区，由龙泉、龙湖、龙谷三大分区组成，集温泉、碧湖、奇山于一体。“北凤”指金鸡岭风景区，属典型的丹霞地貌，是广东八景之一。

〔24〕智慧旅游：指通过现代信息技术和旅游服务、旅游管理、旅游营销的融合，以游客互动体验为中心，使旅游资源和旅游信息得到系统化整合和深度开发应用，并服务于公众、企业和政府的旅游信息化的新阶段。

〔25〕智慧城市：指利用先进的信息技术，实现城市智慧式管理和运行，进而为城市中的人创造更美好的生活，促进城市和谐、可持续发展。

〔26〕扩权强镇：指在不涉及行政区划层级调整的情况下，将一部分属于县（市）的经济社会管理权通过适当的途径赋予乡镇一级政府，为乡镇政府履行应尽职能奠定基础。

〔27〕“五个一批”：指发展产业脱贫一批、异地搬迁脱贫一批、生态补偿脱贫一批、发展教育脱贫一批、社会保障兜底一批。

〔28〕“法律六进”主题活动：指开展法律进机关、进乡村、进社区、进学校、进企业、进单位活动。

〔29〕一村（社区）一法律顾问：指在党委、政府统一领导下，组织律师事务所（不含公职律师所、法律援助处）与村（社区）签订法律顾问合同，为基层组织和群众提供法律服务。

〔30〕“五整五提”专项活动：一是整治农村生活垃圾，提升环境卫生管理水平；二是整治农村生活污水，提高农村居民饮用水安全等级；三是整治农村废旧房屋，提升农村住房建设规划管理水平；四是整治畜禽养殖污染，提高标准化规模养殖水平；五是整治农业面源污染，提高环保高效农业生产力。

〔31〕畜禽养殖“三区”划定：指划定畜禽养殖禁止养殖区、限制养殖区和适宜养殖区，有效防治畜禽养殖污染，促进畜牧生产与环境保护协调发展。

〔32〕三重一大：指重大问题决策、重要干部任免、重大项目投资决策、大额资金使用。

〔33〕两个责任：指在落实党风廉政建设责任制过程中，各级党委（党组）要切实担负党风廉政建设主体责任，纪委（纪检组）要承担监督责任。

年 度 关 注

京广高铁乐昌东站正式投入运营

2017 年 5 月 1 日，京广铁路客运专线乐昌东站启用仪式在东站站前广场举行，标志着京广铁路客运专线乐昌东站正式投入运营，乐昌真正融入珠三角“一小时经济圈”。乐昌东站位于乐昌市长来镇，距离乐昌市区 3 千米，北距郴州西站 82.3 千米，南距韶关站 44 千米，为线侧平式车站。站房主体一层，局部为地面三层、地下一层，站房面积 4496 平方米，站台雨棚覆盖面积 6980 平方米，总投资约 2.5 亿元。车站设有 2 个站台，4 条到发线路。

乐昌东站正式通车后，除直接惠及乐昌市外，还辐射韶关市的乳源县东北片、浈江区北部、仁化县西北部；清远市的连州市、连南县、连山县、阳山县的部分；湖南省的汝城县、宜章县、临武县等县（市），共 11 个县（市、区），约 400 万人从中受益。仪式现场，乐昌市以乐昌东站启用仪式为契机，集中签约 5 个招商引资项目，总投资额 13.5 亿元，“高铁经济”效应初步显现。

（陈宇轩）

乐昌市招商引资量质齐升

2017 年，乐昌市创新招商方式，优化营商环境，推进产业共建，不断扩大“大朗效率 + 乐昌服务”品牌影响力。圆满举办 7 次大型集中签约动工活动，成功引进沃府新材料、艾尔康电子元器件等一批优质项目。全年新签项目 53 个，合同投资总额 48.16 亿元，同比分别增长 489%、103.4%。其中亿元以上项目 14 个，同比增长 180%。新招引的项目中，有高新技术企业和“新三板”上市企业各 4 家。新增动工项目 25 个，新签约项目数和新增动工项目数均位居韶关前列。初步形成新材料和机械制造两大特色主导产业

2017 年乐昌市重点项目建设

2017 年，乐昌市计划实施的重点建设项目 36 项，计划总投资 116 亿元，2017 年计划投资 26.7 亿元，占乐昌市固定资产投资的 62.5%。全年实际完成投资 24.92 亿元，完成率为 93.3%。全市 36 个重点项目中，交通运输项目 2 项，主要有 2017 年农村公路硬化工程、乐昌峡右岸大坝至大瑶山北田排段路面改建工程等；能源保障项目 5 项，主要有中电工程乐昌市风力发电项目、2017 年新建配网工程项目等；水利建设项目 4 项，主要有张滩闸坝枢纽重建工程、广东省山区五市中小河治理 2017 年度项目等；现代产业项目 5 项，主要有韶关市坪石发电厂有限公司（B 厂）4 号、5 号循环流化床机组烟气超低排放改造工程、韶关明星葡萄种植科技有限公司月丘葡萄酒庄园建设项目等；产业园区项目 3 项，主要有南方阳光节能公司乐昌 12 万吨新型材料生产线项目、乐昌市产业园基础建设工程等；社会事业项目 17 项，主要有新建乐昌市第二人民医院、乐昌市城乡环卫一体化 PPP 项目等。

项目完成情况：韶关明星葡萄种植科技有限公司月丘葡萄酒庄园建设项目 9 月试产，2017 年农村公路硬化工程、乐昌供电局技术业务用房工程项目、乐昌市张滩闸坝枢纽重建工程、乐昌市城区防洪排涝工程、广东科优精密机械制造有限公司、乐昌市新建乐城一小及附属幼儿园等多个项目完成年度投资任务；乐昌碧桂园、东方家园、百信花苑等房地产项目投资稳步推进。

（谢志刚）

乐昌市创新推进省定贫困村创建社会主义新农村示范村

乐昌市辖 195 个行政村，有 39 个省定贫困村，贫困村下辖 396 个自然村。2017 年，乐昌市全面推进贫困村创建社会主义新农村示范村和人居生态环

境综合整治工作。年内，39个省定贫困村村民理事会创建率、规划编制率、“三清三拆”启动率和垃圾清运处理和保洁体系创建率实现“四个100%”。共拆除危旧房2865间，约12.45万平方米；拆除废弃猪牛栏1187间，约2.6万平方米；拆除露天厕所茅房571间，约0.9万平方米；拆除乱搭乱建、违章建筑、非法违规商业广告、招牌470处。

创新“五个一”保洁模式，力促“三清”工作 每个村干部分片对接一个保洁员；每个村民理事会成员负责一个保洁区域；每500人配备一名保洁员；每月对保洁员开展一次绩效考核；每月开展一次卫生检查评比。形成有人管、有人抓、有人扫、有人运、有人督的长效机制。

创新“5510工作法”，力促“三拆”工作 “五条说明”讲透政策，即说明拆除费用、说明拆除办法、说明拆后权属情况、说明颁证确认、说明设计规划；“五个讲清”做足动员，即讲清“三拆”与新农村建设关系、讲清群众意识与建设资金关系、讲清“三拆”与群众意愿关系、讲清脱贫与“三拆”政策关系、讲清项目重点和统筹推进关系；“十步推进”确保规范，即按村长先行发动、干部包片动员、借力“一事一议”、调查确认边界、公示调查测绘、拆除危旧破房、发证给予补助、做好规划设计、民主确认规划、扶贫自筹齐抓等十个步骤推进。

创新“3+N”治理模式，力促“三整治”工作 “3”是指“三整治”，“N”是指农村的多种特色资源。因地制宜，找准三种结合：结合产业发展，在九峰、两江两镇打造“桃李人家”，发展旅游产业；结合传统文化，在廊田镇刘家新村、同吉店村围绕“乐昌粮仓”文化主题，绘上二十四节气图和“农耕文化”；结合人文历史，在长来镇五汪村以宋代进士谭必的生平故事为中心，提升文化底蕴。

（市委农办　供）

楼下村入选“2017中国最美古村落”

2017年5月，在第七届全国生态旅游文化产业发展高峰论坛上，廊田镇楼下村入选“2017中国最美古村落”（广东省同登此榜单的古村落共有16个）。楼下古村位于廊田镇以南约3千米处，建于隋朝初年（581—584年）。从宋朝开始兴盛，至清代一共出了进士6人，举人8人，任县令以上官职的25人，有“科第名家”之称。村庄里较好地保存了明清时期的古门楼、楼阁、祠堂等古楼建筑。巷道保存完好，有富斗巷、中心巷、五福巷、坑匽街、田子巷、东边头、水楼巷、沈家坊、联芳巷等多条主巷，8座宝塔，形如乡野王宫。

九峰镇成为全国首个非现金支付试点镇

2017年8月9日，全国首个“非现金支付试点镇”授牌仪式在乐昌市九峰镇政府举行。九峰镇非现金支付试点镇是全国第一个镇级非现金支付试点。该镇通过“互联网+现代金融+移动支付”方式，建立起政府引导、人行推动、银行实施、工商农户共同参与的四方模式，为金融支持“三农”发展搭建支付服务平台。同时，利用九峰镇的水果蔬菜电商产销市场旺盛、旅游资源丰富、网络设施完备、金融环境优越等优势资源，以农民支付需求为导向，面向新型农业经营主体以点带面，大力推广非现金支付工具。九峰镇的商户、农户、游客等消费者，除了可以通过现金实现交易外，还可以通过POS机刷卡、手机银行、网上银行、扫码支付等方式购买农资、买卖农产品和生活用品，极大地方便当地农户和游客。

九峰镇入选广东省森林小镇

2017年9月29日，九峰镇被省林业厅认定为首批“广东省森林小镇”（首批“广东省森林小镇”包括38个镇、街道）。九峰镇位于乐昌市中部，是林区中心镇，总面积192平方千米，林地面积17800公顷，占土地总面积的94.86%，森林覆盖率85%以上，镇区拥有4000公顷的桃树、李树。九峰镇重视城镇绿化建设，城镇绿地面积达到6.9公顷（其中附属绿地2公顷、生产绿地3.6公顷、公园绿地1.3公顷），绿化覆盖面积7.8公顷，绿化覆盖率53.42%。村庄保留着“小桥流水”的古朴乡村风貌，素有“桃李芬芳，云上九峰”的形象。

大 事 记

2017 年大事记

1 月

10 日 乐昌市土产公司农副产品配送中心暨“好方便”网上超市举行开业庆典仪式。

11 日 乐昌市与中农联控股有限公司就粤北农特产产品电商物流产业园项目签订合作意向书。

12 日 省检查组到九峰镇验收农村普惠金融“村村通”建设试点工作。

18 日 团省委副书记梁均达到乐昌市廊田镇廊田村调研，为廊田电商服务中心揭牌，并开展慰问活动。

是月 乐昌市人民法院被最高人民法院授予“全国优秀法院”称号。

是月 广东电视台《今日关注》栏目采访报道组到乐昌市坪石镇金鸡岭、老街、天堂村、河丰村等地进行“岭南古镇”系列报道工作的取景拍摄。

是月 乐昌市云岩、三溪、沙坪、黄圃 4 个镇卫生院通过国家群众满意乡镇卫生院评审，获得“群众满意乡镇卫生院”称号。

2 月

15 日 东莞大朗镇委副书记、镇长邓卫洪带领有关部门和协会负责人到乐昌市开展产业对接工作。

17 日 中国共产党乐昌市第十三届委员会召开第二次全体会议。市委书记陈宏宇代表市委常委会作题为《抢抓机遇求突破加快落实促发展筑牢决胜全面建成小康社会坚实基础》的工作报告。市委副书记、市长沈河民就全市经济社会发展工作作专题讲话。

25 日至 27 日 中国人民政治协商会议第十届乐昌市委员会第二次会议在市区召开。

26 日至 28 日 乐昌市第十五届人民代表大会第二次会议在市区召开。

3 月

2 日 中国共产党乐昌市第十三届纪律检查委员会第二次全体会议召开。

3 日 乐昌桃花节开幕式在九峰镇举行。开幕式现场举行“中国美丽休闲乡村”（茶料村）授牌仪式和乐昌市首届青年创业创富大赛启动仪式。2017 年乐昌桃花节从 3 月 3 日开幕，持续至 3 月 31 日。以九峰镇为主会场，北乡镇、两江镇和坪石镇为分会场。

5 日 乐昌市岭南落叶果树研究所举行揭牌仪式。

8 日 广东省旅游局组织由省主要新闻媒体、旅游行业专家组成的考察团到长来镇和村开展旅游扶贫考察活动。考察团一行先后参观和村千亩蔬菜基地和广东省省级保护文物五汪谭氏宗祠，并为和村旅游服务咨询中心成立揭牌。

14 日 团省委书记池志雄与团省委、省绿委、省林业厅、省环保厅等部门领导到廊田镇开展“保护母亲河·美丽中国梦”2017 年度广东青少年植树护绿活动暨扶贫济困结对帮扶行动。韶关市委副书记、政法委书记陈波，乐昌市委书记陈宏宇、“五师”志愿者代表、廊田村对口帮扶贫困户代表约 120 人参加启动仪式。

22 日　韶关市副市长李欣先后到北江航道上延至长来镇工程项目现场、武广铁路客运专线乐昌东站、廊田石英矿违法用地拆除现场等地调研指导交通、国土工作。

23 日　韶关市副市长陈磊到乐昌市产业转移工业园调研，先后参观园区沙盘模型，察看园区标准厂房建设，并与园区负责人座谈，了解园区整体布局建设和招商引资各方面工作情况。

23 日　省产业园建设管理考核组到乐昌市，对乐昌产业园建设管理情况进行检查考核。

4　月

6 日　省文化厅验收组对乐昌市文化馆总分馆试点工作进行验收，先后到廊田镇平富村服务点、北乡镇分馆、长来镇分馆、长来镇昌山村服务点和市文化馆实地查看馆室建设、活动场地、人员配备、功能室的使用及开展文化活动等情况。验收组对乐昌市文化馆总分馆试点工作给予充分肯定。

14 日　乐昌市国地税联合邮政乐昌市分公司启用全省首条“税宣邮路”。

15 日至 17 日　香港向山举目助学金会一行 45 人到乐昌市开展捐资助学活动，共发放助学金人民币 14.1 万元。

5　月

1 日　京广铁路客运专线乐昌东站启动仪式暨招商引资项目签约仪式在京广铁路客运专线乐昌东站广场举行，乐昌国际商贸城等 5 宗项目正式集中签约，总投资金额 13.45 亿元。

5 日　韶关市委书记莫高义到乐昌调研农村基层党建工作，先后到乐昌市梅花镇鹿村村委会、黄圃镇应山村委会，实地检查指导两个村换届选举工作，期间，还到原坪石棚户区改造现场、乐昌经济开发区、乐昌高铁站等地调研。

13 日　在第七届全国生态旅游文化产业发展高峰论坛上，廊田镇楼下村入选“2017 中国最美古村落”。

31 日　乐昌产业转移工业园农民创业就业基地（标准厂房）项目完成竣工验收。

6　月

5 日至 6 日　全省老年大学协会中部地区协作组联席会议在乐昌召开。深圳市长青老龄大学、佛山市老年干部大学、珠海市老年大学、东莞市老干部大学、中山市老干部大学、清远市老干部大学等 7 所学校领导出席会议。

15 日　省编办主任潘享清一行到乐昌市坪石镇开展经济发达镇试点工作调研。

15 日　中国佛教学会副会长圆慧法师到乐昌考察宝林寺旧址。

17 日　韶关市互联网农业小镇九峰运营中心正式运营揭牌。

18 日　乐昌市首届荷花旗袍文化节在乐城街道荷花山庄举行。

23 日　产业共建合作共赢——大朗乐昌产业共建经贸合作交流会在乐昌碧桂园凤凰酒店举行。交流会现场，乐昌市分别与东莞市中小企业发展与上市促进会、东莞市新三板企业协会、深圳前海福安国际资产经营管理有限公司签订 3 个战略合作协议，与 10 家工业企业、1 家农业加工企业签订投资协议。该次集中签约的 11 个招商项目总投资 9.41 亿元，涵盖金属铸造、新材料等多个领域，其中超亿元投资项目 3 个、省高新技术企业 2 家、新三板企业 2 家。

25 日　春夏新材料项目、骏龙五金搪瓷项目、旭晟五金塑胶制品项目等 11 个项目签约入园，项目总投资 9.41 亿元。

29 日　韶关市委副书记、市长殷焕明一行到长来镇和村调研农村人居环境整治工作和农业农村经济工作。

29 日　韶关“民声热线”大型户外上线活动在乐昌市北乡镇举行。

是月　廊田沙洲教学点被韶关市教育局批准为“义务教育标准化学校”，乐昌市实现义务教育标准化学校 100% 覆盖。

7　月

1 日　国家发改委城市和小城镇改革发展中心组织的调研组一行，到长来镇和村、京广高铁乐昌东站考察新型城镇化建设情况。

12 日　韶关市委副书记、市长殷焕明到大源镇调研指导库周公路硬底化工程建设工作。

14 日　韶关市副市长李欣率领住建、规划等部门领导到乐昌市调研人居环境综合整治工作。

14 日　“南粤星火路·粤北记忆”采访团先后到乐昌市博物馆、坪石大捷旧址采访。该采访团由人民日报社、解放军报社、南方日报社、韶关日报社等 20 多家中央、省、市媒体组成。

17 日　水利部水电局局长邢援越带领水利部督导检查组到乐昌市督导检查农村水电增效扩容改造和安全生产工作。

21 日　乐昌市工会第十三次代表大会在市政府礼堂召开。

21 日　广东电视台《南粤古驿道》大型历史文化系列纪录片《西京古道》开机仪式在乐昌市政府举行。

26 日　乐昌市在产业转移工业园举办企业项目奠基暨招商引资项目集中签约仪式。与宏信精工等 8 个招商引资项目进行集中签约，乐昌市沃府新材料有限公司等 4 个入园工业项目举行奠基仪式。

28 日　2017 乐昌黄金奈李水果节开幕仪式在市区举行。

是月　乐昌市象棋运动员何媛代表广东省队参加第十三届全国运动会群众项目象棋比赛，以 5 胜 2 平积 12 分的成绩获得冠军。

8　月

9 日　全国首个非现金支付试点镇授牌仪式在九峰镇举行。

19 日　乐昌市举行“全体市民齐参与，争做文明乐昌人”暨志愿者服务活动启动仪式。

27 日　乐昌市三溪镇车头园浪头组一民房内，有位男性夏某，浈江区犁市镇人，因家庭纠纷，持刀将其岳父邝某红、岳母李某宜、姨妹邝某香及一名小孩劫持，杀害李某宜，伤害邝某红和邝某香。接报后，韶关、乐昌两地刑警和特警队员立即赶赴现场处置，当场击毙犯罪嫌疑人。

28 日　以“凝聚乡情携手共赢”为主题的 2017 珠三角韶商经贸合作交流会在乐昌市碧桂园凤凰酒店举行。

是月　五山镇红军长征临时指挥所成功申报韶关市社会科学普及基地。

9　月

6 日　梅花镇被评为“广东省技术创新绿色蔬菜种植专业镇”。

16 日　韶关市农村科普示范基地与乐昌市兰花产业扶贫示范基地在乐昌市昌德兰花有限公司举行挂牌仪式。

18 日　韶关市第二届“竹林堂杯”篮球联赛总决赛在乐昌市体育馆落下帷幕，该赛事从 8 月 12 日开始，历经 1 个多月。共有来自乐昌、武江、始兴等 8 个县市区的代表队参加，经过 30 余场比赛，乐昌辉腾队夺得冠军。

27 日　乐昌市广播电视大学更名为乐昌开放大学。

27 日　新建乐昌市第二人民医院工程项目正式开工。

10　月

12 日　广东省政府办公厅与碧桂园集团共建和村“美丽乡村”项目开工仪式在长来镇和村举行。

30 日　乐昌市在产业转移工业园举行第二批集中动工项目奠基暨招商引资项目集中签约仪式。乐昌市政府与新引进的 6 家企业签约，乐昌市耀晟金属制品有限公司等 11 家企业举行集中奠基仪式。

是月　乐昌市梅花、沙坪、庆云镇被广东省教育厅授予“广东省教育强镇”称号，乐昌市实现“省教育强镇（街）”100% 全覆盖。

11　月

1 日　韶关市委书记、市人大常委会主任莫高义到沙坪镇调研粤北生态特别保护区规划建设工作。

6 日　乐昌市坪石镇成立韶关首家镇级电子商务行业协会。

9 日　韶关市委常委、统战部部长黄劲东先后到乐昌市廊田镇廊田村刘家村小组、同吉店村小组和楼子脚村小组调研新农村建设工作。

9 日　韶关市推进招商引资暨产业项目开工建设督导工作现场会在乐昌市举行。

11 日　第十届广东省遥控航模大赛在市河堤广场举行。

15 日　市委副书记、市长沈河民带队赴深圳参加“湾区创新韶关加速”（2017）高峰会，乐昌市在会上签约 5 个项目。

18 日　第二届 2017 年全民健身徒步乐昌峡活动在市河堤广场拉开帷幕。

28 日　乐昌市广场舞队参加 2017 年福摩杯“舞动中国—广场舞联赛”总决赛，获 5 项大奖：自选曲目一等奖、规定曲目二等奖、团队第五名、优秀组织奖、欧向阳老师获得优秀教练员奖等。

29 日　由善学慈善基金创始人赵曾学韫和冯浩森共同捐赠 30 万元新建的善学浩森综合大楼正式落成，在梅花镇三和希望小学举办“善学浩森综合大楼”揭幕暨善款捐赠仪式。

30 日　2017 年韶关市 72 个产业项目集中奠基动工仪式（乐昌分会场）暨招商项目集中签约仪式在产业转移工业园举行。仪式上，乐昌市人民政府与中国银行韶关分行签订战略合作协议；乐昌市人民政府、乐昌产业转移工业园与乐昌生产力大厦项目等 5 个入园项目分别签订投资协议。举行韶关南方阳关节能新材料有限公司等 3 个投产企业及乐昌市宝创环保新材料制品有限公司等 18 个动工企业的投产、动工剪彩仪式。

30 日　2017 年首届全国青年“乐创杯”创业创富大赛（乐昌）总决赛暨颁奖典礼仪式在乐昌碧桂园举行，该大赛历时近 9 个月，一批优质创新创业项目脱颖而出。大赛入围决赛项目，主办方将提供免费入驻创业孵化基地、投融资对接、品牌渠道推广、“一对一”创业辅导、媒体宣传支持等系列扶持奖励政策，力促创新创业项目在乐昌落地开花。

12　月

13 日　韶关市省定贫困村创建社会主义新农村示范村工作现场会在乐昌市召开。

14 日　市委副书记、市长沈河民带队赴广州参加“广韶合作产业共建”2017 韶关（广州）招商推介会，乐昌市在会上签约 2 个项目。

18 日　中国共产党乐昌市委第十三届委员会第三次全体会议在市政府礼堂召开，会议审议通过《中共乐昌市委关于持续深入学习宣传贯彻党的十九大精神以习近平新时代中国特色社会主义思想为指引加快乐昌振兴发展的决定》，市委书记陈宏宇就持续深入学习宣传贯彻党的十九大精神作专题讲话。

20 日　乐昌市人民检察院被最高人民检察院授予“全国检察机关文明接待室”称号。

29 日　乐昌市与大朗镇共同举办乐昌市精准扶贫、产业共建系列活动暨大朗毛织品走进乐昌送温暖活动启动仪式，成功签署 3 个合作协议和 3 个招商项目。

乐昌概况

历史·地理·人文

【建置沿革】 先秦，乐昌属百粤之地。秦属南海郡。秦末，赵佗为南海尉，称帝岭南，乐昌属南越国。

汉武帝元鼎六年（前111），南越归汉，乐昌属桂阳郡曲江县地。三国吴甘露元年（265），分桂阳郡南部置始兴郡，乐昌属始兴郡曲江县地。南齐建元元年（479）拆曲江县地置灵溪县，县治在今乐昌市长来镇灵口，旧志无载。

南朝梁天监七年（508），分曲江县西北境（含灵溪县）置梁化县，治所无考（旧称郭东都），隶属于东衡州。十七年（518），分梁化县北置平石县，治所在今乐昌市西北老坪石。

隋开皇九年（589），县治迁于赵佗城（今乐昌市西南二里武水西傍）。十二年（592）废平石县入梁化县。十八年（598），改梁化为乐昌县，治所仍在今乐昌市西南二里武水西，隶属于广州。

唐，郡州变更频繁。乐昌隶属亦随之变更。

宋，乐昌隶属于韶州。北宋开宝五年（972），撤仁化县并入乐昌。咸平三年（1000），复置仁化县。南宋乾道二年（1166），乳源县建置，将县西南依化乡划乳源县。

元，设行中书省（简称行省），乐昌属江西行省广东道韶州路。

明、清，乐昌隶属于韶州府。明初乐昌县移治今乐昌市政府大院。

民国初废府制，乐昌直属广东省。民国3年（1914），乐昌隶属于岭南道。民国9年（1920），乐昌先后属北江区善后公署、北江绥靖公署。民国25年（1936）撤销绥靖公署后，乐昌属广东第二区行政督察专员公署。

1949年10月6日，乐昌解放。10月19日，成立乐昌县人民政府。1950年1月，广东省北江人民行政督察专员公署（简称“北江专署”）成立，乐昌隶属于北江专署。1952年11月，广东粤北行政公署成立，乐昌隶属于粤北行政公署。1956年改粤北行政公署为韶关专员公署，乐昌隶属于韶关专员公署。韶关地区成立后，乐昌隶属于韶关地区。

1983年6月，韶关地区与韶关市合并，以市辖县，乐昌隶属于韶关市。1994年4月28日，国务院批准乐昌撤县设市，为韶关市代管的县级市。

【行政区划】 明朝之前，行政区划无考。清康熙五年（1666）至同治十年（1871），全县分为5个乡、13个都，郭下乡管辖城南都、郭东都、郭西都；建福乡管辖河南都、柏沙都、里田都、荣村都；辛陂乡管辖辛田都、土头都；灵口乡管辖安口都、曲合都；依化乡管辖皈上都、皈下都。

清同治以后，全县分为附城、东乡、南乡、西乡、北乡、九峰、黄圃、坪石8个乡。

民国18年（1929），全县改为8个区，城内及附城为第一区，东乡为第二区，南乡为第三区，西乡为第四区，北乡为第五区，九峰乡为第六区，黄圃乡为第七区，坪石乡为第八区。

民国20年（1931），增设五山为第九区。

民国26年（1937），全县划分为3个行政区17个乡2个镇。第一区管辖附城镇、昌山乡、正东乡、上东乡、下东乡、长来乡、罗村乡、杨溪乡、五山乡、西乡等九乡一镇；第二区管辖南乡、九峰乡、大源乡等三乡；第三区管辖坪石镇、莲塘乡、京河乡、田头乡、庆云乡、庐溪乡等到五乡一镇。

民国30年（1941），全县有2个区11个乡1个镇。附城乡、西乡、五山乡、上东乡、下东乡、南乡属第一区，黄圃乡、坪石镇、皈上乡属第二区，北乡、大源乡、九峰乡直属县政府。

民国37年（1948）1月，全县分为11个乡（镇）。附城镇、西乡、南乡、北乡、五山乡、上东乡、下东乡、黄圃乡、坪石乡、大源乡、九峰乡。

1949年10月6日，乐昌解放。19日，成立乐昌县人民政府。全县设5个区，一区辖城关镇、北乡、河南；二区辖长来、安口、上、下西；三区辖廊田、五山；四区辖九峰、两江、大源、西坑；五区辖坪石、水牛湾、罗家渡、黄圃、白石、庆云。

1952年3月，为便于土地改革工作，将乳源县的四区（梅花、秀水、云岩、三溪，老坪石、坪石镇、罗家渡的部分区域）和三区的部分区域（清源、三元、岐石、新安、茶园、柘洞、太平、亚婆寮、沙坪等乡）并入乐昌。1953年土改结束后，清源、三元、岐石、新安、茶园、柘洞、太平、亚婆寮、沙坪等9个乡仍划归乳源县。

1957年7月1日，韶边瑶族自治县成立。必背、王茶、桂坑、杨溪等乡从乐昌县划出归韶边瑶族自治县管辖。1958年9月，撤销韶边瑶族自治县和乳源县，桂头、瑶山、大山、沙坪划入乐昌县。是年，全县有红旗、桂头、瑶山、廊田、坪石、黄圃、梅花、大山共8个农村人民公社。

1963年10月1日，乐昌县管辖的大桥、桂头、游溪、必背、东坪5个公社划给乳源瑶族自治县。全县辖17个公社，1个镇，161个大队。

1964年4月，增设三溪公社。1977年5月，增设罗家渡公社。1978年3月，增设两江公社。全县为19个公社2个镇，197个大队。

1983年11月，全县19个公社2个镇改为18个区公所2个镇（安口公社并入长来区公所），下辖167个乡、11个管理区、12个居委会。

1986年冬，撤销全县18个区公所和167个乡、11个管理区。设乐城、长来、廊田、北乡、九峰、坪石、老坪石、三溪、黄圃、梅花10个镇与河南、五山、大源、两江、庆云、白石、罗家渡、秀水、云岩、沙坪10个乡，乡镇下设178个村民委员会和11个居委会。1989年，全县乡镇下辖的村民委员会改为190个管理区办事处。1993年8月，河南等10个乡改为镇建置，全县共设20个镇、196个管理区、12个居委会。

1994年4月28日，国务院批准乐昌撤县设市（县级市）。7月16日，撤县设市正式挂牌，行政区划未变。2000年，镇管辖的管理区改村民委员会，全市设20个镇、195个村民委员会、12个居委会、1953个村民小组。

2002年4月12日，撤销罗家渡镇，所辖10个村民委员会，其中田头、河丰、罗家渡、长排寮、天堂5个村民委员会划归坪石镇管辖，清洞、铜山、石溪、鹿村、坪溪5个村民委员会划归梅花镇管辖。

2003年7月25日，撤销乐城、河南镇，设乐城街道办事处，管辖原乐城、河南11个居委会和16个村民委员会。撤销老坪石镇，将其管辖的15个村民委员会、1个居委会划入坪石镇管辖。全市设16个镇1个街道办事处，17个居民委员会，195个村民委员会。

2004年2月，增设坪石、梅田2个办事处。

2017年年末，全市辖16个镇、1个街道办、2个办事处，30个居民委员会（含坪石、梅田办事处10个），195个村民委员会。

【自然地理】 乐昌位于广东省北部，武江的中上游。地理位置优越，素有“广东北大门”“楚粤孔道”之称，西京古道和宜乐古道途径乐昌境内，京广铁路、京珠高速、京广高铁、广乐高速、国道107线、国道240线（原省道249线）、省道247线、省道248线纵贯境内。东与仁化县为邻，南与浈江区交界，西南与乳源县相连，北部、西部与湖南省宜章县毗连，东北与湖南省汝城县接壤。介于北纬24°57′至25°31′、东经112°51′至113°34′之间。东起五山镇青岭村委会锡坑垇，西起三溪镇丫告岭村委会欧菜冲村，南起沙坪镇八宝山老蓬顶，北起白石镇三界圩上旗头村。乐昌地势自北向南倾斜，构成北高南低的地貌，受亚热带季风气候影响，属中亚热带为主的湿润季风型气候，由于地理位置及地形因素的影响，境内各地气候差异很大。乐昌地质构造复杂，境内地层发育较全，出露的地层有震旦系、寒武系、泥盆系、石炭系、二叠系、三叠系、侏罗系、白垩系、第三系及第四系。境内群山属南岭山脉，西南部有大东山，中部有大瑶山，东北部有九峰山。

【人口·语言·宗教】 2017年年末全市户籍人口52.97万人，比上年末减少133人；常住人口41.73万人；城镇化率50.74%，比上年提高0.6个百分点。全年出生人口 8311 人，出生率 14.9‰；死亡人口 3339 人，死亡率 5.98‰；自然增长人口 4972 人，自然增长率 8.91‰。乐昌语言比较复杂，方言土话较多，有客家话、广州话（粤语）、长来话、北乡话、黄圃话、皈塘话、莲塘话、梅田话、蓝山话、楼下话、连滩话、船民话和瑶族讲的勉语方言等。乐昌宗教主要有佛教、基督教、天主教。依法登记的宗教活动场所 8 处。其中，佛教场所 2 处（乐城西石岩寺居士林）有教徒 1000 多人；天主教 3 处（廊田镇白山天主堂、楼下圩坪村天主堂和北乡镇黄坌经堂村天主堂），有教徒约 1000 人；基督教 3 处（乐城开发区基督教福音堂、另两处分别在乐城大洞和三溪镇），有教徒 1000 多人。

【资源·物产·环境】 乐昌权属土地总面积 2419.28 平方千米，耕地面积 3.47 万公顷，粮食播种面积 2.35 万公顷，粮食产量 12.95 万吨。林地面积 18.4 万公顷，森林覆盖率 75.1%（2016 年数据），活立木蓄积量 980 万立方米。全年水资源总量 2.88 亿立方米，同比下降 2.3%。平均降水量 1468.2 毫米，较上年偏少 19.5%。全市平均灰霾天气日数 6 天，比上年增加 2 天；全年日照时数 1391.1 小时，比正常年份偏多 14.7 小时。重要矿产资源有锑、钨、铅锌、铁、硫铁、萤石矿、煤和石灰石等。土特产有北乡马蹄、张溪香芋、沿溪山白毛尖茶、九峰柑橘、九峰黄金柰李、坪石水蜜桃、秀水布朗、梅花猪、黄圃板栗等。主要旅游景点有龙王潭生态旅游区、古佛洞天风景区、金鸡岭风景区、后洞生态庄园、杨东山十二度水生态旅游区、九峰花果园、“7011”工程旅游点、五山梯田、庆云户昌山古村落、梅花大坪古村、西石岩寺、白水寨生态园、北乡九福兰花公园、誉马葡萄酒庄园、梅花百臻生态农业园、长来镇和村等。

（陈懿茜）

经济建设

【计划执行情况】 2017 年，全市地区生产总值 122.27 亿元，同比增长 4.8%；人均地区生产总值 29388 元，同比增长 4.0%；全社会固定资产投资完成 45.03 亿元，同比增长 21.2%；地方一般公共预算收入 5.91 亿元，同比增长 15.1%；社会消费品零售总额 66.42 亿元，同比增长 8.4%；预计城乡居民人均可支配收入 20110 元，同比增长 9.1%，其中城镇居民人均可支配收入 24220 元，同比增长 9.5%，农村居民人均可支配收入 13650 元，同比增长 9.0%；城镇登记失业率 2.64%；人口自然增长率 8.5‰。

【经济运行特点】 农业保持较快增长。粮食产量 13.06 万吨，肉类、蔬菜等主要农产品产量总体稳定；新增县级示范家庭农场 19 家、县级示范合作社 9 家、新申报认定农业龙头企业 8 家；“三品一标”认证产品达 45 个；全市农林牧渔业总产值 37.78 亿元，同比增长 4.3%。

工业逐步调整趋稳。新增规模以上工业企业 3 家；工业投资 15.37 亿元，其中企业技术改造完成投资 4.6 亿元；全市规模以上工业增加值 10.90 亿元，同比下降 7.1%，降幅逐季收窄。

服务业加快发展。商品房销售面积超过 80 万平方米，销售额突破 30 亿元；批发、零售、住宿、餐饮等行业零售（营业）额全面增长；全市接待游客 450.84 万人次，实现旅游综合收入 29.80 亿元，同比分别增长 15.1% 和 16.0%。

【产业结构调整】 第一、第三产业增加值分别完成 24.08 亿元、71.53 亿元，同比分别增长 4.3% 和 7.2%，第二产业增加值完成 26.66 亿元，下降 4.4%；三次产业结构调整为 19.7∶21.8∶58.5。

【固定资产投资】 项目审批制度改革继续深化，并联审批和容缺受理逐步实行，项目攻坚工作持续深入开展；新一轮农村电网改造升级、农村公路硬底化、中小河流治理、乐城一小及附属幼儿园等一批基础设施和民生领域建设项目有序推进，南方阳光、葡萄酒庄园等重大产业项目进展顺利，房地产开发投资持续发力；全市固定资产投资完成额 45.03 亿元，同比增长 21.2%，其中乐昌市年度重点建设项目实际完成投资 24.92 亿元，列入韶关市年度重点建设项目完成投资 6.38 亿元。（杨　平）

政治建设

【法治社会建设】 全面推开法治市、法治镇（街道、办事处）、民主法治村（社区）和依法治校“四级同创”活动，全市8个镇（街道、办事处）、90个村（社区、居委会）和15个学校达到省级法治创建标准。2017年，全市组织申报法治惠民工程项目23个。完善市、镇、村三级法律服务平台，各镇（街道、办事处）成立公共法律服务站，推进一村（社区）一法律顾问工作，律师业务在韶关市各县（市、区）排名第一。全市实现“互联网+村居法律顾问”法律服务模式。召开“韶关市县级法学会建设推进会暨乐昌市法学会第一次会员代表大会”，选举产生乐昌市第一届法学会理事会和领导机构，选举产生乐昌市法学会第一届理事会会员55人。

【深化行政审批制度改革】 推广“一门式”“一网式”政府服务模式改革。做好2016年度行政许可实施和监督管理情况年度报告工作，对纳入目录管理的32个单位行政许可实施及监督管理情况进行检查。深化行政审批制度改革和规范行政审批中介服务工作，完成乐昌市第二批中介服务清理规范工作；完成2017年版乐昌市行政许可事项目录和2017年版乐昌市政府部门权责清单的动态调整工作。

【规范性文件管理】 2017年，乐昌市法制局严把规范性文件审核关，规范全市各级行政机关的行政执法行为。全年审核以市政府或市政府办公室名义发布的规范性文件1件，并及时上报韶关市人民政府和乐昌市人大常委会备案。

【主动公开政府信息】 2017年，通过乐昌市公众信息网发布市政府规范性文件、政府公报、政务动态、乐昌要闻和人事招考等信息5685条。通过政府信息公开平台主动公开政府信息5905条。通过重点领域公开专栏公开信息数1415条。全年回应公众关注热点或重大舆情数11条；通过微博微信回应事件数66条；通过其他方式回应事件数28条。

精神文明建设

【巩固省文明城市创建工作】 2017年，乐昌市再一次成功创建省文明城市。在创文过程中，成立巩固省文明城市迎检工作领导小组及巩固省文明城市迎检工作领导小组办公室，全力抓好广东省2016—2017年文明城市创建工作。制定《乐昌市巩固省文明城市创建工作方案》《乐昌市巩固省文明城市迎检工作责任分工》《乐昌市2017年广东省县级文明城市实地测评标准》等文件，先后召开全市文明创建工作动员会议、文明创建工作专题会议、文明创建工作推进会等会议，凝聚全市力量参与文明创建工作。在文明创建工作过程中，全市建立“条块结合”的文明创建工作机制。制定印发《乐昌市2017年市领导挂点社区巩文责任分工实施方案》和《市领导督查巩文专项工作制度》，建立奖惩制度，将文明创建绩效考评纳入市直单位机关绩效考评和镇（街道）工作绩效考评指标。

【核心价值观与公民道德建设】 乐昌市文明办组织开展系列社会主义核心价值观进学校、进社区、进机关、进车间、进公园、进农村等主题实践活动；每月开展一次道德讲堂总堂活动；围绕“建设文明城市，共创善美乐昌”，举办乐昌市首届“乐昌十佳好人评选活动”；全市上下广泛开展志愿服务活动；积极开展学雷锋活动和“我们的节日”系列主题活动。

【城乡文明共建】 开展2016—2017年度乐昌市文明单位（村镇）检查考评工作，积极申报韶关市一级文明镇街、文明单位等评选工作，形成城乡共建工作格局。

社会建设

【民生保障】 2017 年，全市民生支出完成 26.57 亿元，同比增长 16.81%，占一般公共财政预算支出的 82.44%。投入省十件民生实事资金 1.94 亿元，同比增长 14.79%。城镇新增就业 3236 人，完成全年任务的 101.1%；城镇失业人员再就业 3018 人，完成全年任务的 100.6%，就业困难人员就业 286 人，完成全年任务的 102.1%。年末全市城镇登记失业率 2.64%，控制在 3.5% 以内。城镇居民人均可支配收入 24224 元，同比增长 9.5%；农村居民人均可支配收入 13526.2 元，同比增长 8%。年末全市城镇职工参加基本养老保险（含离退休）人数 59910 人，比上年增长 42%。在册低保对象 7267 人，其中，城镇 1088 人，农村 7197 人（含五保对象 1018 人）。低保资金（含各类补贴）支出 3141.49 万元。城镇、乡村低保平均标准分别为每人每月 580 和 400 元，分别比上年增长 29.3% 和 35%。获得生活补助的城乡低收入家庭持证重度残疾人 3153 名，发放补助金额 724.44 亿元。全年支出医疗救助金 499.97 万元，比上年增加 113.3 万元，救助 11192 人次。年末拥有社会福利机构 18 所（敬老院 17 所，社会福利院 1 所），敬老院床位 758 张，敬老院在院人数 307 人，福利院床位 200 张，在院人数 127 人。

【社会组织建设】 2017 年，新增社会组织 17 个，至年末，全市共有社会组织 223 个，其中，社会团体 138 个，民办非企业单位 85 个。鼓励支持机关事业单位人员和社会人士参加社会工作职业资格考试，全市持证的社会工作者有 310 名，促进社会建设工作队伍不断向专业化发展。

生态文明建设

【营林绿化】 全年完成造林更新面积 5708 公顷，同比增长 27.5%，其中，人工造林 1535 公顷。全市森林幼苗抚育面积 5000 公顷。完成义务植树 90 万株。完成森林碳汇重点生态工程建设造林类任务 626.67 公顷；完成生态景观林带 56 千米、224 公顷补植和抚育追肥工作；完成 20 个自然村的绿化美化工作，其中新建 10 个，补植 10 个；完成南塔省级森林建设及验收工作及两个镇级森林公园建设任务。全市规划实施封山育林面积 12.87 万公顷，其中全封区 10.2 万公顷，半封区 2.07 万公顷、轮封区 6000 公顷。

【污染物减排】 化学需氧量、氨氮、二氧化硫、氮氧化物排放总量分别控制在 4366 吨、516 吨、3364 吨、3395 吨以内。完成坪石发电 B 厂 4#、5# 机组烟气超低排放工程。完成 3 家规模化养殖场配套污染治理工程建设及农业源减排台账资料的上报送核工作。全年检查排污企业 347 家次，出动 1354 人次，立案处罚环境违法案件 17 宗。2017 年排污费征收入库额 365.79 万元。

【林业生态保护】 2017 年，乐昌市开展 4 次严打专项整治行动，查处各类森林案件 110 宗，其中立刑事案件 32 宗，刑事拘留 8 人，取保候审 5 人，批准逮捕 5 人，移送起诉 34 人；立治安案件 3 宗；立林业行政案件 75 宗，处罚违法人员 63 人，为国家挽回经济损失 57 万余元。

中共乐昌市委员会

重要会议

【市委十三届二次全会】 中国共产党乐昌市第十三届委员会第二次全体会议于2017年2月17日召开。全会由市委常委会主持。全会深入学习贯彻党的十八届六中全会和中央经济工作会议精神，认真落实省委十一届八次全会、省委经济工作会议和韶关市第十二次党代会、韶关市委工作会议的决策部署，总结2016年工作，部署2017年任务。全会听取和审议陈宏宇代表市委常委会所作的《抢抓机遇求突破，加快落实促发展，筑牢决胜全面建成小康社会坚实基础》的工作报告和沈河民关于经济工作的讲话。

【市委十三届三次全会】 中国共产党乐昌市委第十三届委员会第三次全体会议于2017年12月18日召开。全会由市委常委会主持。全会深入学习宣传贯彻党的十九大精神、省委十二届二次全会精神和韶关市委十二届五次全会精神，审议通过《中共乐昌市委关于持续深入学习宣传贯彻党的十九大精神以习近平新时代中国特色社会主义思想为指引加快乐昌振兴发展的决定》，陈宏宇就持续深入学习宣传贯彻党的十九大精神作专题讲话。

附：中共乐昌市委领导班子成员名单

市委书记：陈宏宇

市委副书记、市长：沈河民

市委副书记、政法委书记：邬贤有

市委常委、宣传部部长、统战部部长：夏　娟（女，—12月）

市委常委、组织部部长：陈继平

市委常委、常务副市长：宋在军（—12月）

黄艺坤（12月—）

市委常委、武装部部长：雷红江

市委常委、坪石镇党委书记：刘允曾

市委常委、乐城街道党工委书记：万广平

市委常委、纪委书记：邹有胜

市委常委、市委办公室主任：林柏居

市委常委、副市长、大朗乐昌对口帮扶指挥部总指挥：曾　悦

中共乐昌市委办公室

【概况】 市委办公室为市委工作部门。2017年，机关行政编制31名，后勤服务编制3名。其中，主任1名（由市委常委兼任）、副主任3名。内设秘书股、政策研究室、市委督查室、党史研究股、保密股、信访股、新闻信息股、绩效考评管理股、文电法规股、改革综合股。下设市委机要局（密码管理局）。主要工作是围绕市委中心工作，督促检查上级党委重要工作的贯彻落实，传达、催办、落实市委指示，承办、协办市委各类会议和重要活动，综合协调办文、办会、办事工作，建立健全审核、校对、印发文件制度，严格把握好政策、法律、格式和文字关，提高公文质量。统筹协调做好秘书、政策研究、督查、信访、保密、党史研究、信息工作。

【办文办会】 2017年，共核稿文件423份，核稿编号文件237份，完成文件报备24份，办理传阅文件近1900件。加强与有关部门的协调，落实好会议通知、会场布置、会议签到等有关事项。共承办会议197个、协办会议277个。

【日常事务】 及时处理领导交办事项和各种文件材料，共接转领导信件及转送各类文件材料2300

件次，电话通知680个2000人次，复印文件4万张，打印文件5万份。

【**制度建设**】 坚持把完善制度、创新机制、强化管理作为激发办公室活力，推进办公室工作规范化、科学化和高效化的有效手段。成立文电法规股，设立法律顾问室，进一步规范办公室工作。

【**档案管理**】 做好2016年度中央、省委、韶关市委文件的收集、整理、归档工作，共归档文件856件。

【**综合协调**】 及时与各部门、科室协调沟通，确保全市各类会议的顺利召开。承担起《中共乐昌市委基本工作制度汇编（2012—2015年）》的整理编印工作。草拟2001—2004年资料年报工作。积极参与桃花节、招商引资洽谈（签约）、重点项目调研等各类活动组织工作。

（龚国梅）

附：市委办公室领导班子成员名单

市委常委、市委办公室主任：林柏居

市委办公室主任科员、市信访局局长：

肖　云（11月—）

市委办公室副主任：陈孝生

彭祥林

李志龙（9月—）

政策研究工作

【**综合材料撰写**】 完成市委十三届二次全会报告、市委十三届三次全会报告、国家发改委等部委专家组来乐考察调研新型城镇化工作情况报告、在韶关市委常委会上专题汇报县域经济发展等重要文稿和市“两会”、全市干部大会、精准扶贫工作会议等重要会议的领导讲话、汇报、文件的撰写工作，共300余篇，100多万字，其中，领导讲话稿50多篇，汇报材料20多篇、市党政班子（市委常委）会议及各类专题会议纪要35篇、《乐办通报》5期、其他材料50多篇。

【**调研活动开展**】 围绕市委十三届二次全会、市委十三届三次全会、市委十三届四次全会报告和相关材料的起草工作，联合市政府办，先后组织开展2次大型专题调研，为起草好全会报告和材料打下坚实的基础。积极配合上级部门开展各种专题调研活动，形成调研报告报送上级部门。主动学习外地先进经验做法，组织政研室全体干部前往仁化及省外县（市、区）考察调研，拓宽视野和思路。

【**新闻信息报送**】 全年审核修改电视台新闻稿83篇，在省、韶媒体刊登新闻21篇。围绕市委中心工作和重点工作，及时反映全市各方面的创新性举措和经验做法及突出事件情况，做好党委信息和重要紧急信息报送工作，为上级党委全面了解情况、及时准确作出决策提供重要依据。全年上报党委信息90余篇，其中《韶关信息》采用27篇。

【**改革统筹协调**】 完善改革工作运转机制，及时调整市委全面深化改革领导小组和各专项小组成员名单，报请新增改革综合股，进一步健全改革组织机构设置。强化改革督办协调，按时收集汇总各项改革任务落实进度、存在问题及对策措施，以便市委及时掌握各项改革任务推进落实情况。

（范锦标）

党史工作

【**出版《乐昌党史》（红军长征胜利80周年专刊）**】 2017年6月，出版发行第43～45期《乐昌党史》（2014—2016年合订本）——纪念红军长征胜利80周年专辑。该刊主要登载市委、市政府主要领导的重要讲话、红军长征经过乐昌的革命斗争史及有关专题研究的史料等，约10万字。

【**编纂《中国共产党乐昌地方史》（第三卷）**】 2017年6月，正式启动《中国共产党乐昌地方史》第三卷的起草编纂工作，截至2017年年底，完成初稿30余万字。

【搜集史料】 陪同知名作家前往长征经过地龙王潭寻找写作素材；为正在建设中的“红军长征粤北纪念馆”整理收集乐昌方面有关红七军、红军长征的文史资料。（叶云峰）

保密工作

【概况】 中共乐昌市委保密委员会办公室与乐昌市国家保密局实行一个机构、两块牌子，是市委保密委员会的办事机构，又是市政府保密行政管理部门，由市委保密委员会领导，市委办公室代管，主要负责指导协调全市保密工作，监督检查《中华人民共和国保密法》及其他保密法规、制度的实施，参与（组织）查处重大泄密事件。

【保密工作“三大”管理】 推进涉密人员管理，核准确定全市涉密人员和涉密岗位。推进网络保密管理，经核查全市有22台备案在册的涉密计算机；进一步加强互联网信息发布、传输平台的保密管理，完成全市93个单位的官网、政务微博、微信公众号、OA系统、互联网政务邮箱、IP地址段的登记工作；对重点骨干网络进行涉密属性、覆盖范围、网络类型等方面的专项检查。推进定密管理，指导涉密单位明晰定密权责、规范定密程序。

【依法行政】 2017年，完成37项保密权责清单的制定和完善，其中行政许可1项、行政处罚4项、行政强制2项、行政检查1项、行政确认2项、行政奖励1项、其他26项；完成“信用乐昌”行政许可和行政处罚“双公示”目录；完成行政许可事项确认和标准化录入工作；收缴涉嫌泄密硬盘4个；查处保密严重违规事件1宗；加大对各类考试的检查督促，参与高考、粤东西北事业单位公开招聘、市纪委选调工作人员、安监员、残疾人专员等考试的保密管理，保证考试的顺利进行。

【会议及培训】 5月24日，召开市委保密委全体会议暨全市保密工作会议，传达学习习近平总书记关于保密工作的重要讲话精神和省、韶保密工作会议精神，总结全市保密工作，部署保密新任务。10月20日，举办全市定密责任人培训班，并进行考试。

【宣传教育】 在全市“纪律教育学习月”活动中，同步开展保密形势、保密法制、保密纪律、保密警示教育，充分利用有线电视、报纸、杂志、政府网站等宣传媒体，宣传报道全市保密工作开展情况和各种保密活动。2017年，全市共征订保密宣传教育图文视频资料594份、《保密工作》112份、《保密科学技术》26份。

【技术防范】 2017年，配备涉密、非涉密计算机终端保密技术检查专用工具（升级版）1套、移动信息通讯干扰器2台；市委常委会议室、市政府常务会议室各配备1个手机存放柜；全市配备电脑密码保密柜9个；移交4个工作硬盘到韶关涉密载体临时销毁基地进行消磁。

附：市委保密委员会办公室（国家保密局）领导班子成员名单

主　任：邬贤有
副主任：宋在军（—12月）
　　　　黄艺坤（12月—）
　　　　林柏居
　　　　陈孝生
局长、专职副主任：陈良发

（许剑波）

组织工作

【概况】 中共乐昌市委组织部是市委管理乐昌市党的基层组织建设和干部队伍建设的职能部门，承担着乐昌市的党员教育管理、党费收缴和管理使用、党员组织关系接转、党的基层组织建设调研、科级干部的调整配备、干部培养和选拔任用和市、镇、村三级换届的组织领导等工作任务。内设办公室、干部组、组织组、调研信息组、干部教育（人才）监督组、党员电教组。机关编制23名，其中行政编制21名，后勤服务人员编制2名。2017年年末，实有公务员18人、后勤服务人员1人；下属事业单位乐昌市农村党员干部现代远程教育中心，事业编制3名，年末实有人员2人。

【学习贯彻习近平新时代中国特色社会主义思想和党的十九大精神】 研究印发《中共乐昌市委关于持续深入学习宣传贯彻党的十九大精神以习近平新时代中国特色社会主义思想为指引加快乐昌振兴发展的决定》。乐昌市四套领导班子成员到基层一线开展宣讲65次。组织召开全市副科级以上单位主要领导学习大会，举办科级干部专题、公务员全员培训班和基层党组织书记专题培训班，分期分批分层次对全市党员领导干部进行集中轮训。开展“百场宣讲”活动，指导各镇（街道、办事处）采用“直联送学”方式，深入企业、学校、农村、社区开展宣讲700多场次。开展“五个一”（制定一个计划、组织一次专题党课、记好一本学习笔记、撰写一篇学习体会、开展一次主题党日活动）专题学习教育活动，全市179个党（总）支部开展支部主题党日活动，78个机关事业单位党组织积极履职践诺。

【“两学一做”学习教育】 2017年，各级党委（组）组织专题学习交流研讨336次，各党（工）委、党组书记为基层党组织讲党课212次。组织全市23125名党员参加“两学一做”网络考学，参考率100%。出台《乐昌市关于认定不合格党员的具体标准（试行）》，全市共处置不合格党员16人。

【村级“两委”换届】 乐昌市村级“两委”换届工作于6月13日全面完成，215个村（社区）共产生新一届村（社区）“两委”班子成员914名。其中，致富带头人163名，外出务工经商返乡人员38名，退伍军人56名，大专及本科学历208名；选出女干部278人，其中，女党组织书记17人，兼任村（居）委会主任16人，每个村均配备1名妇女干部，村委会主任女性比例超出韶关5%的要求；35岁左右的年轻干部162人；村（社区）“两委”成员交叉任职率为93.49%，村（社区）党组织书记、村（居）委会主任“一肩挑”比例为95.35%。组织215名新一届村（社区）党支部书记进行为期4天的全员集中培训、选派17名党支部书记参加韶关支部书记培训班、鼓励65名村（社区）党组织书记参加大专及以上学历教育。落实青苗培养工程，从优秀党员中选拔村级班子后备人选593人。严格执行“镇选村培”的发展党员模式，遴选党员培养对象685名，发展党员140名，其中具备大专以上学历39名，35岁以下77名。

【基层党建】 围绕新农村建设大局，突出基层党组织战斗堡垒作用。发挥基层党组织战斗堡垒作用和党员先锋模范作用，不断推进新时期精准扶贫、人居环境整治、新农村建设等农村中心工作，开拓以党建引领乡村振兴发展的新局面。进一步推广“党员致富带头人结对帮扶，实行一户一策”抓党建促扶贫的“黄坌模式”，乐昌市600名党员致富能手结对帮扶贫困户1860多户，有300多户贫困户在党员致富能手的帮助下确立致富项目。

紧扣基层治理中心任务，突出基层党组织领导核心作用。全面深化镇（街道）领导干部驻点普遍直接联系群众工作制度，乐昌市225个驻点团队共走访14万多户，解决问题1265个；开展软弱涣散村级党组织整顿工作，完成13个软弱涣散村（社区）党组织45项整顿任务；拖欠被征地农民的征地补偿、整治农村土地“三乱”问题、农村集体“三资”清理等工作于上半年全面完成；234个村级公共服务站正常运转；农村土地承包经营权确权登记稳步推进；深化社会矛盾排查，六大领域专项治理共收到信访242件，均准时办理答复；市领导包案的74件矛盾纠纷化解60件，稳控14件；排查违纪违法线索325条，受理涉农领域职务犯罪线索10件。

【干部激励与约束】 进一步细化政绩档案报送的人员范围、程序、方法等要求，使政绩档案真正成为凭实绩用人的重要依据。2017年，乐昌市共向韶关市委组织部报送韶关市管干部政绩档案人选16人次。42名科级干部因在村级换届工作中取得突出工作业绩被列入乐昌市干部政绩档案。制定《乐昌市市管领导干部考验性管理意见（试行）》，在考验期内，对考验性管理对象的思想动态和工作情况进行全面跟踪，确保工作取得实效。乐昌市共有13名市管科级干部因在村级换届中工作落实不力被列为考验性管理对象。

【干部教育培训】 在公务员（含参公人员）范围内实行干部教育培训学分制，并把得分情况作为干部考核提拔的重要依据。积极举办各类主体培训班、专题培训班、专题党课、警示教育、专题讲座等，实现副科级以上领导干部培训教育的全覆盖。2017年，共选派36名县处级干部和57名科级干部到省、韶接受各类学习培训，培训本级干部3100人次。

【干部选任】 严格执行动议、民主推荐、考察、讨论决定和公示任职等干部选任程序，注重考察干部的“德”，全面客观了解考察对象的真实情况。着力加强领导班子分析研判，对科级领导班子及市管干部进行动态跟踪，及时了解干部思想状况和工作表现，科学拟定领导班子调整配备预案。2017年，乐昌市共对59个市直单位的领导班子进行分析研判，提拔科级干部80名。

【干部管理监督】 完善干部监督联席会议制度、干部考察考核制度、领导班子及领导干部状况定期分析制度，建立健全跨部门的干部监督信息网络，实现干部信息资源共享。结合换届考察、平时考察、群众来信来访等情况，有针对性地开展谈心谈话活动，加强经常性的警示教育，对干部出现的苗头性倾向性问题及时咬耳朵、扯袖子。2017年，共发出《函询通知书》3份、《提醒通知书》4份。

【人才工作】 大力引进培养各类人才。乐昌市共柔性引进各类人才68人，其中研究员8人，博士16人，硕士35人。根据《韶关市百名享受市政府特殊津贴人才选拔管理实施意见》要求，认真做好申报工作。向韶关市报送10名人选，其中7人入选首期享受市政府特殊津贴人才初步人选。加大党政人才交流学习力度，在与东莞大朗对口帮扶工作中，两地互派干部挂职学习19人次。

主动优化人才发展环境。加强人才经费保障，出台《乐昌市人才工作专项资金使用管理办法（试行）》，将人才发展资金纳入财政年度预算，及时、足额落实各类人才的津补贴。积极营造“大众创业、万众创新”的良好氛围。

积极培育特色实用人才。积极推进省“扬帆计划”项目“乐昌市南方落叶果树特色产业人才培育工程”，投入农业人才专项经费610万元，从省果树所引进工作专家6人，其中，研究员3人，博士2人，硕士1人，培育各类技术人才235人、示范户691户，培训果农1.5万人次。2017年，全市种植柰李、油桃、水晶梨等特色落叶果树6666.67公顷，果树种植人员7万余人，年产值10亿元以上。落叶果树产业成为乐昌市农业主导产业，乐昌市打造优质落叶果树特色产业被韶关市列入现代特色农业五年行动计划重大发展项目。（李　坤）

附：中共乐昌市委组织部领导班子成员名单

部　长：陈继平

副部长：蔡立新（—7月）

陈东旺

李正恒

邱华松（7月—）

宣传工作

【概况】 中共乐昌市委宣传部行政编制14名，事业编制2名，行政工勤编2名。内设5个职能股室：办公室、理论股、宣传股（挂外宣办、国防教育办牌子）、新闻文艺股、市精神文明建设委员会办公室。市委宣传部讲师团为部直属单位，副科级建制，与理论股合署办公；市舆情监控中心为部直属单位，副科级事业单位建制；市文联和市社科联均为正科级事业单位（参公管理），挂靠市委宣传部。2017年，在职干部职工14人，其中行政干部11人，事业编制1人，行政工勤编2人。

【理论学习】 2017年年初，制定印发《乐昌市2017年各级党委（党组）中心组理论学习意见》

《关于2017年全市理论学习安排的通知》《2017年度乐昌市党委（党组）理论学习中心组学习制度》等文件，突出以习近平总书记系列重要讲话精神和治国理政新理念新思想新战略及对广东工作的重要批示精神的学习、习近平关于意识形态工作系列重要讲话精神的学习、省第十二次党代会精神等内容为学习重点。征订下发《新形势下网络舆情的形态与应对》《习近平总书记关于意识形态工作的重要讲话汇编》《习近平的七年知青岁月》《党的十九大报告辅导读本》等理论学习资料一批。先后邀请韶关市委讲师团成员、韶关市委党校教研室副主任田千山，韶关市委讲师团成员、韶关市委党校副校长杨斌，韶关军分区政治委员郭伟健，省网信办专职副主任曾胜泉等专家学者到乐昌市作专题辅导报告。截至2017年年底，市委中心组共组织召开各类报告会、专题讲座、研讨会议等17场。先后成立学习贯彻十八届六中全会精神、习近平总书记重要批示精神、省第十二次党代会精神、党的十九大精神等宣讲团，深入基层开展理论学习辅导报告100多场次。

【新闻宣传】 抓好户外宣传，加大对习近平总书记对广东工作作出重要批示、喜迎党的十九大召开、党的十九大精神以及建设文明城市、高铁东站启动等重要内容的宣传力度，利用248块电子显示屏滚动播放宣传标语66万多条（次），在市区主要交通路口和高速公路路口处制作29次大型宣传牌。抓好主题宣传，在2017年“桃花节”活动期间及乐昌市举办的4次招商引资项目集中签约会上，邀请中央电视台、广东广播电视台、韶关广播电视台、《南方日报》、《羊城晚报》、《广州日报》、《韶关日报》等各大媒体进行全方位多角度的宣传报道。抓好媒体宣传，利用《南方日报》《南方都市报》《韶关日报》重点版，刊发10期关于乐昌市经济社会发展、乐昌东站投入运营、巩固省级文明城市、民生事业发展等专版，2017年，累计在中央级媒体刊发稿件40余篇，省级媒体刊发稿件100余篇，地级媒体刊发稿件500余篇，总体情况稳中有升。

【文化建设】 2017年，市文联出版第九期《乐昌文艺》杂志，组织各协会参加“南粤书香节·韶关分会场”活动，开展送福进万家、送春联、“结对子，种文化”精准扶贫文艺采风等活动，与市文广新局等部门联合主办各种文艺活动10多次，市文联下属各协会全年开展活动60多场次。

【舆论引导】 市舆情监控中心认真做好网络舆情信息的监控、研判和网络舆情事件的处置工作。在重大会议、重要庆典活动、重大项目建设期间，安排专职人员做好24小时监控，落实舆情汇报工作制度。截至2017年年底，市舆情监控中心共监测涉及乐昌市的舆情事件12起，成功处置12起。坚持把网络舆论作为正面引导意识形态领域的重要工作，积极配合韶关市网信办做好网评工作，进一步净化网络环境。（钟嘉慧）

附：市委宣传部领导班子成员名单

部　长：夏　娟（女，—12月）
副部长：罗忠德（兼任市文联主席）
　　　　王　卫（兼任市社科联主席）
　　　　欧建军（7月—）

统战工作

【概况】 中共乐昌市委统一战线工作部是市委主管统一战线的职能部门，内设办公室、党政股和台湾工作办公室。民族宗教事务局与统一战线工作部合署办公。2017年有编制人数6人，其中部长由乐昌市委常委兼任。

【多党合作事业】 进一步密切党委与各民主党派、工商联、无党派人士、新的社会阶层人士的联系。制定《加强党外干部培养选拔工作的意见》《市政府有关部门对口联系各民主党派工作计划》。加强党外干部的教育培养，全年共选送4名民主党派基层组织骨干参加韶关市社会主义学院培训。积极引导民主党派发挥参政议政作用，由党派成员组成民生课题小组，围绕中小学教育、医疗卫生等问题开展深度调研，全年多次向人大、政协提出议案，供市委、市政府作为决策参考。

【非公经济统战工作】 巩固和发展“五好”（领导班子好、会员发展好、商会建设好、作用发挥好、工作保障好）县级工商联成果，加强和改进新形势下工商联工作，制定《市委统战部关于加强基层商会建设工作的意见》，进一步完善商会自身建设。坪石镇商会召开第四届第一次会员代表大会，黄圃镇和五山镇于7月、9月分别成立商会。

【港澳台及海外统战工作】 加强与香港乐昌同乡会、乐昌市海外联谊会的联系、交流，6月，香港乐昌同乡联谊会在香港举行联谊交流晚会暨庆祝回归20周年联欢活动。积极为香港爱心人士参加乐昌市慈善活动牵线搭桥，7月，香港房屋工会大联盟、香港乐昌同乡会爱心人士到乐昌敬老院开展爱心活动。做好对台工作，乐昌市台办开展全市台胞台属调研统计，增强与台胞台属交流联系，开展困难台属春节慰问活动。台办人员参加赴台学习交流，进一步提高对台工作水平。协助省委台办驻五山镇小山村开展新时期精准扶贫工作。

【民族工作】 抓好民生项目落实，争取资金帮助下西坑村新装20盏太阳能灯；做好少数民族考生中考加分审核，为符合条件的12名少数民族考生办理加分；做好乐昌市少数民族聚居区少数民族大学生资助金的申报工作，全市共3名少数民族大学生享受资助金。加强与市扶贫办的对接，做好少数民族贫困户的帮扶工作。联合开展“除隐患、抓规范、保稳定”专项工作，对在乐昌市务工经商的涉疆少数民族人员进行排查，向他们宣传民族政策和法制教育。

【宗教工作】 加强对宗教场所、教职人员、宗教活动的日常管理，建立宗教场所安全生产领导机制，在全市组织开展安全生产大排查大整治专项行动，多次联合消防大队对乐昌市宗教场所进行消防安全检查。完成全市活动场所登记及宗教教职人员的系统录入工作。在全市集中开展宗教领域风险点排查和评估，定期向上级报送民族宗教领域社会风险隐患排查情况及台账，制定重大活动、敏感节点突发事件应急预案。协助乐昌市宗教活动场所解决实际困难，协调妥善解决西石岩寺与江湾村村民饮用水长期纠纷问题。引导宗教界人士积极参与社会慈善公益活动，在2017年“广东扶贫济困日”活动中，各宗教教职人员和广大信教群众共筹得善款2万多元。

（李君仪）

附：市委统一战线工作部领导班子成员名单

部　长：夏　娟（女，—12月）
副部长：毛志鹏
　　　　孔丽霞（女）
民宗局局长：毛志鹏
副局长：李志红（女）

老干部工作

【概况】 中共乐昌市委老干部局内设办公室、老干部活动中心（老干部大学合署办公）。人员编制10人，其中局长1人、副局长2人、主任2人、科员1人、工勤人员4人。

【落实老干部政治待遇】 完善各项制度，在政治上尊重老干部，市里召开重大会议均邀请老干部代表参加。市委、市政府每年向老干部通报一次工作情况。2017年，为老干部订阅《秋光》杂志1124份、《中国老年报》29份，老干部活动中心阅览室订阅了各类党报党刊等文娱杂志75多份。印发《广东省老干部“我最喜爱的习近平总书记的一句话”100句和“畅谈十八以来变化、展望十九大胜利召开”正能量微语100句》小册子2000本发放给全市离退休干部。

【落实离休干部生活待遇】 着重抓好离休干部“两费”（离休费、医药费）的落实和兑现。全年慰问住院老干部63人次。对全市离退休干部及居住外地的原四套班子离退休老领导进行春节慰问。对全市新中国成立初期参加革命工作的30名退休干部给予补助。组织全市副处级以上退休干部到市人民医院进行身体健康检查。

【开展各项活动】 1月19日，乐昌市离退休干部经济社会发展情况通报会。2月15日，举办乐昌市离休干部集体祝寿会。4月18日，召集全市离退休干部“畅谈十八大以来变化、展望十九大胜利召开”正能量座谈会。6月6日，全省老年大学协会中部地区协作组联席会议在市委老干部局召开。6月21日，由市委老干部局与市文广新局联合举办“我最喜爱的习近平总书记的一句话”100句和“畅谈十八以来变化、展望十九大胜利召开”正能量微语100句（“双100名”）书法大赛。6月29日，市老干部大学在老干部活动中心举办庆祝“七一”暨期末汇报演出活动。7月18日至21日，举行第三十二届老干部运动会，设有象棋、麻将、天九、扑克、飞镖等项目。7月28日，老干部大学学员与驻地部队举行庆祝“八一”建军节军地联谊晚会。8月22日至24日举办老干乒协第二届乒乓球比赛。9月19日至27日，参加韶关市第六届老年人运动会，5支代表队，其中男子获得单打冠军，男乒乓球、排舞、象棋分别获得团体一等奖；女乒乓球、太极拳（剑）、门球分别获得团体二等奖。10月18日，组织部分离退休干部和本局全体干部职工观看中国共产党第十九次全国代表大会开幕式。10月27日，组织离退休干部及副处待遇以上退休干部开展重阳节游园活动。10月31日至11月2日，举行第三十二届老干部门球赛。11月16日，

2017年6月6日，广东省老年大学协会中部地区协作组联席会议在市委老干部局召开

（陈锦妹　摄）

组织离退休干部传达学习党的十九大会议精神及参观考察市张滩水电站闸坝工程建设。12月5日，省委老干部局副局长钟铨、韶关市委组织部副部长、市委老干部局局长陈熙及乐昌市委老干部局局长陈华山等相关人员到乐昌市坪石镇陈家坪村实地调研考察精准扶贫工作。12月25日，市委老干部局联合市委组织部、市直属机关工委及市妇联等单位在市委老干部局多媒体室联合举办学习贯彻党的十九大精神宣讲会。

【关心下一代工作】 全年共筹得助学款130.1万元，资助大学生89人、高中生373人、初中生69人，小学生52人。

（陈锦妹）

附：中共乐昌市委老干部局领导班子成员名单

局　长：陈华山

副局长：邓广明

　　　　李　慧（女）

机构编制

【概况】 乐昌市机构编制委员会办公室单独设置于2010年5月21日，正科级单位，既是市委工作部门，又是市政府工作部门，列市委机构序列，办公地址在市政府大院办公楼二楼。2010年7月14日，市委办印发《乐昌市机构编制委员会办公室主要职责、内设机构和人员编制规定》的通知，内设3个股室：综合股、机构编制和体制改革股、监督检查股。设直属行政机构1个：事业单位登记管理局，副科级。2017年6月1日，机构编制和体制改革股更名为机构编制股，并设立行政审批制度改革股。调整后，市机构编制委员会办公室核定行政编制13名，后勤服务人员数2名。2017年年末，在职人员11人（含后勤服务人员1名）。

【深化行政审批制度改革】 继续深入推进“放管服”改革，积极推广“一门式”“一网式”政府服务模式改革，印发《2017年乐昌市推进简政放权放管结合优化服务转变政府职能的工作要点》，对乐

昌市推行“一门式”“一网式”政府服务模式改革工作及简政放权工作的责任分工、有关要求等作明确规定。做好2016年度行政许可实施和监督管理情况年度报告工作，对纳入目录管理的32个单位行政许可实施及监督管理情况进行检查。继续深化行政审批制度改革和规范行政审批中介服务工作，完成乐昌市第二批中介服务清理规范工作；完成2017年版乐昌市行政许可事项目录和2017年版乐昌市政府部门权责清单的动态调整工作。全面完成行政许可标准化系统录入工作，完善行政许可标准化内容，提高办事指南和业务手册准确度，协助市行政服务中心、市信息中心做好标准化在“一门式”“一网式”改革工作中的应用工作，形成本级事项目录和标准库。

【深化机构和行政体制改革】 围绕确保食盐质量安全和供应安全，因地制宜改革完善乐昌市食盐监管体制，制定《乐昌市食盐监管体制改革实施方案》，进一步强化和落实政府监管职责，建立健全监管体系，维护市场秩序，优化发展环境，促进乐昌市食盐行业安全、健康、可持续发展。进一步完善纪检派出机构、监察监督体制机制改革。完善市人大专门委员会、镇（街）人大办机构设置，增设城乡建设环境与资源保护工作委员会，单独设置镇（街）人大办公室并明确人大办公室、人大工委工作职责。

【机构编制管理与监督检查】 加强机构编制问题整改，推进机构编制审批联动。在全市范围内组织各部门、乡镇（街道）开展自查工作，建成本级机构编制问题整改台账。从严从紧控制机构编制，确保财政供养人员只减不增。

【事业单位登记管理】 2017年，全面完成年度报告提交和审查工作，提交年度报告209份，在广东省事业单位登记管理网年度报告公示栏公开，对未按时提交年度报告的事业单位在事业单位登记管理信用信息平台进行披露。做好乐昌市事业单位公示信息抽查工作，印发《乐昌市机构编制委员会办公室关于开展事业单位法人公示信息整改工作的通知》《关于开展2017年乐昌市部分事业单位法人公示信息抽查工作的通知》，实地检查，及时将核查中发现的问题反馈给被核查单位并提出整改意见，要求被核查单位按时完成整改工作。2017年，办理设立登记事业单位13个，变更登记事业单位58个，注销登记事业单位6个。继续推动公立医院法人治理结构试点工作，深入探索符合文化教育卫生行业的法人治理结构模式。完成市直机关、群团统一社会信用代码赋码发证工作。完成政务和公益中文域名全覆盖及未挂标党政机关事业单位网站清理工作。

（白臻韵）

附：市机构编制委员会办公室领导班子成员名单

主　任：黄发祥

副主任：周　欢（女，—9月）

温智强

事业单位登记局局长：温智强（兼）

信访工作

【概况】 乐昌市信访局，编制隶属于乐昌市委办公室，机构级别正股级，挂乐昌市信访局牌子。2017年在编人员4人，其中局长1名（正科级），副局长2名（信访督查员，副主任科员），科员1名（副股级）。

2017年，乐昌群众进京正常上访7批15人次；进京非正常上访3批3人次；到省上访26批44人次；到韶关上访18批50人次；到乐昌上访96批228人次，其中集体访17批99人次。国家网上信访受理17件，省网上信访受理46件，韶关网上信访受理15件。省信访局交办的督查案件2宗，均办结。全年未发生重大群体性事件、严重暴力犯罪事件、极端恶性事件、危害国家安全的政治性案（事）件及影响现实社会的重大网络舆情事件。乐昌市在全省民意调查的群众安全感、满意度排名韶关市第一，2017年市信访局被省信访局推荐为党的十九大安保维稳工作嘉奖集体。

【完善领导接访制度】 严格执行市领导接访制度，

市四套班子领导每天轮流到信访局接访。2017年，市四套班子领导接访群众批示信访件共74件，亲自调处重大信访问题，到各自的驻点单位开展下访、约访和包案调处工作，依法依规推进信访案件解决。

乐昌市委书记陈宏宇（右二）在乐昌市信访局接访大厅接待来访群众　　（市信访局　供）

【敏感时期信访工作】　2017年，在全国、省和韶关“两会”以及“一带一路”国际合作高峰论坛、省第十二次党代会、厦门“金砖会议”、党的十九大、广州“财富论坛”等重点防护期间，实现到省进京“零上访”。在全国两会、党的十九大和广州财富论坛期间派出18人参加驻京、驻广州、驻韶关、驻郴州的信访维稳工作组，实现“四个不发生”（不发生危害国家安全和社会稳定的重大政治事件、不发生严重暴力恐怖和个人极端事件、不发生重大群体性事件、不发生重大公共安全事件）的工作目标。

【强化信访基础业务】　严格按照《广东省信访条例》规定，指导相关单位规范信访事项受理、告知、答复、送达、录入和终结等工作；把好质量关，对案件办复情况严格审核，对不符合结案标准的，坚决不予结案。办好初信初访和上级交办件，不断提升案件质量。推进网上信访平台建设，2017年建立信访微信公众号及手机APP，形成“一网一微一端”平台系统，进一步拓宽信访渠道。

【规范信访秩序】　2017年，乐昌市公安局、市法院、市检察院、市司法局、市信访局联合下发《关于依法处置非正常上访行为的通告》，依法处置上访中的违法行为，加大对非正常上访、缠访闹访、以信访为名实施妨碍社会管理秩序的人及行为打击处置力度，加强对长期缠访闹访、行为违法的重点信访人员收集固定证据，依法加大打击力度，维护正常的信访秩序。

【健全完善工作机制】　严格落实《乐昌市选派干部到信访部门轮值工作方案》，每两个月安排3个镇（街道、办事处）的信访工作人员各一名到市信访局接访大厅接访，通过信访岗位的培养锻炼，提高其解决复杂问题、化解各类矛盾和做好群众工作的能力；坚持每周一研判制度，及时掌握信访事项动态，为市委市政府决策提供有力支撑；坚持律师陪访制度，每日安排律师到接访大厅陪访。

【健全建立诉访分离后的有效善后衔接机制】　加大依法信访、诉访分离、逐级走访宣传力度，加快建立健全涉法涉诉类信访与普通信访事项的有效分离和衔接机制，严格规范和落实信访流程，宣传政策法规，依法依规解决问题。在涉法涉诉信访事项退出普通信访领域后的善后衔接工作中，确保涉法涉诉信访事项依法依规处理，确保群众投诉有门，坚守法律底线，维护正常的信访秩序。　（雷文婷）

附：市信访局领导班子成员名单

局　长：罗虹萍（女，—7月）
　　　　肖　云（7月—）
副局长：李泉辉（—7月）
　　　　廖清寿
　　　　曾令芳（女，7月—）

中共乐昌市委党校、乐昌开放大学

【概况】　中共乐昌市委党校、乐昌开放大学地处乐城街道西石岩路14号。按照广东省政府、省教育厅、广东开放大学整体推进基层广播电视大学转型为开放大学的精神，2017年9月，市编委办正式批复同意乐昌市广播电视大学更名为乐昌开放大学。10月15日，乐昌开放大学举行揭牌仪式。中共乐昌市委党校有在编人数13人，主要职能是举办干部的培训教育；乐昌开放大学有在编人数15人，主要职能是举办成人、高等学历教育和各类非学历培训教育。2017年年末，学校在职教职工30人，其中专职教师16人，行政人员9人，工勤人员3人，编外人员（临时工）2人。

2017年10月15日，乐昌开放大学举行揭牌仪式（市委党校 供）

【办学状况】 党校办学以干部培训为主；开放大学办学以学历教育为主，有国家开放大学的开放教育本、专科的学历教育，及国家开放大学的奥鹏远程学习中心的本、专科学历教育。2017年，有国家开放大学开放教育本、专科的学历教育招生336人（专科207人、本科129人），在校生1144人，其中应届毕业生296人；国家开大奥鹏远程学习中心的本、专科学历教育招生48人，在校生280人，其中应届毕业生46人。

【培训工作】 4月，举办2016年新录用公务员培训班，124人参加；6月，派出李兵亮、李千平两位教师参加市委宣讲团，深入各基层单位进行中国共产党广东省第十二次代表大会精神宣讲；6月27日，市直属机关工委在学校举办市直机关党务干部培训班，145名党务干部参加培训；8月6日至14日，市委组织部和市委党校举办2期“乐昌市村（社区）党组织书记培训班”，共225人参加培训；9月，学校承办5期全市村（社区）两委干部（妇联主席）培训工作，每期2天，共928人参加培训；10月12日至13日，乐昌直属机关工委在学校举办“入党积极分子培训班”，共163人参加培训；12月12日至21日，学校承办市委组织部和市人社局举办的“乐昌市2017年公务员学习贯彻党的十九大精神及新时期公务员职业道德建设专题培训班”，共2368人参加培训；11月，学校派出4名教师参加中国人民大学在厦门举办的“深入学习贯彻党的十九大精神专题培训班”，欧三养、李兵亮、丘国强参加市委宣讲团，到部分单位宣讲党的十九大精神，培训人数2000多人。

【党建工作】 2017年，学校有40名党员，其中在职党员21名，离退休党员19名。10月，及时补选党支部委员，选优配强党支部班子：支部书记周建明、纪检委员丘山田、学习委员李建青、组织委员蓝学清、宣传委员欧三养。

【校园建设】 2017年，对办公楼与学生宿舍楼之间的空坪进行硬化，新建停车棚和花池2个，工程于10月底完成。投入15万元经费，对旧教学大楼用电线路进行改造，对考务室和监考办公室进行修缮整改。（欧三养）

附：市委党校、市开放大学领导班子成员名单

市委党校常务副校长、乐昌开放大学校长：周建明
党校（开放大学）副校长：丘山田
李建青
黄明秀（女，—6月）
蓝学清（7月—）

机关党建

【概况】 中共乐昌市直属机关工作委员会是市委的派出机构，内设有纪律检查工作委员会和办公室，2017年10月新增组织股。年末有在编人员6人，其中行政编5人、工勤编1人；设书记1名，副书记2名（1人兼任纪工委书记）。截至2017年年底，市直属机关工委所辖党组织包括党委2个、党总支部15个，党支部120个，党员2532名。

2017年6月，乐昌市直属机关工作委员会被韶关市直属机关工作委员会授予“韶关市机关工作创新创优竞赛优秀组织奖”奖牌。

【基层党组织建设】 抓好基层党组织换届选举和支委调整补选工作，全年共有21个党（总）支部进行换届选举或班子改选。因机构调整等需要，撤销依法治市办、旅游行业联合支部2个党支部；迁出祥顺劳务有限公司党支部；新成立代建局、市场物业管理服务站党支部；市国税局、地税局由党总支晋为党委，市电信公司由党支部晋为党总支。抓好基层工会组织建设，新设立单位工会5个，工会委员会换届或改选7个。

【党员发展和教育管理】 研究出台《乐昌市直机关发展党员工作实施细则》，将发展党员工作细化为34个程序步骤，健全发展党员10项工作制度，严格按该细则审核发展新党员，加强业务指导和规范管理，保证发展党员质量。2017年共审批发展新党员22名，预备党员转正31名。举办入党积极分子培训班和党务干部培训班各一期，共培训入党积极分子163名、党务干部145名。培训设置党章知识、发展党员工作业务和基层党组织工作实务及党规党纪等课程。做好党务系统更新、党组织和党员信息采集完善和党内统计等工作。

2017年6月27日，中共乐昌市直属机关工作委员会举办的市直机关党务干部培训班在市委党校开班　（向秀珍　摄）

【党费收缴和党内关怀】 督促所辖各级党组织按时按标准收缴党费，并定期通报。2017年共收到各基层党组织交来党费65万多元，全部上报组织部。认真审核上报春节、“七一”和年终慰问困难党员申报资料，共代表市委慰问老干部党支部22个、困难党员96人次。积极组织开展捐赠党员互助金活动，共收到62个机关党组织1323名党员捐赠的党员互助金10.34万元。

【基层党建工作考核】 组织所属111个党支部召开2016年度专题组织生活会，共有2700多名党员进行民主评议党员工作。组织开展党组织书记抓基层党建工作述职评议，撰写述职报告111份，收集问题、整改清单1000余条；选取21名书记进行集中述职和接受党群代表评议，结合工委平时掌握情况和年终党建工作考评结果作出考核等次评定。根据工委2016年制定的党建工作量化考评标准，对市直机关9个党（工）委、16个党总支部和43个党支部的党建工作开展全面考评，共有14个、36个和18个党组织分别被评为“优秀”“良好”“一般”等次。对2016年工委创新开展的党内主题实践活动进行评审，共评选表彰“双争双促”先进集体2个、岗位标兵4个、“红星机关党支部”2个及手机摄影大赛等级奖33个。

【党内主题实践活动】 与组织部联合印发《在全市机关深入开展“双争双促”主题实践活动的实施方案》，通过广泛开展机关效能提速大讨论、机关工作创新创优等活动，力促乐昌市机关效能不断提升和工作活力不断彰显，共评选出“双争双促”活动“先进党组织”5个、“先进个人”8名。动员组织2274名机关党员参加韶关市学习“两个条例”线上线下同步竞答邀请赛，其中735人满分；选送7个优秀项目参加韶关市机关工作创新创优竞赛活动，被韶关市直机关工委授予“优秀组织奖”。组织举办“红星杯”机关“支部工作法”征集评选活动和“红星杯”机关党建调研宣传征文评选活动，共收到各机关单位报来“支部工作法”53篇、机关党建征文76篇，评出优秀机关“支部工作法”5篇，并予于推介。开展纪念中国共产党建党96周年系列活动，加强党员党性修养和锻炼。

【推进“两学一做”学习教育常态化制度化】 制发推进“两学一做”学习教育常态化制度化实施方案和学习计划，及时跟进完成基层党建重点任务，利用省党员教育“一台一网”组织开展系列学用活动。组织党员参加“学省党代会精神迎接党的十九大召开”考学2475人，满分1069人，完成率109.22%；参加“学报告学党章”考学2554人，满分2311人，全面完成任务。制发《关于建立“三会一课”计划报备和纪实制度的通知》和《关于推行主题党日活动制度的通知》等文件，加强和规范党内政治生活，促进基层党组织强化党员经常性教育管理，推动全面从严治党向基层延伸。

【党风廉政建设】 组织收看《永不懈怠的斗争》等反腐倡廉专题片、《失责必问》等作风暗访警示教育片及《南粤党旗红》等党员教育专题片。专题组织学习廖俊波、黄大年等先进人物事迹和中央新出台的党规党纪，将党规党纪教育列入工委举办的各类培训班课程。集中开展纪律教育学习月活动，通过领导干部上纪律教育课、参观市廉政书画作品展和廊田镇岩前村“三纪”教育中心、开展“廉洁读书月”活动和观看专题片及撰写心得体会等方式，加强党员干部廉洁自律教育，增强廉洁从政意识。2017年，市直属机关工委受理党员违纪违法信访件2宗，给予留党察看、党内严重警告处分各1人，恢复党员权利3人。

【民主评议政风行风】 制发《2017年乐昌市直机关民主评议政风行风工作方案》，重点评议市卫计局、人民医院、中医院、妇幼保健院、第二人民医院等5个单位。采取单位自评、暗访评议、微信测评、民主测评等方式，对重点单位的工作机制、作风建设、政务公开、依法行政、行政效能、问题整改等方面开展评议。于8月至11月对24个机关单位开展办事群众满意度“回头查”微信测评工作。根据各项测评结果，结合“民声热线”问题回访和市纪委暗访评议结果，按比例算出5个重点单位的评议分数和等次，并进行全市通报。 （向秀珍）

附：中共乐昌市直属机关工作委员会领导班子成员名单

书　记：姚建来

副书记、纪工委书记：邓拥军（—6月）

副书记：向秀珍（女）

　　　　利志明（6月—）

乐昌市人民代表大会

综　　述

【概况】 乐昌市人民代表大会常务委员会是市人民代表大会的常设机关，对市人民代表大会负责并报告工作。在市人民代表大会闭会期间，依法对市人民政府、市人民法院和市人民检察院的工作实施监督。市人大常委会机关内设机构6个，分别为办公室、法制工作委员会、财政经济工作委员会、教育科学文化卫生工作委员会、选举联络人事任免工作委员会、城乡建设环境与资源保护工作委员会，机关行政编制18名，2017年在编人数15名。

2017年，乐昌市共有各级人大代表1128人，其中全国代表0人，省代表1人，韶关代表43人，市代表210人，镇代表874人。

【服务大局】 把党的领导贯穿于依法履职全过程、落实到人大工作各方面。人事任免坚持党管干部和人大依法任免有机统一的原则，将贯彻党委意图、充分发扬民主和依法行使权力有机结合。围绕全市发展大局，深入分析经济新常态的运行特点。先后听取和审议乐昌新城控制性详细规划、建设卫生强市、“七五”普法等重大事项报告；加强全口径预决算审查监督，听取和审议2016年财政决算和审计情况、2017年上半年财政预算执行情况、市级政府性债务情况等报告，依法审查批准市级财政决算，助推各项年度目标任务和重点工作的落实。

重要会议与决议、决定

【十五届人大二次会议】 2月26日至28日，乐昌市第十五届人民代表大会第二次会议在市区召开，市人大代表212人出席。大会议程有：听取和审议乐昌市人民政府工作报告；审查和批准乐昌市2016年国民经济和社会发展计划执行情况与2017年计划（草案）的报告；审查和批准乐昌市2016年预算执行情况与2017年预算（草案）的报告；听取和审议乐昌市人大常委会工作报告；听取和审议乐昌市人民法院工作报告；听取和审议乐昌市人民检察院工作报告；其他事项。该次会议代表提出建议、批评和意见13件。

【市人大常委会会议】 2017年，召开常委会会议8次。会议审议和通过的主要事项有：关于召开乐昌市第十五届人民代表大会第二次会议的决定；乐昌市人大常委会工作报告；市政府关于乐昌市2016年国民经济和社会发展计划执行情况与2017年计划草案的报告；乐昌市2016年预算执行情况和2017年预算草案的报告；关于提请审议乐城一小整体搬迁方案的议案；乐昌市人大常委会工作计划；审议代表资格审查报告；关于提请审议通过政府购买服务解决乐昌市交通建设项目资金的议案；关于提请审议通过政府购买服务解决乐昌市中小学推进教育现代化建设项目资金的议案；关于提请审议通过政府购买服务解决乐昌市实施卫生强市战略医疗卫生基础设施建设项目资金的议案；乐昌新城控制性详细规划；市政府关于创建卫生强市工作情况的报告；市人大常委会执法检查组关于对《中华人民共和国民事诉讼法》贯彻实施情况的检查报告；关于进一步加强“七五”法制宣传教育的决议；关于2016年市本级财政决算的报告；关于2016年市本级预算执行及其他财政收支情况的审计报告；关于一村（社区）一法律顾问工作开展情况的报告；乐昌市人大常委会讨论决定重大事项暂行规定；乐昌市人大常委会开展专题询问暂行办法；乐昌市人大常委会开展专项工作报告满意度测评暂行办法。关于2017年上半年国民经济和社会发展计划执行情况的报告；关于2017年上半年预算执行情况的报告；关于园区土地收储和闲置土地清理情况的报告；关于2017年为民办实事项目工作情况的报告；关于推进教育现代化工作情况的报告；关于社会救助工作情况的报告；乐昌市畜禽养殖禁养区、限养区和适养区划定方案；乐昌市人民代表大会常务委员会关于召开乐昌市第十五届人民代表大会第三次会议的决定（草案）；乐昌市人民代表大会常务委员会关于增加市十五届人民代表大会代表名额的决定（草案）；乐昌市人民代表大会常务委员会关于在发改等有关选区补选和选举市十五届人民代表大会代表的决定（草案）；关于提请审议乐昌市2017年结余结转资金收回本级财政统筹安排（第二批）的议案；关于提请审议乐昌市2017年政府收支预算调整方案的议案；关于提请审议调整2017年国民经济和社会发展计划部分指标增长目标的议案；关于提请审议乐昌市村镇污水处理设施建设PPP项目的议案；关于乐昌市十五届人大一次和二次会议代表建议办理情况的报告；市人大常委会工作报告；代表资格审查报告；召开市十五届人大三次会议的有关事项；人大代表辞去职务的请求；人事任免事项。

【决议、决定】 市人民代表大会作出决议6项。分别为：乐昌市第十五届人民代表大会第二次会议关于政府工作报告的决议；关于乐昌市2016年国民经济和社会发展计划执行情况与2017年计划的决议；关于乐昌市2016年预算执行情况与2017年预算的决议；关于乐昌市人大常委会工作报告的决议；关于乐昌市人民法院工作报告的决议；关于乐昌市人民检察院工作报告的决议。

市人大常委会作出决议、决定9项。分别为：乐昌市人大常委会关于批准乐城一小整体搬迁的决议；乐昌市人大常委会关于批准政府通过购买服务方式解决乐昌市实施卫生强市战略医疗卫生基础设施建设项目资金的决议；乐昌市人大常委会关于批准政府通过购买服务方式解决乐昌市中小学推进教育现代化建设项目资金的决议；乐昌市人大常委会关于批准政府通过购买服务方式解决乐昌市交通建设项目资金的决议；乐昌市人大常委会关于批准调增机关事业单位在职人员工资和离退休人员离退休费预算支出列入本级财政预算的决议；乐昌市人大常委会关于批准乐昌新城控制性详细规划的决议；乐昌市人民代表大会常务委员会关于开展第七个五年法治宣传教育的决议；乐昌市人大常委会关于批准乐昌市畜禽养殖禁养区、限养区和适养区划定方案的决议；乐昌市人大常委会关于批准乐昌市村镇污水处理设施建设PPP项目实施方案的决议。

主要工作和活动

【监督工作】 组织执法检查组对乐昌市贯彻实施《中华人民共和国民事诉讼法》情况开展执法检查。开展“一村（社区）一法律顾问”调研。组织部分韶关、乐昌市人大代表走进村委、社区，邀请法律顾问和基层群众开展座谈，充分发挥好“一村（社区）一法律顾问”平台的作用。在韶关地区率先实现人大、财政、审计等部门的网络互通。开展投融资工作监督，常委会组织召开专题听取政策性银行投融资工作汇报会，听取农发行乐昌支行提交的工作报告。开展园区土地收储和闲置土地清理工作调研，专题审议有关工作情况报告。批准市政府将结余结转资金收回财政统筹安排的报告，把盘活的资金统筹用于民生保障等急需领域。常委会以“城区保洁”工作为议题召开乐昌市首场专题询问会。首次联合市政协，针对市政府承诺的民生实事，选择“北部九镇生活垃圾集中清运工作”和“乐城一小新建项目”等两项重点工作开展联合视察。深化民生实事监督，专题听取市政府2017年为民办实事工作情况报告。监督视角进一步深潜到村、居和群众当中，及时了解和掌握民生实事项目推进中存在的问题、难题，提出推进工作开展的意见建议。

【代表作用】 提升代表履职能力，组织代表参加全国、省、韶关人大组织的各类学习培训班。定期向代表发放《中国人大》《人民之声》《乐昌人大》等学习资料和刊物。组织驻乐昌的韶关市人大代表开展学习培训和集中视察等活动，做好出席韶关市人代会乐昌代表团的服务保障工作。拓宽代表活动方式，先后组织各级代表参与农业、司法、卫生、教育等领域的工作调研；参与民生实事、重点项目建设等工作视察；参与各类政风、行风评议活动；参与各类执法检查，参与旁听法院庭审等。对市十五届人大一次、二次会上代表提出的建议及时交办，确定督办重点，加强跟踪督办，听取办理情况报告，广泛征询代表意见，督促要求有关职能部门在办理过程中加强与代表的沟通和联系，提高办理质量，推动代表提出的问题得到解决。

【自身建设】 进一步加强与新闻媒体的联系沟通，利用报刊及各类网站、广播电视等平台，加大宣传力度，扩大人大工作影响力。出台《乐昌市人大信息宣传工作奖励暂行办法》，举办首期市人大系统新闻宣传通讯员培训班。坚持常委会主任、副主任联系镇（街）人大工作制度，加强对镇（街）人大工作的联系指导，督促完善基层人大建设。深化工作改革，市十五届人民代表大会设立“财政经济委员会”；市人大常委会增设“城乡建设环境与资源保护工作委员会”，形成“1+5”的格局（1个办公室5个工作委员会）；常委会专职组成人员比例逐步提高到60%以上。加强基层人大建设，实现镇（街）人大办单独设置，配备2名行政编制工作人员（不含人大主席），办公室主任为正股级职务。

（邓渲艳）

附：乐昌市第十五届人大常委会主任、副主任名单

主　任：许新华

副主任：杨剑云（女）

孔少川

徐国秀

王昭良

邹志忠

陈　雄

乐昌市人大机关办公室、各工委正副主任名单：

办公室主任：郑成永

办公室副主任：谢群娣（女）

吴国林

法制工作委员会主任：张　芳（女）

法制工作委员会副主任：张捷军

财政经济工作委员会主任：李敏瑶

财政经济工作委员会副主任：刘宏伟

教科文卫工作委员会主任：许玲辉

教科文卫工作委员会副主任：陈　源

选举联络人事任免工作委员会主任：李小伟（女）

选举联络人事任免工作委员会副主任：余梅秀（女）

乐昌市人民政府

重要会议

【市政府常务会议】 2017 年，共召开市政府常务会议 23 次。

表 1　　**2017 年市政府常务会议情况表**

期　号	议　题
十五届 6 次	一、关于专题学习《法治政府建设实施纲要（2015—2020 年）》的议题 二、关于审议《乐昌市农业农村经济“十三五”发展规划》等 20 个专项规划的议题 三、关于审议《乐昌市城市管理整治方案》的议题 四、关于征收坪石镇城市规划范围内城市基础设施配套费的议题 五、关于讨论《乐昌市城市总体规划（2015—2030）》的议题 六、关于审议《乐昌市人民政府关于机关事业单位工作人员养老保险制度改革贯彻意见的通知》和《关于加快推进全市机关事业单位养老保险制度改革工作方案》的议题 七、关于有偿回收利生纺织项目用地的议题 八、关于审议《乐昌市 2016—2020 年学校布局调整和建设五年规划》的议题 九、关于审议《乐昌市法治政府建设规划（2016—2020 年）》的议题 十、关于审议《乐昌市人民政府工作规则》的议题 会议还研究乐昌市杨东山十二度水省级自然保护区矿山整治、饮用水水源保护区整治和重金属治理等议题
十五届 7 次	一、关于审议《乐昌市今后五年政府工作要点任务分解表》的议题 二、关于向省住建厅申请撤销乐昌峡“九泷十八滩省级风景名胜区”称号的议题 三、关于审议《乐昌市交通建设投资有限公司组建方案》的议题 四、关于修订《乐昌市教学质量奖励办法》的议题 五、关于解决教育系统对个人历史欠债的议题 六、关于审议《关于在全市公民中开展法制宣传教育的第七个五年规划（2016—2020）》的议题 七、关于编制《乐昌市商业网点规划（2016—2030）》的议题 八、关于审议《乐昌市中小企业贷款风险补偿基金管理办法》的议题 九、关于调整乐昌市农业资源循环利用处理中心项目选址的议题 会议还研究加强农村人居环境整治的相关事宜

续表 1

期　号	议　题
十五届 8 次	一、关于讨论 2017 年《政府工作报告》起草工作的议题 二、关于审议《乐昌市新时期精准扶贫精准脱贫三年攻坚实施方案》的议题 三、关于审议《乐昌市新时期精准扶贫产业脱贫“以奖代补”操作细则》和《乐昌市新时期精准扶贫就业脱贫“以奖代补”操作细则》的议题 四、关于审议《乐昌市建设卫生强市重点基础设施建设项目融资方案》的议题 五、关于审议《乐昌市新建乐城一小校园布局方案》的议题 六、关于审议《坪石镇推动广东省新型城镇化“2511”综合试点镇工作实施方案》的议题 七、关于审议《乐昌市融资建设项目政府配套资本金融资租赁方案》的议题 八、关于审议《涉及财政资金安排公文处理办法》及《乐昌市政府性融资项目资金管理暂行办法》的议题 会议还审议并原则通过市监察局提交的《关于给予谢炳汉开除公职处分的请示》（乐监字〔2017〕1 号）和《关于解除黄伟行政降级处分的请示》
十五届 9 次	一、关于建立交通建设项目服务库的议题 二、关于审议《乐昌市人民政府关于建立查控违法用地和违法建设行为共同责任制》的议题 三、关于审议《乐昌市 2016 年国民经济和社会发展计划执行情况与 2017 年计划草案的报告》的议题 四、关于审议《乐昌市 2017 年重点建设项目实施计划》和《乐昌市 2017 年重点建设项目预备实施计划》的议题 五、关于审议《关于乐昌市 2016 年预算执行情况和 2017 年预算草案的报告》的议题 六、关于审议《2017 年政府工作报告》的议题 七、关于解决乐昌市祥和房地产开发有限公司凯越豪庭地块土地使用年限的议题
十五届 10 次	一、关于审议《2017 年乐昌市民生项目实施计划》和《2017 年乐昌市政府工作要点》的议题 二、关于组建国有独资公司有关事项的议题 三、关于原乐昌棉织厂租赁户搬迁补偿的议题 四、关于处置乐昌驻澳门办事处、乐昌市金叶发展公司闲置资产的议题 五、关于审议《关于促进个体工商户转为企业和小型微型企业升级为“四上”企业的实施方案》的议题 六、关于审议《全民科学技术素质行动计划纲要实施方案（2017—2020 年）》的议题 七、关于解决京广高铁乐昌东站建设有关问题的议题 八、关于进一步推进乐昌新城核心区综合整治项目的议题 九、关于乐昌新城、乐昌大道征地工作的议题 十、关于推进乐昌市城乡环卫一体化 PPP 项目的议题 会议还讨论《乐昌市县域医疗卫生机构布局调整实施方案》

续表 1

期　　号	议　　题
十五届 11 次	一、关于审议《乐昌市创新完善中小微企业投融资机制的实施方案》的议题 二、关于审议《将园区前期投入工程资产注入乐昌市产业转移工业园投资开发有限公司》的议题 三、关于审议《建设乐昌市社会福利院老年公寓建设项目一期工程》的议题 四、关于审议《新型城镇化建设项目（“2511”工程）一期工程融资》的议题 五、关于审议《乐昌市投资实业有限公司等四家国有融资公司聘请工作人员》的议题 会议还研究政策性贷款的相关事宜
十五届 12 次	一、关于将张滩水电站资产和乐昌市利源水电开发有限公司整体资产并入乐昌市民源水利建设投资有限公司的议题 二、关于人才公寓首层商铺对外招租的议题 三、关于加快乐昌市第二人民医院新建项目前期工作进度的议题 四、关于审议《乐昌市调整机关事业单位工作人员基本工资标准和增加机关事业单位离休人员离休费实施方案》和《关于 2016 年调整乐昌市机关事业单位退休人员基本养老金的请示》的议题 五、关于加强食品药品基层监管所建设和聘请 19 名乡镇食品药品安全协管员的议题 六、关于成立乐昌市“12345”政府服务热线工作办公室的议题 七、关于审议《关于清理全市纯女户五保对象的请示》的议题 八、关于审议《乐昌市贫困严重精神障碍患者救助治疗工作实施方案》的议题 九、关于审议《乐昌市农业资源循环利用处理中心项目服务采购公开招标文件》的议题 十、关于拨付乐昌产业转移工业园投资开发有限公司第三批注册资本金的议题 十一、关于进一步加强安全生产工作的议题 会议还审议并通过《乐昌市新时期脱贫攻坚有劳动能力帮扶对象专项扶贫资金分配方案》《乐昌市 2017 年度本级财政扶贫配套资金分配方案》《乐昌市新时期精准扶贫精准脱贫资产性收益项目实施方案》
十五届 13 次	一、关于城市管理整治工作的议题 二、关于审议《乐昌新城控制性详细规划》的议题 三、关于审议《乐昌市投资实业有限公司与韶关国储石化有限公司在乐昌合作建设加油站及配套设施》的议题 四、关于审议《乐昌市福园房地产开发有限公司原麻纺厂宿舍地块“三旧”改造项目》的议题 五、关于审议《首届全国青年“乐创杯”创业创富大赛（乐昌）方案》的议题 会议还研究关于做好迎接省十项重点工作的督察准备工作的事项
十五届 14 次	一、关于审议《关于全域推进农村人居环境综合整治建设社会主义新农村示范村的总体实施方案》和《乐昌市关于开展 2017 年农村人居环境综合整治创建社会主义新农村试点示范村工作的实施方案》的议题 二、关于加强乐昌市农村土地承包经营权确权登记颁证工作的议题 三、关于进一步做好乐昌市精准扶贫精准脱贫工作的议题 四、关于加强产业园区土地储备工作的议题 五、关于审议《关于请求批准乐昌产业转移工业园投资开发有限公司自主招租的请示》的议题

续表1

期　号	议　题
十五届15次	一、传达韶关市确保2017年全市上半年经济指标平稳增长工作座谈会精神 二、听取《关于整合完善乐昌市城区文化场馆的视察报告》 三、关于审议《杨东山十二度水省级自然保护区内矿点整改工作方案》的议题 四、关于乐昌市院士工作站、稻谷烘干等20个政府建设项目融资工作的议题 五、关于原坪石监狱土地及资产回收工作的议题 六、关于审议《乐昌市城市管理和综合执法体制改革联席会议工作方案》的议题 七、关于增加乐昌市人民路和站北路下穿京广铁路涵洞拓宽项目费用及预付工程进度款比例的议题 八、关于审议《乐昌市龙山林场改革实施方案》和《乐昌市大瑶山国有林场改革实施方案》的议题 九、关于加快乐昌市旅游公路建设的议题 十、关于申请移交广乐高速乐昌出口连接线管理权的议题 十一、关于将乐昌市公安干警集体宿舍楼用于刑侦技术用房的议题 会议还审议并原则通过市监察局提交的《关于按期解除伍基彬行政撤职处分的请示》和《关于按期解除朱子恒行政撤职处分的请示》
十五届16次	一、关于解决乐昌葡萄酒庄园项目配水管线的议题 二、关于乐昌市产业工业园区域内道路命名的议题 三、审议《关于进一步明确我市被征地农民养老保障费用计提标准的通知》的议题 四、关于审议《乐昌市扶贫基金会章程》的议题 五、审议《关于深化供销合作社综合改革的实施方案》的议题 六、关于乐昌市第四中学扩建工程的议题 七、关于新建武警乐昌市中队营区营房的议题 会议还审议并原则通过市监察局提交的《关于给予赖强行政撤职处分的请示》，研究关于将乐昌市站北路（铁矿）地块扩大改造红线范围、《乐昌市酿酒型葡萄产业助推精准扶贫实施方案》的相关事宜
十五届17次	一、关于研究解决原庆云锑矿历史遗留问题的议题 二、审议《乐昌产业园产业发展扶持资金管理办法》和《乐昌产业园产业发展扶持资金实施细则》的议题 三、关于听取乐昌市福祥木业处置情况的议题 四、关于原环境监察大队事业退休人员关系挂靠及工资发放的议题 五、关于规范坪石殡仪馆经营管理的议题 六、审议《武广高铁乐昌东站广场管理工作实施方案》的议题 七、关于加快2017年地方农村公路建设的议题 八、关于给予乐昌市公务接待基地（国防教育基地）财政补贴的议题 九、关于乐城中心市场、坪石一市场改造工作的议题 会议还审议并原则通过《关于市直党政机关和事业单位差旅费管理问题的补充通知》《乐昌市结转结余资金收回本级财政统筹安排（2017年第一批）的请示》

续表 1

期　　号	议　　题
十五届 18 次	一、关于调整乐昌市公办幼儿园保教费收费标准的议题 二、关于审议《乐昌市省级新农村连片示范建设工程推进实施方案》和《乐昌市省级新农村连片示范建设工程专项资金使用和监管细则》的议题 三、关于审议《乐昌市落实中央环保督查组初步反馈意见整改工作任务分解表》的议题 四、关于启动实施市产业园乐廊路园区段两旁绿化美化工程和市产业园乐园大道南面道路两旁升级改造工程的议题 五、关于原乐昌市沿溪山茶场转制后剩余国有资产处置的议题 六、关于审议《乐昌市有色冶金加工厂改制实施方案》的议题 七、关于审议《乐昌市全面推进河长制工作方案》的议题 八、关于开展农村人居环境综合整治工作中测绘、规划的议题 九、关于京广高铁乐昌东站至市产业园道路建设的议题 十、关于扩大乐昌市站北路（铁矿）地块改造红线范围的议题 十一、关于审议《“黄金奈李，缤纷乐昌”2017 乐昌黄金奈李水果节系列活动方案》的议题 会议还研究乐昌市 2011—2012 年教育创强期间部分工程进行结算处理的相关事宜，审议并原则通过市监察局提交的《关于给予赖芳永行政撤职处分的请示》
十五届 19 次	一、关于审议《乐昌市饮用水源保护区木材加工厂专项清理整治方案》的议题 二、听取乐昌市 2017 年上半年十件民生实事及重点项目督查情况汇报 会议还研究市产业园土地储备及管理的相关事宜
十五届 20 次	一、听取 2017 年 1—7 月信访维稳工作情况汇报 二、关于审议《乐昌市严重精神障碍患者救助治疗实施方案》和《乐昌市严重精神障碍患者监护工作实施方案》 三、关于市产业园开展储备土地工作的议题 四、关于乐昌产业转移工业园工业用地招拍挂的议题 五、关于开展乐昌市生活垃圾填埋场整改工作的议题 六、关于增加城监队城管人员的议题 七、关于审议《乐昌市省定贫困村创建新农村示范村启动资金使用管理方案》的议题 八、关于将坪石农贸市场、中心市场等五家市场及坪南路南岭街房产划转给乐昌市投资实业有限公司的议题 九、关于审议《关于 2017 年新增政府债券收支预算调整方案的报告》的议题 十、关于审议《乐昌市 2017 上半年预算执行情况的报告》的议题

续表 1

期　　号	议　　题
十五届 21 次	一、关于审议《乐昌市 39 个省定贫困村创建社会主义新农村示范村实施方案》的议题 二、关于审议《乐昌市扶持村集体经济发展试点资金管理暂行办法》的议题 三、关于审议《乐昌市游乐园项目合作框架协议》的议题 四、关于审议《关于 2017 年上半年宏观经济运行情况分析》的议题 五、关于制定乐昌市国有（集体）水电企业整合重组及管理体制改革指导意见的议题 六、关于审议《乐昌市区（含坪石镇）城市基础设施配套费单位建筑面积参考造价》的议题 七、关于加快乐昌市乡镇专职消防队建设的议题 八、关于审议《乐城一小新校区建设协议》的议题
十五届 22 次	一、关于审议《乐昌市畜禽养殖禁养区、限养区和适养区划定方案》和《乐昌市畜禽养殖禁养区清理整治工作方案》的议题 二、关于审议《乐昌市土壤污染防治行动计划实施方案》的议题 三、关于审议《市环保局关于申请增加办公用房的请示》的议题 四、关于审议处置市机床厂厂房及土地资产的议题 五、关于解决乐昌市城区防洪排涝工程建设资金的议题 会议还研究近期政府重点工作
十五届 23 次	一、关于审议原坪石监狱《国有划拨土地使用权收回及地上附着物补偿协议书》的议题 二、关于做好粤北生态特别保护区规划和前期调研工作的议题 三、关于审议《乐昌市农家乐星级划分及评定标准》和《乐昌市农家乐服务质量等级划分评分细则》的议题 四、关于听取市卫计局汇报乐昌市 2017 年推进深化医改重点任务工作情况的议题 五、关于听取市环保局汇报乐昌市水污染防治工作情况的议题 六、关于审议《关于请求批准实施市产业园原利生纺织地块内道路建设工程的请示》的议题 七、关于审议《乐昌市公共租赁住房管理办法》的议题 八、关于审议《乐昌市村镇污水处理设施建设 PPP 项目可行性研究报告》的议题 九、关于审议《大盛昌实业投资开发有限公司关于转让摘牌地块有关事项的请示》的议题 会议还审议并原则通过市监察局提交的《关于给予刘伟兴开除公职处分的请示》
十五届 24 次	一、关于听取市经信局汇报 2017 年乐昌市规上企业“一企一策”存在问题落实情况的议题 二、关于听取市环保局汇报关于杨东山十二度水省级自然保护区环保督查整改工作措施落实情况的议题 三、关于加快建设乐昌市流浪乞讨人员救助安置中心的议题 四、关于将乐昌市事业单位公益二类、三类人员纳入乐昌市 2017 年事业单位公开招聘考试对象的议题

续表 1

期　　号	议　　题
	五、关于听取市住建局汇报乐昌市镇级垃圾填埋场整改情况的议题 六、关于听取市安委办汇报乐昌市第三季度安全生产工作运行情况及下一阶段工作意见的议题 七、关于审议《乐昌打造广东北大门课题研究服务项目政府采购合同书》的议题 八、关于审议《关于对乐昌市恒基房地产开发责任有限公司“永乐城”南区缴交城市基础设施配套费的意见》的议题 九、关于转让市产业园内 11 个工业地块中 4 号地块的议题
十五届 25 次	一、关于审议《关于支持人民法院加快推进基本解决执行难工作的意见》的议题 二、关于审议《乐昌市人民政府第二批清理规范的中介服务事项目录》和《乐昌市保留的市政府部门行政审批中介服务事项清单》的议题 三、关于审议《乐昌市行政许可事项目录（2017 年版）》和《乐昌市行政许可调整事项目录（2017 年版）》的议题 四、关于审议《乐昌市政府投资基本建设项目资金支付管理暂行办法》的议题 五、关于审议《关于招聘基层国土资源所协管员的请示》的议题 六、关于审议《关于申请对市区内高铁乐昌东站、永乐城、兴业茗居等新增道路命名审批的请示》的议题 七、关于审议《关于申请建立乐昌市交通系统小额建设工程企业库的请示》的议题 八、关于审议《关于请求解决 2018 年行政村客运通班车线路经营亏损补贴的请示》的议题 九、关于审议《关于韶关市坪石发电厂有限公司（B 厂）申请扶持资金的意见》的议题 十、关于审议《关于请求批准产业园区拟实施“两湖一公园”等六项工程的请示》的议题 会议还研究大东街 A 地块土地出让问题
十五届 26 次	一、关于审议《乐昌市 2018 年重点建设项目计划》的议题 二、关于审议《2017 年前三季度宏观经济运行情况分析》的议题 三、关于审议《关于请求实施乐昌市旧城区提质项目的请示》 四、关于审议《乐昌市武江河饮用水源置换工程——乐昌市自来水厂取水口上移工程可行性研究报告》的议题 五、关于审议《关于处置龙山温泉资产的请示》的议题 六、关于审议《乐昌市建立和完善复退军人服务体系实施方案》的议题 七、关于审议《关于申请置换乐昌市人民医院分院大楼为市残疾人康复中心的请示》议题
十五届 27 次	一、传达学习习近平总书记关于“厕所革命”重要指示精神 二、传达韶关市卫生与健康大会精神 三、关于审议《大盛昌实业投资开发有限公司关于建设标准厂房二期的请示》的议题

续表 1

期　号	议　题
	四、关于审议《大盛昌实业投资有限公司向佛山市力禾机械有限公司公开出让竞拍所得 8 号地块的请示》的议题 五、关于审议《大盛昌实业投资有限公司向东莞市金康新材料有限公司公开出让竞拍所得 9 号地块的请示》的议题 六、关于审议《大盛昌实业投资开发有限公司关于招聘工作人员的请示》的议题 七、关于审议《关于解决高铁乐昌东站部分增加工程结算和下穿高铁桥工程项目有关问题的请示》的议题 八、关于听取《规范幼儿园办园行为专项检查情况的报告》的议题 九、关于审议《乐昌市城乡垃圾综合处理场 PPP 项目合作开发框架协议》的议题
十五届 28 次	一、关于审议《乐昌市消防工作情况汇报》和《乐昌市安全生产情况及下一步安全生产意见》的议题 二、关于审议《关于实施乐昌市林科所苗木培育、假植方案的请示》的议题 三、关于审议《关于招聘水政监察协管员的请示》的议题 四、关于审议《关于落实部分特殊岗位津贴问题的请示》的议题 五、关于审议《关于乡镇补贴发放范围的请示》的议题 六、关于审议《关于清理欠缴企业职工养老保险费的请示》的议题 七、关于审议《关于审定乐昌市原造纸厂地块二期、乐昌市坪石肖家湾汽修厂地块的改造方案、土地出让方案、应补缴出让金的请示》的议题 八、关于审议《关于解决大东街地块历史问题的请示》的议题 九、关于审议《乐昌市 2017 年国民经济和社会发展计划执行情况及 2018 年计划草案的报告》和《关于调整乐昌市 2017 年国民经济和社会发展计划部分指标增长目标的报告》的议题 十、关于审议《乐昌市结转结余资金收回本级财政统筹安排（第二批）的报告》《乐昌市 2017 年政府收支预算调整方案的报告》《乐昌市 2018 年财政预算安排说明》的议题 十一、关于审议《乐昌市村镇污水处理设施建设 PPP 项目实施方案、乐昌市村镇污水处理设施建设 PPP 项目物有所值评价报告、乐昌市村镇污水处理设施建设 PPP 项目财政承受能力论证报告》的议题

【市长办公会议】　2017 年，共召开市长办公会议 17 次。

表 2　**2017 年市长办公会议情况表**

期　号	议　题
一	专题研究新建乐昌市第二人民医院的相关事宜
二	专题研究 2017 年乐昌桃花节九峰镇筹备工作的相关事宜
三	专题研究乐昌新城建设工作的相关事宜

续表 2

期　　号	议　　题
四	对新乐城一小建设工作的具体事宜作进一步讨论
五	专题研究关于杨东山十二度水省级自然保护区中央环保督察反馈涉矿问题整改工作的相关事宜
六	专题研究农村人居环境综合整治建设社会主义新农村示范村工作的相关事宜
七	就杨东山十二度水省级自然保护区内 6 个矿点的整治工作进行专题研究
八	专题研究大东街 A 地块开发的相关事宜
九	专题研究武江河饮用水源置换工程取水方案、工程建设、建后管理、运营模式等相关事宜
十	专题研究乐昌市第二人民医院新建项目的相关事宜
十一	专题研究乐昌新城建设征地工作的相关事宜
十二	专题研究国庆、中秋假日期间城市管理整治相关事宜
十三	专题研究乐昌新城建设工作的相关事宜
十四	专题研究关于培育“四上”企业的相关事宜
十五	专题研究乐昌市坪石镇中医养生旅游度假特色小镇培育创建工作的相关事宜
十六	专题研究重点项目梳理的相关事宜
十七	专题研究加快园区签约项目建设及加强园区管理的相关事宜

【市政府工作会议】　2017 年，共召开市政府工作会议 51 次。

表 3　　**2017 年市政府工作会议情况表**

期　　号	议　　题
一	专题研究妥善处置大气污染工作相关事宜
二	专题研究坪石电影院资产处置的相关事宜
三	专题研究乐昌市坪石镇共建路 159～163 号地质灾害点治理工作的相关事宜
四	专题研究农业资源循环利用处理中心项目征地的相关事宜
五	专题研究新汽车客运站办理不动产登记证相关事宜
六	专题研究加强 H7N9 流感防控工作相关事宜
七	专题研究乐昌市武江河饮用水源置换工程的相关事宜
八	专题研究乐昌四中扩建工作的相关事宜
九	专题研究乐昌市生猪定点屠宰厂异地搬迁选址用地的相关事宜

续表 3

期　　号	议　　题
十	专题研究支付乐昌国家气象观测站搬迁暨突发公共事件预警信息发布系统建设项目基础强化工程费用的相关事宜
十一	专题研究解决坪石镇新城建设地块项目施工存在相关问题
十二	专题研究大源镇新镇区建设规划的相关事宜
十三	专题研究规划单位提供的乐昌峡平湖游项目规划初稿
十四	专题研究乐昌市农村地区中小学校教师生活补助发放的相关事宜
十五	专题研究乐昌新城第一期征地涉及林地报批的相关事宜
十六	专题研究大瑶山林场与大源镇永济桥村滑石排村民小组林地租赁合同纠纷的相关事宜
十七	专题研究乐广高速收费站至明星葡萄庄园旅游公路建设问题
十八	专题研究中石化乐城加油站土地置换的相关事宜
十九	专题研究新建乐昌市第二人民医院项目的相关事宜
二十	就乐昌市石子坑二期地块地上建筑物拆迁、高压线迁移、土地平整等工作的相关事宜进行专题研究
二十一	专题研究省道 248 线东风果场佛坳路段整治工作的相关事宜
二十二	专题研究市体育馆旁五人足球场建设的相关事宜
二十三	专题研究乐广高速收费站至明星葡萄庄园旅游公路建设的相关事宜
二十四	专题研究打击乐昌市河道非法采砂工作的相关事宜
二十五	专题研究原市经济开发区非机关事业编制人员工资福利的相关事宜
二十六	专题研究乐昌市第二人民医院新建医院、大源镇卫生院用地的相关事宜
二十七	专题研究乐昌市生猪定点屠宰厂和坪石镇生猪定点屠宰厂异地搬迁工作的相关事宜
二十八	专题研究协调处理 76174 部队全面停止有偿服务的相关事宜
二十九	专题研究新建乐昌沥青混凝土拌和站的相关事宜
三十	专题研究梅花镇自来水水源改造、标准化水厂建设的相关事宜
三十一	专题研究加快乐昌市加油站建设的相关事宜
三十二	专题研究广播电视网络整合的相关事宜
三十三	专题研究解决银星化工有限公司用地问题
三十四	专题研究乐昌市关春中学土地、房屋产权处置移交和省工商高级技工学校请求划拨土地问题的相关事宜

续表 3

期　　号	议　　题
三十五	专题研究乐昌市垦造水田示范点项目建设青苗补偿标准、流转土地租金、后期管护补助资金等相关事宜
三十六	专题研究关于 2016 年高标准基本农田建设项目工程优化变更的相关事宜
三十七	专题研究 2017 年集中签约的四批招商项目推进情况
三十八	专题研究省工商高级技工学校请求划拨土地和关春中学土地、房屋产权处置问题的落实情况
三十九	专题研究坪石电影院国有资产登记至市公共资产管理中心涉税问题的相关事宜
四十	专题研究新乐城一小建设规费征缴减免及办学招生范围划定的相关事宜
四十一	专题研究乐昌市竹林公园游泳场冬季开放的相关事宜
四十二	专题研究乐昌市区饮用水源保护区范围内木材加工厂专项清理整治工作的相关事宜
四十三	专题研究学生王钧楠跳河事件善后事宜
四十四	专题研究乐昌市区饮用水源保护区范围内木材加工厂专项清理整治工作的相关事宜
四十五	专题研究各项民生实事推进情况
四十六	专题研究原坪石矿棚户区改造安置房建设的相关事宜
四十七	专题研究乐昌市垦造水田项目建设进度相关事宜
四十八	专题研究葡萄酒庄保通车道路的相关事宜
四十九	专题研究酒庄保通车道路重新规划设计的相关事宜（已销毁）
五十	专题研究广东利生源生物饲料有限公司“12·6”安全生产事故的相关事宜（已销毁）
五十一	专题研究乐昌市区饮用水源保护区范围内木材加工厂专项清理整治工作的相关事宜

【市政府工作例会】　2017 年，共召开市政府工作例会 7 次。

表 4

2017 年市政府工作例会情况表

时　　间	议　　题
2017 年 10 月 23 日	一、听取市发改局汇报关于 2018 年重点建设项目收集的相关情况 二、听取市住建局汇报关于农村人居环境综合整治规划编制工作的相关情况 三、听取市卫计局汇报关于卫生强市创建工作的相关情况 四、听取市委农办汇报关于贫困村创建社会主义新农村示范村第一批建设项目进展的相关情况 五、听取市交通运输局汇报关于 2017 年交通重点建设项目进展的相关情况

续表4

时　　间	议　　题
2017年 10月30日	一、听取市住建局汇报关于长岭头保障性住房空置问题整改的相关情况 二、听取市安委办汇报关于乐昌站南跨线桥严重安全隐患问题处置的相关情况 三、听取市消防大队汇报关于乐昌市乡镇专职消防队建设的相关情况 四、听取市商务局汇报乐昌市赴深圳招商推介活动准备工作的相关情况 五、听取市商务局汇报关于葡萄酒庄园项目的有关情况 六、听取市商务局汇报关于葡萄酒庄园项目的有关情况 七、听取市民政局汇报关于坪石区域性敬老院建设项目进展情况
2017年 11月6日	一、听取市扶贫办汇报关于乐昌市精准扶贫资金使用的相关情况 二、听取市经信局汇报关于乐昌市国有（集体）“僵尸企业”出清重组工作推进的相关情况
2017年 11月13日	一、听取乐城街道汇报关于国际商贸城项目征地工作的进展情况 二、听取市旅游局汇报关于乐昌市全域旅游规划及相关工作的开展情况 三、听取市发改局汇报关于乐昌市绩效评价基本工作指标的完成情况
2017年 11月20日	一、听取市政府督办室汇报乐昌市2017年十件民生实事进展情况 二、听取市重点办汇报乐昌市2017年1—10月重点建设项目进展情况 三、听取市水务局汇报乐昌市推行河长制工作进展情况 四、听取市高标办汇报乐昌市高标准基本农田建设推进情况 五、听取市畜牧兽医水产局汇报乐昌市畜禽养殖“三区”划定及禁养区清理整治工作、农业资源循环利用处理中心项目进展情况 六、听取市卫计局汇报新建乐昌市第二人民医院项目、基层卫生院升级改造项目及村卫生站公建规范化建设项目进展情况
2017年 11月27日	一、听取市统计局汇报关于2017年乐昌市前三季度宏观经济运行情况分析 二、听取市政府办汇报历次工作例会讨论事项落实情况
2017年 12月5日	一、听取市国土资源局汇报乐昌市2017年垦造水田工作进展情况 二、听取市发改局汇报乐昌市固定资产投资和重点项目统计入库落实情况 三、听取市农业局汇报乐昌市农村土地承包经营权确权登记颁证工作进展情况 四、听取市住建局汇报关于武江河饮用水源置换工程建设进度情况、村镇污水处理设施建设PPP项目情况、农村人居环境整治规划编制工作情况

【市政府党组会议】 2017 年，共召开市政府党组会议 8 次。

表 5　　　　**2017 年市政府党组会议情况表**

期　　号	议　　　题
乐府组〔2017〕1 号	一、听取沈河民传达韶关市委工作会议精神，研究市政府贯彻落实意见 二、讨论 2016 年度乐昌市党政领导班子民主生活会市政府领导班子对照检查材料
乐府组〔2017〕2 号	一、听取市政府党组 2016 年工作总结及 2017 年工作计划 二、听取宋在军汇报《2017 年乐昌市民生项目实施计划》和《2017 年乐昌市政府工作要点》 三、听取邱才郁汇报关于做好乐昌新城、乐昌大道征地工作相关情况 四、听取邱才郁汇报推进乐昌新城核心区综合整治项目相关情况
	五、听取邱才郁汇报《乐昌市社会福利院公建民营社会化改革试点工作实施方案》相关情况 六、听取谭桂明汇报支付协议回收利生纺织项目用地第二期费用相关情况 七、听取市畜牧兽医水产局汇报我市畜禽养殖“三区”规划相关情况 八、部署近期政府重点工作
乐府组〔2017〕3 号	一、听取沈河民传达韶关市“三供一业”工作会议精神 二、听取沈河民汇报关于开展“一企一策”专题调研工作的相关情况 三、听取宋在军汇报关于调整乐昌市机关事业单位工作人员基本工资、离休人员离休费和退休人员基本养老金的相关情况 四、听取宋在军汇报关于张滩水电站资产和乐昌市利源水电开发有限公司整体资产并入乐昌市民源水利建设投资有限公司的相关情况 五、听取邱才郁汇报关于招聘 19 名乡镇食品药品安全协管员的相关情况 六、听取邱才郁汇报关于乐昌新城建设工作领导小组办公室副主任人选相关情况 七、听取邱才郁汇报关于京广高铁乐昌东站站前广场管理机构的相关情况 八、听取彭桂珍汇报关于《乐昌市龙山林场国有林场改革实施方案》和《乐昌市大瑶山林场国有林场改革实施方案》的相关情况 九、听取李桂平汇报关于将“三旧”改造工程置换房屋作为市公安局刑事科学技术室和 DNA 实验室使用的相关情况 十、听取谭桂明汇报关于拨付乐昌产业转移工业园投资开发有限公司第三批注册资本金相关情况
乐府组〔2017〕4 号	传达学习习近平总书记对广东工作作出的重要批示精神和省委、韶关市委、乐昌市委相关部署要求
乐府组〔2017〕5 号	一、听取市经信局汇报关于《2017 年乐昌市规上企业“一企一策”存在问题责任分工表》的相关情况 二、听取市统计局汇报关于《2017 年乐昌市分行业经济增长目标任务》的相关情况 三、听取市住建局汇报关于城市提质工作的相关情况 四、听取市住建局汇报关于农村人居环境综合整治规划工作的相关情况

续表 5

期　　号	议　　题
乐府组〔2017〕6 号	深入学习省第十二次党代会、中共韶关市委十二届四次全会、乐昌市干部大会的精神，总结近期贯彻落实情况，研究部署乐昌市下一步贯彻落实意见
乐府组〔2017〕7 号	一、听取市住建局汇报重点项目推进的相关情况 二、听取市产业园汇报重点项目建设的相关情况 三、听取市旅游局汇报三龙谷、乐昌峡·平湖游项目推进的相关情况 四、听取市委农办汇报扶持村集体经济发展、贫困村新农村建设、省级新农村连片示范建设项目推进的相关情况
	五、听取市教育局汇报关于重点建设项目推进的相关情况 六、听取市水务局汇报重点建设项目进展的相关情况 七、听取市卫计局汇报乐昌市第二人民医院异地新建项目的相关情况
乐府组〔2017〕8 号	专题学习党的十九大报告

【市政府专题工作会议】 2017 年，共召开市政府专题工作会议 4 次。主要研究处理以下事项：推进乐昌市垦造水田示范点项目建设；协调推进扶持村级集体经济发展试点工作及新农村建设工作；解决乐昌市广乐高速公路市政府发展留用地交接工作；研究加快推进乐昌市农信社组建农商行相关事宜。

（丘蔚楠）

附：市人民政府领导班子成员名单

市　长：沈河民

常务副市长：宋在军（—12 月）

　　　　　　黄艺坤（12 月—）

副市长（挂职）：曾悦（2 月—）

副市长：邱才郁

　　　　邓洪炜

　　　　彭桂珍（女）

　　　　李桂平

　　　　谭桂明

乐昌市人民政府办公室

【概况】 乐昌市人民政府办公室位于市区公主上路 23 号，内设秘书股、调研股、市人民政府督办室、建议提案股、政务公开股、应急管理办公室、市政府金融工作办公室、行政复议股、行政执法监督股、人事监察股、综合一股、综合二股、外事侨务股和人防工程股。挂牌单位 3 个：市外事侨务局、法制局和人民防空办公室。2017 年年末，在职干部 41 人，其中，行政编制 34 人，老工勤 1 人，工勤人员 6 人。

【文会工作】 市政府办公室全年撰写公文 1800 余份。坚持当天收文、当天阅办，全年收各类文件 6264 余份，均无积压、误办、漏办和失密、泄密现象。在会务工作上，坚持少开会、开短会，严格控制会议数量、会期和规模，严谨办会、规范办会。

【调研综合工作】 深入开展调查研究工作，会同调研股开展乡村振兴、城市建设、园区发展等 11 个专题调研，广泛征求各方意见，最终形成 2018 年《政府工作报告》。按照市政府主要领导要求，联合相关市直部门，深入重点工业企业开展“一企一策”专题调研，形成《2017 年规上企业“一企一策”存在问题责任分工表》。全年起草或修改综合材料 335 篇，撰写各类纪要 109 篇，报送信息 13 条。其中，重点完成《乐昌市推进新型城镇化建设情况汇报》《乐昌市贯彻落实中央环保督察反馈意见整改工作情况报告》《乐昌市政府2017年工作总结和2018年工作打算》等涉及面广、情况复杂、业务性强的综合材料。

【督办协调工作】 2017年，市政府督办室以市政府年初确定的185项工作要点、36项重点项目、10件民生实事及市政府各类纪要议定事项为跟踪督办要点，实行每周一督办，每月一汇报。加强对项目的督促检查，紧密跟进项目进展情况，解决项目推进过程中存在的问题，有力推动项目建设进度。

【建议提案】 市十五届人大一次、二次会议和市政协十届一次、二次会议期间共收到人大代表建议60件（其中一次会议47件、二次会议13件），政协提案（含来信）88件（其中一次会议78件、二次会议9件、二次会议闭会期间1件）。全部建议、提案均按时限要求办理完毕，答复率100%。

（丘蔚楠）

附：市人民政府办公室领导班子成员名单

主　任：邹坚峰

副主任：石贵兴（—6月）
　　　　吴章继
　　　　邓阳周（8月—）
　　　　邓培成（8月—）

副主任（挂职）：张文彬

行政服务中心

【概况】 乐昌市行政服务中心（以下简称中心）成立于2004年12月，是市政府直属参照公务员法管理的正科级事业单位，中心编制10名，内设1室2股（综合办公室、业务股和协调股）。2017年年末，在编人员9名。办事大厅面积1000平方米，设窗口18个，进驻部门18个，共有工作人员36人。

【推进“一门式”“一网式”政府服务模式】 2017年8月，召开基层公共服务一网式服务模式部署试点现场工作会议，确定相关部门单位可下放的公共服务事项，10月，举办乐昌市镇（街道、办事处）、村（居）公共服务“一门式”“一网式”系统部署实施培训，对负责“一门式”“一网式”的公共服务站操作人员进行系统操作培训，要求规定时间将镇（街道、办事处）公共服务事项录入系统。

【窗口管理】 优化服务项目与办事流程，简化审批程序，实现窗口“一站式”服务，提升行政效能。严格规范办证大厅窗口工作服务行为，在服务窗口继续推行项目全程代办制、首问责任制、一次性告知制、限时办结制等一系列规章制度。根据办证大厅工作特点对窗口业务办件情况采取网上实时监督、值班巡查、服务满意度评论、服务对象随机回访、多渠道听取群众意见等方式进行全过程监督，定期对窗口的办件情况进行统计分析，对监管中发现的问题及时与窗口沟通。2017年，中心办证大厅受理并办结各项业务13857件，全部100%按时办结。

【“12345”热线服务】 2017年，成立“12345”政府热线办公室，与市行政服务中心内设机构协调股合署办公，承担“12345”热线的日常管理。制定《乐昌市人民政府办公室关于印发乐昌市“12345”政府服务热线管理办法的通知》，把“12345”热线工作纳入全市绩效考核和镇级绩效考核内容。全年转接韶关市“12345”政府服务热线工单业务688件。

【基层公共服务综合平台建设】 全面铺开基层公共服务综合平台建设，形成市、镇（街道）、村（居）三级公共服务体系，将基层公共服务全面延伸至行政村（居）委，在便民服务中心（站）基础上进行场所标识及场地改造，新增设立自助终端服务区，将涉及办证、缴费、查询、金融、信息公布等公共服务事项的自助终端纳入公共服务平台，具备条件的村（居）放置自助终端机，派送调试120台终端机，355台电脑，140台打印、扫描一体机，215台高拍仪，215台评价器和215台身份读卡器。村级平台操作人员招聘工作于4月完成并正式上岗，5月22日举行业务培训，在岗人数215人，其中9人为村干部兼任。

【网上办事大厅建设】 推行“互联网+政务服务”，推进实体办事大厅向网上办事大厅延伸。开展网上办事大厅应用提升、政务服务平台与智慧城市建设对接、网上全流程效能监督三项行动，提升政务服务精准化、个性化、智慧化水平。2017年，网上全流程办理率为87.63%，办结率98.01%。到现场不超过1次的事项434项，比率69%，两次比率24.17%，超过两次的比率为6.84%。

（陈振文）

附：市行政服务中心领导班子成员名单

主　任：叶志坚

副主任：邓拥军（6月—）

　　　　邓良开

韶关市公共资源交易中心乐昌分中心

【概况】 韶关市公共资源交易中心乐昌分中心（以下简称分中心）是乐昌市公共资源交易中心整合而成的，为韶关市人民政府办公室直属的韶关市公共资源交易中心的分支机构，为公益一类副科级事业单位。2016年6月29日正式挂牌成立，2017年年末，在职在编人数12人。2017年，分中心完成各类交易项目199宗，成交金额189625.1万元，节支4845.63万元，溢价7205.95万元。

【工程交易】 2017年，开展工程建设招投标交易69宗，交易金额36921.5万元，成交金额33384万元，节约财政资金3537.5万元。完成小额建设工程交易3宗，成交金额254万元。

【政府采购】 2017年，完成政府采购项目55宗，成交金额130752.71万元，节约资金1308.13万元，节约率为1%。

【国土资源交易】 2017年，挂牌、网上交易出让国有土地使用权46宗，成交46宗，成交额24270万元，溢价7190万元。完成矿业权挂牌、出让1宗，成交1宗，成交额35万元，溢价5万元。

【产权交易】 2017年，配合有关单位组织拍卖25宗产权交易业务，其中成交24宗，成交交易总额为929.39万元，增值10.95万元，增值率1.2%。

（黄伟明）

附：韶关市公共资源交易中心乐昌分中心领导班子成员名单

负责人：孙显光

外事、侨务

【概况】 乐昌市外事侨务局挂牌市政府办公室，正科级行政机关，行政编制3人，2017年年末，在职人数3人。

【因公出访审核、呈批工作】 2017年，办理因公临时赴港澳团组审批报批9批13人次。在外事工作中，严格执行中央对外工作方针政策和外事管理规定，严格审核因公临时赴港澳团组任务，做好领导干部出访工作。确保每个出访人员懂得和遵守外事纪事、涉密条例。

【落实侨务政策】 开展“送温暖”“献爱心”“爱心助老”等活动，对归侨侨眷做到“患重病必访、发生困难必访”，积极做好扶贫济困，为侨界群众排忧解难。倾听侨胞心声，注重维护归侨、侨眷合法利益。及时做好归侨、侨眷人员来信来访工作。

（黎志琼）

附：外事侨务局领导班子成员名单

局　长：邹坚峰（乐昌市政府办公室主任兼）

副局长：黎志琼（女）

机关事务

【概况】 乐昌市政府机关事务中心是管理市委、市政府机关大院事务的机构。1994年4月县行政科改为市行政科，1996年改为市政府机关事务管理处，2001年机构改革更名为市政府机关事务中心，属市政府正科级事业单位。内设职能股室3个，核定参公事业编制16人。2017年10月增设机关事务中心节能管理股。年末实有在职人数15人。

【财务管理】 中心财务股负责管理市四套班子及市政府机关大院24个单位在职干部职工和离退休人员的办公经费报销及账表编报等财务工作。2017年，继续实行水电费催缴制度，杜绝欠缴水电费的不良现象。做好市财政局布置的部门预决算工作，主动帮助市府大院各单位人员每月代缴纳个人所得税。健全财务规章制度，强化预算控制，采取有效措施，适当控制经费开支，严格压减一般性支出。理顺固定资产的清查工作，与市公共资产管理中心协调，对无实物的固定资产进行大清查、报废，理清市政府大院各单位的固定资产，确保资产不流失。按月、季、年做好市政府大院各单位政府采购信息汇总统计工作。开展政府部门财务报告编制试点工作。继续做好行政事业单位内部控制报告编制工作，建立健全相关管理制度。

【后勤保障】 2017年，市政府机关事务中心加大后勤保障力度，做到物业管理规范标准、安全保卫规范化、绿化管护精细化、卫生保洁标准化、保养修理常态化、会议服务程序规范化、公共资产管理规范有序。2017年机关事务中心在政府大院内筹建市政府机关饭堂，完成苗圃改造停车场工程、市政府办公大楼及市政府大门的补漏修缮工程、家属区供电“二改一”工程。深入开展安全隐患排查和整改，由物业股和保安配合定期开展安全生产和消防安全检查，对检查出的问题及时整改，落实行动。积极开展大院环境整治活动，清扫沟渠、房前屋后、厕所等卫生，结合除“四害”活动，有效遏制“四害”滋生。及时巡查空调系统、消防系统、水电系统、电梯等特种设备维保和年检工作，发现问题及时处理，确保办公区设备安全、平稳运行和水电暖的正常供应。进一步提高服务意识，提高会场布置要求，提升服务标准，规范服务流程，加大培训力度，对服务人员进行定期培训，提升整体素质，更新会场设施设备，保障和提高会议服务质量。

（曹飞雄）

附：市机关事务中心领导班子成员名单

主　任：陈金玉（6月—）
副主任：连细云（女）
　　　　唐良庆（男）
　　　　张小坚（女，6月—）

接待工作

【概况】 乐昌市接待办公室，为市委、市政府直属参照公务员管理的事业单位，正科级，编制4名，其中主任1名，副主任1名。下辖坪石接待办事处，负责乐昌市北部地区的公务接待管理工作，公益一类，副科级，核定事业编制2名，其中主任1名，副主任1名。2017年，各项接待任务共计996批10706人次，接待批次同比增加11.2%。其中，二类客人（省、部级领导）5批188人次；三类客人［厅（司）级以下领导］991批10518人次。

【重要接待对象】 2017年，市接待办接待的重要领导有广东省省长马兴瑞，广东省人大常委会主任李玉妹，广东省纪委书记黄先耀，广东省人民政府秘书长李锋，广东省住建厅党组书记杨细平，广东省统计局党组书记陈向新，韶关市委书记莫高义，韶关市市长殷焕明等省市级领导。同时，服务做好乐昌桃花节和7个批次的大型招商引资项目集中签约仪式接待工作，以及市党政代表团到广州、深圳、珠海、东莞、江门等地考察的服务工作。

【基地建设】 金鸡宾馆位于乐昌市北面坪石镇，是公益三类事业单位，承担乐昌市北部地区的公务接待工作。国防教育基地位于乐昌市北乡镇麒麟山侧，作为乐昌市城区的公务接待场所，于2013年4月开始营业。

【勤俭节约办接待】 2017年，乐昌市接待办公室积极适应接待工作新常态，认真贯彻中央八项规定，规范接待，厉行节约，自觉增强责任意识。研究制定和修订《乐昌市党政机关国内公务接待管理办法》，加强对人、财、物的管理，确保以制度管人管事，制度化建设见成效。定点接待、定人跟餐，确保接待任务不违规、不耽误、不出错，做到每个步骤都有章可循、有据可查。延续“精细化”“个性化”“特色化”标准，土菜细做、粗菜精做，打造乐昌味道、品出乐昌特色。

（李劲民）

附：市接待办领导班子成员名单

主　任：陈金玉

信息化建设

【概况】　乐昌市信息中心成立于2002年，2015年9月由乐昌市人民政府办公室下属副科级事业单位调整为市政府直属副科级事业单位，中心编制10名（其中主任1名、副主任2名、专业技术人员7名），2017年年末，在职干部7名。

【乐昌市政府公众信息网的宣传和管理】　乐昌市政府公众信息网围绕市委、市政府中心工作，积极做好宣传发布和政务公开工作，2017年度网站上发布各类信息5600条。在信息网上全面实现决策公开、执行公开、管理公开、服务公开、结果公开等民生关注的政府信息公开，及时回应社会关切的各类热点问题，建设贫困村创建新农村示范村专栏。

【政府网站集约化建设】　2017年，信息中心对全市19个政府部门网站进行集约化建设。通过在乐昌市政府门户网站上建设栏目、频道等方式，推进各镇（街道）、政府部门网站向市政府门户网站技术平台迁移，形成全市统一共享的政府网站技术平台。

【平台信息化建设】　“一门式”“一网式”正式上线。进一步升级完善乐昌市协同办公（OA）系统，实现手机移动办公。全面完成基层公共服务平台的网络建设。信息中心和市委组织部、财政局、行政服务中心等部门合作，完成全市234个基层服务平台接入点的网络建设，基层网络项目顺利通过专家验收。

【信息化培训】　2017年，组织开展两次乐昌市公共服务“一门式”“一网式”系统部署实施的培训，指导全市各有关单位如何进行事项的配置和进驻。

（廖丽莉）

附：市信息中心领导班子成员名单

主　任：唐清发

副主任：何会中

政协乐昌市委员会

综　　述

【概况】　中国人民政治协商会议乐昌市委员会于1980年9月成立，由中国共产党、各民主党派、无党派人士、人民团体、各民族和各界的代表，台湾同胞、港澳同胞和归国侨胞的代表以及特别邀请的人士组成。内设办公室、宣传（提案）科、组联科等机构，编制（不包括领导班子）11名，后勤编制1名，2017年年末，实有在职人数11人（不包括领导班子，其中公务员9人，事业编制“老工勤”1人，后勤人员1人）；实有政协委员198人。

【服务全市改革发展大局】　2017年，市政协组织委员列席人大会议听取政府工作报告，邀请政府有关部门列席常委会议通报工作情况，各专委组织委员到机关、乡镇、企业对政府重点项目建设、城市管理、产业共建等工作进行视察调研，使委员了解全市工作的重点及存在问题，认真履行政治协商、民主监督、参政议政职能，主动把市委、市政府的重要决策和工作部署贯彻到市政协工作中。积极发挥政协组织联系面广的优势，参与招商引资工作，鼓励乡贤回乡投资兴业。

重要会议

【政协第十届乐昌市委员会第二次会议】　2017年2月25日至27日，中国人民政治协商会议第十届乐昌市委员会第二次会议在乐昌城区召开。会议审议并通过周素岚代表十届乐昌市委员会常务委员会所作的工作报告。委员们列席市人大十五届二次会议，听取并讨论《政府工作报告》。会议期间，组织委员培训、视察及开展“委员风采”展示活动。

【首次召开无主题议政会议】　4月27日，乐昌市政协首次召开无主题议政会。会议由市政协主席周素岚主持，市政协副主席黎跃飞、周越成、李锡洪，朱锋麟，秘书长郑荣生及市政协机关各科室负责人参加会议，市委副书记、市长沈河民应邀出席会议。会上，黄宇、刘翠岩等16名来自各界别的政协委员就“城市管理”“产业共建”“旅游发展”“新城建设”等20多个议题积极建言献策，提出意见和建议。

【乐昌市政协常委会议】　第十届常务委员会第二次会议。2月16日，市政协召开第十届常务委员会第二次会议。会议审议和通过政协第十届乐昌市委员会第二次会议的议程和日程，决定2017年2月25日至27日召开乐昌市政协十届二次会议；审议和通过政协第十届乐昌市委员会常务委员会在乐昌市政协十届二次会议上的工作报告和提案工作报告，协商确定乐昌市政协十届二次会议期间委员风采展示活动等事宜；审议通过乐昌市政协2017年工作要点。

十届委员会第三次常委会议。4月14日，市政协十届委员会召开第三次常委会议。审议通过《政协乐昌市委员会关于加强协商民主的实施意见》《中国人民政治协商会议乐昌市委员会履职工作规则（试行）》。协商决定有关委员变动事宜，同意吴永恩、徐汉强、罗文雅、萧锦成辞去政协乐昌市第十届委员会委员职务，吴永恩不再担任政协第十届乐昌市委员会常务委员，免去张鉴清政协第十届乐昌市委员会委员职务。

十届委员会第四次常委会议。8月23日，市政协十届委员会召开第四次常委会议。会议传达学习上级会议及文件精神，审议通过《政协乐昌市常务委员会工作规则（修订稿）》，经与会常委协商表决，同意朱兰高、朱作华两位委员辞去十届乐昌市政协委员职务。

十届委员会第五次常委会议。12 月 27 日，政协第十届乐昌市委员会召开第五次常委会议。会议传达学习中共十九大及有关会议精神，听取市政府、市纪委、市人民法院、市检察院市、发改局、市财政局 2017 年工作情况通报。会议经讨论、表决，一致同意增补谭桂明、赵平平、欧多纯、陈金玉、肖会招、杨凌青、刘志强、张春节、萧刚、余粤清、曾国锋、张祺健、凌兆尉等为政协乐昌市第十届委员会委员，同意朱锋麟、石贵兴、沈家和、吕秀莲、张耀松等人辞去政协乐昌市第十届委员会委员职务。审议通过政协第十届乐昌市委员会第三次会议议程、日程和常委会工作报告、提案工作报告，会议决定表彰王广隆、邓小兰、邓忠超、付常幸、朱兰镇、朱裕超、刘翠岩、扶铭燕、李正桓、李慧杰、吴国林、邱殷洪、张增添、陈建安、陈辉强、罗邦壮、龚辉岚、彭祥林、曾德利等 20 名 2017 年度优秀政协委员。会议决定对政协第十届乐昌市委员会各专门委员会的委员分组进行调整。

重要活动和主要工作

【提案工作】 2017 年，政协第九届乐昌市委员会常务委员会共收到提案 88 件，内容涉及经济发展、城市建设、交通管理、旅游开发、农业农村、科教文卫体等方面。经提案审查委员会审查，确定立案 43 件（并案处理后为 39 件），转为意见建议 45 件。提案分别交由市政府各职能部门研究办理；未予立案的 45 件提案作为委员来信建议转送有关部门研究参考。

【调研、视察、专题协商】 2017 年，市政协就特色小镇打造，校园安全建设与管理，文化场馆整合与完善，市区小公园、小绿地、公厕的建设，北面九镇垃圾的集中清运，镇级卫生院综合大楼建设，乐城一小新建项目等工作开展调研视察活动，撰写《关于整合完善乐昌市城区文化场馆的视察报告》《关于加强镇级卫生院服务能力建设的调研报告》《关于提高招商引资实效，推动产业振兴发展的考察报告》《实施乡村振兴战略，努力建设特色小镇》《关注学生安全，共建良好校园周边环境》《改善市容市貌、提升城市品位》等报告。

【民主监督】 2017 年，市政协先后邀请市政府、市纪委、市法院、市检察院、市发展和改革局及市财政局等有关单位向政协常委会通报工作情况，并向通报工作单位提出意见和建议，为促进市委、市政府工作部署落实，优化政务环境和法治环境发挥重要的监督作用。围绕市委、市政府重大决策的贯彻落实，事关人民群众切身利益的热点难点问题，通过调研视察、无主题议政会、专题协商会等方式提出意见和建议，推动各项工作的落实。选派委员担任司法机关和政府部门的特邀监督员、行风评议员，参与民主评议、年度绩效考评和监督干部考察选拔工作。创新监督形式，与市人大联合视察“乐城一小新建项目”。

【团结联谊】 2017 年，市政协积极配合市委、市政府开展港澳政协委员联谊活动，加强与港澳台同胞的联谊；开展“委员风采”展示活动；开展优秀委员、优秀提案评选；举办“建设文明城市，共创善美乐昌”美术、书法、摄影作品大赛；与韶关市政协、乳源县政协联合开展以“喜迎十九大、共圆中国梦”为主题的文化交流活动；组织政协委员到广州南沙，东莞大朗、清溪，河源市等地开展学习考察及招商活动；积极与深圳、中山、佛山、广州、清远等地乐昌商会对接，介绍乐昌招商引资政策及投资环境，鼓励广大乡贤回乡投资兴业；接待始兴、新丰及清远连州等地政协到乐昌市考察交流，进一步扩大政协交流联系范围。（梁　敏）

附：市政协领导班子成员名单

一、政协班子成员名单

主　席：周素岚（女）

副主席：黎跃飞

周越成

李锡洪

孙俊华

朱锋麟

二、政协秘书长名单

秘书长：郑荣生

三、各专委会正副主任名单

1. 文史和学习委员会

主　任：周越成（兼任）

副主任：郑荣生

陈京雄

李正桓

2. 经济委员会

主　任：黎跃飞（兼任）

副主任：陈辉强

华　瑛

3. 社会和法制委员会

主　任：朱锋麟（兼任）

副主任：罗　红（女）

吴曙光

4. 民族宗教委员会

主　任：孙俊华（兼任）

副主任：毛志鹏

邓忠超

5. 台港澳侨联络委员会

主　任：孙俊华（兼任）

副主任：罗邦壮

黄育雄

6. 科教文卫体委员会

主　任：朱锋麟（兼任）

副主任：周国松

朱兰镇

7. 提案委员会

主　任：李锡洪（兼任）

副主任：何国志

邓小茹（女）

8. 农业与人口环境资源委员会

主　任：黎跃飞（兼任）

副主任：刘翠岩（女）

易丘文

四、机关各科室正副职领导名单

1. 办公室

主　任：郑荣生

副主任：肖全招

2. 宣传科（提案科）

科　长：邓小茹（女，—12 月）

副科长：李国平

3. 组联科

科　长：黄育雄

副科长：谢勋燕（女）

纪 检 监 察

综　　述

【概况】　乐昌市纪委机关、市监察局行政编制30名。其中，市纪委常委7名（书记1名、副书记2名），市监察局局长1名（由纪委副书记兼任），副局长3名（2名由纪委常委兼任、1名为党外副局长）；室主任9名，为副科级领导职务；副主任9名。后勤服务人员3名。内设9个机构：办公室、干部监督管理室、宣教调研室、党风政风监督室（市政府纠正部门和行业不正之风办公室）、信访室（举报中心）、第一纪检监察室、第二纪检监察室、第三纪检监察室（案件监督管理室）、案件审理室。

市纪委、监察局实行派驻机构管理体制，共设立市纪委派驻纪检组8个，每个派驻纪检组设纪检组长（正科级）1名，副组长（副科级）1名，其他干部1名，行政编制共24名。

中共乐昌市委巡察办、巡察组由市纪委代管。市委巡察工作领导小组办公室，核定行政编制2名，其中巡察办设主任1名、副主任1名、其他工作人员1名（从全市党政机关临时抽调）；成立3个巡察组，每个巡察组核定行政编制2名，共核定行政编制6名，每个巡察组设组长1名、副组长1名，组员1名，其中巡察组组员根据每次巡察任务临时指定。

【深化纪检监察体制改革】　深化派驻机构改革，出台《乐昌市纪委派驻纪检组职责清单（试行）》，进一步压实派驻纪检组监督责任，充分发挥派的“权威”和驻的“优势”。设立8个派驻纪检组，实现对全市56个市直机关单位派驻监督全覆盖。建立健全巡察机制体制，研究制定14项巡察工作制度，编制《乐昌市委巡察工作流程图》。启动两轮常规巡察，开展一次扶贫领域专项巡察，共发现问题106个，线索18条。有序推进监察体制改革试点工作，及时成立乐昌市深化国家监察体制改革试点工作领导小组，市委主要负责人担任组长。市纪委协助市委抓好改革试点工作的组织实施和任务落实。

重要会议

【市纪委十三届二次全会】　3月2日，乐昌市召开市纪委第十三届二次全体会议。市委书记陈宏宇出席会议并讲话。市四套班子成员，法检“两长”，纪委副书记，出席和列席市纪委十三届二次全会的代表，各镇（街道、办事处）党（工）委书记、镇长（主任），市直副科以上行政事业单位、条管和省韶驻乐有关单位主要领导出席会议。全会回顾总结2016年全市纪律检查工作，部署2017年的工作任务。

【党纪政纪法纪教育培训班】　9月30日，召开2017年领导干部党纪政纪法纪教育培训班，共260多人参加培训。会议通报近年来该市党风廉政建设和反腐败工作情况，市委常委、市纪委书记邹有胜作2017年乐昌市党风廉政建设和反腐败工作情况报告，并组织与会人员观看警示教育片。

2017年9月30日，乐昌市召开2017年领导干部党纪政纪法纪教育培训班　　（刘欣　摄）

【市深化监察体制改革试点工作小组第一次会议】 12月4日，乐昌市召开深化监察体制改革试点工作小组第一次会议。会议主要任务是贯彻落实党的十九大精神，严格按照中央、省委和韶关市委关于深化国家监察体制改革的决策部署，统一思想，明确要求，落实责任，扎实有效推进全市深化监察体制改革试点工作，确保如期完成改革试点工作任务。市委书记、市深化监察体制改革试点工作小组组长陈宏宇主持会议并讲话。

主要工作

【教育预防工作】 办好纪律教育学习月活动，开展领导干部党纪政纪法纪教育培训，组织纪检监察干部参观韶关市廉政教育基地，分批安排900多名村（居）“两委”干部参观廊田镇“三纪”教育中心。召开村（居）“两委”干部违纪违法案例剖析现场会。开展拟提拔科级领导干部任前廉政教育80人次。积极参加韶关市党规党纪知识竞赛；组织廉政书画作品征集活动，开展为期3个月的廉政书画巡回展；举办廉政小品曲艺创作大赛。强化领导干部个人有关事项报告制度。2017年，审核备案党员领导干部操办婚丧喜庆事宜报告51件，审批办理因私出入国（境）证件33件，审批因私出入国（境）39人次，出具党风廉洁意见189人次。

【作风纪律建设】 2017年，全市开展明察暗访35次，查处违反中央八项规定精神问题7起，给予党纪政纪处分7人，点名道姓通报曝光14起22人。共运用“四种形态”处理183人次，其中，第一种形态101人次、占55.2%，第二种形态47人次、占25.7%，第三种形态20人次、占10.9%，第四种形态15人次、占8.2%。

【保持惩治腐败高压态势】 2017年，全市纪检监察机关共受理信访举报258件次，处置问题线索175件，结案82件，处分82人，其中科级干部10人。严格把握政策界限，认真落实容错免责制度，为131名受到错告、诬告的党员、干部澄清问题。排查农村基层党员干部违纪违法线索360条，其中涉及扶贫领域线索36条、立案13件。省市县三级督办直查的10条扶贫领域问题线索均办结，其中8条线索属实并予以立案审查。

【纪检监察干部队伍建设】 2017年，组织26名新进镇级专职纪检干部参加省纪委专门业务培训班学习，组织74名纪检监察干部参加湖南大学专题研修班学习。制定《乐昌市纪委监察局领导约谈纪检监察干部工作制度（暂行）》，按照层级管理原则实行约谈对象“全覆盖”。对反映纪检监察干部违反“六大纪律”的苗头性、倾向性问题进行谈话核实或者警示提醒、督促纠正，做到早教育、早发现、早提醒、早处置、早规范。认真执行纪检监察干部外出请示报告报备等制度，充分发挥内务监督委员会监督作用，进一步规范纪检监察干部从政行为。坚持有信必核、有案必查，2017年，对2起反映纪检监察干部问题的信访举报件进行核实处理。

（黄　鑫）

附：市纪委（监察局）领导班子成员名单

纪委书记：邹有胜

纪委副书记：曾培伟

　　杨忠荣

纪委常委：邝德根（—9月）

　　段定刚

　　黄继祥（—9月）

　　何君梅（女）

　　欧阳勋（10月—）

　　杜利雷（10月—）

监察局局长：杨忠荣

监察局副局长：邝德根（—9月）

　　黄继祥（—9月）

　　欧阳勋（11月—）

　　杜利雷（11月—）

　　黎跃飞（—12月）

民 主 党 派

民革乐昌市总支部

【概况】 民革乐昌支部成立于1984年11月，2013年10月25日成立民革乐昌总支，2017年有民革党员30人，年内，发展1名党员。党员邓忠超、刘翠岩为韶关市第十四届人大代表，党员王笑芳为政协韶关市第十五届委员会委员。有8名党员为政协乐昌市第十届委员会委员。

委员陈美丽提出的《关于乐昌市乐城地区新建学校、增加可供学位的建议》获评政协“2017年度乐昌市优秀政协提案”；邓忠超、刘翠炎荣获“2017年度优秀政协委员”称号。

【参政议政】 2017年，民革乐昌总支围绕韶关、乐昌市委市政府中心工作，在经济建设、城市规划、文化教育等方面积极参政议政，全年民革中的人大代表提交建议2件，政协委员提交个人提案7件。（邓忠超）

附：民革乐昌总支领导班子成员名单

主　委：刘国奇

副主委：韩德香（女）

　　　　邓忠超

委　员：谢　冲

　　　　张少斌

　　　　王笑芳（女）

　　　　孙显光

民盟乐昌市总支

【概况】 中国民主同盟于1985年9月在乐昌市建立基层组织，1997年11月发展为民盟乐昌市总支。2017年有盟员32名，分别来自文化、艺术、教育、科技、司法、医卫、企业等不同领域。

【参政议政】 2017年，盟员李敏瑶在韶关市十四届人大一次会议上提交《关于解决乐梅大桥至碧桂园路段人行通道及大桥上下人行梯问题的建议》《关于加快推动粤湘开放合作试验区建设的建议》等意见建议，得到相关职能部门的重视，为政府决策提供了参考。总支盟员在乐昌市委统战部征求意见会上，提出让“党政领导与党外干部联系交友制度”“政府组成部门与民主党派对口联系制度”落到实处的建议，得到市委统战部的重视，采取措施确保两项制度得到执行并取得成效。

【“盟员之家”挂牌】 2017年12月3日，民盟乐昌总支举行“盟员之家”挂牌仪式，为广大盟员提供一个集中会议、学习、展现民盟风采的活动场所，进一步增强盟员的归属感。

【社会服务】 盟员在本职工作中取得突出成绩。吕眉洁教学论文《用思维导图鉴赏古诗词之我见》获韶关市教育教学论文一等奖；《探究用课堂教学视频案例教学法开展乡村教师校本研修》发表在《新课程研究》杂志2017年第3期上；《以素材型班会课为案例拓宽乡村教师校本研修的途径》发表在《考试周刊》杂志2017年第85期上；教学课例《想北平》获乐昌市教育教学优秀课例一等奖；先后被评为学校优秀教师、乐昌市“演讲乐昌故事”普通话比赛优秀指导老师。林记珍的论文《试论中考背景下思想品德教育的困境与突围》在乐昌市中学教学论文评选中获得二等奖。在“扶贫济困日”活动捐款，总支和盟员捐出善款5000元。广大盟员积极参与志愿者服务、资助贫困学生、送法下乡等活动。（吕眉洁）

附：民盟乐昌总支领导班子成员名单

主　委：李敏瑶
副主委：邓美菊（女）
　　　　彭记伍
支　委：华　瑛
　　　　周丽萍（女）
　　　　吕眉洁（女）
　　　　曾德利

民建乐昌市支部

【概况】 中国民主建国会乐昌支部成立于1994年4月6日，2017年有会员25人，其中乐昌市人大代表2人（其中人大常委1人），乐昌市政协委员8人（其中政协副主席1人、政协常委2人）。

2017年9月，黎跃飞、陈国雄被评为民建广东省委社会服务优秀个人。12月7日，会员吴伟被评为韶关民建2017年度优秀会员。12月22日，林斌的摄影作品《古佛岩雄狮》在参加乐昌市政协举办的“建设文明城市·共创善美乐昌”书法美术摄影作品大赛中（摄影类）荣获三等奖。

【参政议政】 2017年，在政协十届乐昌市二次会议中，会员林斌递交政协提案1件《关于规范城区超标助力车管理》。在民建中央举办的第二届“从中华优秀传统文化基因中发扬传承创新工匠精神”课题研讨活动文章征集中，会员王海玲提交课题成果一篇《呼唤教师的工匠精神》。

【社会服务】 2017年，主委黎跃飞联系佛山南海区爱心人士唐秀文捐款2万元资助大学生5人，高中生5人；关怡昌捐款7000元资助大学生1名；乐昌市森隆纺织有限公司捐款3.34万元，资助大学生4年学杂费，其中公司法人代表关朝挺个人捐款1.1万元，资助大学生1名，高中生1名；“向快乐出发”爱心团队捐款2.8万元，资助高中生11名，小学生6名。委员陈国雄捐款2.4万元，资助大学生4名，高中生12名。在广东扶贫济困日活动中，支部捐款2200元，黎跃飞个人捐款300元。

（林　斌）

附：民建乐昌支部领导班子成员名单

主　委：黎跃飞
副主委：吴　伟
　　　　李家繁
　　　　王　俊
委　员：林　斌
　　　　陈国雄
　　　　王海玲（女）

中国民主促进会乐昌市支部

【概况】 中国民主促进会（以下简称民进）是以从事教育文化出版工作的高中级知识分子为主、具有政治联盟性质、致力于建设中国特色社会主义事业的政党，是同中国共产党通力合作的参政党。乐昌民进于1986年11月成立小组，1987年成立支部，2017年有会员26人，其中，中级职称17人、副高级职称4人，乐昌市政协委员7人（常委1人），人大常委1人。

【参政议政】 2017年，乐昌民进向政协提交集体和个人提案7件，内容涉及文化教育、城市管理等多个领域，均得到承办部门的重视和采纳，其中立案1件。朱金鹏会员提交人大提案2件。付常幸会员被乐昌政协评为2017年度优秀政协委员。

【社会服务】 开展多种形式的社会服务活动。会员丘丙养积极开展青少年法制讲座和群众法律咨询活动，多次参与信访、闹访事件调解。会员温桂华、徐晓燕等坚持捐资助学，共捐助4万元爱心助学、扶贫济困金。会员李红梅积极组织送教育下乡活动。

（付常幸）

附：民进乐昌支部领导班子成员名单

主任委员：温桂华
副主任委员：周国松
　　　　　　王红新
　　　　　　李红梅（女）
　　　　　　朱金鹏
支部委员：付常幸（女）　徐小燕（女）

农工党乐昌总支委员会

【概况】 农工党乐昌总支，下设一支部（人民医院人员25人），二支部（成员来自市中医院、中英文学校、廊田镇卫生院、坪石镇卫生院、市卫生监督所、乐昌监狱医院、关春中学、佗城综合门诊、微笑牙科诊所等单位共21人）。2017年有党员46人，在职40人，退休6人。新发展党员2人。

2017年，朱兰镇被评为2017年度乐昌市优秀政协委员。李发根晋升主任医师职称。

【参政议政】 人大、政协任职情况：梁松茂任韶关市十四届人大代表、乐昌市人大代表。朱兰镇任乐昌市政协常委，罗积广、杨关云、孟凡琦、张莹、戴厚永、刘金生、谢秀萍等9人为乐昌市政协委员。2017年，共提出或参与提出人大建议1件、政协提案3件，其中党派总支在政协提出《优化整合医疗资源，助力乐昌经济社会发展》，戴厚永等提出《关于加强对市区泥沙等运输车辆卫生监管的建议》《关于规范我市医院陪护服务管理的建议》的提案。朱兰镇参加乐昌政协组织的教育改革、基层卫生院建设、招商引资、文化体育建设等多项专题调研视察。6月，梁松茂出席省党代会代表。

【服务社会】 继续协助做好省、农工党韶关市委对乐昌市廊田镇卫生院的对口帮扶工作，由省、市党委派出专家每月进行网络教学，对廊田镇卫生院、乐城社区卫生服务中心的医务人员进行医学继续教育和培训。1月11日，农工党韶关市委到乐昌调研，对吴伟雄开展的佗城门诊为群众服务工作给予高度肯定。7月15日至16日，支部党员丘兆有带领其开办的微笑口腔诊所同仁，与韶关学院的学生在九峰镇中心小学开展以“齿生齿誓，医路助人”为主题的义诊活动。宣传有关腔疾病预防知识，派发口腔保健品，服务当地群众450余人。10月17日，丘兆有与韶关学院的学生购买生活用品及营养品看望九峰镇茶料村贫困户。11月4日，农工党乐昌总支到梅花镇坪溪村委会开展义诊和免费送医送药活动，由乐昌市人民医院、中医院、卫生监督所、廊田镇卫生院、坪石镇卫生院、佗城医院、微笑牙科等单位的农工党员组成义诊队伍，开展内科、外科、妇科、儿科、中医科、五官科等义诊科目，共接诊200多人次，免费派发药品1万元。（梁松茂）

2017年11月4日，农工党乐昌总支到梅花镇坪溪村委会开展义诊和免费送医送药活动

（农工党乐昌总支　供）

附：农工党乐昌总支领导班子成员名单

总支主委：梁松茂
副主委：朱兰镇
　　　　刘金生
委　员：李发根
戴厚永
一支部主委：朱兰镇
副主委：李发根
　　　　杨关云
委　员：张　莹（女）
　　　　孟凡琦（女）
二支部主委：刘金生
副主委：戴厚永
　　　　吴伟雄
委　员：杨凌青
　　　　郭建兵（女）

群团组织

乐昌市总工会

【概况】 乐昌市总工会内设机构有办公室（含财务部）、组宣部、维权部（含女职工部）和经审办。下属事业单位有市工人文化宫。机关编制15名，其中行政编制14名、后勤服务人员编制1名；工人文化宫编制5名。2017年，总工会在职13人，退休20人；工人文化宫在职5人，退休17人。

2017年，乐昌市总工会荣获韶关市首届职工“风行体育杯”排舞展示大赛团体总分一等奖、“最佳编排”奖。

【工会基层组织建设】 以非公企业和产业园区为重点，通过扩大“夏送清凉”“冬送温暖”的规模，吸引非公有制企业入会。至2017年年末，全市建会企业累计990家，会员21399人，农民工10431人，建会率100%，入会率96.78%。8月，举办全市基层工会财会和经审培训班，近200人参加培训。

【成立首个“三个一批”建设试点】 2017年12月6日，乐昌市工会首个“三个一批”［建设一批社区（村）、园区工会联合会、建设一批社会化工会工作者队伍、建设一批会、站、家一体化的职工之家］建设示范点揭牌仪式在乐昌产业转移工业园举行。市总工会选取乐昌经济开发区（产业园）工联会作试点，利用闲置办公场所，整合各种资源，依托园区的各种设施实现共建共享共用，将开发区打造成推进工会组织建设、开展职工维权、关爱帮扶、教育培训、心理疏导、文化活动于一体的服务职工综合性平台。

【劳动竞赛】 2017年，乐昌市基层工会有769个单位结合各自特点组织技能比赛，参赛职工22072人，涉及医疗护理操作、财会等10多个工种。职工提出合理化建议169项，技术革新项目55项，采纳合理化建议135项，为企事业节能减排产生的效益993万元。

【劳模管理】 加强对劳模的管理服务工作，健全困难劳模帮扶机制，帮助劳模解决工作和生活中的困难，促进劳模示范作用更好发挥。2017年，慰问帮扶各级劳模39人，共201363元。申报3个劳模（职工）创新工作室，积极带动全市劳模（职工）创新工作的开展。年内，乐昌市迎宾大酒店高级技师陈锦洪荣获首届“韶关工匠”荣誉称号。

【工会帮扶体系建设】 成立困难职工解困脱困领导小组，对全市困难职工进行入户调查，进一步规范困难职工建档立卡，对困难职工进行精准识别，确保困难职工档案的真实性、准确性，实施档案动态管理。形成就业推介、生活帮扶、医疗救助、法律援助、互助保障等“五位一体”的一站式服务体系。坚持开展“健康直通车”活动，为特困女工、特殊岗位女工实行免费妇检。开展普惠帮扶活动，形成春送岗位、夏送清凉、秋送助学、冬送温暖和外来工平安返乡及女职工安康保险、职工住院“二次医保”、工伤探视、女职工关爱行动等一批富有工会特色的帮扶和服务工作品牌。2017年，市总工会共筹集困难帮扶资金约57.8万元，帮扶慰问困难职工3765人。其中助学41人（9.95万多元），医疗救助63人（18.9万元），生活救助41人（6.15万元），春运暖流行动220人（1.3万元）、夏送清凉2000人（8万多元）、冬送温暖1400人（13.5万元）。

【职工维权服务工作】 健全受理、交办、督办、回复职工、群众信访事项等工作制度，规范信访工作行为，2017 年，接待来信来访 45 人次。建立健全纠纷调处机制，为职工提供免费的法律咨询及援助。乐昌市总工会建立 2 个法律服务站，分别为产业园法律服务站和欧亚特法律服务站，设立每月 20 日为法律顾问坐班日，广泛接受职工群众的来访咨询。对乐昌市个体劳动者协会工资集体协调工作进行调研，签订乐昌市 6 家行业、企业工资集体协商合同。

【工会改革创新工作】 举办 2017 年“乐昌市喜迎国庆党的十九大排舞大家跳”活动、2017 年乐昌环卫工人节文艺会演活动、乐昌市工会干部学习贯彻党的十九大精神培训班。首次举办“快乐劳动健康生活”职工厨艺技能大赛，有 17 支工会代表队参赛。举办由普通劳动者参与，反映劳动画面的“中国梦劳动美”摄影比赛。借力“互联网 +”，升级服务职工平台，开通乐昌市总工会公共服务平台，“乐昌工会”微信公众号正式上线。 （陈福梅）

2017 年 11 月 13 日，市总工会举办乐昌市工会干部学习贯彻党的十九大精神培训班

（市总工会 供）

附：市总工会领导班子成员名单

主　席：邹志忠

副主席：邓小兰（女）

余秀芬（女）

刘细坤

共青团乐昌市委员会

【概况】 共青团乐昌市委员会（以下简称团市委）机关内设 1 室 1 部。行政编制 5 名，设书记 1 人、副书记 1 人、正部长（主任）2 人。2017 年，在职人数 5 人，书记 1 人，副书记 1 人，科员 3 人。

【团建工作】 2017 年，乐昌市共有 36 个基层团委，2 个基层团工委，29 个团总支，659 个团支部，9634 个团员，5 个专职团干部，706 个兼职团干部。全年推动全市 17 个乡镇（街道）、195 个村、20 个社区团组织全部完成换届工作。全面落实从严治团要求，做好“智慧团建”系统团干部入驻移动端、团员在线报到阶段工作。集中开展“学习总书记讲话做合格共青团员”教育实践活动，覆盖全市各级团组织和团员。“五四”期间组织全市各中学团组织开展主题团日活动，5 月 4 日，组织全市 300 多名青年参加“五四”起跑活动。开展全市“共青团员先锋岗（队）”创建活动。11 月 6 日，组织召开全市团干学习贯彻党的十九大精神会议，12 月 27 日，组织召开习近平新时代中国特色社会主义思想及党的十九大精神专题培训会，两次会议共覆盖全市各级团组织负责人、青年代表 300 余人。12 月 8 日，联合教育局召开乐昌市中学共青团和少先队改革推进会，对相关改革事项进行再部署、再动员、再落实。联合市委组织部成立习近平新时代中国特色社会主义思想和党的十九大精神乐昌青年宣讲团，多次深入机关、学校、村（社区）开展宣讲活动，覆盖青年 500 余人。机关开放日共接待青年 100 余人。调研联系团组织覆盖青年 200 余人。在广东青年之声平台发布活动 14 个，吸引 300 余人参加。

【志愿者工作】 1 月 13 日，联合广东通驿高速公路服务区有限公司乐昌服务区开展“暖冬行动”春运志愿服务活动，共有 26 名志愿者参与志愿服务活动；3 月 4 日，组织全市志愿者参加学雷锋全民志愿服务集中活动，来自全市 200 多名志愿者参加该次活动；3 月 8 日，组织全市 50 名志愿者参加“九峰桃花季・乐昌欢乐游”志愿活动；6 月 29 日，组织 10 名志愿者为《民生热线》走进乐昌提供活动保障，志愿者们为群众提供指引、咨询、茶水、引导来往车辆有序停放等服务；6 月 30 日，组织 20 名志愿者在市职工文化广场开展“广东扶贫济困日”一元捐募捐活动；7 月 28 日，组织全市 30 名志愿者联合市交警大队开展“礼让斑马线，文明我先行”主题宣传活动；8 月 3 日，联合交警大队组织志愿者开展第一期文明交通劝导活动；8 月 16 日，举办“全体市民齐参与，争做文明乐昌人”乐昌志愿者服务活动启动仪式，参与活动人数 600 人；组织开展“文明乐昌你我同行”暨乐昌市卫生清洁志愿服务活动，共 100 余人参加活动；9 月 26 日，联合住建局、韶关市爱心协会、乐昌市好方便 O2O 平台等单位，开展“我为环卫工人送月饼”志愿服务活动，送出月饼 451 盒；国庆期间，联合市旅游局组织招募 20 余名志愿者分别在乐昌高铁站、乐昌高速公路收费站、金鸡岭、龙王潭、古佛岩等景区开展国庆旅游志愿服务活动；10 月 27 日，组织 10 名志愿者参加乐昌市“践行十九大共圆中国梦”环卫工人节大型会演志愿服务活动。巩固文明城市工作期间，统筹全市志愿服务工作，共开展 100 多场活动，覆盖 5 万人次。

2017 年 8 月 16 日，“全体市民齐参与　争做文明乐昌人”暨乐昌志愿者服务活动启动仪式在市河堤广场举行　（白玲　摄）

【青年就业创业培训】　3 月至 9 月，承办首届全国青年“乐创杯”创业创富大赛（乐昌），共征集参赛项目 110 多个，覆盖创业青年 130 余人，项目涵盖智能制造、环保科技、互联网、电子商务、新型农业等专业领域；9 月、12 月，分别组织学员参加 2017 年省、韶关“领头雁”农村青年创业致富带头人培训班、莞揭韶“领头雁”农村青年人才电商培育专项培训及考察培训活动，共计 60 余人参加培训；12 月，招募乐昌市青年就业创业孵化基地第三批入驻企业 3 家，派团干部对青年创业者全程跟踪指导，协助其到工商部门完成注册、登记，联合人社局就业促进股对入驻企业开展青年就业创业优惠政策的宣传工作。

【开展各类主题活动】　1 月 1 日，联合市教育局、市司法局、市体育局、市文广新局开展“美丽中国梦法治伴我行”千人书画大赛；1 月 2 日，联合广东电网韶关乐昌供电局、乐昌市教育局、乐昌市体育局举办第十四届“乐昌供电杯”青少年象棋团体、个人竞赛活动；5 月 20 日，联合广东省乐昌监狱、乐昌市总工会、乐昌市妇女联合会开展“相约青春·团聚爱”单身青年联谊活动；开展“广东扶贫济困日”资助工作，将“广东扶贫济困日”20 万元捐赠资金资助乐昌市 20 名贫困学生；8 月 29 日，联合广东省高速公路有限公司京珠北分公司在龙王潭生态旅游区举办“粤团聚·粤幸福”的单身青年联谊活动；12 月 5 日，组织乐昌首场真人快闪主题表演活动——“志愿乐昌，让城市更有温度”暨路人救助试验快闪活动；12 月 15 日，联合市法院、市教育局、乐昌第四中学等多家单位，在乐昌四中举办“法制进校园——模拟法庭”活动。积极开展南粤“美丽乡村”公益志愿行动，全年组织各级团组织开展环保整治志愿活动、公益植树活动活动等 20 余次。

【希望工程】　争取先天性心脏病患儿救助项目，帮助 13 户困难家庭先天性心脏病患儿前往广州军区医院进行手术；对接团省委“山区计划”（希望乡村教师计划）项目和美丽中国乐昌支教项目，组织 26 名志愿者分别到廊田镇中心学校、梅花镇中心小学、沙坪镇中心小学、梅花镇鹧鸪塘小学、梅花镇大坪小学等学校开展为期 1 至 2 年的支教活动；腾讯“9·9”公益日，动员组织为“希望乡村教师计划”项目筹款，筹和配捐超 17 万元，共有 893 人参与捐款；组织 20 名贫困学生到广州参加第八届希望工程南粤会亲活动；发放 2016—2017 学年第二学期希望工程助学金共计 6474 元，共有 29 名学生受捐助，发放 2017—2018 学年第一学期希望工程助学金共计 9900 元，共有 38 名学生受捐助。　（许桢煌）

附：共青团乐昌市委员会领导班子成员名单

书　记：赵平平（女，—7 月）

张　青（女，7 月—）
副书记：吴曙光（—9 月）
李小伟（9 月—）

妇女联合会

【概况】 乐昌市妇女联合会（以下简称市妇联）是负责妇女儿童工作的群众团体，是党和政府联系妇女群众的桥梁和纽带。内设办公室和权益部，市妇女儿童工作委员会办公室设在市妇联。2017 年，有在职干部职工 7 名，全市组建有 20 支巾帼志愿者服务队，共有巾帼志愿者 143 名。

2017 年，乐昌市北乡前村荣被命名为“广东省家庭文明建设示范点”；九峰镇潘国平家庭获评 2017 年广东省“十大优秀书香之家”。

【主题教育活动】 2017 年，组织开展形式多样的“巾帼心向党建功新时代”群众性主题教育活动；举办乐昌市“齐心协力·喜庆‘三八’”女子趣味运动接力大赛；组织全市妇联系统开展学习中共十九大精神，指导乐昌市巾帼志愿者旗袍服务队举办一场“践行十九大共圆中国梦”的主题实践活动。

2017 年 3 月 8 日，市妇联联合市体育局、市总工会、团市委等部门在市体育馆举行乐昌市“东方家园杯”“齐心协力·喜庆‘三八’”女子趣味运动接力大赛　　（市妇联　供）

【维权活动】 利用“三八”妇女节、母亲节、国际禁毒日等时间节点，大力宣传普及法律、禁毒、反邪、防拐卖、防艾滋病等知识。成立乐昌市婚姻纠纷人民调解委员会、廊田镇婚姻家庭纠纷人民调解委员会（试点）。做好信访维稳工作，发挥特邀陪审员作用，参与案件审理 3 宗，为困难妇女提供法律援助。受理来电、来访 46 件（次），其中来访 30 件、来电 16 次。调处率 100%。3 月 8 日，组织妇女参与开展妇联主席 12338 热线接听日活动，利用热线为广大妇女儿童提供各种法律咨询服务。在职工文化广场、市体育馆举行“三八”维权周系列法治宣传活动；参加韶关市妇联网上反家暴征文活动，获得三等奖 1 名；知识竞赛二等奖 3 名、三等奖 1 名；参加“12·4”国家宪法日集中宣传活动；在乐昌市第四中学联合开展“法制进校园——模拟法庭”活动；在市体育馆、职工文化广场、北乡中学等地举办 10 场防毒防艾宣传活动。

【创建示范基地】 2017 年，创建韶关市“巾帼文明岗”3 个、“巾帼种养示范基地”1 个；乐昌市“巾帼文明岗”2 个、“巾帼种养示范基地”3 个。

【妇女小额担保贷款】 深入开展农村妇女创业小额担保贷款工作，2017 年，全市发放妇女创业小额担保贷款 25 笔，121 万元，推动城乡妇女增收致富。

【创建“儿童友好社区”“儿童之家”】 2017 年，乐昌市坪石镇河丰村、两江镇上长塘村创建韶关市儿童友好社区；梅花镇梅花村申报“留守儿童之家示范点”。发展“妇联 + 社工”“妇联 + 社会团体”的合作模式。完善“儿童友好社区”“儿童之家”的建设，为儿童健康快乐成长提供良好服务。

【送温暖活动】 春节期间，慰问单亲特困母亲家庭 68 户，送出慰问金 3.4 万元；“六一”儿童节，配合韶关、乐昌市委、市政府深入到乐昌的学校、幼儿园和家庭开展“六一”儿童节慰问活动，送上慰问金 2.9 万元；关爱留守儿童、困境儿童。举行广东厚德精准扶贫千家学子助教助学公益慈善活动，联系社会各界人士资助贫困儿童 121 人，资助金额 21.3 万元和 15 万元生活物资。开展“关爱女性保障计划”，全市有 2250 名妇女参保，为 2 位贫困妇女发放“两癌”救助金 0.4 万元；举办“关爱女性关爱儿童”为主题大型义诊活动；联合市卫计局、财政局、扶贫办开展农村妇女“两癌”免费筛查活动，完成2116名农村妇女“两癌”免费检查项目。

2017年5月31日，市妇联到乐昌市启智学校开展“六一”慰问活动　　（市妇联　供）

【推动“妇女之家”项目实施】　加强“妇女之家”建设，培育和树立示范典型。成功创建北乡镇前村“妇女之家”为广东省妇联区域化“妇女之家”。

【村（社区）妇代会改建妇联工作】　将村（社区）妇代会改建妇联工作纳入村（社区）“两委”换届总体布局，做到与村级组织换届同步研究、同步部署、同步实施。2017年，乐昌市215个村（社区）全面完成妇代会改建妇联工作，选出执委2365名，妇联主席215名。各村（社区）妇联设执委人数均达11人。

【召开乐昌市妇女第十一次代表大会】　2017年9月28日至29日，乐昌市妇联召开全市妇女第十一次代表大会。大会选举产生乐昌市妇联第十一届执委会、常委会，其中主席1名、副主席2名，常务委员会委员6名，执行委员会委员37名。

【教育培训】　2017年，市妇联选派3批共64名北京农家女实用技能培训学校分别参加养老服务、SYB创业、中共十九大精神学习培训班学习。组织全市20多名基层妇联干部参加韶关市妇联维权培训。选派优秀的妇女干部参加全省第三期“妇女之家”示范点项目管理人员培训。组织2人参加全省县（市、区）妇联主席培训和乡镇妇联主席培训班。

（何　丽）

附：市妇女联合会领导班子成员名单

党组书记、主席：陈晓霞（女）

党组成员、副主席：毛亮英（女）

苏佩颖（女）

乐昌市科学技术协会

【概况】　乐昌市科学技术协会成立于1985年，为公益一类事业单位，正科级。事业编制2名，其中市科学技术协会主席1名（兼任，不占市科学技术协会编制），专职副主席1名，办公室主任（工作人员）1名。内设办公室，承担市科学技术协会的日常工作。2017年，协会学会数15个，会员人数147人。

【针对性开展科普工作】　开展“四个重点人群”（未成年人、农民、城镇居民、领导干部和公务员）的科学素质提升活动；开展青少年科学技术教育活动，增强全民科学意识，提高全民科学素质。

【深入基层开展科普工作】　深入实施“基层科普行动计划项目”，开展农村实用技术培训和推广，促进社会主义新农村建设，提升科普服务能力和水平。

【社会化科普工作】　开展社会化科学普及活动，引导人民群众崇尚科学、倡导科学健康生活方式和文明节约的消费方式，促进资源节约型环境和友好型社会建设，推进中国科普E站项目建设。

（钟海燕　钟　鸣）

附：市科学技术协会领导班子成员名单

主　席：何毅华

专职副主席：钟海燕（女）

工商业联合会

【概况】 乐昌市工商业联合会（总商会）简称市工商联，2017年，在职机关干部4人，下设办公室1个；有专职党组书记、秘书长1人，主席（会长）1人，副秘书长、副主席（副会长）1人，兼职副主席（副会长）21人，兼职常委37人，兼职执委64人。其主要职责是：联系非公有制经济人士，做好党委、政府管理非公有制经济的助手。科学发展乐昌市民营经济。2017年1月，市工商联被省工商联评定为省"五好"县级工商联，坪石镇商会被评定为"优秀商会示范点"。

【服务企业】 2017年7月，组织商会在乐昌市碧桂园凤凰酒店举行招商推介会，促成投资项目14件，投资合同金额9.46亿元。推动"双转移"和珠三角与粤东西北一体化发展。乐城商会成立乐商贸易有限公司，公司由乐城商会全体会员参股，推选乐昌市总商会副会长、乐城商会副会长张增添担任董事长，具体负责公司的运作。2017年4月，工商联举办乐昌市"七五"普法讲师团进工商联（总商会）法治讲座，帮助民营企业了解法律、用好法律，做到守法经营，积极为企业经营者排忧解难。

【会员组织建设】 7月，组织各基层商会部分会员代表到湖南省郴州市北湖区工商联（总商会）开展交流参观学习。积极推荐会员企业参加省、韶关工商联组织的各种经贸交流论坛。指导坪石镇商会顺利换届和成立老黄围商会、五山镇商会，确保全市基层乡镇商会的覆盖率达60%以上。

【参政议政】 深入基层企业，及时了解情况，收集建议意见，和省、韶关工商联开展"企业成本与负担""上规模民营企业排序""降低实体经济企业综合成本""韶关民营经济制造业结构转型升级"等调研活动，适时反映乐昌市民营经济现状，为党委政府正确决策提供依据。推荐工商联界别政协委员参加市委专题协商会和市政协专题议政会。

【"百企帮百村"精准扶贫工作】 "6·30"期间，积极动员和组织民营企业参加"广东扶贫济困日"活动，共捐款15.7万余元。成立"十企帮十村"精准扶贫行动领导小组，发动各基层商会与所在地的贫困村对接，截至2017年10月底，全市6个基层商会与15个贫困村、19户贫困户签订精准扶贫行动协议书，帮扶相对贫困人口70人，企业投入帮扶资金总额100万元。

【召开工商联十二届二次执委会议】 11月30日，乐昌市工商联（总商会）召开十二届二次执委会议，市工商联主席、总商会会长陈辉强代表十二届二次执委会作题为"引导服务，求实创新，助推全市非公经济健康发展"的工作报告。增补部分总商会执委。

（白深兰）

附：市工商联领导班子成员名单

党组书记、秘书长：袁新玲（女）
党组成员、副秘书长：左世平
党组成员：白深兰（女）

乐昌市文学艺术联合会

【概况】 乐昌市文学艺术界联合会（以下简称乐昌市文联）是群众文艺社团组织，为正科（局）级单位（参公管理），与乐昌市委宣传部合署办公，编制2人（设主席、专职副主席兼秘书长各1名）。辖下有书法、作协、美术、戏剧、音乐、摄影、诗社、舞蹈、曲艺和盆景10个协会，会员共380人。其中，2017年各协会新增会员80人。

【主要工作】 出版第9期《乐昌文艺》杂志；争取市财政资金6万元，为各协会开展各项文艺活动及《乐昌文艺》杂志出版提供基本保障；组织各协会参加"南粤书香节·韶关分会场"活动；组织各协会文艺家到秀水镇开展学习党的十九大精神及文艺扶贫采风活动；与市委宣传部、文广新局、教育局、曲艺协会、舞协等部门联合主办各种文艺活动10多场次；新吸收乐昌市坪石镇盆景艺术协会为文联的下属协会。

【活动情况】　2017年，文联辖下各协会开展文艺活动60多场次。其中，市摄影协会举办“讲乐昌故事传播乐昌好声音”摄影比赛、“中国梦·劳动美”摄影大赛、大朗乐昌对口帮扶两地成果摄影作品联展等10多场活动赛事；市美协参与2017年乐昌市千人书画大赛、举办庆云开展“五古杯”采风活动、儿童公益书画培训等10多次活动；市曲协开展2017年庆国庆迎中秋文艺演出活动、“美丽中国梦”快乐乐昌人——重阳敬老文艺会演等7次活动；市书法协会举办“送万福进万家”送春联活动、2017年廉政书画大赛等12场活动；市作协举办文学创研座谈及采风活动、“红色之旅老区行”采风活动等4场活动；市舞蹈协会举办老干部舞蹈艺术班、市“邮政杯”广场舞展演等6场活动；戏剧协会开展多次活动。

【获奖情况】　2017年，文联辖下各协会共200多人次获奖。其中，获得国家级20多人次，获得省级1人次，韶关市级32人次。其中摄影协会获得韶关市级13人次；书法协会获得省级1人次、韶关市级19人次。2017年6月，市美术协会的丁瑞玲辅导老师组织公益培训班学生，共53幅作品参加《中国少年儿童美术书法摄影作品》，20多名学生荣获大赛各奖项。　（肖文桥）

附：市文联领导班子成员名单

主　席：罗忠德
副主席：肖文桥（专职）
　　　　王锦标
　　　　陈良茂
秘书长：肖文桥（兼）

残疾人联合会

【概况】　乐昌市残疾人联合会（以下简称市残联）是乐昌市委、乐昌市政府领导下的正科级群团组织，办公地址位于乐昌市工业大道30号，是依法履行“代表、服务、管理”职责，服务全市残疾人的独立法人机构，内设办公室、下设残疾人综合服务中心。负责乐昌市残疾人的康复和预防、教育培训、劳动就业、社会保障、精准扶贫、文化体育、无障碍环境建设、维权、组织建设、二代残疾证换发等工作。2017年定编参公事业编制4名，实际在职6名，设理事长1名、副理事长2名；事业编制5名，实际在编5名。

【康复工作】　2017年，为乐昌市残疾人免费配送辅助器具用品用具333件（套）。开展创建全国白内障无障碍市工作，为150名白内障患者免费实施复明手术。在五山镇新建一间残疾人社区康园中心，年内，乐昌市4个示范性社区康园中心为80名各类残疾人提供康复、工疗服务。康复中心接收残疾儿童进行抢救性康复训练21人。对全市康园工疗中心和康复中心等残疾人托养机构和康复机构的设施条件、安全管理、服务质量等进行全面排查。

【教育和就业工作】　多渠道组织、推荐残疾人参加招聘会、推荐会，2017年共安置121名残疾人就业，上报2名参赛残疾人参加2017年广东“众创杯”残疾人创业创新大赛。提升残疾人就业、创业技能，组织开展农村种养、西式糕点制作、养蜂、毛绒编制等实用技术培训班，培训残疾人200多人次。

【第二代残疾人证换发工作】　公开办证程序，以自愿原则鼓励残疾人办理第二代残疾人证。至2017年年底，共有各类残疾人31512人，占总人口的5.9%。办理残疾证9576人，占残疾人总数30%。其中一、二级残疾人3495人，占办证人数的35.4%；三、四级6038人，占总办证人数64.6%。

【残疾人社会保障工作】　实施贫困残疾人生活津贴和重度残疾人护理补贴制度，发放护理补贴5891人次，1087万元。生活补贴4105人次，545万元，为重度残疾人购买养老保险341人，医疗保险5286人。为42位残疾人学生申报发放扶残助学款10.52万元；春节前组织干部到各镇（街道、办事处）慰问贫困残疾人174人次。

【残保金年审和征收】　积极落实小微企业残保金减免政策，对全市机关、企事业单位开展残疾人就业保障金的年审征缴工作，全年征缴残疾人就业保障金65万元。

【残疾人服务状况和需求动态更新专项调查】 组织开展乐昌市残疾人服务状况和需求信息动态更新专项调查工作，对乐昌市19个镇（街道、办事处）217个村（居委会、社区）残疾人的生活救助、生活保障、康复服务、辅具服务、接受教育、就业帮扶、托养照料、扶贫开发、住房保障、无障碍改造、权益维护等方面的状况和需求信息进行专项调查，至2017年年底，累计完成入户调查9284人次。

【残疾人专门协会和文艺体育工作】 加强对五大残疾人专门协会的指导，组织各专门协会会员在全国助残日开展“弘扬雷锋精神志愿服务社会”和“参观河源万绿湖风景区”活动。组织残疾人参加各类竞赛，2017年12月，乐昌市残疾人运动员参加韶关市第一届残疾人象棋比赛，获第一名；小品《一辆电动车》《老区人》分别获得韶关市群众文艺作品三等奖和优秀奖；小品《陌生的电话》、散文《我的父母我的家》在《季风》杂志发表。

（邓文峰）

附：市残联领导班子成员名单

理事长：宁芝花（女）

副理事长：骆　辉

　　　　　邓永安

乐昌市社会科学联合会

【概况】 乐昌市社会科学学会联合会于1986年11月15日成立，是中共乐昌市委和乐昌市人民政府领导下的群众性学术社团组织，是市委、市政府广泛联系和团结全市社会科学工作者的桥梁和纽带，由全市各群众性社会科学学术团体联合组成，拥有哲学、教育学、税务学等16个学会（研究会）830多个会员。乐昌市社会科学学会联合会为正科（局）级单位（参公管理），与乐昌市委宣传部合署办公，编制2人，设主席、副主席兼秘书长各1名。2017年8月，五山镇红军长征临时指挥所成功申报韶关市社会科学普及基地。

【各学会（研究会）工作开展情况】 市地方税收研究会利用“微分享平台”，阅研分享推进纳税服务工作、推进土地增值税清算工作等方面的优秀调研文章，通过“好文分享、集中研讨”捋顺调研课题思路，全年收集地方税收调研文章14篇。图书馆学会举行“乐昌市2017年新春灯谜竞猜游园活动”，举办“学问杯”——《说出你的故事》演讲比赛，与乐昌市新时代小学阅读兴趣班举行“读一本喜爱的书，写一篇好作文”的阅读写作比赛，与市文广新局、市教育局、市妇联、团市委、市图书馆联合举办“粤读越精彩——21天阅读挑战书”活动，联合广州红霖信息有限公司举办“穿越海底两万里”科普活动，承办第七届廉洁读书月活动。税务学会积极开展税收宣传，乐昌国地税联合邮政部门，开通全市乃至全省首条“税宣邮路”，开启税收宣传新模式。优化办税资源配置，对POS机和光纤进行升级，单笔刷卡速度由原来的5分钟以上缩短至10秒以下。实现国地税一体机操作。教育学会大力推进“朝阳读书”活动，新时代学校，乐昌二中，乐昌三中、乐昌实验学校，乐昌五中、坪梅小学等20多所学校开展“诵读千古美文，争做博学少年”经典诵读活动，弘扬中国传统优秀文化。哲学学会选派宣讲骨干，参加市委十九大精神宣讲团，把哲学学会工作专题列入《2017年党支部集中理论学习安排意见》。

（陈祝容）

附：市社科联领导班子成员名单

主　席：王　卫

副主席兼专职秘书：陈祝容

法 治

政法委及综治

【概况】 中共乐昌市委政法委员会是中共乐昌市委领导和管理政法工作的职能部门。其主要任务是宏观指导、协调、监督、检查人民法院、检察院、公安机关、司法行政机关、国家安全等部门开展工作，维护社会稳定。中共乐昌市委维护稳定工作领导小组办公室、乐昌市社会治安综合治理委员会办公室、乐昌市委防范和处理邪教问题领导小组办公室与乐昌市委政法委机关合署办公。2017 年 5 月，乐昌市委政法委、乐昌市社会工作委员会、乐昌市依法治市工作领导小组办公室完成机构重组，实行一体化运作。中共乐昌市委政法委员会内设办公室（研究室、信息化室）、政工室、维稳工作室、综治工作室、防范工作室、社会工作室、法治监督工作室、依法治市工作室、乐昌市法学会等机构。行政编制 21 名，事业编制（法学会）2 名，后勤服务人员 3 名。2017 年年底实有在职人员 23 人。

2017 年，乐昌市法院被评为“全国优秀法院”，市人民检察院控申科被评为“全国文明接待室”，市公安局被韶关评为“飓风 2016”专项行动优秀单位；2016 年度乐昌市列入“全省 17 个无命案县”，在 2017 年全省命案防控工作现场会上市委书记陈宏宇作经验介绍；2016 年度综治（平安建设）工作考评在韶关排名第三，被评为优秀单位，被韶关市推荐为全省社会治安综合治理先进集体参评单位；2017 年上半年乐昌市群众安全感名列广东省第 10，韶关各县（市、区）排名第一。在中共十九大特别防护期信访维稳安保工作中表现突出，被韶关市委、市政府列入通报表扬单位；被广东省人力资源和社会保障厅、广东省社会治安综合治理委员会评为 2016—2017 年度全省社会治安综合治理先进集体。

【综治和平安乐昌建设工作】 制定出台《乐昌市健全落实社会治安综合治理领导责任制实施方案》，市委主要领导代表市综治委与 19 个镇（街道、办事处）以及成员单位签订责任书。市综治办、公安局、教育局等部门联合开展为期半年的“护校安园”专项整治行动；制定出台《乐昌市贫困严重精神障碍患者救治救助实施方案》《乐昌市严重精神障碍患者监护工作实施细则》《乐昌市严重精神障碍患者救助治疗实施细则》等救治救助机制，建立对严重精神障碍患者信息监测、排查评估、依法收治、服务管理等相关制度和工作机制。建好启用 4 间康园中心和乐城、北乡司法所 2 个社区矫正中心，率先在韶关七县三区建成投入使用，成为全国首个接入司法部社区矫正远程督察系统单位；加强消防、交通、食品安全管理，开展“五类重点车辆”（公路客运、旅游客运、危化品运输、校车、“营转非”大客车）交通整治专项行动；完善社会治安防控视频监控体系，密织防控“天网”，新增高清监控点 499 个，建成警用热点 50 个；开展“治爆缉枪”“危爆物品”“危险化学品”等排查整治专项行动；加强护路护线联防工作，确保铁路、公路、水路通畅；公安机关开展“飓风 2017”专项行动，严打涉黑恶犯罪、两抢一盗、电信网络诈骗、涉毒违法犯罪、网络金融领域突出犯罪。严厉打击走私活动，整治市场秩序；开展社会治安重点地区排查整治工作，对五山镇挂牌重点整治；完善市（县）、镇（街道、办事处）、村（居）三级综治中心建设。按照“政法委（综治办）+综治信息中心+N”的模式，进一步强化同各有关部门信息资源的互联互通、共享共用，实现协作联动；建立综治网格化管理平台，实现综治网格员业务工作流程一体化以及线上线下无缝隙衔接；科学划定网格，全市共划分二级网 19 个、三级网格 225 个、四级网格 2194 个，网格化覆盖 100%；落实综治信息系统移动终端配备工作。全市225个村（居），每个村（居）配备3个移动终端，合计用户数675个；深化“平安细胞”创建活动，继续抓好平安镇村、平安宗教、平安医院、平安家庭、平安文化市场等平安细胞工程建设，实现平安村（居）创建100%全覆盖。

【维稳工作】 开展涉农问题、涉土地问题、涉劳资纠纷问题等12个重点领域矛盾纠纷排查化解工作。全市共排查出重点涉农、涉土、涉劳资纠纷、涉环境等矛盾纠纷242起，化解221起；成立信访维稳突出问题处置化解工作专班，设立综合协调组、情报研判组，劝返稳控组3个专项工作小组。共核查各类人员身份、车辆信息600余条，推送重点人员420人，劝返11批60人次信访人员。查控通过公路出省的涉访重点人员8批11人次；落实重要敏感时段的防控工作，紧紧围绕为党的十九大胜利召开营造安全稳定社会环境这条主线，把维护国家政治安全放在第一位，全力防范化解管控各类矛盾风险。在2017年全国、省、市“两会”、“一带一路”国际合作高峰论坛、金砖国家厦门峰会、省党代会和中共十九大等敏感时间节点，没有出现大的群体性事件，实现到省进京“零上访”；严厉打击邪教犯罪活动，破获较大邪教案件2起。

【国安工作】 制订《2017年度国家安全保卫工作方案》和活动计划，组织实施危害国内安全案件的侦察和境内外敌对势力、反动社团、邪教组织、黑社会组织等的侦察侦破和基础调查工作，全方位收集各种可能危害国家安全和社会政治稳定情报信息，形成制度化管理，确保涉外人员的人身财产安全，提高预知预警能力。2017年没有发生侵犯本辖区涉外人员人身财产的事件。

【依法治市】 全面推开法治市、法治镇（街道、办事处）、民主法治村（社区）和依法治校“四级同创”活动，全市8个镇（街道、办事处）、90个村（社区、居委会）和15个学校达到省级法治创建标准。列入2017年检查验收单位的法治创建工作任务基本完成。全市组织申报法治惠民工程项目23个，其中市检察院的“在派出所设立检察室”、坪石镇的“乡村巡回法治讲堂”和云岩镇的“青莲山法治公园建设”等项目被列入韶关市政法委重点督办项目。完善市、镇、村三级法律服务平台，落实“谁执法，谁普法”责任制。各镇（街道、办事处）依托综治维稳中心、村（居）综治服务站成立公共法律服务站，推进一村（社区）一法律顾问工作，律师业务在韶关市各县（市、区）排名第一。全市实现“互联网+村居法律顾问”法律服务模式。全市村（社区）法律顾问共为群众提供法律咨询1183次，开展法治宣传650次，参与调解纠纷50起，提出法律专业意见75件，承办法律援助案件40宗，提供其他服务事项1035件；全市各级调委会排查纠纷264次，调解纠纷641宗，调解成功623宗；举办法治宣传200余场，解答法律咨询260余次，为村居“两委”换届选举工作保驾护航。创新宣传方式，利用微信平台开展普法考试和法治宣传，在市竹林公园设立“法治文化公园”宣传牌，在高速公路出口、高铁站出口、省道248线乐昌与乳源接口、乐廊公路与环城公路接口和市建设银行对面斜坡设立大型法治建设宣传广告牌；在韶关市率先完成县级法学会机构组建和队伍建设。成功举办召开“韶关市县级法学会建设推进会暨乐昌市法学会第一次会员代表大会”。选举产生乐昌市第一届法学会理事会和领导机构，选举产生乐昌市法学会第一届理事会会员55人。

【涉法涉诉和司法救助工作】 2017年，有效化解涉法涉诉信访积案10宗23人次，其中上级交办的涉法涉诉信访案件3宗；完善《乐昌市司法救助资金使用管理办法（试行）》，将司法救助资金列入本级年度财政预算。各镇各单位综合运用教育疏导、民政救济、社会救助、民间互助、心理矫治等方法，帮助解决信访人生活存在的实际困难和问题，促使其息诉罢访。2017年，全市发放司法救助资金13.6万元。

【司法体制改革】 推进人员分类管理，完成法官、检察官入额选任工作。截至2017年年底，市法院完成21名员额法官和39名审判辅助人员选任工作；市检察院完成17名入额检察官和13名司法辅助人员选任工作，实现入额法官、检察官全员在一线办案；市法院履行“让审理者裁判，由裁判者负责”的工作职责。制定《完善司法责任制改革试点工作规范（试行）》等制度，明确权责主体和权力清单，完善权责统一的审判权力运行机制和监督制约机制，完善院、庭长办案机制，全年院、庭长带头承办重大、疑难、复杂等各类案件1001件。落实最高人民法院“用两到三年时间基本解决执行难”的工作部署，开展“攻坚2017”执行专项活动。全年共受理执行案件941件，结案734件，同比分别增长48.29%和43.9%，执行到位金额2.4亿元，同比增长26.32%。市法院在韶关率先启动轻刑快审改革，全年适用轻刑快审程序办结各类轻微刑事案件71件77人，平均审理期限为4天，占全年刑事案件收案总数的26.89%，当庭宣判率为100%。推进民商事案件繁简分流，推动小额诉讼制度落实，探索简单民事案件要素式审理、表格式裁判。全年适用简易程序审结民商事案件469件。

【社会建设工作】 在秀水镇开展“农村基层社会治理试点——探索发挥村小组长在农村基层社会治理中的作用”，制定以村小组组长为核心，以政策宣传员、治安联防员、纠纷调解员为成员的“一长三员”基层社会治理机制，将“一长三员”机制作为维护综治维稳、巩固群众基础、提高农村基层治理的重要方式。落实“幸福社区计划”社会治理创新项目，在乐城街道城东社区创建昌盛幸福生活区。积极培育发展社会组织，2017年全市共培育发展新社会组织14个，其中社会团体9个。全市依法登记的社会组织共219家，其中社会团体134家，民办非企业单位85家。加强社会建设工作队伍建设，通过网络学习、工作实践、继续教育等形式，提高社会工作干部的实践能力和理论水平，鼓励支持机关事业单位人员和社会人士参加社会工作职业资格考试，促进社会建设工作队伍不断向专业化发展。2017年，全市通过社会工作职业考试35人。

（邓家全）

附：市委政法委班子成员名单

书　记：邬贤有

第一副书记 李桂平

常务副书记、综治办主任：沈家辉

专职副书记：黄学斌

　　　　　　杨洪金

　　　　　　罗虹萍（女）

专职委员：李根泉

　　　　　李泉辉

　　　　　严世刚

　　　　　尹文波

法治政府建设

【概况】 乐昌市法制局挂牌市人民政府办公室，正科级行政机关。内设行政复议股（加挂市人民政府法律顾问室牌子）和行政执法监督股。行政编制5人，2017年在职人数2人。

【规范性文件审查和备案】 2017年，乐昌市法制局严把规范性文件审核关，规范全市各级行政机关的行政执法行为。全年审核以市政府或市政府办公室名义发布的规范性文件1件，并及时上报韶关市人民政府和乐昌市人大常委会备案。

【行政复议】 2017年，乐昌市法制局共办理行政复议案件22宗，依法履行行政复议职责，遵循合法、公正、公开、及时、便民的原则，坚持有错必纠，保障法律、法规的正确实施。

【加强审核行政裁决】 2017年，乐昌市法制局共审核有关山林土地行政裁决等各类文书10宗。严把审核关，力争每一份以政府名义发布的法律文书都做到事实清楚，证据充分，程序合法、适用法律正确。

【重大事项审核把关】 2017年，乐昌市法制局共参与政府订立合同等相关法律事务100余宗，指导或代理政府及部门相关行政诉讼案件。

（李敏玲）

公　安

【概况】　1949年10月，乐昌解放，乐昌县人民政府接管原国民党乐昌县警察局。1950年，改组县公安局机构，组建秘书室、调查股、执行股和公安队。乐昌市公安局位于碧桂路1号。

2017年，乐昌市社会公众安全感和群众满意度位居韶关市第二名，市公安局有6个单位、35名民警立功受奖，城关北区派出所副所长范艳甄被评为“韶关最美警察”，110接警中心被广东省妇联授予“巾帼文明岗”荣誉称号。

【紧扣主线保稳定】　乐昌市公安局紧扣中共十九大安保主线，扎实做好反暴恐、矛盾纠纷排查化解等工作，打赢史上时间最长、规格最高、要求最严的中共十九大安保硬仗，确保乐昌社会大局稳定。

2017年9月15日，乐昌市公安局举行中共十九大安保决战师动员部署大会(市公安局　供)

【严打违法犯罪】　2017年，乐昌市公安局侦破各类刑事案件900多宗，查处治安案件2595宗，打掉犯罪团伙14个，抓获犯罪嫌疑人480余人，查处违法人员930余人，侦破“8·27”夏某辉故意杀人案等重大案件。严打黑恶犯罪，破涉恶案件10多宗，提请逮捕犯罪嫌疑人60余人，起诉50余人。严打涉毒违法犯罪，侦破涉毒案件40余宗，查处涉毒人员400余人，强戒130余人，侦破“9·27”重大贩毒案等涉毒案件。严打盗抢犯罪，侦破涉盗抢案件300多宗，提请逮捕犯罪嫌疑人60余人，公诉80余人，全市盗抢案件发案同比下降33.7%。严打电信网络诈骗犯罪，侦破电信诈骗案件20多宗，电信诈骗案件发案数同比下降14.2%。严打网络金融领域犯罪，提请逮捕犯罪嫌疑人5人，侦破邓某东集资诈骗案，涉案金额达270余万元。

【加强巡逻防控】　特巡警、派出所全年投入巡逻警力8000余人次，升级改造社会治安视频监控系统，构建全方位、立体式、全覆盖的治安防控“天网”。巡逻民警盘查可疑人员600多人，查处治安案件90余宗，协破案件60余宗，抓获违法犯罪嫌疑人240余人。

【安全保卫】　圆满完成乐昌东站启用、“桃花节”等大型活动安保任务30余次，投入警力2000多人次。做好“护校安园”工作，全面排查涉校安全隐患，落实法制副校长制度，开展法制教育进校园活动，派发宣传资料1.8万份，举办法制讲座90多场次。

【创新服务】　落实政府服务模式改革措施，完成“一门式”“一网式”综合服务大厅和“24小时自助服务区”建设运营工作。公安交警窗口为群众提供机动车入户、年检，驾驶证发放、审验清分等服务2.67万笔；出入境窗口为群众办理证照等业务2.91万笔；户政窗口为群众提供出生入户、迁移、项目变更等服务11.81万笔；“24小时自助服务区”提供智能服务3.9万笔。

【安全监管】　交警、消防严格做好道路交通、消防安全监管工作。交警部门全年查处道路交通违法行为3.4万余起，拘留20余人，提请逮捕20余人，起诉50余人，交通安全形势平稳。消防部门排查整治火灾隐患1800多处，对部分问题突出的单位采取“三停”（停产停业、停止使用、停止施工）等处罚，全市火情平稳，无人员伤亡。　（廖锦荣）

附：市公安局领导班子成员名单

局　长：李桂平

政　委：李　洋
党委委员：廖　英
纪委书记：马森聪（—7 月）
党委委员、政工办主任：李飞龙
副局长：薛会林
李福根
陈红兵

检　察

【概况】 乐昌市人民检察院内设机构有政工科、办公室、案件管理中心、侦查监督科、公诉科、反贪污贿赂局（侦查一科、侦查二科）、反渎职侵权局、职务犯罪预防科、民事行政检察科、控告申诉检察科、刑事执行检察科、法警大队、派驻坪石检察室、未成年人检察工作办公室。人员编制数 55 人，2017 年年末在编人员 47 人，其中司法辅助人员 16 人，职工 7 人。班子成员 5 名，其中检察长 1 名、副检察长 3 名、党组成员 1 名。

2017 年，乐昌市人民检察院两名干警荣立个人三等功，民事行政检察科荣立集体三等功，控告申诉检察科连续三届荣获“全国文明接待室”等荣誉称号。

【刑事诉讼】 2017 年，受理提请审查逮捕案件 186 件 253 人，批准逮捕 152 件 206 人，受理移送审查起诉案件 283 件 351 人，提起公诉 257 件 325 人。在履行批捕起诉职能中严把证据关、事实关，对于疑难复杂案件，做到自行调查取证，并通过检察官联席会议多方论证通过。对于部分事实不清、证据不足拟作不批准、不起诉案件邀请人大代表、政协委员、律师代表等人参加公开听证会，广泛听取各方意见。全年不批准逮捕 32 件 45 人，不起诉 12 件 12 人，举行公开听证 2 件，促成因邻里纠纷引发的刑事案件和解 2 件。坚持侦查监督和引导取证并重，提前介入乐昌市三溪镇夏某辉故意杀人及劫持人质案、梁某君组织利用“法轮功”邪教组织破坏法律实施案、中共十九大期间骆某杰等人聚众斗殴致人死亡等案。乐昌市人民检察院与乐昌市人民法院结合刑事审判工作实际，共同推进轻微刑事案件快速审理，共办理案件 77 件 87 人，优化司法资源配置，确保司法公正与效率相统一。未成年人检察工作办公室共受理审查逮捕案件 26 件 54 人，其中批准逮捕 52 人，不批准逮捕 2 人；受理审查起诉案件 27 件 50 人，其中提起公诉 22 件 44 人，宣告附条件不起诉 1 件 2 人，宣告不起诉 2 件 2 人，附条件不起诉考验期满宣告不起诉 2 件 3 人；发出检察建议 13 份，发出纠正违法通知书 1 份；追诉漏犯 5 人；追诉漏罪 1 人；发出法律援助通知书 16 份；开展法治进校园巡讲活动 9 次，法治宣传活动 6 次；主持刑事和解帮助被害未成年人获得赔偿 1 次；帮助未成年被害人申请司法救助金 2 次。在打击犯罪的同时，注重教育感化和挽救，继续加大对涉罪未成年人的帮教力度，促使更多的涉罪未成年人改过自新，回归正常的社会生活。

【突出查办涉农领域职务犯罪】 惩治职务犯罪　开展查办涉农扶贫领域专项行动，推动反腐败斗争向基层延伸，坚决惩治发生在群众身边的腐败问题，乐昌市人民检察院全年查办涉农扶贫领域职务犯罪案件 10 件 12 人，占总查办人数的 63%。其中影响力较大的案件有：乐昌市大源镇原党委委员黄某清受贿贪污案，乐昌市大源镇国土所原所长刘某兴贪污案，乐昌市梅花镇大坪村委会原干部杨某荣贪污、职务侵占、挪用资金案。在专项活动中注重与其他单位沟通协调深挖窝案、串案，如在查办梅花镇大坪村委会系列案中，乐昌市人民检察院立案查处 2 件 6 人，根据管辖权向公安机关移交犯罪线索，公安机关立案 2 件 3 人。

突出惩治不作为乱作为　聚焦整治为官不为、为官乱为现象，加大对“村霸”和宗族恶势力背后保护伞案件的查处力度，严肃查办涉农惠农、教育医疗、社会保障、征地拆迁等民生领域职务犯罪案件。在渎职侵权职务犯罪方面立案查处 4 件 4 人，影响较大的案件有：经韶关市人民检察院指定管辖查办的新丰县公安局治安大队原副大队长何某周玩忽职守案、新丰县公安局梅坑派出所原所长李某雄玩忽职守案。

更加注重发挥预防作用　乐昌市人民检察院投

入预防职务犯罪经费 23 万元，深入基层针对涉农扶贫部门、乡镇、重点岗位、重点环节、重点人员加强警示教育和预防宣传，预防村干部变“村霸”，促进镇村干部依法正确履职。2017 年，开展预防职务犯罪警示教育活动 35 场，撰写预防调查 5 篇，开展案例分析 13 次，撰写检察建议 14 份并被采纳，为企事业单位查询行贿犯罪档案 785 次，录入行受贿犯罪案件信息 5 件 7 人。

【诉讼监督】　侦查监督审判监督不断加强　突出纠正有案不立、有罪不究、以罚代刑等问题，积极开展“破坏环境资源和危害食品药品安全犯罪专项立案监督”活动，在专项立案监督中破坏环境资源犯罪领域监督行政执法机关移送 1 件 1 人、监督公安机关立案 2 件 2 人；在危害食品药品安全犯罪领域监督行政执法机关移送 3 件 3 人、监督公安机关立案 1 件 1 人。继续加强对刑事侦查和刑事审判活动的监督，深入推进对公安派出所刑事侦查活动监督。全年纠正漏捕 5 人、漏罪 12 件、漏诉 47 人，对不应当立案而立案的监督 5 件 7 人，对应当立案而不立案的监督 6 件 8 人，对取证程序不当不及时、文书制作不规范等问题，发出侦查活动监督通知书 43 份、纠正违法通知书 6 份、检察建议书 26 份，对黄某清受贿贪污案提请韶关市人民检察院抗诉并得到支持。

民事行政监督不断拓展　2017 年，受理各类民事行政检察监督案件 40 件。其中，协同办理韶关市人民检察院交办案件 5 件；受理执行监督案件 7 件，不支持监督申请 1 件，建议进行司法救助 6 件；受理对民事行政生效裁判检察监督案件 1 件，提请抗诉 1 件；受理督促履职检察案件 2 件，发出检察建议督促行政机关依法履职 1 件，审查终结 1 件。在办理公益诉讼案件中，牢牢抓住公益这个核心，办理行政公益诉讼案件 25 件，发出诉前检察建议 25 件，挽回国有资产损失 80 万元，法院判决 1 件。一批生态环境领域、国有资产领域公益诉讼案件的办理，取得很好的政治效果、社会效果和法律效果。

刑事执行监督不断规范　加强对监管场所进行依法监督，维护监管场所安全和秩序稳定。加强对监外执行人员的监督，重点监督有无脱管漏管、重新违法犯罪和监外执行罪犯的合法权益是否得到保障。2017 年，对监管活动的监督提出书面检察建议 2 件，发出变更强制措施检察建议 11 份，对刑罚执行提出书面检察建议 9 件。乐昌市人民检察院在日常检察工作中通过与在押人员谈话，获得市看守所有民警为犯罪分子通风报信、翻供串供提供帮助逃避刑事处罚的职务犯罪线索，对原乐昌市看守所民警钟某帮助犯罪分子逃避刑事处罚一案进行查处，同时对看守所监管方面的漏洞发出专项检察建议，得到看守所采纳。

【信访工作】　2017 年，控告申诉部门接待群众来访共 168 批次 195 人次；处理群众来信 19 件；受理控告、举报、申诉、民行监督案件 29 件；初核举报线索 1 件；办理国家赔偿案件 1 件，刑事申诉案 1 件，举报奖励案 2 件。开展“国家司法救助工作推进年”活动，办结国家司法救助案件 4 件，发放司法救助金额 5.1 万元。坪石检察室充分发挥延伸法律监督触角促进检力下沉职能，接待群众来访 9 件 15 人次，开展法制宣传教育 3 场次。

【加强自身监督与接受监督并重】　持续加强内部监督制约机制建设　加强检委会建设，提高检委会民主决策能力，全年召开检委会 16 次，审议、决定重大、疑难、复杂案件 10 件，讨论决定重大事项 5 项，组织检察业务学习 2 次。加强案件管理，依托统一业务应用系统严把案件进出口关，对案件统一受理、录入、分派、结案审查，实现“源头控制，动态管理”，对违反司法规范的行为及时纠正、预警，确保规范化执法。坚持案件质量评查常态化、检察机关内部人员过问案件记录等制度，全年评查职务犯罪、不捕不诉、涉法涉诉信访案件 10 件。

自觉接受人大及社会各界监督　深入推进检务公开，邀请人大代表、政协委员、人民群众参加“检察开放日”、检察工作座谈会、观摩庭审等活动。加强检察门户网站和“两微一端”建设，在“两微一端”上发布、转发信息 236 条。全年接待律师阅卷 50 次，接受律师电话查询案件信息 95

次。以公开促公正，对拟作不起诉的职务犯罪案件启动人民监督员监督程序3件3人，在案件信息公开网上导入案件信息244件，公开法律文书118份，发布重要案件信息16件。

【典型案例】

严格适用逮捕措施，切实保障人民群众财产安全

在审查逮捕阶段，乐昌市人民检察院秉承着打击犯罪和保障人权的原则，注重证据的综合审查和运用，依法履行审查逮捕职能，成功办理刘某雨、杨某来涉嫌诈骗一案。

2017年4月21日，乐昌市人民检察院侦查监督科受理了一起电信诈骗案，犯罪嫌疑人刘某雨抓住受害者容易起贪念的弱点，并发展自己的叔叔犯罪嫌疑人杨某来为下家，二人通过在百度贴吧等网站和加陌生人微信为好友等途径向受害者推荐抢红包软件和埋雷软件，并开价20元到900元不等，在受害者通过微信或支付宝转账后，犯罪嫌疑人刘某雨、杨某来则发一个假软件给受害者并称该软件需要授权码等再次向受害者要300元到800元不等，受害者转账并收到授权码发现用不了后犯罪嫌疑人刘某雨、杨某来则称系统升级，需要加钱购买高级的才能使用，待受害者发现自己上当受骗要求犯罪嫌疑人刘某雨、杨某来退钱时，其便将受害者微信拉黑，用此手段陆续对受害者实施诈骗，乐昌市公安局在立案后陆续接到数十位受害者报案，经侦查后赶赴山东省威海市临港区将犯罪嫌疑人刘某雨、杨某来抓获归案，但在讯问过程中，杨某来否认自己实施诈骗的犯罪事实。

该案承办人在审查本案后认为，虽然犯罪嫌疑人杨某来没有如实供述自己的犯罪事实，但本案其他证据可以证明其和犯罪嫌疑人刘某雨有利用虚假的抢红包软件骗取他人财物的行为，且数额较大，涉嫌诈骗罪，于2017年4月28日对二犯罪嫌疑人批准逮捕。2017年7月17日，乐昌市人民法院审理认为刘某雨、杨某来犯诈骗罪，判处刘某雨拘役五个月并处罚金4000元，判处杨某来拘役四个月十五天并处罚金3000元。 （廖嘉欣）

附：市人民检察院领导班子成员名单

党组书记、检察长：许细桥

党组成员、副检察长：邓文生

胡远峻

曾　波

党组成员：刘志伟

法　　院

【概况】 乐昌市人民法院位于乐昌市乐城街道公主下路74号。有政法编制81名，地方定额工勤编11名，合同制司法辅助人员编制21名，2017年实有干部职工107人。内设机构11个，分别是：政工科、执行局、办公室、立案庭、刑事审判庭、审判管理办公室、民事审判第一庭、民事审判第二庭、行政审判庭、研究室、纪检监察室；派出法庭3个，分别是：乐城人民法庭、坪石人民法庭、梅花人民法庭；直属行政单位1个，为司法警察大队。

乐昌市人民法院负责审理辖区内一审民商事、刑事、执行等案件，2017年，该院受理各类案件3088件，结案2741件，同比分别上升5.9%和5.8%。

2017年，乐昌市人民法院被最高人民法院授予“全国优秀法院”荣誉称号，被乐昌市委、市政府评为2016年平安创建暨综治工作优秀单位、2015—2016年度“三八红旗集体”，该院民二庭被韶关市中级人民法院授予集体三等功，该院工会被乐昌市总工会评为优秀职工之家。杨涛被广东省高级人民法院评为全省清理执行存案、清理执行案款工作先进个人，丘辉华被韶关市中级人民法院评为“全市优秀法官”，邓培权被韶关市中级人民法院记个人三等功。

【刑事审判】 2017年，乐昌市人民法院共受理各类刑事案件302件，审结296件，判处罪犯426人。依法严惩严重危害人民群众生命财产安全犯罪，审结“两抢一盗”、故意伤害、诈骗、组织领导传销等犯罪案件117件218人。依法打击危害公共安全

犯罪，审结放火、失火、交通肇事、危险驾驶等犯罪案件61件61人。依法惩治毒品犯罪，审结贩卖、运输、非法持有毒品、容留他人吸毒等犯罪案件75件88人。依法打击破坏国家林业资源犯罪，审结盗伐、滥伐林木等犯罪案件18件22人。坚决严惩侵害妇女儿童犯罪案件，审结强奸、猥亵等犯罪案件11件14人。严格落实宽严相济刑事政策，依法保障人权，做到宽严有据、罚当其罪，对严重危害社会秩序、社会影响大的8名刑事被告人判处十年以上有期徒刑，对105名主动认罪、悔罪的刑事被告人依法适用非监禁刑。加强未成年人司法保护，深入开展未成年人犯罪预防、帮教，未成年罪犯的非监禁刑适用率达45.45%。积极做好刑事附带民事诉讼案件调解工作，审结刑事附带民事诉讼案件8件，为当事人挽回经济损失62万元。

【民商事审判】　2017年，乐昌市人民法院共受理各类民商事案件1839件，审结1611件。强化民生司法保护，切实保障民生权益，审结土地承包流转、房屋买卖、劳动争议、教育医疗、拖欠农民工工资等案件56件。积极推进家事审判试点改革，坚持柔性司法理念，保护妇女儿童合法权益，审结婚姻家庭、抚养、继承等案件351件。妥善审理权属、侵权纠纷案件，依法维护受害人合法权益，审结人身损害赔偿、财产权属纠纷等案件232件。稳妥处理各类群体性纠纷，有力促进社会和谐稳定，审结物业服务纠纷、排除妨害等事关社会稳定和发展的群体性案件47件。平等保护各类商事主体合法权益，维护公平竞争的市场秩序，审结买卖合同、股权纠纷等案件236件。防范化解金融风险，维护金融安全，审结银行贷款、民间借贷、保险纠纷等案件381件。加强诉前调解和诉中调解对接，多方式、多途径开展民商事调解工作，全年民商事案件调解撤诉结案596件，调撤率达37%。

【执行工作】　2017年，乐昌市人民法院共受理执行案件947件，结案834件，同比分别增长40.5%和43.9%，执行到位金额3.13亿元，同比增长57.28%。积极落实最高人民法院“用两到三年时间基本解决执行难”的工作部署，开展“攻坚2017”执行专项活动，及时向乐昌市委、市政府汇报该院加快推进基本解决执行难工作情况，全力推进“党委领导、人大监督、政府支持、法院主办、部门配合、社会各界参与”的综合治理执行难工作格局。完善失信被执行人联合惩戒制度，采取集中曝光、限制高消费等手段，加大信用惩戒威慑，将352名被执行人纳入失信名单，21名被执行人因信用影响主动履行法律义务。对拒不履行义务的11名被执行人给予罚款、拘留。移送公安机关追究刑事责任2人。全面推行网络司法拍卖，成交金额1417.59万元，同比增长121%。为符合司法救助的20名申请执行人发放救助金32.1万元。

【司法公开】　继续推进审判流程、裁判文书、执行信息和庭审直播四大平台建设。健全开放、动态、透明、便民的阳光司法机制。在中国裁判文书网上传裁判文书1089份。规范网络司法拍卖工作，及时公开拍卖被执行人财产，有效维护当事人合法权益。创新庭审公开方式，第四季度组织开展庭审直播31次。抓好官方网站、微信公众号等新媒体建设，方便群众了解法院工作动态。开展法院开放日活动2次，邀请人大代表、政协委员、普通市民走进法院，通过亲身体验增进对法院的了解。全面加快数字化法庭建设，把审判过程纳入信息化管理系统，提高审判透明度，倒逼法官提高司法能力和办案效率。完善移动办公平台建设，逐步实现法院办公业务的“全流程网上办理”，推进信息化与司法办案深度融合。完成200余万页的档案扫描和图像处理工作，初步实现诉讼档案数字化，为群众提供更加便捷、高效的诉讼档案信息查询服务。

【司法为民】　完善立案登记制度，坚持有案必立，有诉必理。继续推行诉讼引导、立案审查、咨询解答、诉前调解、案件查询、信访接待等“一站式”便民服务，增设便民接待室、调解室，添置便民查询电脑、触摸屏，积极推行跨区域立案、法律文书电子送达、网络收退诉讼费等便民措施。依法为经济确有困难的当事人缓、减、免交诉讼费3.52万元。深化诉访分离机制，积极回应信访人的合法诉求，推进涉诉信访法治化，全年接待当事人咨询

584人次，处理涉诉案件来信来访6件。制定《关于建立法官“以案释法”制度的实施方案》，积极开展“法律六进”以案说法活动。与市教育局联合出台共建法治校园实施方案，创建青少年法治教育社会实践基地，共举办法律知识讲座、模拟法庭进校园及市民法律咨询活动4场1000余人次。积极开展巡回审判，就地化解矛盾纠纷6次。在各级媒体刊发普法稿件48篇，增强法制宣传传播力和影响力。积极做好行政非诉案件审查的同时，将工作重点放在加强对行政机关的执法指导和接受法律咨询，助力法治政府建设，全年审结4件行政非诉案件。积极推动依法完善社会治理，向有关机关、行业组织等发送司法建议20份，采纳20份。

2017年7月7日，乐昌市人民法院与乐昌市教育局举行共建法治校园启动仪式

（市人民法院　供）

【司法改革】　全面落实司法责任制。围绕“让审理者裁判，由裁判者负责”的目标，构建权责统一的审判权力运行机制，制定《完善司法责任制改革试点工作规范（试行）》等制度，明确权责主体和权力清单，健全和规范审判权力运行机制。完善院、庭长办案机制，全年院庭长带头承办重大、疑难、复杂等各类案件1009件。推进法院人员分类管理。顺利完成法官员额制改革，21名员额法官全部经公开遴选通过入额选任。组建“法官+法官助理+书记员”新型审判团队16个，实现入额法官全员在一线办案，提高法官办案效能。深化刑事速裁程序试点改革，适用轻刑快审程序办结各类轻微刑事案件77件87人，平均审理期限为4天，占全年刑事案件收案总数的26.89%，当庭宣判率为100%。

【典型案例】　如何判断被告人具有肇事后逃逸的主观认识——张某交通肇事案

重点提示：

交通肇事罪是日常中多发犯罪类型，其中肇事后逃逸属于该罪的加重情节，在三年以上七年以下判处刑罚。在审判实践中，被告人各种原因在肇事后离开现场，能否认定为属于“肇事后逃逸”情节，需要准确判断行为人在肇事逃离时的主观认识情况，即行为人是否意识到自身发生交通肇事情况。

简要案情：

2012年10月19日23时20分，被告人张某驾驶粤C×××08号小客车由乐昌市大润发超市往人民公园方向行驶，当行至乐昌市人民中路东头街十字路口路段时，与行人无名氏（身份信息均无法查实）发生碰撞，造成被害人无名氏受伤送院抢救无效死亡的交通事故。事故发生后，被告人张某驾车逃逸。经乐昌市公安局交通警察大队道路交通事故认定，张某负本次事故的全部责任；无名氏不负本次事故的责任。经广东省乐昌市公安司法鉴定中心鉴定，无名氏的死符合车祸致颅脑损伤死亡。

被告人承认其驾驶车辆碰撞了无名氏，但对指控其肇事后逃逸有异议，辩称案发时其驾驶小轿车与对向行驶的黑色小轿车会车，其听到驾驶的小轿车有碰到物品的声音，以为是对方车辆发生交通事故，且没有看到其驾驶的车辆有碰撞痕迹，就继续行驶了。被告人的辩护人提出的辩护意见是：1. 被告人在发生交通事故后没有逃逸，不应以不存在的“逃逸”片面地认定被告人负事故的全部责任。首先，交通肇事后逃逸是为了逃避法律追究的主观故意，被告人从发生事故后到交警将其抓获前，被告人以为是与其会车的另一辆小轿车发生交通事故，对自己造成的交通事故并不知情。其次，被告人的这种错觉并不是毫无根据的辩解，而是多方面的合理原因造成被告人产生了错觉。2. 即使被告人逃逸，这种因逃逸而推定的全责不能作为交通肇事的定罪依据，特别是在有证据证明被害人有明显过错的情况下，更不能以推定论罪。交警部门在事故成因分析情况说明中认定被告人在事故发生时存在调试汽车音响的行为，证实被告人当时确实没有看到被害人，产生其没有碰撞被害人的错觉，并非明知其发生交通事故而驾车离开，交警部门认定被告人“逃逸”的行为，违反了《中华人民共和国道路交通安全法》及《中华人民共和国道路交通安全法实施条例》的相关规定。被害人横穿通过十字路口，没有遵守交通法规，足以证明被害人对这起事故存在明显过错。该案中，被告人因“逃逸”负全责，又因为“逃逸”情节加重处罚，一行为受到刑法上的两次处罚，严重侵犯被告人的合法权益，也违背一个行为只应受到一次评价的刑法法理。综上，被告人不构成交通肇事罪。3. 即便认定被告人构成交通肇事罪，也不属于交通肇事后逃逸的加重情节，同时，被告人有如下可从轻处罚的量刑情节：（1）如实供述犯罪事实，当庭认罪，可酌定从轻处罚；（2）案发后，被告人及其家属也以实际行动表示积极赔偿，可酌情从轻处罚。

裁判结果：乐昌市人民法院作出（2017）粤0281刑初192号刑事判决，判决：被告人张某犯交通肇事罪，判处有期徒刑三年五个月。一审宣判后，原告服从判决，未提出上诉。

评析：

该案的关键在于认定被告人是否具有交通肇事后逃逸的情节。根据该案的证据证实，客观上，该案现场目击证人陈某、廖某的证言均证实，被告人驾驶的小客车在公路上行驶时碰撞行人无名氏，已经发生了交通事故，且事故发生后，被告人驾驶小客车停了一下，后又马上驾驶车辆离开；根据车辆技术检验部门鉴定，被告人驾驶的肇事车辆前挡风玻璃破损、左前A柱受损、左前叶子板及左前车门受损；被告人亦供述其在案发路段驾驶车辆时听到其车辆左侧有碰撞物体的声音后短暂停车，又继续驾车离开现场。上述证据能相互印证，可证实被告人主观上时明知其驾驶车辆发生交通事故，且在碰撞痕迹明显，而非碰撞痕迹轻微的情况下，没有立即停车并查看事故情况，保护现场，而是继续驾车离开事故现场；因此根据主客观相统一，可以证实被告人在明知发生交通事故的情况下，为逃避法律追究驾车离开事故现场，其行为属于法律规定的肇事后逃逸。　　　　　　　　　　（曾德利　何莉平）

附：市人民法院领导班子成员名单

党组书记、院长：李　芳（女）

党组成员、副院长：罗　红（女）

　　　　　　　　　彭志斌

　　　　　　　　　罗忠铭

党组成员、纪检监察室主任：苏　桦

党组成员、政工科科长：邓培权

司法行政

【概况】　乐昌市司法局内设机构7个，分别是政工科、办公室、宣传教育股、基层工作管理股、社区矫正股、公证律师管理股、计财装备股；派出驻镇（街道、办事处）司法所19个；直属事业机构4个，分别是广东百姓信律师事务所、乐昌市公证处、乐昌市法律援助处、乐昌市公职律师事务所。2017年，实有在编人员（含基层司法所、直属机构人员）66人。年内，法律顾问彭美莲荣获“2012—2016全省优秀律师”称号。

【法治宣传】　健全“七五”普法工作机制，建立法治宣传教育工作联席会议制度；建立“谁执法谁普法”制度，明确各职能部门法律法规，罗列责任清单；建立以案释法制度，让群众了解司法实践、行政执法、法律服务的过程，普及法律常识；加强新媒体普法，积极引导主流媒体办好普法节目、法治专栏，建立“乐昌司法”官方微信公众号，及时更新推送普法信息，组织“七五”普法讲师团为有关单位举办法治讲座；借助“一村（社区）一法律顾问”工作，大力开展普法宣传工作，引导全民自觉遵法、学法、守法、用法。开展“法律六进”（进机关、进乡村、进社区、进学校、进企业、进单位）主题活动和形式多样的法治宣传活动。先后举行“3·8”妇女维权周、“3·15”国际消费者权益日、“4·15”全民国家安全教育日、“五一”国际劳动节、“6·26”国际禁毒日、“12·4”国家宪法日等活动。2017年，全市有90个村（社区）开展省级“民主法治村（社区）”创建活动，全部按要求完成各项创建工作任务，通过省级检查组评估验收。

【人民调解】　围绕中共十九大特别防护期，全面开展“保稳定、促和谐”矛盾纠纷排查化解专项活动。针对清明节前后“联宗祭祖”可能导致纠纷矛盾激化的苗头进行排查，全市排查出坟地纠纷12件，全部成功化解。4月至5月“两委”换届期间，全市共排查出各类纠纷41件，调解成功36件，5件分流至政府相关职能部门。借力村（社区）法律顾问积极参与人民调解工作，成功化解黄圃镇一起外省民工建房摔落身亡损害赔偿案件，避免一起极易引起的群体性事件。2017年，全市各级调委会排查纠纷264次，调解纠纷641宗，调解成功623宗，专项活动中共排查出纠纷176宗，调解成功88宗，正在调解67宗，稳控中4宗，分流至相关职能部门11宗，引导当事人走法律途径4宗。

【公共法律服务实体平台建设】 乐昌市司法局投入28万元用于公共法律服务实体平台建设，完成乐昌市公共法律服务中心及19个镇（街、办事处）公共法律服务中心的建设和225个村（社区）公共法律服务站的建设任务。在每个镇（街道、办事处）选出两个村（居）委会确定为示范点，积极配合乐昌市平安乐昌建设和法治镇创建工作。

【社区矫正和安置帮教】 2017年12月，乐昌社区矫正中心和北乡司法所社区矫正监控室正式建成投入使用，是韶关各县（市、区）第一个实现部、省、市、县、镇五级互联互通的社区矫正中心。做好刑释解教人员衔接工作，多渠道落实刑释解教人员安置工作。2017年，共接收社区矫正人员120人，期满解除矫正108人，撤销缓刑1人，收监执行1人，在册社区矫正人员188人。

【法律援助】 健全和完善驻看守所和法院值班制度，拓宽法律援助渠道，为困难群众提供更加便捷的途径。2017年，值班律师进驻法院和看守所值班40次。为黄圃烟农受损案、铅锌矿裁员案、长来农田受损案提供法律援助，协助当事人取证立案，有效化解群体性纠纷。其中，韶关驻村（社区）律师为黄圃烟农受损19户农民成功挽回近20万元的经济损失。2017年，上级下达乐昌市法律援助任务数224宗，法律援助全年办理各类案件281宗，办结190宗，超额完成上级下达的任务数。考评排在全韶关第2位。

【律师工作】 2017年，乐昌市司法局完成全市律师事务所及律师的年审工作，加强律师职业道德和执业纪律教育，组织律师参与各类公益活动，积极开展法律咨询、法律服务。鼓励符合资格的人才参加全国司法考试；与各有关单位协调，配备兼职岗位公职律师。

【公证工作】 加强公证上门服务，针对居住在偏远山区且年老体弱行动不便的办证群众，公证人员提供上门服务；对经济困难的群众，按政策予以减免公证费用。公证信息系统应用更加规范化、制度化，2017年新添置1台人脸识别仪、2台精拍仪、2台高拍仪。公证处多次配合市政府完成“三旧改造”及违章建筑拆除的证据保全工作。2017年，公证处受理各类公证案件1806件，符合条件出证的1298件。在韶关市考评中排名第1。

【一村（社区）一法律顾问】 坚持法律服务“问需于民”，及时收集群众最关心、最迫切的法律问题，制定“精准法律服务清单”，对服务清单事项逐一解决，提高法律服务针对性和实效性。在村“两委”换届选举期间，韶关驻村（社区）律师专门印制换届选举普法教材，发放到全市各村（社区），举办法治宣传200余场，解答法律咨询260余次。创新法律服务内容，建立律师团队协作机制，与民主法治村（社区）、人民调解、法治宣传、信访等工作结合，实现信息共享，协调行动。全市19个乡镇全部分级分类建立工作微信群、管理协调群，通过即时联络方式，实现“互联网+村（社区）法律顾问”服务模式。北乡、秀水、云岩、黄圃4镇代表韶关市作为全省“精准法律服务示范点”开展创建工作，全力推进精准法律服务内容优质化。法律顾问积极参与基层涉农、环保、金融房产、劳资纠纷等领域不稳定问题的专项治理工作。严格落实季度督导、半年考核制度，并将督导考核的结果进行通报，司法所加以监督，强化对律师服务机构和法律工作者工作的检查，全面提升律师服务质量。2017年，全市村（社区）法律顾问共为群众提供法律咨询1499次，开展法治宣传820次，

参与调解纠纷62起，提出法律专业意见83件，承办法律援助案件42宗，提供其他服务事项1211件。（张海珠）

附：领导班子成员名单

党组书记、局长：周　毅

党组成员、副局长：钟洪雯（女）

丁海锋

何海雄（6月—）

党组成员、政工科长：邓回荣

广东省乐昌中山地区人民检察院

【概况】　广东省乐昌中山地区人民检察院于1986年10月成立，作为韶关市人民检察院的派出机构，科级建制，行使县一级人民检察院职权，有独立法人，政法专项编制共15人，2017年实有在编干警13人，空编2人，另有合同制书记员2人。单位设检察长1人（县处级副职），副检察长2人，内设机构有办公室、诉讼监督部（原公诉科）、刑事检察部（原侦查科）。2017年，新招录干警1名，补选1名副检察长，遴选员额检察官1名，有员额制检察官5名，组建独任检察官办案组5个，检察官办案组3个。

2017年度，广东省乐昌中山地区人民检察院被韶关市人民检察院授予集体三等功一次。干警张勇参与广东省人民检察院所办理的监督罪犯李某某财产刑执行假释案，被评为全国财产执行检察优秀案件。潘全民检察长被广东省人民检察院评定为第二批“广东省检察专门型人才（反贪类）”。两名干警撰写的论文《落实司法责任制提高司法公信力》《浅析监狱警察职务犯罪》分别获得广东省法学会第十届检察学研讨会优秀奖和首届广东省检察机关刑事执行检察业务论坛“三等奖”。

【内设机构改革】　2017年，广东省乐昌中山地区人民检察院开展内设机构试点改革，采用“2+1”模式内设机构设置试点改革工作，设立刑事检察部、诉讼监督部和办公室，刑事检察部、诉讼监督部设置主任、副主任，主任由分管的副检察长兼任，副主任由符合条件的员额制检察官担任。新设置的内设机构于2017年10月26日正式试行，并按照整合后的“大部制”架构运行，原内设机构负责人不再履行行政管理职责。

【刑事执行检察工作】　2017年，广东省乐昌中山地区人民检察院依托智慧检察建立服刑罪犯电子档案，通过执检子系统录入监禁刑执行检察档案3124件。全面落实对减刑、假释、暂予监外执行案件逐案逐人审查的规定，共审查广东省乐昌监狱提请减刑、假释案件1542件，针对提请减刑假释不当的案件，分别作出检察监督意见书建议监狱纠正。其中，建议暂缓提请减刑19件，监狱采纳14件，另外的5件得到法院的采纳；建议暂缓提请假释4件，监狱采纳4件；建议从严掌握减刑幅度71件，法院采纳66件；建议从宽掌握减刑幅度2件，监狱采纳2件；出席开庭审理的罪犯减刑假释案件共计232件，提出庭审检察意见232件，法院采纳212件。共列席广东省乐昌监狱每月狱情分析会12次和生产安全季度例会2次，深入监管改造“三大现场”开展检察工作80余次，在各个节假日前深入各监区进行全面的安全大检查，发现问题及时向监狱提出纠正意见并督促其整改。共受理控告、申诉、举报案件83件，接待来访1次1人；找犯人谈话333人次，对服刑人员相关问题进行答疑解惑，确保服刑人员的思想稳定；列席广东省乐昌监狱服刑人员病残认定会议3次。共依法办理罪犯保外就医案件8宗8人，办理罪犯死亡案件12件12人；共受理公诉案件6件9人；依法办理狱内职务犯罪案件1件1人。

【预防和警示教育】　广东省乐昌中山地区人民检察院加大查办职务犯罪案件和开展职务预防犯罪工作。2017年5月，与广东省乐昌监狱纪检联合在狱内开展针对新投犯的法制宣传教育活动；从2017年7月起，每月集中对一批即将刑满释放人员开展一次集中谈话和法制教育活动，截至2017年年底，共开展集中谈话教育活动6次，向参加活动的服刑人员发放问卷调查419份，并对问卷调查结果进行分析汇总；2017年9月，在广东省乐昌监狱纪检监察室的配合下，组织广东省乐昌监狱干警及家属共

400人，分4批次到韶关市预防职务犯罪教育基地接受廉政教育。主动邀请韶关市人大代表和乐昌市人大代表参与听庭评议，强化自身监督，让检察权在阳光下运行。（唐燕琴）

附：广东省乐昌中山地区人民检察院领导班子成员名单

检察长：潘全民

副检察长：何泳川（女）

潘学贤（3月—）

广东省乐昌监狱

【概况】 广东省乐昌监狱始建于1951年11月，占地面积314.53公顷。设7个部室、2个中心，有15个监区、22个分监区，是广东省的一所大型监狱。2017年，乐昌监狱顺利实现连续第21年监管安全、第17年生产安全的目标，获评广东省监狱系统年度先进单位。

【队伍建设】 开展警务实战技能竞赛，推行“一带一”“多带一”新警传帮带模式；评选向上向善好青年，开展“青春礼赞”原创诗文朗诵比赛、首届“岗位成长之星”及十大歌手比赛等活动，1名警察获评全省监狱系统十佳“岗位成长之星”，推进十一监区创建省级青年文明号工作；确立狱徽、狱训、监狱精神等乐昌监狱特色精神文化符号；举办多种兴趣小组活动及文体活动，发放救助金8.7万元，开展各类慰问87人次。

【安全管理】 细化狱政基础制度，进一步增强安全管理能力；健全指挥中心制度，与韶关、武江、北江等监狱签订联检共建协议，将监狱纳入地方政府反恐防暴重点单位，与乐昌市委政法委建立联防联动机制，提升安全应急管理水平；推进罪犯伙房标准化建设，巩固医院规范化成果，推行生活用品全塑化、生活卫生管理信息化。

【教育改造】 开展“明法、自律、向善”专题教育及系列主题教育，推进“一警一课”工作，出版5本教案教材，狠抓出监教育的巩固性教育、针对性教育、适应性教育；深入推进“心理防控栅栏工程”，成立众志工作室，推进个别谈话教育网格化。与社会共办学历提升教育、优秀传统文化教育、职业技能培训教育，举办社会帮教开放日活动，邀请社会公益力量来狱帮教、就业指导，设立电脑培训班，开设微信、支付宝等新生事物使用培训班。深化狱务公开，依法规范办案，全年办理罪犯减刑案件1305宗、假释案件98宗、保外就医案件7宗，罪犯收监执行案件1宗，无一错、漏案，假释提请率达到3.09%。

【党风廉政】 印发《从严治警正风肃纪应知应会手册》，坚决贯彻“禁赌令”“禁酒令”，出台《警察职工八小时以外教育监督管理制度》，印发1000份《家庭助廉手册》。开展各类监督102次、监督检查52次，维护风清气正的政治生态。

【综合保障】 举办友好监狱“治本安全观”工作交流会，出版理论研讨专刊，监狱获评宣传工作先进单位、信息调研先进单位，多篇文章被《法制日报》、《南方法治报》、人民论坛网等媒体刊登，展览馆专题片获中国监狱协会监狱史学研究成果三等奖。完成厂房视频监控项目建设，推进日常事务网上审批，完成“十二五”所有单体建筑主体，开工建设员工宿舍工程、员工拓展训练场工程、人行天桥工程。依法、科学、统筹理财，节约“三公”经费13.46万元、职工医疗费250.57万元，完成公车改革处置工作。（廖志刚）

附：乐昌监狱领导班子成员名单

监狱长：欧阳伟光

调研员：李全应

纪委书记：李炜煜

企业总经理：张惠明

副监狱长：邓学成

蓝培啶

政治处主任：黄岳钢

军　事

乐昌市人民武装部

【概况】 乐昌市人民武装部（以下简称乐昌市人武部）的前身为乐昌县武装大队，于1950年2月成立，隶属于中国人民解放军广东省北江军分区。1952年6月，成立乐昌县人武部，隶属于北江军分区。1952年10月，北江军分区扩编为粤北军区（副军级），乐昌县人武部隶属于粤北军区。1954年8月，改称为乐昌县兵役局。1956年3月1日，粤北军区缩编为韶关军分区，乐昌县兵役局隶属于韶关军分区。1959年1月，恢复乐昌县人武部。1986年6月，县人武部改归地方建制，为副县级单位，县人武部干部实行集体转业。移交后，县人武部仍是县委的军事组织，又是县政府的兵役机关，接受县委县政府和韶关军分区的双重领导。1994年7月16日，乐昌撤县设县级市，县人武部改称市人武部。1996年4月1日，按照中央军委的统一部署，乐昌市人武部恢复军队建制。收归军队建制后，市人武部的基本职责和任务未变。2005年年末，乐昌市人武部迁至乐昌市公主下路72号。2017年，市人武部再次被韶关军分区评为“先进人武部”和“征兵工作先进单位”。

【突出红线筑牢军魂意识】 组织党的创新理论学习，以习近平主席关于“强军兴军篇”“国防动员篇”讲话精神为重点，采取课题牵引、专题调研、集中培训等形式，认真开展团以上党委中心组带机关专题理论学习；扎实开展“两学一做”教育活动，组织党员承诺践诺和领导干部讲党课等10项配合活动，专题组织政策法规解读5次，组织开展党日讨论活动6次。在人武系统开展“维护核心听指挥、强军兴军做贡献”教育实践活动；在人武部党委机关开展以“坚决维护核心、严守纪律规矩”为主要内容的集中教育；抓好随机教育，利用交班会、专武干部会议等时机，开展维护核心教育；积极筹划开展庆祝中国人民解放军建军90周年系列文化活动、微电影微视频创作比赛等10项群众性文化活动。坚决肃清郭徐流毒影响，集中对办公场所、公共区域、公寓住房、集体宿舍等部位进行清理清查，对各类老旧文件、报纸、杂志、光盘等资料进行集中销毁。

【突出基线夯实主业根基】 推进国防动员建设，按照新的编制体制，及时调整国防动员成员单位，精准开展国防动员潜力调查，对辖区国防动员潜力数据中的经济动员、政治动员、交通战备、人防设施等重点潜力数据进行核查，制定后备力量整组方案和计划，对辖区基干民兵队伍进行组织整顿。落实备战打仗要求，修订完善战备方案预案，更新和补充战备库室物资，突出抓好首长机关动员业务训练，专武干部履职、应急分队专业、保障分队对接等训练。先后组织民兵营长、轻舟队员、国防动员潜力调查队伍等2批250余名人员培训。市人武部机关参加韶关军分区年度军事训练和国防动员业务考核，取得总评优秀的成绩。进一步编实建强民兵专业分队，优化全市基干民兵组织，在全市推广广东省军区兵役登记试点成果。圆满完成征兵任务。

【“双拥”共建】 2017年，积极协调地方党委政府为驻军办实事解难题，协调政府投入资金为武警新建营房、为消防添置器材、为驻军修复国防公路、协助驻军落实停止有偿工作；协调市资产管理中心和市中航城乡环卫有限公司安置3名多年未就业随军家属，协调住建局安置4名退伍军人就业，协调处理涉军维权和涉民兵纠纷化解工作4起。安排专项经费参与地方精准扶贫、创建文明城市、关爱困难退转军人，投入近4万元挂钩帮扶一个贫困村、帮扶一个薄弱村、资助一个偏远小学教学点、帮助9户贫困户，投入近2万元给所在街道并抽调4名民兵参与创建文明城市工作，“八一”前后组织慰问全市30名特困退伍军人。

【部队编制体制调整】 2017年，市人武部提拔、转业、交流出去4名干部，提拔交流补充2名干部。严军令落实调整编，按照新的职能定位和体制编制，结合部队和个人实际，优化调整市人武部组织管理架构，组织6类87项人员物资等清理清点交接。参加韶关军分区宣布调整整编命令大会，明确人员定位分工，坚决贯彻中央军委关于广东省军区系统7月1日按新编制体制运行的决心。市人武部机关和民兵武器装备仓库全年近30次接受广东省军区和韶关军分区值班视频抽查，人员均保持在位，履职良好，确保改革有调整、工作不断线。

【安全管理】 加强教育管理，坚持定期分析安全形势，利用交班和部务会等时机，组织学习各类规定、通报，传达上级指示精神，先后26次集中传达上级违规违纪问题通报，强化干部职工正规化意识和法纪观；持续深入推进法治军营创建活动，经常性地开展条令条例和法纪教育，筑牢安全思想根基，切实管住经费使用、工程建设等敏感事务，杜绝违规饮酒、违规违纪问题的发生。加强仓库检查监控，周密组织燃爆危险品清理清查，全面整治安全隐患问题，组织开展安全百日活动，先后3次组织安全专项大整治，梳理整改6个方面21个具体问题。在接受中央军委国防动员部和广东省军区、韶关军分区安全大检查中，均受到较好评价。着眼应急处突，修订完善各级应急处突预案，多次组织市人武部干部职工、应急分队和公安武警进行营院和仓库应急处突、消防演练。（盛　军）

附：市人民武装部领导班子成员名单

部　长：雷红江
政　委：伍胜喜
副部长：刘明珠
军事科长：胡晓利
政工科长：段金亮
保障科长：张　刚

人民防空

【概况】 乐昌市人民防空办公室（以下简称市人防办）设在市政府办公室内，属行政机关，行政编制3人，2017年年末，在职人数4人。

【业务建设】 加强人防主管部门与规划、建设、房管等相关部门的联审制度，按照“以建为主，以收促建”的原则，宣传、鼓励依法修建人防工程。全年人民防空窗口业务开展顺利，在行政审批和行政执法过程中，未出现一例行政诉讼和行政复议案例，未接到任何相关投诉。

【机关准“军事化”建设】 保持与军事机关的密切关系，自觉接受政府和军事机关的领导、检查和监督，按照“准军事化”建设的要求，从政治思想、个人素质、团队作用、工作作风、办公秩序等方面狠抓机关作风转变。2017年，人防办共参加人防机动指挥所野外拉练5次。

【宣传教育】 组织9月18日防空警报试鸣，增强市民国防观念和人防意识。活动发出“预先警报”“空中袭击”“解除警报”3种防空警报信号。防空警报鸣放期间，全市生产、生活秩序及社会活动照常进行。

【人防执法与“结建”工作】 加强人防执法，抓好人防工程异地建设费收缴工作。所征异地建设费全额纳入市财政专户，实行“收支两条线”管理，把工作重点放在落实结合民用建筑修建防空地下室方面，做好“以收促建”工作。（聂　森）

附：市人民防空办公室领导班子成员名单

主　任：邹坚峰

消　防

【概况】 乐昌市公安消防大队始建于1965年，位于乐昌市乐城镇榴村开发区，下设2个中队（乐昌公安消防中队和坪石公安消防中队）。肩负市区和辖1个街道、2个办事处、16个乡镇的消防保卫、抢险救援、社会救助等任务。

2017年，全市发生火灾99起，消防队伍出动276次（含增援），抢救财产价值63.4万元。年内，乐昌大队乐昌中队续评省级“青年文明号”。乐昌大队大队长范奇、乐昌中队中队长秦卓被广东总队授予“个人三等功”。

【队伍管理】 规范办公秩序，严格值班执勤制度，大队领导干部每月至少参加中队的一次队务会，每周至少参加中队的一次早操、一次查铺查哨和一次晚点名。每月定期组织一次日常工作督导和全面检查。定期开展队伍形势分析，及时掌握安全制度落实、“八小时”以外官兵管理、业务训练、车辆管理、灭火救援等安全工作形势，强化官兵网络安全教育，消除各种安全隐患。重点抓好新兵和退伍老兵管理教育，建立新兵个人思想档案，开展退伍老兵思想调查和摸底，干部分人包干，训练跟踪到位，确保队伍形势安全稳定。

【宣传教育】 在乐昌市人民政府网站门户建立消防专栏，社区依托综合服务措施建立消防安全教育场所，新建微信公众平台，定时定量推送优质消防知识与发布消防工作信息。在机关单位定期开展消防安全宣传教育制度培训。促使所有中小学校将消防知识纳入教育教学内容并做到有教材、有课时、有师资。协助学校高中开展消防知识“进军训”活动，促使街道社区建立消防安全宣传教育制度和推选1名消防宣传大使。对辖区60%的企业员工开展消防安全培训。2017年，市公安消防大队共举行消防培训56次，培训人员4000人，对学校宣传15次、对社区宣传7次、组织开展灭火逃生演练26次、开展消防教育培训32次、发放宣传单页10万余张，教育群众数万人。

【消防监督】 2017年，市公安消防大队共检查各类单位2292家，发现火灾隐患1827处，督促整改火灾隐患1820处，临时查封20家，责令“三停”17家，罚款54.25万元。全年无特大火灾。

（秦　卓）

附：市公安消防领导班子成员名单

大队长：范　奇
教导员：黄　星
防火参谋：何文龙
　　　　　姚鹏鹏
　　　　　祝　竞
乐昌中队指导员：彭　宏
乐昌中队中队长：秦　卓
坪石中队指导员：徐文涛
坪石中队中队长：胡永恒
坪石中队副中队长：贺建建

经济管理

发展和改革

【概况】 乐昌市发展和改革局（以下简称发改局）位于乐昌市公主下路70号，为乐昌市人民政府的工作部门。行政编制26名，后勤服务人员2名。2017年有在职在编人员22名，其中行政编制20名，后勤服务人员2名。内设11个机构，并设下属事业单位乐昌市价格认证中心。发改局的主要职责为研究提出全市国民经济和社会发展战略、中长期发展规划和年度发展计划，指导总体经济体制改革，负责物价行政管理和粮食行政管理。2017年3月，被韶关市妇女联合会授予“巾帼文明岗”称号。

【科学编制规划计划】 立足于乐昌经济实际和“十三五”规划，完成《乐昌市2016年国民经济和社会发展执行情况及2017年计划草案的报告》等指导性文件的起草，制定《乐昌市2017年重点建设项目计划》《乐昌市2017年全社会固定资产投资任务分解计划的通知》等文件。

【投资审批服务】 监测全市固定资产投资完成情况，2017年全市固定资产投资完成45.03亿元，同比增长21.2%，增幅位列韶关各县（市、区）第一。做好项目立项工作，全年审批、备案、核准固定资产投资项目209个，其中审批122个，备案87个，总投资额1555925万元，其中审批609028万元，备案946897万元。做好项目申报工作，截至2017年年底，上报中央预算内投资的社会领域项目有2个，资环类项目1个、PPP项目1个、广东省重大科技成果产业化扶持专项资金项目1个。

【价格行政管理】 整理乐昌市政府定价管理的经营服务性收费目录清单、乐昌市教育收费目录清单，严格核准收费标准，停止核发行政事业性收费许可证及综合年审，按照价格管理权限和价格程序，规范乐昌市旅游景点门票价格，调整生猪定点屠宰加工服务收费标准以及公办幼儿园保教收费标准；完成碧桂园凤桥水岸物业、乐昌市愿景物业以及乐昌市水晶角“7011”管理处门票价格备案。

【价格监督检查】 及时公布乐昌市行政事业性收费目录清单，围绕政府群众关心热点问题，加强市场价格整顿和规范，积极开展节假日市场价格监督检查、春运客运票价检查、食盐专项价格检查、春、秋两季教育收费专项检查、电力价格专项检查、清明节期间殡葬服务收费价格检查、涉企收费减负专项检查等价格执法行动。做好价格投诉举报工作，全年受理群众价格咨询举报案件30件，妥善处理30件，其中来电5件，来访6件，网络问政平台7件，“12345”网上投诉平台12件。

【价格认证工作】 做好价格认定、成本监审、农本调查各项事务性工作。为司法机关及行政机关办理各种案件提供价格认定标的作为价格参考依据，全年价格认定、涉税价格争议认定、公务用车定点维修价格认定的总宗数为2857宗，价格标的金额4599万元，其中公安刑事案件133宗，价格认定标的金额346万元；民事案件12宗，认定标的金额586万元；存量房涉税争议案件76宗，价格认定标的金额3135万元；公务用车定点维修价格认定2636宗，价格认定金额532万元；开展黄烟叶、茶叶、木材、毛竹农产品成本调查工作4项。

（吴素琴）

附：市发展和改革局领导班子成员名单

党组书记、局长：张超球

党组副书记、粮食局局长、粮食储备中心主任：
丁振华

党组成员、副局长：向　明
蓝伟华（—6 月）
肖红涛（女）
陈宇轩（7 月—）

党组成员、市政府重点建设项目办公室主任：
廖援扬

党组成员、主任科员：王小林

统　计

【概况】 乐昌市统计局内设办公室、农业财贸股和工业投资股 3 个机构。机关行政编制 13 名，后勤服务人员数 2 名，2017 年年末，实际在职人员 16 人。乐昌市普查中心，为市政府直属公益一类事业单位，副科级，归口市统计局管理，核定事业编制 3 名，其中主任 1 名，2017 年实际在职人员 3 人。

【经济发展概述】 2017 年，乐昌市地区生产总值累计完成 122.27 亿元，同比增长 4.8%。其中，第一产业增加值 23.83 亿元，增长 4.3%；第二产业增加值 26.66 亿元，下降 4.4%；第三产业增加值 71.77 亿元，增长 8.8%。

【统计服务】 加强与部门沟通协调，强化统计数据监测预警分析，查找短板指标，挖掘新增长点，发挥经济增长中积极因素的作用。对全市经济运行过程中发现的问题，及时提出相应的对策和建议，报市委、市政府，并反馈给有关职能部门，充分发挥统计参谋助手作用。及时撰写《乐昌市 2017 年国民经济和社会发展统计公报》，编发《乐昌统计月报》11 期，编印《乐昌统计年鉴》200 册，全年有 13 篇统计分析受到市领导的批示，其中一篇被韶关市统计局评为优秀统计分析文章。

【第三次全国农业普查】 2017 年 1 月 1 日零时，第三次全国农业普查正式入户登记。该次农业普查主要立足农业、覆盖“三农”，对全市所有的农户农业经营单位、农业规模户、行政村和乡镇进行全面调查，涉及全市 17 个镇（街道）、206 个村委会、77000 多农户、920 户农业规模户和 569 个农业经营单位。参与农业普查的普查员、普查指导员 1200 多名，在全市的统一部署下，进村入户开展普查登记工作。采用手持 PDA 智能数据采集终端等现代信息技术，利用互联网对普查数据进行联网直报，全面提升普查的工作效率、数据质量和服务水平。

2017 年 2 月 7 日，乐昌市召开第三次全国农业普查工作推进会议　　（市统计局　供）

【城乡住户一体化样本轮换】 完成城镇居民生活状况和收支调查工作的同时，积极有序地开展城乡抽样调查样本轮换工作。至年末，圆满完成 12 个村（居）委会共 120 户居民家庭样本轮换工作。

【统计普法】 利用“以会代训”、统计从业资格继续教育、“12·4”法制宣传日等进行统计普法宣传，提高各级领导干部和社会各界的统计法律意识和统计法制观念。2017 年完成 18 家单位的执法检查，拓展统计执法检查领域，创新检查方式，推进统计执法工作制度化、常态化。（凌晓山　刘文娜）

附：市统计局领导班子成员名单

党组书记、局长：易丘文

党组成员、副局长：凌晓山（女）
刘美玲（女，—6 月）

党组成员：邓金凤（女，7 月—）

副局长：邓金凤（女，8 月—）

普查中心主任：姚文盛

党组成员：姚文盛（6月—）
党组成员、副主任科员：赖正强（10月—）

审　计

【概况】 2017年，乐昌市审计局在职人员16人，其中行政管理人员6人，审计业务人员8人，后勤人员2人。设置5个职能股（室）：办公室、经济责任审计办公室、经贸审计股、财税审计股和行政事业审计股。全年完成审计任务20项，查出主要问题金额73474万元，其中，管理不规范金额73432万元（含应调账处理金额33万元），违规金额42万元（应上缴财政42万元）。查出非金额计量问题24项，审计提出建议44条，被采纳建议44条，被批示采用信息62篇。

【上级审计机关安排或授权审计】 2017年，派出审计业务人员参加省韶经济责任异地同步审计、省厅精准扶贫审计、审计质量检查等项目工作9人次，与2016年7人次相比增加2人次，增幅29%。2017年开始实施省审计机关直管工作，审计机关制度改革工作进一步深化。

【财政预算执行审计】 2017年，开展2016年度财政预算执行情况审计，审计结果显示，2016年乐昌市政府积极组织财政收入，狠抓增收节支，实现财政收支平衡，略有结余的目标。审计中对部分专项资金未及时拨付、部分非税收入管理不够规范等问题提出加强财政专项资金管理、非税收入管理等建议，得到财政部门采纳。

【经济责任审计】 2017年，开展经济责任审计12项，在审计中对部分单位存在违规收费、白条支出等违规行为作出罚款的审计决定，督促被审计单位完善各项管理。

【推动国家和省市重大政策措施贯彻落实】 2017年，开展国家和省重大政策落实情况跟踪审计、乐昌市产业转移工业园农民创业就业基地项目审计、2016年招商引资项目实际到位资金审计调查、公务用车制度改革审计调查，注重反映稳增长、促改革、调结构、惠民生、防风险重大任务完成情况，重点关注精准扶贫精准脱贫、“三去一降一补”（去产能、去库存、去杠杆、降成本、补短板）任务、三大战略推进、“放管服”改革等重大决策部署的贯彻落实情况，推动政策落地发挥实效。

【党风廉政和反腐败】 2017年，对外派参加工作学习的党员成立临时支部，强化党员教育；向纪检组织部门报送经济责任审计结果报告12份；在政府信息公开平台和重点领域信息公开平台公开审计结果4篇次；向市纪委、市委组织部、人社局等部门建议将被审计单位落实审计查出问题整改情况列入落实党风廉政建设责任制考核、领导干部述职述廉及年度考核内容，并得到采纳；成立审计整改监督组，督促被审计单位重视并做好审计整改工作；通过韶关市党风廉政建设平台公开政府信息57条。

【审计干部培训教育】 2017年，全体审计干部参加韶关市审计学会在南京审计大学举办的审计业务培训班。将不同股室审计人员进行交叉合理配置，形成优势互补，让每位审计人员都有机会接触到不同类型、不同行业的审计项目，提升审计干部审计工作适应能力。执行省、韶关审计项目质量指标，严格审计程序，加强重点环节的审计质量控制。参加审计署审计干部网络培训、广东省干部网络培训、公务员全员培训共42人次。（卢玉华）

附：市审计局领导班子成员名单
局　长：邹晓燕（女，10月—）
副局长：梁群英（女）
　　　　谭太明（11月—）

市场监督管理

【概况】 乐昌市市场监督管理局为正科级建制单位，设党组。机关设13个内设机构：办公室、政策法规股、市场规范管理股（网络商品交易监管股）、企业监督管理股、登记注册股、商标广告管理股、质量股、标准化股、计量股、特种设备安全监察股、人事监察股、经济检查股（消费者权益保护股）、经济检查大队；3个社（群）团组织：乐昌市消费者委员会、乐昌市个体劳动者协会、乐昌市私营企业协会。6个副科级建制市场监管所派出机构：城北市场监管所、城南市场监管所、坪石市场监管所、河南市场监管所、梅花市场监管所和廊田市场监管所。2017年有在职干部职工101人，其中行政编制88人，行政执法编制9人，事业编制1人，工勤编制3人。机关在职公务员50人、市场监管所在职公务员51人。2017年11月7日，乐昌市市场监督管理局坪石市场监督管理所被共青团韶关市委员会授予“2016—2017年度韶关市青年文明号”称号。

【商事制度改革】 全面实施注册资本登记制度改革，有序推进“多证合一”改革，简化住所登记手续，实施“一址多照”“一照多址”等改革，推行工商登记全程电子化、电子营业执照、银政直通车等，显著降低投资创业的制度成本和时间成本，提升工商注册便利化水平。截至2017年年底，全市有内资非私营企业566户，注册资金18.03亿元；私营企业1920户，注册资金69.20亿元；个体工商户20104户（实际存有个体户约9000户），资金数额11.37亿元（实际存有个体户资金数额无法统计）；农民专业合作社587户，成员出资总额6.28亿元。受理登记业务5940宗，其中新发展内资非私营企业32户，比2016年同期增加14户，注册资金6.28亿元，比2016年同期增长77.78%；新发展私营企业423户，比2016年同期增长69.2%，注册资金13.00亿元，比2016年同期增长42.08%；新发展个体工商户2182户，比2016年同期增长29.42%，注册资金2.33亿元，比2016年同期增长45.63%；新发展农民专业合作社59户，比2016年同期增长55.26%，注册资金0.77亿元，比2016年同期增长42.59%。全面实行“马上办”提速措施，提高便利化服务水平。将个体审批权限直接下放到基层所，将审批权力转化为主动服务，实现工商登记业务全覆盖、登记窗口全覆盖和网络全覆盖。2017年9月12日始，全面实施“马上办”，对于申请材料齐全，符合法定形式的，马上办理，当场办结。

【服务乐昌经济发展】 积极落实各项服务发展政策措施，截至2017年年底，全市核准登记办理加载社会信用统一代码营业执照的企业（含农民专业合作社）共2480户，个体工商户4190户。全市办理股权出质登记业务42宗，出质股权数额2.83亿元，帮助企业融资3.76亿元，办理个体户升级7户。办理动产抵押登记62份，被担保主债权金额126294万元。

【法治市场监管建设】 2017年，共立案178件，结案47宗，罚没入库23.56万元，均为一般程序案件。核审办理完毕的各类案件无一宗要求听证和提起行政诉讼，实现零听证、零复议、零诉讼、零错案的“四零”目标。积极开展“扫黄打非”清理行动，做好打传规直工作，在乐昌市中等职业技术学校举办一场主题为“有种陷阱叫传销”的讲座。2017年，共打击传销违法犯罪3宗，破案3宗，移送起诉27人，清查捣毁4个窝点，公安机关抓获由非法传销导致非法拘禁他人的违法嫌疑人27人，解救3人。积极开展打击假冒伪劣专项行动，乐昌市纳入定点监管对象的经营户176家，广泛开展约谈培训，引导176户定点监管对象签订《商品质量安全承诺书》，立案查处假冒伪劣白水泥10宗。

【市场主体监督管理】 积极开展企业信息公示，通过电视台、微信等媒体宣传年度报告公示工作，强化企业的义务，要求其向社会公示年报信息，供社会公众查询。截至2017年年底，全市完成2016年年度报告的企业1918户，年报率85.78%；完成2016年年度报告的农民专业合作社517户，年报率96.28%；完成2016年年度报告的个体户5884户，年报率32.07%。应报年报的市场主体数21122户，完成年报的市场主体数8319户，年报率39.38%。首次实行手机微信进行年度报告公示。截至2017年年底，全市共抽查企业、个体工商户、农民专业合作社331户。列入“企业经营异常名录”企业327户，移出“经营异常名录”30户。

【商标战略管理】 2017年，乐昌注册有效商标1118个，“雾翔”等著名商标3个；北乡马蹄等地理标志3个，乐昌市九峰镇绿峰果菜专业合作社的九峰山牌水晶奈李等名牌产品7个。

【质量监督与管理】 制定《乐昌市市场监管局2017年“质量月”活动方案》，开展以“大力提升质量建设质量强市”为主题的质量月宣传活动。制定《2017年产品监督抽样计划》，加大实施产品、商品质量监督抽查及监督力度，确保产品质量的提升。完成对重点产品监督抽查工作。2017年，乐昌市共有11家获得工业生产许可证企业，其中有人造板生产企业5家、水泥生产企业4家、蓄电池生产企业2家。

【标准化工作】 加大特色优势产业的标准制修订力度，鼓励有实力的企事业单位实质性参与国内外标准化组织的活动。推进农业标准化工作，将农业标准化与地理标志产品保护工作有机结合，相互促进，继续开展九峰黄金奈李标准化示范区和张溪香芋标准化示范区申报省级农业标准化示范区，推动地方特色农业品牌发展壮大。韶关市欧亚特电子制品有限公司参与国家行业标准《热熔胶枪》（QB/T5128—2017）制定工作，为乐昌市第一个参与国家行业标准制定修订工作的企业。

【民生计量】 开展集贸市场、医疗单位免费检定工作。完成2017年集贸市场和基层医疗卫生单位计量器具免费检定工作，检定计量器具2487台，免收检定费9.58万元。开展定量包装商品计量监督检查。检查市区超市、液化气充装站、水泥厂、大米厂等，共抽检定量包装商品17批次，合格17批次。从2017年4月1日开始，计量强制检定实行免费政策，至2017年年底，检定机构共检定计量器具14929台次，免收检定费58.69万元。建立社会公用计量标准2项。

【特种设备安全监察】 对特种设备使用单位、安装施工单位开展日常安全监察工作，督促特种设备相关单位落实企业安全主体责任。2017年，共出动安全监察人员655人次，检查特种设备相关单位200家次，抽查特种设备346台（套），发出特种设备安全监察指令书27份。

【消费者权益保护】 2017年，市消委会以及各分会共接受消费者来电、来访、咨询共420余人次，受理消费投诉案件83宗，成功调解消费投诉案件合计83宗（其中网络问政60宗），调解、办结率100%，挽回经济损失10万余元。

【网络市场与市场信用分类监管】 开展2017年网络市场监管专项行动，全年核查已登记的网络经营主体55户，核查登记的网店75个。2017年，全市共有各类市场10个，其中B类市场7个、C类市场3个。深入开展“守合同重信用”活动，公示广东省“守合同重信用”企业11家。 （谢世合）

附：市场监督管理局领导班子成员名单

局　长：李卫东

主任科员：符和平（10月—）

副局长：欧　标（—6月）

　　　　廖典香（—6月）

　　　　刘三志

　　　　崔　福

　　　　胡良驹（11月—）

国土资源管理

【概况】 乐昌市国土资源局于2001年12月15日，由原乐昌市国土局和乐昌市地矿局合并成立，为市人民政府主管土地资源、矿产资源和测绘事业的工作部门。2017年，内设办公室、人事监察股、土地利用管理股、土地规划和耕地保护股、地籍测绘管理股、地质环境与矿产资源管理股、行政审批股、执法监察大队、不动产登记局9个职能股室，其中地籍测绘管理股和不动产登记局合署办公；下辖乐城、北乡、长来、廊田、五山、大源、九峰、两江、黄圃、庆云、白石、坪石、三溪、梅花、云岩、秀水、沙坪17个国土资源所；主管乐昌市土地储备中心、乐昌市土地开发整理中心、乐昌市国土资源局测绘队、乐昌市国土资源信息中心、乐昌市不动产登记中心、乐昌市坪石金鸡岭地质公园管理处6个事业单位。2017年，行政编制27个，在编23人；乡镇国土资源所行政编制51个，在编41人；事业编制52个，在编34人。

【土地规划和耕地保护】 2017年10月，完成乐昌市土地利用总体规划（2010—2020年）中期调整，按要求落实30733.33公顷耕地和26433.33公顷基本农田保护目标，科学衔接粤北生态功能区、国民经济和社会发展、城乡规划以及其他专项规划，为乐昌市城乡建设发展和生态保护奠定良好的基础。层层签订《耕地保护目标责任书》，新增基本农田保护标志牌5块，完善被损坏的标志牌6块。下发2017年度保护经济补偿省级补助资金1346万元到各镇街。

【补充耕地和提质改造】 稳步推进高标准农田建设，2016年度2346.67公顷建设项目完成施工68%；2017年度高标准基本农田建设项目完成项目选址、地形测绘等前期工作。深入开展垦造水田潜力调查和选址工作，完成潜力调查入库728.33公顷，确定长来镇安口村、上坪村作为垦造水田示范点，垦造面积40公顷。完成立项、权属核查、可研和规划设计等各项工作。完成乐昌市第三批城乡建设用地增减挂钩复垦复绿工作，建设规模为58.58公顷，预计新增林地55.78公顷；完成乐昌市第二批增减挂钩北乡镇拆旧区井丘地块（7公顷）苗圃搬迁工作。

【土地利用管理】 提升用地报批效率，重点开展乐昌东站、石子坑二期、乐昌市第二人民医院等项目用地报批工作，用地报批进度在韶关市名列前茅；出具50多个规划选址和用地意见，切实履行政策把关、参谋助手的工作职责。编制国有建设用地供应计划，科学、合理安排国有建设用地供应，确保中、省、韶关重点工程和民生项目用地需求，保障经济、政治、文化、社会和生态各项事业又好又快发展。加大土地收储和供应力度，共有储备土地面积121.93公顷。挂牌出让土地49宗，成交46宗土地，土地面积93公顷，成交金额约24270万元。开展节约集约用地评价，开展中心城区集约节约用地评价工作，评价成果通过省厅审批。加强土地市场监管，加大闲置土地整改处置力度，依法收回闲置土地4宗，收回土地于2017年8月通过招拍挂的形式全部供出，实现土地的盘活利用。

【地籍测绘管理】 推进乐昌市农村地籍调查工作。重点加强全市招牌挂、用地报批、乐昌新城征地、教育创强等项目的测绘技术保障。2017年，共完成900多宗测量任务和面积量算工作，为市财政创收近200万元，减免和未收的有900多万元。

【不动产登记】 不动产登记率先实现查档、纳税、登记、缴费一站式服务，全年发放不动产权证书7429本，不动产权证明14338份，不动产信息登簿量3万多条。制订一系列不动产登记从窗口收件到登记发证全过程的流程和程序，建立不动产登记网上平台，抓紧数据库整合，开展权籍调查，提高服务效率，群众满意度不断提高。

【矿产资源管理】 加强中央环保督察整改，对乐昌市6宗在杨东山十二度水保护区的矿山，按要求完成矿窿封堵、工棚拆除、权证注销、落实复绿工作，做好矿业权人上访疏导工作，整改工作得到省国土资源厅矿管处的认可。规范矿产资源管理，树立环保、绿色发展理念。规范矿产资源开发秩序，查处无证探矿、无证开采、超层越界开采、非法转让矿业权、污染破坏矿山地质环境等违法违规行为。加大生态环境治理和复垦复绿工作，共收取生态环境治理保证金1530万元，复垦复绿费252万元。

【地质灾害防治】 推进群测群防“十有县”（有制度、有机构、有经费、有监测、有预警、有评估、有避让、有宣传、有演练、有效果）建设工作。落实群测群防责任制和地质灾害应急处置工作，对乐昌市地灾隐患进行全面排查，新发现3个地质灾害隐患点，均纳入群测群防体系，落实群测群防责任。监测的59个地质灾害隐患点均有领导联系，有专人警戒。争取省地质灾害防治专项资金，加大地质灾害点治理力度，2017年争取上级下达地质灾害防治专项资金180万元，开展坪石共建路159号、梅花镇关春一区等地质灾害点治理工作，确保人民群众生命财产安全。

【普法与执法监察】 先后利用“4·22”地球日、“6·25”土地日、“12·4”法制日，与司法局、电视台、乡镇人民政府，联合开展土地政策、法规现场普法宣传。全年发放国土资源法律法规相关资料2万多份，画册1万多份，悬挂横幅50余条。抓好预防为主的执法监管模式，通过巡查和卫片检查发现并制止土地违法行为139起，下达整改通知书139份，立案94起，督促完善相关手续6宗。

【信访维稳】 2017年，接收各类途径国土资源信访案件47宗，做到件件有回音，结案率达100%。高度重视通过法定途径解决土地纠纷，协助市政府完成行政复议4宗，领导出庭参加诉讼4宗。

（周娣华）

附：市国土资源局领导班子成员名单

党组书记、局长：廖桂英（女）

党组成员、副局长：黄　宇（—9月）

李永湘

林璞玮

党组成员、执法监察大队大队长：冯卫平（10月—12月）

党组成员、纪检组组长：李艳霞（女，—9月）

食品药品监督管理

【概况】 乐昌市食品药品监督管理局（以下简称市食药监局）为乐昌市人民政府工作部门，内设办公室、政策法规股、食品生产安全监管股、食品流通安全监管股、食品餐饮安全监管股、综合业务股和稽查局；下设6个镇食品药品监督管理所。行政编制47名，2017年在编人员37名。

至2017年年底，乐昌市共有“四品一械”生产经营单位4500余家，其中食品生产企业32家，食品生产小作坊60家，食品流通经营单位1663家，餐饮单位1144家（含单位食堂155家），药品经营单位138家，保健食品经营单位159家，保健食品生产单位1家，化妆品经营企业1200多家，医疗器械经营企业121家。

【食品安全综合协调】 协调落实和督促检查市政府和市食品安全委员会各项决定的执行情况。在元旦、中秋、国庆、春节等节日期间组织各职能部门开展联合检查行动，规范食品生产经营秩序。加强农村食品安全综合治理及农村集体聚餐监管。组织各部门开展食品安全宣传周活动。加强食品安全消费预警提示。

【依法规范食品药品企业行政许可】 2017年，市食药监局共办理“食品经营许可证”行政许可申请990宗，其中核发“食品经营许可证”748家、变更29家、注销89家，不予许可124家，办理“食品生产小作坊登记证”60宗，“药品经营许可证”（零售）45宗，受理“第二类医疗器械经营备案凭证”28家，完成药品经营企业的GSP认证11家。

【日常监管】 2017年，市食药监局共出动执法人员4000余人次，检查各类食品药品生产经营企业4450余家次，下发监督意见书3525份，责令整改通知书279份。

【节假日和重大活动食品安全保障】 市食药监局在元旦、春节、九峰“桃花节”、“五一”、高考、中秋、国庆等节假日和各项重大活动中，组织执法人员全面检查辖区内各类餐饮服务单位、食品流通单位，深入排查风险隐患，重点加强对节假日期间人流量较多的场所、学校周边、学校食堂的监管，对承担重大活动餐饮服务接待单位进行全程驻点监管，严保食品安全。全年全市重大活动中未发生食品安全事故。

【食品药品监督抽检工作】 市食药监局结合乐昌市人民群众饮食用药特点和食品药品企业现状，围绕日常食品药品安全监管工作发现突出问题，组织开展食品药品抽检工作。2017年，累计完成县级食品抽检501批次，市级抽检188批次，其中合格681批次，合格率98.8%；药品90批次，其中合格80批次，不合格10批次；医疗器械10批次，其中合格8批次，不合格2批次；保健食品7批次，其中合格6批次，不合格1批次；化妆品抽检10批次，其中合格9批次，不合格1批次。针对抽检不合格产品，积极做好后续核查处理工作。

【食品药品专项整治】 2017年，市食药监局相继开展打击走私专项“国门利剑2017”整治、农村食品安全专项整治、食品生产加工环节“两超一非”专项检查、养老机构食堂食品安全专项检查、活禽经营市场“零存栏”专项整治、食品标签“非法声称”专项整治、医疗器械经营、使用企业监督检查、食品销售经营场所温控设备设施专项检查、婴幼儿配方乳粉标签标识规范和监督检查、桶装水生产企业专项整治等一系列食品药品安全专项整治行动。全年累计查处“四品一械”违法案件87宗，涉案货值近600万元，罚没金额9.4万余元，移动司法机关及上级部门16宗。

【农贸市场食用农产品快速检测工作】 确定乐昌市中心肉菜市场、乐昌市一市场、乐昌市坪石镇一市场、乐昌市三市场共4家农贸市场开展食用农产品快速检测工作，其中，乐昌市三市场为2017年新增加农贸市场。根据食用农产品容易发生农药残留的品种及快检技术的成熟应用，确定开展快检工作的食用农产品的品种及检测项目，对市场内所有蔬菜、水产品经营户及主要经营种类实现全覆盖。全年4个市场累计完成13808批次食用农产品快速检测，完成率104.6%，合格率99.9%。

【乡镇食品药品安全协管建设】 开展乡镇食品药品协管建设被纳入乐昌市2017年民生项目范畴。乐昌市食药监局创新监管方式，强化事中事后监管，实现风险分级管理。通过协管员招考，选拔一批工作能力强、业务素质高的协管员队伍充实到乐昌市食品药品安全监管工作中。

【食品药品安全知识培训教育宣传】 2017年，市食药监局积极举办食品安全管理员培训班、农村食品安全专业知识培训班、镇村食品安全协管员培训、零售药店从业人员培训、食品生产小作坊从业人员培训等，提高食品监管人员和从业人员业务素质。开展食品药品法律法规普及、群众维权、政策咨询等活动，充分利用“3·15”消费者权益日、“5·15”打击和防范经济犯罪宣传日、食品安全知识“三进”、全国食品安全宣传周、“安全用药月”等大型主题宣传教育活动，向广大群众普及食品安全知识。

【处理投诉举报工作】 2017年，市食药监局共接到53起举报投诉（电话、网络、信件、接访等渠道），其中食品33起、药品6起、保健食品8起、化妆品1起、医疗器械5起。在投诉举报处理工作中，执法人员严格规范处理程序，规范使用答复文书，严格执行答复期限规定。按照相应法定程序和条件履职，确保工作合法合理，将举报投诉的线索抓牢做实，全年举报投诉办结率达100%。

（陈诗诗）

附：市食品药品监督管理局领导班子成员名单

局　长：连旷怡

副局长：黎晓岚（女）

　　　　徐建彬

　　　　李首魁

食安办副主任：蒋翠英（女，—6月）

　　　　　　　吕晓芳（女，8月—）

党组成员：龚　鹏

　　　　　李德全

安全生产监督管理

【概况】 乐昌市安全生产监督管理局为市人民政府工作部门，是市人民政府主管全市安全生产综合监督管理的直属机构。内设办公室、监督管理一股、监督管理二股、职业安全健康监督管理股、安全生产应急救援指挥中心办公室、执法监察大队6个职能股（室）。有工作人员23人，公务员16人，后勤服务人员4人，专职安全员3人，其中正局长1人，主任科员1人，副局长2人，副主任科员1人。全市19个镇（街道、办事处）全部建立安监站，有安监站工作人员57人。

【安全生产基本情况】 2017年，全市共发生各类生产安全事故117起，死亡21人，受伤30人，直接经济损失281.03万元，与2016年同期相比，事故起数上升19.39%，死亡人数上升75%，受伤人数下降30.23%，直接经济损失上升418.98%。其中，道路交通发生事故16起，死亡17人（生产经营性道路交通死亡人数4人），受伤30人，直接经济损失5.03万元，与2016年同期相比，事故起数上升6.66%，死亡人数上升41.66%，受伤人数下降30.23%，直接经济损失下降54.93%。消防火灾发生事故97起，无人员伤亡，直接经济损失36万元，与2016年同期相比，事故起数上升16.87%，死亡人数和受伤人数持平，直接经济损失下降16.28%。工矿商贸领域发生事故4起，死亡4人，无人员受伤，直接经济损失240万元，与2016年同期相比，事故起数增加4起，死亡人数增加4人，受伤人数持平。水上交通未发生生产安全事故。2017年，全市未发生较大以上生产安全事故。

【安全生产执法监察】 2017年，全市监督检查各类生产经营单位241个、337次，监督检查复查率为230.3%，职业卫生监督检查用人单位37家，实施行政处罚11次，其中经济处罚9次，罚款49.27万元，罚款收缴率为100%，全市共使用各类安全生产监督执法文书469份。

【安全生产行政许可】 2017年，市安监局办理行政审批事项80件，其中，非煤矿山方面，审批发放非煤矿山企业（不含尾矿库）安全生产许可证3件；危险化学品方面，受理危险化学品（甲种）经营许可证初审28家，烟花爆竹零售许可证49家。

【专项整治】 2017年，乐昌市先后组织开展元旦春节安全生产大检查、节后复产安全生产专项检查，特别防护期安全生产大检查，汛期灾害防范安全生产检查、安全生产大检查及“回头看”工作。党政领导班子带队督查安全生产工作40余次；先后出动执法人员3126人次，检查企业3568家次，发现隐患2157处，新闻报道153条。在非煤矿山监管方面，先后开展非煤矿山节后复产安全生产检查工作，非煤矿山风险分级工作，汛期非煤矿山隐患治理和预防性安全检查工作，非煤矿山安全生产专项整治工作。危险化学品和烟花爆竹监管方面，联同交通、市场监管、经信、公安等部门，开展危险化学品综合治理联合行动，危险化学品安全生产大检查，危险化学品液化气排查专项行动。烟花爆竹方面开展乐昌市烟花爆竹零售经营店安全隐患综合整治，销售旺季“打非治违”专项清查行动和烟花爆竹安全隐患排查治理等专项行动。职业健康监管方面，督促指导企业组织从业人员定期到具有职业健康体检资质的卫生机构进行体检，确保企业员工身体健康。督促企业开展作业场所职业危害因素申报工作，完成对130家企业网上数据录入工作，重点行业企业职业病危害因素检测率为100%；重点行业企业劳动防护用品发放和使用率为100%，重点行业企业职业病危害警示标示与作业岗位告知卡设置率为100%，企业主要负责人与职业卫生管理人员培训率为100%。

2017年7月25日，乐昌市委副书记、市长沈河民（前排左三）带队检查汛期张滩闸坝工程安全生产工作　（陈美莉　摄）

【宣传教育】 深入贯彻实施《中华人民共和国安全生产法》和《广东省安全生产条例》，组织开展安全生产咨询日活动、“安全生产宣讲队”主题宣讲活动、安全生产执法警示活动、应急预案演练活动、“平安校园”活动、“12·4”全国法制宣传日活动等。

【安全培训教育】 2017年，国家安全监管总局举办10期省、市、县三级安全监管监察干部专项视频培训班，市安监局共43人次参加培训考核。乡镇、工业园区71人次参加韶关市安监局组织的安全监管人员培训及乡镇（街道）、工业园专职安全员培训。6月，市安监局举办非煤矿山企业和危险化学品企业安全生产负责人、管理人员安全教育培训班两期，共80多人次参加培训。9月19日，市安监局与市产业园管委会在产业园区举办一期以“全面落实企业安全生产主体责任”为主题的培训班，来自产业园区企业的主要负责人和安全生产管理员共30人参加培训。

【应急管理】 2017年，完成应急预案备案企业64家，开展综合性应急演练7场次。加强对重大危险源的普查、登记、建档工作，截至2017年年底，登记建档的重大危险源共4处，监控率为100%。

【社会治安综合治理】 2017年，市安监局受理群众举报1宗，并处理完毕。全年无重大刑事及治安案件发生，无突出性事件和群体性事件发生，未发生一起关于安全生产群体性越级上访事件。

（陈美莉）

附：市安全生产监督管理局领导班子成员名单

局　长：邓新建

主任科员：吕锦东（6月—）

副局长：骆仕斌

　　　　丘永建

副主任科员：罗　莹（女，7月—）

农业·林业·水利·气象

农业农村工作

【概况】 乐昌市农业局位于乐昌市河南大昌路52号，属市人民政府工作部门。内设办公室、人事监察股、发展计划股、政策法规股、农村经济体制与经营管理股、市场经济信息与科技教育股、种植业管理股、农业机械化管理办公室、综合行政执法股和农产品质量安全监管股10个机构。2017年10月核减行政编制2名，增加行政执法编制2名，调整后，市农业局机关行政编制21名，2017年在编24名；综合行政执法股另有行政执法专项编制14名，2017年在编6名。市委农办在市农业局挂牌，原设综合协调股、市扶贫开发领导小组办公室，2017年9月，增设新农村建设指导股（加挂农村改革股牌子）。市委农办机关行政编制8名，2017年在编5名。

2017年，全年实现农林牧渔业总产值37.78亿元，同比增长4.3%；实现农业产值29.68亿元，同比增长3.8%；实现农林牧渔业增加值24.08亿元，同比增长4.3%；农村常住居民人均可支配收入13526.2元，同比增长8%。

【贯彻落实国家强农惠农富农政策】 落实国家耕地地力保护补贴政策，2017年，乐昌市耕地地力保护补贴面积20387.394公顷；全面完成政策性水稻和玉米种植参保工作，全市水稻种植参保面积14978.2公顷，玉米参保面积3761.667公顷；落实渔业柴油补贴、禁渔补贴政策，发放2016年度渔业油价补贴资金587000元，发放2017年度禁渔补助资金530200元。落实农机购置补贴政策，2017年，省财政厅、省农业厅下达乐昌市中央财政农机购置补贴资金为200万元；9月，省财政厅在乐昌市调走60万元农机购置补贴资金，乐昌市可使用中央财政农机购置补贴资金为140.845万元（其中2016年补贴结余资金0.845万元）。乐昌市落实农机购置补贴资金130.732万元，国补资金使用率为92.82%，拉动农民投入购买农业机械资金490多万元，受益1135户，补贴推广各类农机具1283台（套）。

【农业生产情况】 全年种植农作物5.44万公顷，同比增长2.83%，其中粮食作物种植面积2.52万公顷，经济作物2.92万公顷，粮经比为63∶73。全年种植水稻1.57万公顷，其中优质稻1.532万公顷，预计产量10.1万吨，蔬菜种植面积1.57万公顷（含设施蔬菜0.23万公顷、马蹄0.1万公顷、香芋0.18万公顷），水果0.86万公顷；油料0.53万公顷，其中，花生0.33万公顷；优质玉米0.453万公顷；烟叶0.12万公顷；薯类0.31万公顷（含冬种春收马铃薯0.1万公顷），大豆0.153万公顷，茶叶0.07万公顷，药材0.015万公顷；其他农作物0.695万公顷，其中，绿肥0.23万公顷，青饲料0.23万公顷。全年生猪饲养量63.6万头，比2016年增加1.2万头，增长2%；存栏量23.7万头，比2016年增加0.4万头，增长1.6%；出栏量39.9万头，比2016年增加0.7万头，增长1.8%。家禽饲养量385.3万羽，比2016年增加11.2万羽，增长3%；存栏量105.4万羽，比2016年增加1.56万羽，增长1.5%；出栏量289.4万羽，比2016年增加4.56万羽，增长1.6%。

【科技兴农】 围绕全国基层农业技术推广体系改革与建设补助项目建设，在全市大力开展农业科技示范户培训工作，根据乐昌市水稻、蔬菜、果树以及生猪四大产业不同布局，筛选、推广13个主导品种及14项主推技术，聘请有实践经验的专家71名，对全市780名科技示范户进行培训，共计培训4000人次。开展新型职业农民培训项目，根据《乐昌市2016年新型职业农民培育工程实施方案》，确定南部特色农产品（香芋、马蹄）、中部水果、北部蔬菜、市场信息及流通经营4个培训内容。7月举行开班仪式，9月底完成全部培训课程并结业颁证，培训总人数270人，累计培训2万人次。开展精准扶贫精准脱贫技能提升及脱贫带头人技能培训，对17个乡镇（街道）1700名贫困户进行脱贫技能培训。聘请广东省农科院植保所和韶关市植保专家，针对212脱贫带头人开展香芋绿色栽培技术探讨和茄子辣椒青枯病、柑橘黄龙病、农田杂草等的防控技术培训。确定在九峰镇及廊田镇建设2个农业科技试验示范基地，推广优质良种，实现控肥、控药目标。

【农业安全生产】 2017年，全市拥有无公害产品质量认证48个，绿色食品6个，有机产品8个，地理标志农产品3个，注册“九峰山”水果、“北乡”马蹄、“梅花牌”子姜辣椒、“炮弹”香芋以及“粤之宝”土特产等26个农产品商标。抽检生产基地、农贸市场、超市的蔬菜、水果等农产品样品2296批次，合格率100%。国家、省、市农产品质量安全监管部门对乐昌市农产品农药残留及重金属残留共抽样198批次，合格率99%。强化畜禽防疫、检疫工作，全年禽流感免疫注射260.42万只、猪口蹄疫免疫注射42.86万头、牛口蹄疫免疫注射1.68万头、羊口蹄疫免疫注射0.69万头，羊小反刍兽疫免疫注射0.69万头；生猪产地检疫22.9万头，生猪屠宰检疫4.38万头。开展农产品质量安全监管和农资产品打假专项整治，全年共组织出动执法人员5504人次，检查农资批发企业、农资经营门店、规模农产品生产基地及农民专业合作社739家次，受理举报投诉16宗，立案查处案件14宗，结案14宗，罚没款3.08万元。

【农村综合改革工作】 开展农村集体“三资”（资产、资源、资金）清理工作，2017年，清理涉及195个经济联合社、2070个经济社。通过清理核实，全市共有经济组织2265个，完成录入填报100%，建立台账数2264份，召开“三资”清理和监管工作推进会、协调会58次，清理核实工作组到镇村开展检查指导400多次，组建清理核实工作组18个，开展“三资”清理和监管工作业务培训2000余次。全市村级集体总资源总面积30.68万公顷，非农用地资源1606.83万平方米。全市村级集体物业资产原值和实物资产总额43033.59万元。全市清查出实物资产1829项，主要为电脑、桌椅等办公设备，实物资产原值2399.87万元，其他资产评估2.2万元。全市农村经济组织清查出银行存款数为4205.49万元，库存现金1212.58万元。长期投资金额7554.60万元，投资收益累计数1161.71万元。债权应收金额744.89万元，债务应付金额446.56万元。

【农业产业化发展】 截至2017年年底，全市工商注册家庭农场201家，同比增加67家；工商注册农民专业合作社586家，同比增加49家，社员人数29850人，同比增加1500多人；乐昌市级农业龙头企业22家，同比增加6家，其中韶关市级农业龙头企业13家，省级农业龙头企业3家，省级扶贫龙头企业2家。2017年累计新增认定县级以上示范家庭农场19家、农民专业合作社示范社9家、农业龙头企业8家。各类新型经营主体通过租赁贫困户土地、雇佣贫困户务工、收购贫困户农产品等方式带动贫困户1020户3285人，农业产业帮扶发展迅猛。

【高标准基本农田建设】 截至2017年12月底，2016年度2346.67公顷高标工程进度达95%；2017年度1373.33公顷设计方案在申请专家评审。

【农村土地确权工作】 2017年，全市农村土地确权主要开展外业调查、内业处理、张榜公示、签印确认、审核颁证、数据库建设等工作，完成实测耕地面积3.354万公顷，比对国土“二调”耕地面积3.348万公顷，实测率约100.18%。（吴颖洁）

附：市农业局领导班子成员名单

局　长：华癸莲（女）

党委副书记、纪委书记、副局长：张增文

副局长：黄慧康

张湘权（8月—）

刘永明（兼畜牧兽医水产局局长）

党组成员：黄连生
罗　东

新时期精准扶贫精准脱贫工作

【概况】 新时期精准扶贫工作，乐昌市有39个省定相对贫困村，其中省直帮扶8个村，东莞市帮扶29个村，韶关市帮扶2个村。157个非贫困村（居）即面上贫困户由乐昌市派出工作组驻镇（街）帮扶。全市有相对贫困户5202户14203人（有劳动能力的贫困户3226户11297人，无劳动能力的贫困户1976户2906人），其中39个相对贫困村中贫困户1445户4373人，157个非贫困村（居）即面上贫困户3757户9830人。

2017年，市扶贫办副主任郑军英、省政府办公厅驻长来镇和村扶贫工作队队长吴江帆荣获韶关市“最可爱的脱贫攻坚人”称号；省委台办驻五山镇小山村第一书记蒋耘、韶关市民政局驻三溪镇大坪头村第一书记兼工作队长赵海峰、东莞市清溪镇团委副书记驻坪石镇肖家湾村扶贫工作队队长孙永强、市扶贫办科员林含辉荣获2017年“乐昌好人”称号。

【帮扶成效】 综合考虑资源优势、产业基础、市场需求、技术支撑等因素，立足贫困村、贫困人口的实际需要，突出抓好产业帮扶、就业帮扶、安全住房、教育保障、医疗保障、金融扶贫等政策落实。截至2017年年底，全市共到位扶贫资金22503.17万元（财政扶贫专项资金16241万元、帮扶单位自筹资金6262.17万元），使用18288.2万元，其中有劳动力人均2万元扶贫资金共到位14080.2万元，使用12400.1万元，资金使用率88.07%。2017年，共实现5666人预脱贫，全市贫困发生率从2015年的4.07%下降为1.1%。

【产业帮扶】 乐昌市建成长效农业产业72个，引导贫困村打造产业帮扶亮点，提升贫困户的增收能力。省政府办公厅在和村村打造的千亩蔬菜基地，流转256户农户（其中20户为贫困户）的土地，地租一项每年每亩有780元的收入，基地吸收12名贫困人口务工，以此带动该村贫困户实现稳定增收；广发证券联合乐昌市雪毛农业发展有限公司，以“公司+基地+农户”的模式在乐城街道天井岗村发展区域特色养殖产业，打造雪毛鸡养殖示范基地，年养殖规模2万只以上，实现村集体经济年增收10万元以上，带动25户有劳动能力贫困户参与经营，户年均可增收3000元以上；大力推进光伏产业扶贫，团省委投入帮扶资金100万元在在廊田村建设光伏大棚项目，引入铁皮石斛种植，光伏发电收益的40%分配给贫困户，廊田、梅花等镇均建设分布式光伏发电项目，发电收益全部分配给贫困户；分别与京东集团和南方传媒旗下“开卖”平台建立电商扶贫战略合作关系，团省委联合京东集团华南区、广州青农现代农业发展有限公司投入20万元建成“廊田电商服务中心”和“乡村青年创客服务中心”实体，开通“青年扶贫馆”线上平台，积极推行“服务中心+农特产品+贫困户”的电商扶贫模式，带动贫困户参与电商产业，促进廊田村52户贫困户增收；韶关市“甄心农品”电商公司在和村村委五汪村小组租地18.4公顷，种植人参红薯、百香果等特色农作物，农产品全部由该公司电商平台销售。

【落实“三保障”政策】 积极落实政府全额资助贫困人口参加城乡居民基本医疗保险政策，建档立卡相对贫困人员100%参加基本医疗保险；符合低保、“五保”条件的贫困人口全部纳入低保、“五保”救助范围。推进医疗救助，至2017年年末，患重特大疾病贫困户给予救助的人数1991人次、患重特大疾病贫困户的合规医疗费报销数1808.69万元，合规医疗费报销比例90.13%。出台《乐昌市贫困严重精神障碍患者救治救助工作实施方案》，安排本级财政资金100万元对建档立卡贫困严重精神障碍患者实施救助治疗。全力做好贫困学生精准资助，该地需落实教育资助的建档立卡贫困家庭学生共2152人，全额发放教育补助709.685万元。全力推动无户籍贫困人口入户，本级财政安排20万元为贫困人口开展DNA鉴定，完成鉴定72人，彻底解决无户籍人口无法建档立卡的问题。加快推进农村危房改造，全力做好农村危房改造统计及核查工作，2017年，农村危房改造任务400户全部完成。

【**转移就业脱贫**】 出台就业扶贫“以奖代补”政策，对贫困户实现稳定就业以及吸纳贫困户就业的本地注册和回乡创业致富带头人创办的企业、合作社、家庭农场、个体工商户等进行奖补，实现稳定就业的贫困户每户每年奖补3000元。吸纳贫困劳动力稳定就业的，每吸纳一人给予2000元的一次性带动贫困人口就业补贴，3万元封顶。全年转移就业人数3378人，其中就近务工人数（临时工）2588人。举办23场各类就业招聘活动，其中精准扶贫暨一企一策20场，成功新增转移就业212人，其中贫困劳动力29人。加快推进公益性岗位安置工作，制定《乐昌市公益岗位优先招用建档立卡贫困户劳动力实施方案》，要求在政府购买服务的道路养护、山林看护、环卫保洁等8个行业招用人员时，设置“在同等条件下建档立卡贫困家庭劳动力优先录用”条款，并要求拿出10%～20%的人数进行定向招聘贫困劳动力；在不设定定向招聘岗位时，给予建档开卡贫困劳动力笔试成绩加5分的优惠政策。2017年，乐昌市共有15名贫困户取得公益性岗位上岗资格。

【**金融扶贫**】 编制出台《乐昌市扶贫小额信贷工作实施细则》，以农村信用合作联社、邮政储蓄银行乐昌支行为扶贫小额贷款经办金融机构，人保财险乐昌支公司为扶贫小额贷款保证保险经办金融机构，稳步推进小额信贷工作。至年末，乐昌共安排987万元专项资金，其中，贷款担保金813万元、贷款贴息金174万元。成功向54户贫困户发放扶贫小额信贷149.1万元。 （方朋帮）

附：市扶贫办领导班子成员名单

主　任：黄邦辉（—9月）
　　　　吴曙光（10月—）
副主任：张湘权（—7月）
　　　　郑军英（女）
　　　　方朋帮

畜牧兽医水产

【**概况**】 乐昌市畜牧兽医水产局为乐昌市农业局直属副科级参照公务员管理事业单位，行使畜牧兽医水产行政管理职能，核定事业编制21名，2017年在职人员18人。办公地址位于乐昌市人民北路7号。

2017年，全市畜牧、渔业生产总产量37528吨，比2016年增加744吨，增长2.02%。畜牧、渔业总产值92001万元，比2016年增加2677万元，增长3%。

【**落实强农惠农政策**】 2017年，全市能繁母猪投保量16548头、生猪投保111420头、家禽投保6万只。

【**畜禽养殖**】 2017年10月，乐昌市人民政府办公室印发《乐昌市畜禽养殖禁养区、限养区和适养区划定方案》，12月，完成禁养区清理整治工作，共清理整治4家养殖场。2017年，全市生猪存栏100头以上有265户（场），牛存栏10头以上有10户，羊存栏50头以上有12户，家禽存栏1000羽以上有32户（场）。年内，乐昌市有3家畜禽养殖场列入污染减排任务。

【**动物防疫**】 2017年，乐昌市禽流感免疫注射260.42万只、猪口蹄疫免疫注射42.86万头、牛口蹄疫免疫注射1.68万头、羊口蹄疫免疫注射0.69万头，羊小反刍兽疫免疫注射0.69万头；生猪产地检疫22.9万头，生猪屠宰检疫4.38万头。

【**渔业管理**】 2017年，投入资金58万元发展稻田养鱼；启动乐昌市养殖水域滩涂规划编制工作；开展水产种苗产地检疫工作。2017年12月26日，乐昌市水产养殖专业技术协会成立。

【**种苗繁育**】 2017年，乐昌市有鱼苗繁育场4个，主要以繁殖和培育四大家鱼为主。加强四大家鱼的提纯与复壮工作，繁育鱼苗1.28亿尾。

【**成鱼养殖**】 池塘养殖：2017年，全市池塘面积605公顷，产量3495吨，池塘平均公顷产量5777千克，池塘养殖主要以四大家鱼为主，采用混养方式，搭配罗非鱼、鲤鱼、鲫鱼等品种。大水面增养殖：2017年，全市山塘水库面积1173公顷，产量1152吨，每公顷产量1052千克。

【水产养殖方向项目】 2017年5月，乐昌市基层快速检测点体系建设项目（北乡镇畜牧兽医水产站）通过韶关市验收；2017年，乐昌市申报水产养殖方向项目资金40万元（乐昌市草鱼免疫示范区建设项目）。 （李井华）

附：市畜牧兽医水产局领导班子成员名单

局　长：刘永明

副局长：朱　勇

周咏梅（女）

张国强（12月—）

总畜牧兽医师：李振山

渔政管理

【概况】 广东省渔政总队乐昌大队为市农业局直属行政执法机构，办公地址位于大昌路37号。核定行政执法专项编制8人，2017年在编5人。

【国家渔业油价补贴政策】 落实渔业油价补贴政策，做好渔业油价补助对象资格申请、受理、审核、数据录入、公示、汇总上报等各阶段工作，确保渔业油价补贴发放工作公平、公正、公开进行。乐昌市符合2016年度渔业油价补贴的渔船121艘，2017年11月发放2016年度渔业油价补贴资金58.7万元。

【禁渔工作】 2017年禁渔期间，乐昌渔政大队开展禁渔专项检查45次，出动执法车辆41车次，巡航船艇4船次，执法人员156人次，检查渔船528艘次。出动宣传车16次，张贴宣传横幅12条、宣传海报6张，发放禁渔宣传资料241份。全年有121艘捕捞渔船，241名船员符合禁渔补助条件，2017年12月发放禁渔补助资金530200元。

【增殖放流】 2017年，乐昌渔政大队在武江河流域开展水生生物增殖放流活动4次，投放草鱼、鳙鱼、鲢鱼、黄颡鱼、广东鲂、鲮鱼、鲫鱼、桂花鱼8种鱼苗334.5万尾。

水生生物增殖放流（乐昌渔政大队　供）

【渔业资源监测】 乐昌渔政大队分别在武江河长来、乐城、张滩、坪石等重点水域设置4艘渔业捕捞船，收集武江河渔业资源数据，及时掌握江河渔业资源的基本情况及变化趋势。

【渔船停泊点】 乐昌渔政大队在大源镇大长滩板子坑口修建渔船停泊点，硬化渔业作业平台596平方米，硬化乐昌峡库周公路下至渔业作业平台泥石路，新建系船桩10个，确保乐昌峡库区渔业渔民生产安全。

【渔民培训】 乐昌渔政大队对辖区241名渔业船员开展安全生产全员培训，讲解渔业安全生产法律法规、渔业从业人员安全生产管理规范、渔船应急知识，以及救生衣、救生圈和灭火器等安全设备正确使用方法，对溺水者进行心肺复苏和人工呼吸的急救措施演示等，提高渔民的安全意识和水上事故应急避险技能。

【配置安全生产设施】 2017年，乐昌渔政大队为乐昌市121艘登记在册的渔业船舶配置渔船救生及消防设备，共发放救生衣242件、救生圈121个、救生绳索121根、灭火器121个、渔用灯121个。 （陈华祯）

附：乐昌渔政大队领导班子成员名单

大队长：张湘权（8月—）

农业机械管理

【概况】 乐昌市农业机械管理局是参照公务员法管理的事业单位，内设办公室、科技推广股、农机安全监督管理股3个股室，人员编制8人。2017年，核减市农业机械安全监督管理站事业编制1名，增加市农业机械管理局参公编制数1名。下辖农机安全监理站，人员编制2人。局领导班子设正副局长各1名。局下属有一个公益三类事业单位：农业机械技术学校（简称“农机学校”），编制6人。农业机械管理局主要工作任务是履行农机管理、安全监理、推广和培训等职责。

【农机购置补贴】 2017年，省财政厅、省农业厅下达乐昌市中央财政农机购置补贴资金为200万元；9月，省财政厅在乐昌市调走60万元农机购置补贴资金，乐昌市可使用中央财政农机购置补贴资金为140.845万元（其中2016年补贴结余资金0.845万元）。乐昌市落实农机购置补贴资金130.732万元，国补资金使用率为92.82%，拉动农民投入购买农业机械资金490多万元，受益1135户，补贴推广各类农机具1283台（套）。

【农业机械化发展】 2017年，全市农业机械总动力20.4万千瓦，比2016年增长2.8%；全市农业机械总值1.999亿元，比2016年增加550万元；拥有拖拉机3762台，水稻联合收割机301台，插秧机205台。

【农机安全】 市农机管理局成立农机安全生产工作领导小组，制订《乐昌市2017年农机安全生产工作计划》和《乐昌市开展2017年农机“安全生产月”活动实施方案》。与镇（街道）农机管理服务站、市农机安全监督管理站和市农机学校等责任人签订《2017年农机安全生产目标管理责任书》。市农机安全监理站在办理农机牌证业务时，与农机户或农机驾驶操作员签订《农机安全生产责任状》。开展农机安全检查，消除事故隐患，实现全年农机安全生产“零事故”。

【变型拖拉机档案移交专项整治工作】 2017年8月2日，乐昌市政府在乐昌市农业机械管理局举行乐昌市低速载货汽车（变型拖拉机）档案移交仪式。市农业机械管理局局长邓传有、市公安交警大队车管所所长吴乐斌分别代表本单位在移交手续上签字。

【拖拉机道路交通安全联合专项整治工作】 2017年，市农机管理局协助配合公安交警、农业执法股在乐城等地上路执法，共查处拖拉机驾驶车辆14辆，其中查处变型拖拉机2台，大中型拖拉机6台，方向盘式拖拉机2台，小型拖拉机1台，小型方向盘拖拉机1台，拖拉机驾驶人无驾驶证及行驶证驾驶车辆2辆，对10多名农机手现场进行安全教育。行动重点查处拖拉机、联合收割机无牌行驶、无证驾驶、未按规定参加年度安全技术检验、非法改装拼装、违法载人、超载滥载；酒后驾驶、未按时换证、使用假牌假证等严重违法行为，并在当地电视台新闻栏目播放，起到较好的震慑和教育效果，确保全年乐昌市无一起农机重大事故发生。

（高文俊）

附：市农业机械管理局领导班子成员名单

局　长：邓传有

副局长：丘梓青（—12月）

　　　　邓海瑛（女，12月—）

林　业

【概况】 乐昌市林业局是市人民政府组织、协调、管理、指导全市林业工作的职能部门。设8个内设机构，31个直属事业单位。局机关行政编制27名，2017年年末在编25名。

2017年年末，全市林业用地面积183628.5公顷，占国土面积77.4%；全市森林覆盖率75.1%（2016年数据），森林蓄积量940.24万立方米，年度进阶乔木蓄积量为5.31万立方米。

【造林绿化】 2017年，乐昌市林业建设完成森林碳汇重点生态工程建设造林类任务626.67公顷；

全面完成生态景观林带56千米、224公顷补植和抚育追肥工作；完成20个自然村的绿化美化工作，其中新建10个，补植10个；全面完成南塔省级森林建设及验收工作及两个镇级森林公园建设任务。完成中幼林抚育面积8248.53公顷，中幼林抚育完成率、抚育合格率均达100%。积极开展义务植树活动，参加义务植树人次达25.2万人次，义务植树90万株。全市规划实施封山育林面积12.87万公顷，其中全封区10.2万公顷，半封区2.07万公顷、轮封区6000公顷。

【林政资源管理】 严格执行森林采伐限额，共办理审批林木采伐申请1562份，采伐面积824.274公顷、蓄积96414.66立方米、出材量66138.85立方米。加强征占用林地管理工作，2017年，乐昌市实际使用林地3宗，实际使用林地面积5.26公顷，共审核使用林地3宗，审核使用林地面积5.26公顷，征占用林地审核率100%。

【林业执法及案件查处】 2017年，乐昌市开展4次严打专项整治行动：打击破坏森林和野生动植物资源违法犯罪专项行动（代号为“2017利剑行动”）、打击破坏林地资源违法犯罪专项联合行动（代号为“2017红线行动”）、打击破坏森林和野生动植物资源违法犯罪专项行动（代号为“护林2017”）、秋冬季打击破坏候鸟等野生动物资源违法犯罪专项行动。全年查处各类森林案件共110宗，其中立刑事案件32宗，刑事拘留8人，取保候审5人，批准逮捕5人，移送起诉34人；立治安案件3宗；立林业行政案件75宗，处罚违法人员63人，为国家挽回经济损失57万余元。

【森林防火】 2017年，全市发生森林火灾0起，森林火灾受害面积0公顷，森林火灾受害率0‰，低于省订受害率≤0.5‰标准。全市山火发生次数和受害森林面积均达到森林防火责任书“双控”指标要求。

【林业有害生物防治】 全面完成林业有害生物普查工作，大力加强林业有害生物防治工作。2017年，全市共检测森林面积15.93万公顷，检测覆盖率100%，全年林业有害生物发生面积1444公顷，防治面积1441.33公顷，防治率99.8%，成灾率为0。

【国有林场改革】 龙山林场和大瑶山林场国有林场改革实施方案按照省林业厅的批复进行修改并重新递交省林业厅，改革方案与相关事宜经市十五届15次常务会议讨论通过，《乐昌市龙山林场国有林场改革实施方案》《乐昌市大瑶山林场改革实施方案》正式印发。龙山林场与大瑶山林场从2017年6月始，职工工资由财政统发，改革涉及的资产评估、清算、养老保险并轨改革等各项工作全面完成。

【林业投资】 2017年，全市争取中央和省级林业项目资金共7506.18万元。其中，林业发展及保护专项资金（森林植被恢复）7.8万元，林业发展及保护专项资金（乡村绿化美化方向）60万元，省级以上生态公益林效益补偿资金（第一批）3180.21万元，省级以上生态公益林效益补偿资金省统筹经费80万元，省级专职护林员补助金143.74万元，林业发展及保护专项资金（林业种苗）15万元，林业发展及保护专项资金（森林碳汇抚育方向）423.94万元，林业发展及保护专项资金（森林碳汇重点生态工程方向）752万元，林业发展及保护专项资金（木材检查站能力建设）20万元，林业发展及保护专项资金（古树名木）19万元，林业发展及保护专项资金（林业有害生物防控）33万元，林业发展及保护专项资金（林业工作站能力建设）30万元，林业发展及保护专项资金（林下经济示范基地）100万元，林业发展及保护专项资金（特色经济林示范）50万元，中央林业改革发展资金（林木良种培育补助）195万元，中央林业改革发展资金（造林补贴）172.5万元，中央林业改革发展资金（森林抚育补贴）400万元，中央林业改革发展资金（森林公安补助第一批）14万元，中央林业改革发展资金（森林公安补助第二批）7万元，生态公益林补助（第二批）1473.75万元，中央国有贫困林场扶贫资金48.8万元，中央对地方降低育林基金征收标准后财政减收补助42.07万元，中央部门预算项目支出4万元，森林防火项目中央预算内投资（乐昌市森林重点火险灾区综合治理三期工程建设项目）234.37万元。

【为民服务】 2017年，全市受理山林纠纷案件23宗，办结案件18宗，其中达成调解协议的有5宗，作出行政裁决的案件有13宗。成功作出行政裁决的包括列为省骨头案件的长来镇横岭村与王屋村涉案面积约200公顷的山林纠纷案件。

【科技兴林】 引导乐昌市龙山林场由原来传统的、单一的林业生产经营转变为三大重点林业科技项目基地的重要建设和试验示范经营，承担生态林和防护林建设项目的试验示范，收集和保护种质资源、林木良种的培育和生产、林业科学试验等工作，提高现代林木培养的科技含量，按计划完成林木良种基地及国家木兰科种子资源库项目建设的各项工作，全面展开现代林业试验示范基地项目建设，继续研究开发粤北地区油料植物和药用植物的收集、保存、利用及其各项试验工作。种子园营建技术获得重大突破，该技术获得今年瑞典国际种子园会议特别贡献奖。

【森林资源二类调查】 启动新一轮省森林资源二类调查工作，至年底，市森林资源二类调查外业勘测调查工作全面完成，调查数据等待省反馈后，由国家林业局中南林业规划设计院形成工作报告。

【各基层林业站、林场、林科所】 全市设有17个林业工作站（每个镇、街道有1个林业站），5个木材检查站，1个林科所，2个直属林场，合计事业单位工作人员250人；林科所在编人员人员经费由市财政核补；两个直属林场分别是龙山林场和大瑶山林场，经市政府批准为公益一类事业单位。站、场、所属市林业局的派出机构，其人、财、物全部由林业局管理。在职职工中研究生1人、大学本科17人，大学专科62人，中专82人。获得初级以上专业技术职称的73人，其中专业技术人员高级岗位1人、中级岗位23人，初级岗位49人。

表6 **2017年各基层林业站、林场、林科所领导班子成员名单表**

单位名称	正　职	副　职
大源林业站	林　泓	秦晓阳（女）、谢世文
九峰林业站	张仁贵	林敏
两江林业站	蓝必强	林日标
五山林业站	张树桥	陈秋平、刘卫球
廊田林业站	沈仁松	胡建华、丘建勤
乐城林业站	陈石才	欧超文、朱春华
长来林业站	张阳古	王云华
北乡林业站	黄本进	谢建华、曾国顺
坪石林业站	张志勇	邹志光、黄国华
三溪林业站		何正民（负责全面工作）
梅花林业站	周永根	
秀水林业站	林梓光	—
云岩林业站	陈　鹰	—

续表 6

单位名称	正　职	副　职
沙坪林业站	邓长生	—
黄圃林业站	刘启森	—
庆云林业站	张卫国	—
白石林业站	邱伟雄	—
龙山林场	林　军	李彭生、邹卫民
大瑶山林场	乐绪军	张绍勋、张万雄
林科所	张照勋	羿耀华

【省级自然保护区建设】 乐昌市有杨东山十二度水和大瑶山两个省级自然保护区和一个县级自然保护区——八宝山自然保护区，自然保护区面积 2.4861 万公顷，占国土面积的 10.28%。保护区多方筹措资金，增设防火设施设备、聘请管护人员、加强宣传基础设施建设和印发宣传资料、开展科研监测。保护区内全年未擅自批准在自然保护区内进行开发和商业性经营，实现无森林火灾、无森林病虫害、无乱采滥伐、无乱捕滥猎等现象发生。

表 7　　**2017 年省级自然保护区领导班子成员名单表**

单位名称	主任	副主任	成立时间
广东乐昌杨东山十二度水省级自然保护区管理处	—	邝兆勇（负责全面工作）	2002 年 8 月
广东乐昌大瑶山省级自然保护区管理处	徐国秀	邹　滨	2005 年 9 月

（姚邦益）

附：市林业局领导班子成员名单

党组书记、局长：黄志雄
党组成员、副局长：陈培华
　　　　　　　　　谢忠文
　　　　　　　　　张清福（6 月—）
　　　　　　　　　邱志勇（兼公安局森林分局局长）
党组成员：林　军

水　利

【概况】 乐昌市水务局位于乐昌市昌山西路 77 号，是乐昌市人民政府的水行政主管部门，行政编制数 22 人，2017 年有在编人员 20 人。内设 9 个职能股室，分别为办公室、党委办、财审股、农电管理股、工程管理股、水保农水股、水政水资源规划股、河湖管理股、三防办。负责开发、利用、节约、保护、管理水资源、防治水害等的管理。2017 年增设河湖管理股，增加行政编制 1 名，调整后水务局行政编制为 22 名；增加市水政监察大队事业编制 2 名，核减市东洛水库管理处事业编制 6 名，调整后市水政监察大队事业编制为 14 名，市东洛水库管理处事业编制为 19 名。

2017 年，完成水利固定资产投资超 2.2 亿元；

广东省小型水利工程管理体制改革绩效评价等级为优秀；考核2016年度执行最严格水资源管理制度工作被评为优秀等次；广东省河长制办公室增列乐昌市为省级全面推行河长制示范区；黄月玲被水利部表彰为“全国水资源工作先进个人”。

【防汛抗旱】 加强防汛抗旱管理工作，坚持抓好水利工程安全管理，落实全市防汛总体预案、城市防洪预案、水利工程安全度汛预案和水库防汛抢险预案，抓好防汛值班、防洪调度、防汛物资储备以及抗旱服务管理工作，把防汛抗旱工作“抓早、抓紧、抓细、抓实”。与各镇（街道办事处）水管所层层签订目标责任书，做到任务明确、责任到人。对全市所有水库及水利工程开展汛前安全大检查，消除各类安全隐患。

【防洪减灾工程】 广东省山区五市中小河流治理 2017年，包括一期项目乐昌市田头水（白石镇段、黄圃镇段、庆云镇段）治理工程和乐昌市太平水（坪溪段、仙水河）治理工程2宗工程和二期项目乐昌市辽思水（秀水镇段）治理工程、乐昌市九峰水［两江镇段、塄子村段、大廊水（九峰镇段）、小廊水（九峰镇段）］治理工程、乐昌市其他武江一级支流（梅塘水、霜降坑水）治理工程3宗工程，其中一期项目计划完成投资4630.89万元，10月全面完工，工程自2016年12月31日开工以来，累计完成治理河长22.8千米，完成全部投资，形象进度达100%，按计划完成建设任务；二期项目概算投资6043.33万元，治理河道总长36.91千米，2017年完成投资4910万元，完成项目主体工程建设。

全国重点中小河流治理 乐昌市有九峰水、廊田水、辽思水、田头水、宜章水、南花溪和白沙水7宗中小河流治理工程列入国家规划，涉及乐昌市6个镇。工程计划治理河流总长度59.38千米，保护沿岸3013.3公顷农田及7.4万人的防洪安全，工程总投资1.72亿元。截至2017年年底，累计完成投资8998.5万元，其中2017年完成投资1900万元，形象进度94%。

乐昌市水务局领导指导中小河流治理（坪溪段）工程 （市水务局 供）

乐昌市城区防洪排涝工程 项目批复概算总投资为19078.21万元。计划2017年完成投资1100万元，开展项目建设内容中绿溪河治理工程部分的建设任务，工程于2017年11月14日正式开工建设。2017年完成投资1100万元。

张滩闸坝枢纽重建工程 张滩闸坝枢纽重建工程，为乐昌市、韶关市重点工程，并列入广东省民生水利工程。工程概算总投资19404万元。工程于2015年10月18日正式开工建设，截至2017年年底，累计完成总投资8647万元，占总工程投资的44.56%，其中2017年完成投资4458万元。

病险山塘除险加固 乐昌市2017年实施的万方病险山塘共50宗，其中长来2宗、黄圃3宗、梅花10宗、秀水5宗、云岩5宗、三溪8宗、坪石9宗、庆云8宗。总投资3375.26万元。工程于2017年10月9日开工，截至2017年年底，完成50宗山塘的主体工程，工程形象进度70%，完成投资约2400万元。

【农村水利工程】 农村饮水 11个镇标准化水厂建设工程批复概算投资为5212.29万元，工程于2017年11月全面开工建设，2017年年底完成投资2800万元。

农村水电增效扩容 乐昌“十三五”农村水电增效扩容改造项目共有15宗水电站，涉及9条河流，概算总投资7042.66万元。2017年项目累计完成总投资1782.37万元，其中中央资金1406.68万元，自筹资金375.69万元。

【水库移民】 乐昌市水库移民人口有10018人，其中乐昌峡移民5687人、中型水库912人、小型水库3419人。2017年主要做好后期扶持计划编报，项目实施管理，移民人口核定，移民信访维稳等工作。

【河长制】 成立乐昌市全面推行河长制工作领导小组及河长制办公室，县、镇两级河长制工作方案出台，县、镇、村三级河长名单在乐昌市政府公众信息网、乐昌市电视台公示。制定乐昌市全面推行河长制6项配套制度，乐昌市全面推行河长制河湖名录及开展电子标绘成果通过验收，9条县级河流“一河一策”实施方案技术评审会召开，编制单位根据评审意见对实施方案进行修改完善。做好乐昌市县、镇河流河长公示牌树立工作，共树立105块县级河长公示牌，178块镇级河长公示牌。完成乐昌市全面推行河长制镇村验收工作，通过韶关市全面推行河长制工作验收。

【水土保持】 2017年8月7日，印发《乐昌市水务局水土保持监督管理制度》，进一步规范乐昌市水土保持监督管理行为，明确水土保持有关单位和部门的职责分工，强化生产建设项目水土保持方案审批事中事后监管；加强全市水土保持日常巡查工作，防止水土流失、地表破坏、地表塌陷，保护乐昌市生态环境。

【水政执法】 2017年，乐昌市水务局组织水政监察人员执法巡查104次，出动人员501人次，重点对河道采砂、河道占用、水土保持、水源保护区、属地河道断面等方面进行巡查。联合相关部门执法巡查13次。开展打击非法采砂专项行动。加强河道管理及河道巡查力度，2017年，乐昌市水政执法立案查处水事违法案件5宗（其中非法采砂4宗、非法取水1宗）。

【水资源管理】 制定《乐昌市2017年“世界水日”“中国水周”宣传活动方案》，围绕2017年水周宣传主题“落实绿色发展理念，全面推行河长制”开展宣传活动。坚持取水许可制度，加大水资源费收取力度，全面完善水资源费管理制度，2017年，乐昌市共征收水利规费548.88万元。严格执行最严格水资源管理制度，合理规划利用水资源，2016年度最严格水资源制度考核被评为优秀等次。

【小型水利工程管理体制改革】 乐昌市小型水利工程体制改革委托广东粤源水利水电工程咨询有限公司负责实施，市水务局主要配合做好乐昌市小型水库、万方山塘、小型灌区、小型水闸、小型引水陂等小型水利工程的资料收集统计等相关工作。2017年12月底，完成验收工作，评分为85分，广东省小型水利工程管理体制改革绩效评价等级为优秀。 （吴春兰）

附：领导班子成员名单

1. 乐昌市水务局

水利系统党委书记，局党组书记、局长：周杏林（女）

水利系统党委委员，局党组成员、副局长：
陈昌树（—9月）
钟祥明
陈晓明

党组成员：李晓东（6月—）
李良雄（7月—）

2. 张滩水电站

水利系统党委委员、电站站长：蔡立新

副站长：李逢学
李大方
丘志平
何胜才
黄欢珍（女）

工会主席：刘伟平

3. 月岭水电站

电站站长：雷国忠

副站长：陈郁庭
邹国芬

工会主席：廖远志

4. 龙山水库管理处

水利系统党委委员、管理处主任：李姣丽（女）

副主任：谭庆中（—7月）
邓福庚

5. 廊北灌溉工程管理处

水利系统党委委员、管理处主任：曾学胜

副主任：谢高英

朱东楷

朱乐成

6. 乐昌市水政监察大队

大队长：张　权

副大队长：黄月玲（女）

7. 乐昌市防洪排涝工程管理处

主　任：李三元

副主任：李钢锤

8. 东洛水库管理处

主　任：杨善明

9. 金鸡水库管理所

主　任：雷永友

副主任：段州彬（4月—）

10. 机电排灌管理总站

站　长：朱瑞勇

副站长：郭志军

劳志坚

11. 梅花灌区水利联合管理所

主　任：何荣昌

副主任：冯春雷（8月—）

12. 丰收水库管理所

主　任：吴桂标

副主任：杨帮明

13. 水利工程公司

经　理：黄汉华

副经理：石勇泉

王　坚

气　　象

【概况】 乐昌市气象局位于乐昌市人民北路387号，建制相当镇正科级机构，实行气象部门管理为主，地方党政领导为辅的双重领导。内设机构5个：气象灾害防御管理办公室（重大气象灾害应急指挥部办公室，简称防灾办）、办公室（人力资源股）、站网管理股、预报股、发展改革与财务股。国家编制8人，地方编制10人，2017年年末实有人数14人。2017年8月，市气象局被乐昌市委、市政府评为2017年乐昌“九峰桃花季·乐昌欢乐游”旅游系列宣传活动先进单位。

【2017年气候概况】 气温　2017年，乐昌市年平均气温20.6℃，偏高0.7℃。年内只有3月份出现气温正距平，其中气温明显偏高的月份有：1月、2月、4月、5月、8月、9月、10月、11月、12月，分别偏高3.1℃、1.2℃、0.1℃、0.2℃、0.9℃、1.7℃、0.6℃、0.5℃、0.9℃。出现气温负距平的月份有6月、7月，分别偏低0.2℃、0.5℃。年内极端最高气温为39.3℃，出现在8月21日；极端最低气温为2.8℃，出现在12月18日；高温天气（最高气温≥35℃）日数为34天，较历年偏多。其中，6月1天，7月有7天，8月有18天，9月5天，10月3天。高温天气最早出现于6月12日，最迟出现于10月10日。

降水　2017年，乐昌市年平均降水量1473.5毫米，较往年持平。年内降水分布极不均匀，月降水量最多6月329.0毫米，最少12月10.1毫米；与常年值比较，3月偏多20%、6月偏多49%、7月偏多34%、9月偏多71%、11月偏多25%。1月、2月、4月、8月、10月、12月则分别偏少28%、58%、50%、60%、17%、65%。1—3月偏少14%；4—6月偏多5%；7—9月偏多6%；10—12月偏少12%。4月11日全省开汛，较全省历年平均偏晚5天左右。5月1日出现1次暴雨级别以上的强降水过程。

日照　全市平均日照时数1394.4小时，较常年持平。

灾害性天气　2017年主要灾害性天气有暴雨洪涝。受高空槽和低层切变线共同影响，5月1日下午至5月2日早晨乐昌出现大雨、局部暴雨天气过程。统计5月1日08时至2日08时，乐昌市大雨、局部暴雨，东洛水库录得最大24小时雨量58.2毫米，广乐高速梅花服务区录得次大雨量为49.6毫米，乐昌本站录得16.5毫米，共有20个测站录得25毫米至50毫米的大雨，其中廊田镇33.9毫米、廊田马屋31.0毫米。截至22日11时，乐昌市因该次暴雨有8个乡镇受灾，受灾人口1921人，转移人口156人，倒塌房屋4间，农作物受灾568.67公顷。受灾最严重的是乐城街道办、长来镇和廊田镇。

【业务与气象服务】 2017年，测报质量观测错情率0.0‰、数据传输错情率0.0‰，气象电报错情0.0，操作错情率0.0‰，各项指标均达到上级要求。2017年向市委市政府等决策部门提供《春运天气专题气象预报》40期，《桃花节专题气象预报》5期，《水果节专题气象预报》2期，《高考天气专题气象预报》3期，《中考天气专题气象预报》1期，《重大气象信息快报》11期、《信息专报》4期、《天气报告》35期、《雨情汇报》5期，发送决策天气短信22万余人次。全年向公众发布天气蓝色预警40次、黄色预警72次、橙色预警16次、红色预警3次，发送预警天气短信45万余人次，充分利用微博、微信、电子显示屏等多种媒介，气象预警的“发令枪”“消息树”作用更加突显。大喇叭、电子显示屏上线率均达85%以上。全年未出现因预警信号发布不及时造成严重后果的情况。

【“三农”气象服务建设】 加强气象防灾减灾标准乡镇（社区）建设，及时发布“三农”服务产品，向农户提供《农气情报预报》9期、《秋收秋种天气》3期、《农用天气》7期、《黄烟种植专题气象预报》16期。在黄烟主产区开展针对黄烟生产生育期特色气象服务工作，对产烟乡镇、烟叶合作社、烟农、乐昌烟草公司人员，利用手机短信平台、LED、LCD电子显示屏、传真、微博、网站等手段发送每周一次《黄烟气象服务专报》。

【气象科普及培训工作】 6月16日，在乐昌市河堤广场和城东社区开展气象科普宣传工作，发放气象科普宣传材料600多份。8月9日、14日，开展气象灾害防御讲座，邀请市局专家给村（社区）党组织书记、主任共400多人授课。（廖　珊）

附：市气象局领导班子成员名单

局　长：陈松林

副局长：姚志文

纪检员：邹思为

工 业

综 述

【概况】 乐昌市经济和信息化局（以下简称经信局）内设办公室、经济运行与综合信息股、产业技术股、电力与资源综合利用股、国有资产监督管理办公室、工业园区股、无线电与通讯管理股、科技计划股、地震股、知识产权股、人事监察股、中小企业局和数据资源股13个职能股（室），编制30名，2017年年末，实有在编人员23名。

2017年，全市完成规上工业增加值10.9亿元，同比下降7.1%。至2017年年末，规模以上工业企业共38家。

【建立“一企一策”制度】 制定《2017年乐昌市规上企业“一企一策”存在问题责任分工表》，采取每周一报方式，通报解决问题进展情况。至12月底，“一企一策”涉及的48个问题中，基本完成的25个，全部问题办理完结的企业有6家。

【加大“四上”企业培育力度】 制定印发《关于促进个体工商户转为企业和小型微型企业升级为“四上”企业的实施方案》，2017年，乐昌市新增规上工业企业3家（高尔德防雷、银峰钛业和自来水公司）。

【协助坪石电厂争取基数电量和扶持资金】 2017年10月，向广东省政府和韶关市政府上报《关于要求解决增加韶关市坪石发电厂有限公司（B厂）2017年基数电量计划等相关问题的请示》，为该企业争取0.9亿千瓦时发电指标，增加产值4000万元，增加值近1500万元。11月，乐昌市政府审议通过《关于韶关市坪石发电厂有限公司（B厂）申请扶持资金的意见》，为坪石电厂争取各项扶持资金近1800万元。

【节能工作】 顺利通过2016年韶关市政府对各县（市、区）政府节能考核，考核评价是完成等级。2017年，乐昌市单位GDP能耗同比下降1.54%，能源消费总量71.47万吨标准煤，同比增长3.19%。

【经信系统党委换届】 2017年2月24日，中共乐昌市经信系统委员会第四次代表大会召开，局党组书记何毅华代表市经信系统第三届委员会作工作报告。会议严格按照选举的有关规定和程序，以无记名投票、差额选举的方式，选举产生新一届党委委员会和纪委委员。在随后召开的新一届经信委系统委员会第一次全体会议上，何毅华当选为市经信系统第四届党委书记。

2017年2月24日，中共乐昌市经信系统委员会第四次代表大会召开 （市经信局 供）

【科普示范基地与扶贫示范基地挂牌】 2017年10月16日，韶关市农村科普示范基地（以下简称科普示范基地）与乐昌市兰花产业扶贫示范基地（以下简称扶贫示范基地）在乐昌市昌德兰花有限公司举行挂牌仪式。科普示范基地与扶贫示范基地举行挂牌，是乐昌市强化实施产业精准扶贫、全方位推广科学技术普及工作的新举措。昌德兰花有限公司有 13.33 公顷的兰花种植生产基地，投资规模 2000 万元，与华南农业大学签订产学研合作协议。公司未来发展目标是兰花种植面积达 66.67 公顷，年产值 1.5 亿元，打造成为通过种植兰花实现脱贫致富的样板。

2017 年 10 月 16 日，韶关市农村科普示范基地与乐昌市兰花产业扶贫示范基地在乐昌市昌德兰花有限公司举行挂牌仪式　　（市经信局　供）

支柱产业

【电力行业】　2017 年，乐昌市规模以上电力企业有 4 家（与 2016 年持平），实现工业总产值 12.93 亿元，同比下降 9.96%，骨干企业有韶关市坪石发电厂有限公司（B 厂）、乐昌市张滩水电站。

【纺织服装产业】　2017 年，全市纺织服装企业中规模以上企业有 4 家（与 2016 年比减少 1 家），实现工业总产值 3.46 亿元，同比上升 8.52%。骨干企业有乐昌市恒发纺织企业有限公司。

【建材产业】　2017 年，全市建材产业企业中属于规模以上企业有 8 家（与 2016 年持平），实现工业总产值 8.04 亿元，同比下降 26.38%，骨干企业有乐昌中建材水泥有限公司、乐昌市安捷铁路轨枕有限公司。

【新型化工产业】　2017 年，全市新型化工产业企业中属于规模以上企业有 4 家（与 2016 年比增加 1 家），实现工业总产值 5.53 亿元，同比增长 74.87%，骨干企业有广东东方锆业科技股份有限公司乐昌分公司。

【机械铸造产业】　2017 年，全市机械铸造产业企业中属于规模以上企业有 4 家（与 2016 年比减少 2 家），实现工业总产值 1.93 亿元，同比下降 63.29%，骨干企业有乐昌市泰邦重型机械制造有限公司、韶关韶瑞铸钢有限公司。

（罗　茵　钟　鸣）

附：市经济和信息化局领导班子成员名单

局　长：何毅华
副局长：管超元
　　　　邓文剑
　　　　蔡银杏（女）
　　　　何赟赟（女）

电力工业

【概况】　乐昌供电局位于乐昌市人民中路 20 号，是国有中小型企业，隶属南方电网公司旗下的广东电网有限责任公司管辖。其负责乐昌南面 8 镇的电力供应。2017 年有在册职工 291 人，领导班子成员 6 人，供电面积 1315 平方千米，供电人口 27.98 万人，供电客户 11.01 万户。

【经营技术指标】　2017 年，乐昌供电局供电量 5.03 亿千瓦时，同比增长 3.97%；售电量 4.86 亿千瓦时，同比增长 4.55%。电费回收率 100%；综合线损率 3.41%。全口径用户平均停电时间 12.36 小时/户；用户平均停电次数 3.7164 次；全口径用户供电可靠率 99.9479%；综合电压合格率为 99.913%；新增用户 5594 户，新增容量 34350 千伏安。

【安全生产管理】　全年没有发生上级考核的事故事件，截至 2017 年 12 月 31 日，实现连续安全生产 3960 天。夯实安全生产基础，推进本质型安全企业建设。压实企业主体责任，将隐患排查和防社会人员触电工作纳入责任制考核，抓好安全生产责任制传递，逐级签订责任书。制定安全文化中期纲要，围绕班组管理规范化、员工行为规范化、风险管控规范化三个方面，打造文化建设试点标杆班组，以点带面推动全局安全文化建设。强化风险管控，将保供电工作要求融入日常生产计划，完成中共十九大保供电等共27项保供电任务。应急管理规范有效，建立应急预案体系，加强汛期应急预警和响应管理，成功支援应对“天鸽”等强台风带来的电网灾害影响，先后支援珠海和茂名完成抢修复电任务。常态化开展安全大检查和现场督查，通过开展春季暨防风防汛、迎峰度夏、秋季安全大检查以及回头看等各例行和专项大检查，发现问题共计139项，持续改进安全生产各管理环节的缺失。加强人身作业风险管控，落实风险管控措施；加强现场安全督查和抢修二次许可，全年开展现场安全督察1140次。深入开展防社会人员触电专项治理工作，通过加强设备设施设计施工、运行维护、安全隐患排查、用电安全宣传等工作，进一步提高配电网及低压线路和人流密集场所电力设施的安全运行水平，杜绝负有责任的社会人员触电伤害事故事件发生。优化设备运维管控，完成处理10千伏线路、配电台区、低压线路等配网设备隐患86项，完成治理缺陷138项，加强负荷监控、错峰用电等措施，实现春节期间配变零烧毁的目标。对10千伏线路跨越鱼塘、河流设警示牌标示牌共214块，完成邻近建筑物安全距离不足整改7处。开展覆冰区线路树障隐患清理专项行动，出动480余人次，完成106处共9096余棵杉树、杂树、竹子等树障清理，确保覆冰区线路不发生倒杆、断线故障。

【电网规划和建设】 顺利完成年度配网规划修编，其中项目储备427个，总投资2.42亿元。配网基建项目进展顺利，开工率、投产率实现双100%，完成年度计划投资4743万元，项目202个（中心村项目118个）。快速推进供电所技术业务用房建设，2017年封顶2个。按期完成业扩配套项目87个，投资797万元，及时满足客户光伏发电新能源接入和用户用电报装需求。高效完成重点项目建设，两周内完成乐昌东站供电项目。加快充电基础设施建设步伐，在高铁站、廊田、九峰新增充电桩10套。积极推进电力精准扶贫项目，全年完成19个贫困村13个项目改造，总投资1085万元。申报《一种电缆井盖板开启器》实用新型专利，实现基建领域专利申请“零”突破。引入电商平台采购物资，降低成本，提高效率。

【电力供应和服务】 保障全市电力供应平稳有序，常态化开展行业用电分析与预测，未发生电源性错峰事件。大力推行带电作业，开展带电作业次数177次。电费回收实现双结零，连续八年电费回收率达到100%，无陈旧欠电费。加大力度推广电子服务渠道，微信+网厅关注3.28万人、绑定4.49万户。加大客服工单的跟踪和督办力度，按时办结咨询查询工单3063宗。大力推行片区“客户经理”制，建立客户微信群，向客户发放“连心卡”1.12万张，解决问题1698宗。做好需求侧客户服务工作，全年完成节约电量164万千瓦时。智能电表覆盖率和低压集抄建设均达到100%。做好自动抄表维护工作，电子化结算率99.79%。业扩延伸项目建设再次提速，中低压业扩新装工单的延伸比例均为100%。

【企业内部管理】 落实各项税收优惠政策，节税121.78万元。做大有效资产，接收用户资产847万元。竞争性业务拓展成效明显，参与市场化交易用户16户，完成市场化售电1.04亿千瓦时，退价差电费619.18万元，市场化结算差错0宗。把“职工小家”“暖心工程”与标准化供电所建设结合在一起，乐城供电所配电运维班、九峰供电所营配综合班获得“准四星班站所”称号。上级采纳新闻稿件数量同比上升18%，企业纪录片《大山里的送电侠》获得全国电力行业新闻摄影比赛第三名以及韶关市“善美韶关”微电影第四名。开展保密教育工作，增强涉密人员和领导干部的保密意识，2017年度涉密文件全部做到无泄漏、无遗失。按期完成职工持股企业非公股权清退和“公司制改制”工作。

【队伍建设】 2017年，乐昌供电局获得中级专业技术资格20人，初级专业技术资格26人，通过技师评审6人，高级工20人，全口径高技能人才比例达52.73%，人才密度80.12%，4名专业技术人员通过韶关供电局2017年县区级助理技术专家选聘。完成乐昌供电局109名营销、配电人员低压集抄转岗培训和考核工作。进一步加强星级员工的宣传管理，有“三星级员工”14名，“二星级员工”12名，“一星级员工”36名。参加2017年广东电网有限责任公司技能人员岗位胜任能力专项抽考通过率100%。举办局层面培训班27个，培训1986人次，10578学时；班组培训198期次，培训1816人次，9750学时。主网专业化管理技能考试成绩良好，报名53人，与市局签订合同38人。完成省公司工会对九峰所“职工小家”检查验收，申报九峰、北乡、廊田五星级职工小家，长来四星级职工小家和其余3所三星级职工小家。加强关联企业管理，抽调6名管理人员到东洛水库电站、永安能源公司工作。

【党建党廉】 2017年，党委下设13个党支部，党员227人。向各支部、部门、供电所发放党风廉政建设主体责任通知书32份。组织全局员工签订《乐昌供电局廉政风险点排查防控表》346份、廉洁承诺书350份，积极开展“送电影到基层”“廉政套餐”送下乡活动。全年举办廉政课6场，观看警示教育片、反腐教育片24场，参观教育基地3批次，共391人参加各类廉洁、党章知识测试。

【扶贫工作】 由乐昌供电局任组长单位，乐昌市武装部、乐昌市卫生和计划生育局、中国银行股份有限公司韶关乐昌支行为成员单位组成驻两江镇工作组开展对两江镇普乐村、上长塘村、上斜村、岐乐村和茶坪村等精准扶贫分散贫困户进行帮扶工作。相对贫困户共有114户279人，有劳动能力贫困户66户214人；贫困户人均可支配收入约3560元。截至2017年12月底，有36户105人达到广东省人均6883元脱贫线，扶贫工作取得阶段性成效。

（刘尉斌）

附：乐昌供电局领导班子成员名单

局长、党委副书记：谢瑞坤（4月—）

党委书记、工会主席、副局长：余小华

纪委书记：谢世军（8月—）

副局长：黄华庆

华　瑛

刘元兴（12月—）

乐昌经济开发区（产业转移工业园）

【概况】 广东乐昌经济开发区，于1992年8月筹建，1992年12月获韶关市人民政府批准，1993年5月正式挂牌成立。1995年5月经广东省政府批准为省级经济开发区，2006年通过国家发改委审核。广东乐昌经济开发区管理委员会为乐昌市人民政府派出副处级行政单位。

乐昌产业转移工业园，于2006年9月被认定为省级产业转移工业园。产业园原由东莞市东坑镇与乐昌市联手共建，2013年省委、省政府实施促进粤东西北地区振兴发展战略，安排东莞市大朗镇对口帮扶，2015年12月由合作共建园调整为自建园。乐昌产业转移工业园管理委员会为乐昌市人民政府直属正科级事业单位。

截至2017年年底，园区共引进工业项目82个，投产企业36家。2017年新签入园项目49个，投资总额38.71亿元，其中亿元以上项目有13个；机械装备制造22个，新型材料项目18个，新三板企业、高新技术企业投资项目4个，初步形成机械装备制造产业集群和新型材料产业集群。2017年完成固定资产投资14.03亿元，完成规模以上工业增加值2.2亿元，完成税收6182.6万元，吸纳就业2858人。

【园区建设】 园区规划总面积897.5公顷，其中乐昌市区东郊6千米城东地块700.9公顷，主要发展壮大机械制造、新材料等产业；规划启动建设的乐广高速引线附近城南片区地块196.6公顷，计划重点培养发展新兴产业和商贸物流业，打造高速高铁空港经济带。截至2017年年底，园区开发建设面积249.8公顷，建成污水处理厂、生活服务区、供水加压站、管道天然气、自助办税服务厅等配套设施，实现“通路、通水、通电、通气、通电信、通纳污管网”等“六通”。

【园区管理】 创新管理机制，借鉴先进地区经验，起草《乐昌经济开发区（产业园）管委会体制机制改革实施方案（初稿）》，拟通过竞争激励机制，逐步建立符合园区发展需要，能够充分调动工作人员积极性的人事管理体制和园区运行机制。完善项目入园机制，提高入园门槛，明确入园企业每亩税收产出不低于7万元，并将签约合同履约金由5000元/亩提到2万元/亩，有效保障土地产生效益，发展税源经济。

【园区定位不断清晰】　明确以新材料、机械制造和食品健康为主导产业方向，将南方阳光周边66.67公顷区域定位为新型材料园，将处置收回的原利生纺织和韶瑞铸钢周边40公顷地块定位为机械装备园，将环境优良的北部区域定位为食品加工园，城南产业园按照省级高新技术园区的定位标准，计划着重引进高税收的高新技术企业。建立土地档案，细分明确地块情况，实行挂图作战，使得洽谈客商对可用地块形状、面积、周边企业、路网等情况一目了然。

【园区承载能力提升】　推进基础设施建设，联通园区到高铁站道路，建成标准厂房一期2.54万平方米，启动2017—2019年园区基础设施提升工程，其中，总投资2.7亿元的11.5千米路网建设工程和总投资1500万元的乐廊路和乐园大道“一横一纵”主干道景观绿化提升工程分别于9月、10月动工建设，自助办税服务厅装修完毕并投入使用，医疗站点装修完毕，在购置专业设备，银行网点确定选址，待交楼后即可进行装修，完善道路牌设置、道路交通标示，优化公交候车亭环境。强化用地保障，启动2017—2019年园区土地综合整治工程，回收盘活原利生纺织土地29.33公顷，平整周塘岭西面土地3.6公顷，对112.27公顷土地收储工作进行航拍和公告。园区中期土地调规顺利通过，优化调整出333.33公顷土地建设规模，为园区发展提供持续力。

【园区发展活力增强】　在大朗乐昌对口帮扶指挥部指导下，持续做好招商工作。狠抓资源整合，对园区内闲置土地、闲置厂房及可供招商的项目等招商资源进行全面摸排，建立招商项目资源库。坚持“走出去、引进来”战略，瞄准机械铸造、金属制造、新材料等产业，市主要领导带队走访珠三角企业、商会。结合乐昌桃花节、水果节、乐昌东站启用仪式、大朗乐昌产业共建经贸合作交流会、入园项目集中奠基仪式、乐昌老黄圃商会成立庆典、乐昌市韶商经贸合作交流会等重大节会活动，积极开展招商推介和集中签约活动，形成“每月都有新活动、新亮点，每月都有新项目集体签约”的宣传氛围，莅乐考察客商明显增多。

【园区企业满意度提升】　实行园区干部节假日轮岗值班机制，为企业发展提供“全天候”服务。对正在洽谈的项目，结合企业真实发展情况和发展需求，及时做好项目跟踪洽谈工作，把保姆式服务延伸到项目签约之前，让企业对来乐昌投资感到安心放心。对已签约企业，实行一个项目、一个领导、一个服务员、一跟到底的“四个一”帮办服务机制，按照《乐昌市工业项目审批流程》，制定进度表，对项目从签约到投产的各项环节进行全面细化，指定专人密切跟进，力促项目早日动工兴建。对已投产的企业，按照“一企一策”要求，积极协调有关部门帮助企业解决实际问题，特别是融资和招工问题，不断增强企业发展信心。　（吴进波）

附：经济开发区（产业园）领导班子成员名单

开发区党工委书记、管委会主任兼产业园管委会主任：谭桂明

开发区管委会副主任兼产业园管委会常务副主任：王　俊

开发区管委会副主任：刘贤汉

开发区管委会副主任兼产业园管委会常务副主任：袁瑞峰

大朗乐昌对口帮扶指挥部

【概况】　2017年1月9日，乐昌开启第二轮大朗乐昌对口帮扶工作。大朗、乐昌两地党委政府以“一城两园、产业共建、农旅结合、全面对接”为工作方针，坚持“乐昌所需，大朗所能”，着力打造“大朗效率+乐昌服务”营商环境品牌，对口帮扶工作得到全面推进，被莞韶指挥部评为先进组团。

【成效突出】 全年引进项目53个，合同投资额48.16亿元，推动新签项目动工建设25个，同比分别增长489%、103.4%、525%，翻倍完成三年共建任务，在莞韶十组团2017年度考核中排名第一位。初步形成以新材料、机械制造为主导的产业发展方向，2017年新签项目中，机械制造项目21个，新材料项目18个。推动与珠江三角洲地区相关行业协会、商会、银行等签订战略合作协议11个，推动大朗乐昌两地各部门交流对接20余次，农业、教育、旅游、文化等领域交流对接有序开展。

【创新招商方式】 将指挥部、乐昌市商务局、乐昌市产业园招商力量进行有机整合，锻造一支配合紧密、运行高效、分工合理的招商团队。全面摸排乐昌闲置土地、闲置厂房及可供招商的项目等招商资源，建立乐昌市招商项目资源库，推动大朗乐昌两地资源对接，用好用足大朗的项目资源优势，促使乐昌主动承接大朗以及整个珠江三角洲的资源外溢，充分发挥两地资源“1+1>2”的效果。利用信息化资源，创建乐昌招商网、招商微站、招商公众号等信息平台，多渠道对外宣传招商优势、招商政策和招商动态。自5月开始，每月举办一次大型主题招商活动，形成“每月一活动、每月一签约”的宣传氛围。多方统筹，推动乐昌市主要领导每季度至少一次带队赴珠江三角洲地区开展招商引资推介活动，接洽各地企业、协会、商会，带动全市范围内形成“勤外出”的招商氛围。主动走访接洽珠江三角洲地区的企业协会及乐昌、韶关商会，推动东莞乐昌商会的建立，引导外出乡贤回乡投资置业。

【推动载体升级】 明确以新材料、机械制造和食品健康为主导产业方向，规划66.67公顷的新型材料园和26.67公顷的机械装备园。加强与珠江三角洲地区先进机制理念的对接，推动乐昌市政府与东莞市中小企业发展与上市促进会、东莞市新三板企业协会、东莞市纺织机械行业协会等签订战略合作协议，与深圳、中山、江门和顺德等四地韶关商会订战略协议，拟共同规划建设韶商产业园。加快推动园区基础设施建设工作。联通园区到高铁站道路，启动12条园区道路、自助办税大厅等18项基础设施和6大产业平台的规划建设。推进土地综合整治工程，整治土地700.8公顷，回收盘活土地29.33公顷。200公顷土地收储工作进行土地航拍和公告；通过园区中期土地调规，优化调整出333.33公顷土地建设规模，为园区发展提供持续力。

【交流对接】 推动大朗电商协会与乐昌电商协会全面对接，签订战略合作协议，共同开发“大朗-乐昌电商扶贫公益项目”，设计“大乐”品牌进行农产品推广；协助举办乐昌水果节，邀请乐昌粤宝农产品合作社到第十六届“织交会”上设立展位，大力宣传乐昌农特产品。推动乐昌旅游局与东莞青旅开展深入合作，专门开辟从东莞到乐昌的旅行线路，通过发展“车尾箱经济”大力营销乐昌农特产品。2017年，累计组织3000余人次的东莞游客到乐昌旅游。推动大朗团委、大朗志愿者协会、大朗青年创业协会等到乐昌市的中小学开展图书室援建和图书捐赠活动，共援建希望图书室3个、捐赠书籍9000余册。组织“中国梦·粤湘情”两省三地迎春晚会、乐昌桃花节开幕式、“大爱有声”大型公益活动、大朗乐昌书画作品联展、大朗乐昌摄影作品联展5项大型文化交流活动，推动两地文化交流。 （大朗乐昌对口帮扶指挥部　供）

附：大朗乐昌对口帮扶指挥部领导小组名单

总指挥：曾　悦

副总指挥：谭桂明

交 通

交通管理

【概况】 乐昌市交通运输局为政府职能部门，内设机构有办公室、人事监察股、规划基建股、综合运输股、财务审计股和综合行政执法局，2017 年有干部职工 51 人。下属事业单位有交通管理总站，干部职工 6 人；地方公路管理站，干部职工 24 人；交通工程质量监督站，暂无正式职工。2017 年 6 月 1 日，成立乐昌市高铁东站广场管理处，为公益一类事业单位，正股级，核定事业编制 3 名，其中设管理处主任 1 名，经费按财政补助一类拨付。市高铁东站广场管理处暂由市交通运输局托管，人员由市交通运输局机关事业单位中抽调组成，2017 年有干部职工 1 人。

截至 2017 年年底，乐昌市境内地方公路县道 75.839 千米，乡道 1368.161 千米，村道 1037.949 千米，总里程 2613.315 千米。公路桥梁 216 座，总长 6940.08 米，初步形成以乐广、京港澳高速公路为主动脉，国省干线公路为骨架，县、乡、村公路为辅的公路网络。交通运输行业有道路客运企业 9 家，其中设客运站 3 个，客运公司 4 家，出租车企业 2 家，客运车辆 152 辆，出租车 17 辆，道路普通货物运输企业 11 家，全市拥有各类货运车辆 396 辆。维修行业有一、二类汽车维修企业 19 家，三类汽车维修企业 89 家，摩托车维修业 51 家，机动车驾驶培训机构 2 家，教练车共有 158 辆。2017 年完成道路旅客运输 401.27 万人次，旅客周转量 4414.07 万人千米，同比增长 8.7%。

【推进旅游公路建设】 2017 年乐昌市规划建设的两期旅游公路包括九峰镇环镇旅游公路、县道 333 线梅花至秀水公路改建工程、乡道 747 线三溪至梅田、县道 332 线梅花至沙坪公路改建工程、乐广高速引线至古佛洞天、乡道 648 线羊古田至大坪、乡道 735 线麻冲至水浸角、省道 248 线至户昌山古村、白石至两江公路改建工程共 9 条。年内，九峰镇环镇旅游公路完成初步设计，在进行设计、施工总承包的招标工作，其余旅游公路项目在稳步推进中。

【农村公路建设】 2017 年，乐昌市农村公路建设项目包括农村公路硬底化工程 106.08 千米和生命安全防护工程 180.03 千米，涉及 17 个镇（街道），总建设里程约 286.11 千米，该项目被列为韶关市重点项目和乐昌市民生实事之一。各镇（街道）以书面委托乐昌市地方公路管理站完成行政管辖区域内乡、村道建设项目的工可、环评、立项、施工图设计、财审、招投标等前期工作，乐昌市地方公路管理站完成招投标后，交由各镇（街道）作为业主负责具体实施。17 个镇（街道）总计 88 个农村公路硬底化项目全面开工，截至 12 月底，完成 110 千米的建设目标，总投资约 5400 万元；生命安全防护工程建设项目的前期准备工作在稳步推进中。

【县乡道路建设】 县道 329 线龙颈至大源段路面大修工程，总长 8.4 千米，总投资 850 万元，于 4 月底全面完工。村道 759 线北乡至西坑路面大修，改建里程 2.88 千米，总投资 904 万元，主体工程于 12 月底完工。

【候车亭建设】 乐昌市交通精准扶贫行政村候车亭建设项目共计 11 个（A 类），其中黄圃镇 2 个（紫溪村、石溪村），坪石镇 4 个（武阳司、天堂村、京口村、罗家渡村），三溪镇 2 个（大坪头村、仕坑村），五山镇 3 个（小山村、大乐村、文书村），总投资 27.5 万元。11 个候车亭的建设任务于 12 月底完成。

【行政村客运班车通达工作】　全市共有17个镇（街道），195个建制村，乐昌市行政村通客运班车实现覆盖138个行政村。按照新增通客车行政村工作任务分解数，2017年完成26个行政村通班车任务。市交通局对乐昌市南、北片线路摸底排查，确定通班车的26个行政村，并对其进行道路拓宽和裁弯取直，完善安全标识标志，确保道路通达率。协调客运企业按照片区经营原则，采取新开或延伸现有线路的方式进行线路调整，在符合道路运输有关法律法规的情况下灵活车型选取，充实客运车辆，为具备通车条件的线路及时办理道路经营许可，确保符合通车条件的行政村100%通班车。

【推广应用新能源车辆】　配合京广高铁乐昌东站投入使用，满足市民转乘高铁的出行需求，新增设2台新能源公交，并优化两条公交线路，由原公交3路和4路城区公交线路延伸至高铁乐昌东站；与出租车经营权中标企业深圳市琦昌汽车租赁有限公司签订《乐昌市2017年出租小汽车经营权授予合同书》，“五一”期间在乐昌城区投放10台新能源巡游出租车。

【汽车驾驶培训】　截至2017年年底，乐昌市骏通机动车驾驶员培训有限公司教练总人数79人，教练车辆79辆，年招收学员2884人，合格率为80%；乐昌市宝通机动车驾驶培训有限公司教练总人数81人，教练车辆79辆，年招收学员3646人，合格率为94%。　（林　恺）

附：市交通运输局领导班子成员名单

党组书记、局长：朱长林

党组成员、副局长：吴子成

邹日昌

周满新

党组成员、综合行政执法局局长：罗佩明

韶关市乐昌公路局

【概况】　韶关市乐昌公路局是隶属于韶关市公路局的正科级事业单位（参照公务员法管理），主要负责乐昌市南片地区的干线公路（国、省道）、桥梁的建设、养护、路政管理、安全监管、应急抢险等工作任务。办公地址位于乐昌市解放路14号。机关内设7个股室，下辖乐昌公路养护中心（事业编制）。机关参公人员编制25名，养护中心事业编制人员37名，有管理人员、后勤职工、养护技术工人共60多人。拥有各式公路养护机械设备（包括装载机、挖掘机、压路机、清扫车、洒水车、综合养护机车、划线机等）一批。

2017年年末，韶关市乐昌公路局管养的公路总里程137.381千米，其中，国道535线乐昌坳至乐昌市区段（K232+282—K257+620）全长25.338千米，省道247线金水湾至廊田段（K0+000—K37+706）全长37.706千米，省道248线水楼下至东岸段（K41+550—K113+740）全长70.781千米，乡道010线车站至贮木场段全长2.402千米、乡道001线铁路小学至乐昌段全长1.154千米。桥梁23座，共865.193米。

【国道、省道建设】　国道535线乐昌市廊田至乐昌市区段路面改造工程全长11.13千米，沥青砼路面，总投资3519.8万元，2017年11月开工建设，12月底完成投资约2662万元，预计2018年春运前完成路面主体工程。省道248线乐昌市区至长来段路面改造工程全长5.913千米，沥青砼路面，总投资6752.06万元，2017年10月开工建设，12月底完成投资约3000万元。2017年完成香山口桥、广府岭立交桥、龙山口桥等3座桥梁中修工程建设任务。

2017年12月28日，国道535线廊田至乐昌市区段路面改造工程摊铺沥青路面施工现场
（陈文辉　摄）

【公路桥梁养护管理】　落实公路小修保养制度，

严格执行检查评比制度，合理安排生产计划，对病害及时处置修补，对养护质量加强监管，做好汛期灾毁预防及抢修复工作。加强对南立交桥危桥改造前的养护和安全管控，及时掌握桥梁病害变化、发展，确保桥梁的安全运营。加强养护机械管理，大力推进机械化养护进程，全年投入170多万元资金新购置一批养护机械设备，包括1台压路机、1台洒水车、1台综合养护车和1台扫路车等。2017年，该局公路巡查50291千米，机械清扫路面42640千平方米，人工清扫路面9749千平方米，清理塌方605立方米，清理水沟杂物448千米，维修路缘石3.7千米，清灌砼路面纵、横缝106千米，修补坑槽罩面2427平方米，清疏桥涵1794座次，清理桥梁伸缩缝1764米，砍伐枯死路树16株，补植路树863株。

2017年9月29日，韶关市乐昌公路局养护工人对省道248线开发区红绿灯路段破损路面进行修补作业　　（陈文辉　摄）

【路政管理】　2017年，乐昌公路局路政巡查共274天522人次，巡查里程22410千米，清理路障154处1343立方米，清理非公路标志（横幅）145块（幅），路政立案1宗，结案1宗，告知乐昌市交通运输局综合执法局案件8宗，办理路政许可1宗，全年收取公路赔补偿费82320元。

【路桥通行费年票追缴】　自2017年1月1日零时起，韶关市全面取消车辆通行费年票制。年票制取消以后，该局依法依规对2016年及以前欠缴年票的车辆继续进行追缴。2017年共追缴年票费103.6万元。

（陈文辉）

附：韶关市乐昌公路局领导班子成员名单

局长、党组书记：蒋建国

副局长、党组成员：邝乳明

杨志华

韶关市坪石公路局

【概况】　韶关市坪石公路局成立于1988年，是隶属于韶关市公路局的正科级单位（参照公务员法管理），内设7个股室，下属单位有韶关市坪石公路养护中心。负责国道107线和省道248线的建设、养护、路政管理和代养国道240线（原省道249线）。管养总里程60.812千米，其中国道107线19.262千米、省道248线41.55千米、代养国道240线30.74千米，有管理人员、养护技术工人61人，拥有各式养护机械（推土机、装载机、划线机、扫路车、洒水车、养护机车等）一批。

【公路建设】　2017年，完成省道249线坪乳公路二号桥维修加固工程的交工验收工作、省道248线K11+000—K29+000段路面中修工程竣工验收工作、省道248线乐昌上埔至赤溪段路面改造工程的档案专项验收工作、国道240线（原省道249线）坪石至高家村段公路灾毁恢复重建工程建设任务、国道107线三星坪桥、省道248线煤炭坑桥中修工程的建设工作、国道107线石灰冲桥中修工程的主体工作、韶关市公路局下达的2017年水毁修复工程、田头桥、头木冲1#桥、头木冲2#桥、小水桥桥梁伸缩缝的更换、按基建程序做好国道107线、省道248线韶关坪石段公路安全生命防护工程的相关工作、做好国道240线（原省道249线）乐昌老坪石至高家村段的路面改造工程的协调配合工作、协助当地政府做好省道248线坪石段改线工作。

【公路养护】　2017年，完成公路巡查25967.41千米，全线沥青罩面（含国道240线）8668.06平方米、清理桥梁伸缩缝2857米、清水沟221.25千米、清理废土1364立方米、清扫路面21917平方米、修理铺砌路肩路缘石2.167千米、灌缝54千米、清理桥涵372座、划标线3947平方米、补种缺损翻新公里牌、百米桩432块（个）、种植乔木3364棵，爬山虎16320株。

国道240线（原省道249线）坪石至高家村段公路灾毁恢复重建工程建设施工现场

（刘卫彬　摄）

【应急抢险】　养护中心对省道249线坪乳公路进行路面修补、水沟清挖、路容整理，确保坪乳公路春运期间安全畅通；对梅乐公路K0＋000—K6＋000段路基、边坡塌方，涵洞淤塞，路面坑槽等水毁灾害进行多次应急抢险修复。

【应急演练】　6月20日，举办《公路安全生命防护工程实施技术指南》培训讲座，举行以“全面落实企业安全生产主体责任”为主题的消防安全演练，加深职工对消防安全知识的理解和消防器材正确使用的实战技能，增强消防安全意识，提高自防自救能力。

【安全生产】　针对省道248线局部路段沿线少数村民公路法制意识淡薄，占路堆放建筑材料现象严重问题，坪石公路局组织安全、路政联合当地政府开展多次联合整治行动。对国道107线和省道248线全线多处重新施划路面安全标线，并对沿线残缺的警示标志进行补充更新。调动机械多次及时清理省道249线多处哑口路段的高边坡坠石。在三星坪村路段安装爆闪灯，增划安全标线。国道107线K2015＋850—K2016＋300（老坪石市场段）安装中央分隔带及增设人行横道。更换河西所、田头所老化残旧漏电线路和因多年风吹雨淋、老化、白蚁侵蚀的残旧门窗。聘请广东省气象防灾技术服务中心对该局防雷避雷设施进行检测。

【路政管理】　针对涉及桥梁违法和国道107线老坪石市场路段违法占道经营现象进行集中整治专项行动，加强路产路权管理维护，依法维权，运行路产路权信息管理系统数据采集服务，加强施工路段监管力度和巡查频率。2017年，完成路政巡查438人次/217天；组织开展针对性的路政宣传月整治行动，共计清理路障1032立方米；制止各类路政违法案件7宗；办理各项路政许可；认真处理损坏公路路产索赔案，路产索赔案结案率达100%。

（廖群英）

附：坪石公路局领导班子成员名单

党组书记（11月—）、局长：谷少峰

党组成员（11月—）、副局长：刘熙宾

党组成员（11月—）、工会主席：李世德

乐昌汽车站

【概况】　乐昌汽车站位于乐昌市人民南路9号，是国有控股交通专业运输企业，其行政、人事、业务隶属于广东省交通集团省粤运汽车运输有限公司，韶关市国资委、韶关市粤运汽车运输有限公司管辖，是国家二级客运站。从事经营范围包括客运站经营，省际（跨省）班车客运，省际（跨省）包车客运，市际（跨市）班车、包车客运，县际（市内区域）班车、包车客运，公交客运，出租客运，普通货运，提供车辆停车保管服务，并可代理机动车险、货运险、旅客人身意外伤害业务。设置汽车维修、汽车材料配件、润滑油、五金零售业务；内设综合事务办（办公室），下设安技处（车队、车技）、财务处、客运管理处、保修厂、司机公寓、加油站、商店等。区域内乡镇设有九峰、两江、五山、客运售票分站。2017年年末，乐昌汽车站有职员47人（其中管理人员14人），客运车辆36台，共942座。

【生产经营】　2017年，完成客运量149.3万人，旅客周转量2798.45万人千米，全年总行驶安全千米46.2万千米。乐昌汽车站发往珠江三角洲和各地长途班车线有：乐昌至深圳（上午8：20）、东莞（上午8：30）、广州（上午9：30）、中山（上午9：35）、连州（上午7：30）发班，春运期间增加班次和线路有：乐昌至深圳福田站和龙岗站、广州等线路。跨省班线有：郴州白沙（下午14：00）发班。2017年5月，配合乐昌东站的运营，开通乐昌一中和中山农场至高铁的专线公交车。（白玉珍）

附：乐昌汽车站领导班子成员名单

副站长：周文杰

站长助理：何苏雄

乐昌火车站

【概况】　乐昌火车站位于乐昌市境内，该站中心里程位于京广线自丰台站起1999千米337米处，隶属中国铁路广州局集团有限公司广州车务段管辖，为三等站，按技术性质为中间站，按业务性质为客货运站。2017年，该站在职人数115人，为全日制合同编制。年内，日均装车6辆、卸车2辆；接发列车日均旅客列车150列，货物列车118列；日均发送旅客1358人，到达旅客1347人。2017年3月，乐昌张滩班组站荣获中国铁路广州局（集团）有限公司广州车务段“春运先进集体”称号。

【“爱路护路安全宣传”教育活动】　2017年8月15日，乐昌火车站联合铁路公安，组织党团员青年在周边学校、乡村及产矿企业开展铁路“爱路护路安全宣传”教育活动，公安民警为大家现场讲述案例。活动中，派发铁路安全知识宣传单及带有“爱路护路”标志的小黄帽、雨伞等。（徐玉梅）

附：乐昌火车站领导班子成员名单

站　长：王志华

书　记：黄乐蓉

副站长：池后良

　　　　喻陈浩

工会主席：吴建辉

坪石火车站

【概况】　坪石火车站位于乐昌市坪石镇境内，该站中心里程位于京广线自丰台站起1960千米922米处，隶属中国铁路广州局（集团）有限公司广州车务段管辖。为二等站，站型为双向纵列式一站二场，按技术性质为中间站，按业务性质为客货运站。2017年，在职人数130人。

该站在路网上的作用和业务特点：坪石场办理列车到发、通过、会让，客运及与坪木铁路支线的车辆交接取送等作业。坪石北场办理列车编组、解体、摘挂、车辆取送等调车作业，以及货运、军运、装卸和列车到发、通过、会让，机车乘务员换班等作业。车站为坪石镇及周边8个镇、连州市、连南、连山、宜章、临武5个县市、坪木支线的人员、物资集散地。

2017年3月，坪石火车站荣获中国铁路广州局（集团）有限公司广州车务段“春运先进单位”称号；坪石站客运荣获中国铁路广州局（集团）有限公司广州车务段“春运先进集体”称号。

【生产情况】　2017年，坪石火车站月均装车167辆、卸车79辆；坪木支线月均转出1313辆、转入1308辆；日均发送旅客1762人，到达旅客1805人，客运收入6万元。

【爱路护路安全宣传】　2017年8月10日，坪石火车站联合铁路公安，组织党团员青年在周边学校、乡村及产矿企业开展铁路“爱路护路安全宣传”教育活动，公安民警现场讲述案例，派发铁路安全知识宣传单及带有“爱路护路”标志的小黄帽、雨伞等。（朱建新）

附：坪石火车站领导班子成员名单

站　长：陆伟明

书　记：刘文雄

副站长：詹大鹏

　　　　卢国华

　　　　秦韶莲（女）

工会主席：何民全

邮政·通信

邮　　政

【概况】　中国邮政集团公司广东省乐昌市分公司（以下简称乐昌邮政）于2015年5月由乐昌市邮政局变更现名称。乐昌邮政是一家肩负全市通信通邮、党报党刊征订投递、机要通信等重要服务职能的国有公共事业企业，按照国家规定承担提供邮政普遍服务的义务。分公司管辖16个乡镇支局、邮政所，2个城区支局。2017年年末，全市邮政从业人员124人。

【“税宣邮路”助力税收宣传】　2017年4月14日，乐昌邮政联合乐昌市国家税务局、乐昌市地方税务局在职工广场举办乐昌市“税宣邮路”启动仪式暨第26个全国税收宣传月启动仪式。该次活动是邮政广告为政企客户提供线上线下宣传的新媒体应用推广服务，旨在进一步宣传普及税收政策、法规，增强公民依法诚信纳税意识，让广大纳税人学习税法、宣传税法、执行税法，营造良好依法治税环境，促进税收秩序和区域经济持续健康发展。

2017年4月14日，“税宣邮路”启动仪式暨第26个全国税收宣传月启动仪式在市职工广场举行　　（骆志军　摄）

【举办第一届“邮政杯”广场排舞文艺展演】　2017年6月22日，乐昌邮政联合乐昌市体育局、乐昌市总工会举办2017年乐昌市第一届“邮政杯”广场排舞文艺展演。展演共有18支排舞队伍参加，活动取得圆满成功。

【启动“精准扶贫+电商·桃李香飘全国”九峰黄金奈李邮政快递直运首发仪式】　2017年7月21日，乐昌邮政联合政府部门启动“精准扶贫+电商·桃李香飘全国”九峰黄金奈李邮政快递直运首发仪式。该次活动中，乐昌邮政、速递双方累计揽收水果邮件约14.5万件，占九峰水果寄递市场份额的80%。在九峰镇各村主干道设立多个农村电商邮件代收寄点，建立广泛的邮政业务服务网络，打造无现金支付交易小镇。　（唐小蓉）

2017年7月21日，乐昌邮政联合政府部门启动“精准扶贫+电商·桃李香飘全国”九峰黄金奈李邮政快递直运首发仪式　　（骆志军　摄）

附：中国邮政乐昌分公司领导班子成员名单

总经理：李志刚

副总经理：陈日红（6月—）

电　　信

【概况】　中国电信股份有限公司乐昌分公司（以下简称乐昌电信分公司）属国有通信企业，是提供移动通信、宽带互联网接入、信息化及固定电话等产品和解决方案的综合信息服务提供商，并承担党政专网通信、应急通信、战备通信和抗自然灾害通信保障重任。拥有“天翼高清”“天翼光宽”“天翼4G”“云业务”

"翼支付"等主打品牌。2017年，管辖手机城和营业厅23个，企业员工103人，服务网点遍布乐昌市所有乡镇。年内，乐昌电信分公司荣获韶关市消费者委员会颁发的"诚信单位"称号。

【经营理念】 2017年，乐昌电信分公司坚持以市场份额和业务收入为核心，以光纤和4G引领，大力发展光宽和移动业务。积极响应市委、市政府"互联网+"行动计划号召，促进新兴信息技术在政务、商务、生产、生活、教育、文化等各领域的广泛应用，实施互联网+各行业的深度融合，协助各行各业的互联网应用系统建设，深化光纤建设进程，加快落实"智慧乐昌"目标。

【网络建设】 2017年，乐昌电信分公司加快"宽带乐昌光网城市"建设，光纤通达城区、乡镇镇区和自然村，满足全市高速光纤宽带和大数据中心建设的需求。加快4G网络及WLAN热点建设，建成一张无缝连接高速无线宽带网，无线上网速度达100M。做好装维基础工作管控，利用互联网手机以及工单闭环管理的举措，实现装维服务优质化，提升用户满意度。（谭卫芳）

附：乐昌电信乐昌分公司领导班子成员名单

总经理：薛毅强

副总经理：吴兴旺

罗思尧

移　动

【概况】 中国移动通信集团广东有限公司乐昌分公司（以下简称乐昌移动公司）成立于2002年，是乐昌市最早提供移动电话服务的移动通信运营商。公司位于乐昌市昌山中路170号乐昌移动综合楼，主要经营移动电话通信、家庭宽带及互联网接入服务等信息化业务。

【市场运营发展】 2017年，乐昌移动公司重点做好份额提升，包括市场份额提升、收入份额提升、政企数字信息化市场份额和家庭市场份额的提升。成功拓展"乐昌市人民法院信息化项目"、"广东省水质检测坪石子站ICT项目"，中标"广东省工商高级技工学校智慧校园基础硬件环境建设项目"。9月1日，全面取消手机客户国内电话长途通话费和漫游通话费（不含港澳台地区）。

【网络建设服务】 2017年，乐昌移动公司完成4G基站开通149个。家宽网络预覆盖建设目标超额完成。加强网络安全整治，通过市县联动，加大对伪基站的整治处理，提升网络健康度和业务接入能力。（吴世光）

附：乐昌移动公司领导班子成员名单

总经理：王　磊

副总经理：张国庆

联　通

【概况】 中国联合网络通信有限公司乐昌市分公司（以下简称乐昌联通公司），位于人民南路44号雅居大厦二楼，坪石区域办公楼位于坪石群众路8号，分别在乐昌解放西路、昌山西路和坪石群众路设有营业厅，2017年有员工38人。

【"五新"互联网化运营】 2017年，乐昌联通公司持续推进战略转型，深化混合所有制改革，全面实施互联网化运营，实现高质量发展。新基因、新治理、新运营、新动能、新生态成为乐昌联通公司2017年关键词。

【提供优质服务】 乐昌联通公司"提速降费"红利覆盖乐昌市所有联通用户；与腾讯合作的"大小王卡"，与支付宝合作的"蚂蚁宝卡"等，满足年轻用户的需求，得到用户一致好评。

【网络建设】 2017年，乐昌联通公司加快"光纤改造"项目，完成城区和乡镇镇区的光纤改造建设，满足乐昌市高速光纤宽带和大数据中心建设的需求。加快城区及乡村网络建设，全年新开通4G站点（含室分）190个。（廖益芳）

附：乐昌联通公司领导班子成员名单

总经理：张　伟

副总经理：陈雄峰

城建 · 环保

住房和城乡规划建设

【概况】 乐昌市住房和城乡规划建设局（以下简称市住建局）成立于2010年7月，为市人民政府工作部门。主要负责全市住房和房地产业、城乡规划及建筑业的管理工作。2014年12月31日，根据《中共乐昌市委、乐昌市人民政府关于印发〈乐昌市人民政府职能转变和机构改革方案〉的通知》（乐发〔2014〕9号），设立乐昌市住房和城乡规划建设局（将原市城市综合管理局职责划入市住房和城乡规划建设局），为市人民政府工作部门。内设12个机构：办公室、法规监察股、住房保障和房地产业监管股、用地规划管理股、工程规划管理股、村镇规划建设管理股、建筑业监管股、工程招标投标监管股、市政建设管理股、市容环卫管理股、公用事业管理股、坪石办事处。机关行政编制28名，其中，局长1名、副局长3名；正股级领导职数13名、副股级领导职数6名。后勤服务人员数4名。

2017年，全市完成乐昌产业转移园GL－06－05－01地块控制性详细规划、乐昌市三小地块控制性详细规划总体规划、乐昌市第二人民医院新建医院控制性详细规划等87项控制性详细规划，规划编制面积192.75万平方米。全市完成房地产开发投资额14.69亿元，保障性住房分配任务均完成并超额完成分配任务。2017年办理建筑工程质量安全监督报建33项，造价19.76亿元，办理建筑工程质量监督备案登记9项，面积17.29万平方米。

【总体规划】 乐昌市城市总体规划修编年限为2016—2035年。基于《乐昌市城市总体规划（2009—2020）》实施了一定的年限，且因“两规”协调以及乐昌市的对外交通条件将发生极大的变化等原因，经韶关市人民政府同意，对乐昌市《乐昌市城市总体规划（2009—2020）》进行修改。截至2017年年末，总体规划的成果文本完成，并上报省政府。调整规划期限为2016—2035年，规划近期至2020年，远期至2035年，远景展望至2050年；中心城区规划范围为城市中心城区空间增长边界范围，即麒麟山以南、马头山以北、乐广高速公路以东、横岭村以西范围，城市规划区土地总面积为103.05平方公里，其中城市集中建设区土地面积合计约46平方公里。行政区域上涉及乐城街道、长来镇、廊田镇和北乡镇，其中大部分属于乐城街道辖区。

【建筑业】 2017年，乐昌市有建筑施工总承包二级企业4家，拟升二级企业1家，三级企业8家，注册资金累计22094万元，流动资金28000万元；专业承包企业2家；劳务分包企业4家；丙级建筑设计企业1家；建筑材料检测室1所；驻乐监理企业4家；建筑材料企业预拌混凝土生产企业2家（其中预拌砂浆生产企业1家），备案的新型墙材生产企业1家。外来施工、勘察、设计、监理企业进乐从业逐年上升，全年从业人数约3200人。全年办理施工许可的建筑面积约128万平方米，办理竣工验收备案建筑面积约51万平方米，竣工验收合格率达100%，质量投诉答复率100%，满意率90%以上，在建工程安全生产形势基本稳定。年内，乐昌市建设工程招标投标、定额编制预算管理进一步规范，有形建设市场运作健康有序；建筑节能工作有力推进，新建建筑绿色化发展初见成效；正升华府、碧桂园小高层、百信花苑等项目得到广大市民好评。

【房地产业】 2017年，全市具有资质的房地产开发企业共52家，注册资本金7500万元。其中三级资质的企业有7家；四级资质的企业有26家；暂定等级的开发企业有16家。企业共有在册职工总数427人，其中有职称的专业人员293人。全市完成房地产开发投资额14.69亿元；在建施工面积193.48万平方米，其中，新开工面积57.15万平方米。对申办商品房销售许可证的项目，进行一房一标，明码标价。年内，共核发预（销）售许可证35项，住宅销售面积80.51万平方米，销售均价3792元/平方米。

【住房保障】 2017年，乐昌市保障性住房开工任务及完工任务为0套；2013年前政府投资建设的保障性住房分配任务为903套，截至2017年年底，完成1387套，超额完成任务数；2014年政府投资建设的保障性住房分配任务为120套，截至2017年年底分配完成120套。

【村镇管理】 2017年，乐昌市坪石、廊田、梅花、黄圃4个中心镇承载能力不断增强，吸引农村人口向城镇集聚，城镇化带动作用明显。坪石镇以广东省新型城镇化“2511”综合试点镇建设为契机，大力推动坪石镇建设，围绕“一主两翼三组团”（“一主”就是以河西新城为依托，打造集旅游、居住、商业为一体的主体功能区；“两翼”就是分别以金鸡文化产业园、老坪石历史文化遗迹一条街为依托，将老城区打造成旅游商贸区，将老坪石打造成具有粤湘文化特色城区；“三组团”就是以河西主城区为中心，按照各具特色、优势互补、竞相发展的规划原则，构建主城区、老城区、老坪石三大组团）发展规划，加紧编制金鸡岭风景名胜区总体规划，打造集工业、旅游、物流为一体的县域副中心城市；廊田镇、梅花镇、黄圃镇等中心镇坚持规划先行，修编中心镇总体规划并编制镇区控制性详细规划，以指导镇区建设有序发展。中心镇的繁荣带动一批农村人口到中心镇区转移就业，吸引一批边远群众就近发展商业、农产品交易等批发零售，市场经济日趋活跃。

大源镇、五山镇、九峰镇启动镇总体规划编制工作，大源镇同时启动控制性详细规划编制工作，以指导镇总体发展定位和镇区建设发展。

开展39个省级贫困村、梅花镇鹿村的测绘九峰两江示范片的测绘和人居环境综合整治规划编制工作，为下一步做好以上村庄人居环境综合整治做好指引和规划安排。

乐昌市核实确认各镇（街道）400户农村危房改造户。明确各级农村低收入住房改造责任人，帮助重点贫困村的低收入住房困难户积极争取帮扶单位支持，鼓励低收入住房困难户利用农闲时间加快建房进度，截至2017年年底，400户农村危房改造任务全部动工。

【市容市貌】 2017年，推行市容市貌网格化管理，按照“五定”［定人、定时、定岗（路段）、定责任、定任务］的执勤方式，开启“白+黑”“5+2”的工作模式，实现城市管理的常态化、精细化。开展城市“六乱”整治及“巩文”迎检两次集中整治行动，拆除市区主次干道乱搭乱建的雨篷、遮阳布及构筑物，清理疏导昌山中路、红岭路的长期占道经营，规范昌山路、公园路、大东上街、公主路、河南夜宵店（档）及烧烤店（档）摆卖，要求主次干道门店入室经营，解决门店占道经营、乱搭乱建等市容突出问题。

2017年9月22日，乐昌市城监队整治乱摆卖猪肉档　（乐昌市住建局　供）

【启动乐昌市城乡环卫一体化PPP项目】 2017年10月1日，正式全面启动乐昌市城乡环卫一体化PPP项目。项目建设范围为乐昌市下辖的1个街道，16个镇。合同规定由中标单位负责乐昌市城区和16个镇区的保洁工作、各镇区的农村生活垃圾清运工作和生活垃圾终端处理场所的建设与运营。截至2017年年底，城区、各乡镇镇区保洁人员和环卫设备全部到位，每天从5：00到22：00，实行

17小时四版制滚动作业，实现全天候无缝隙保洁。建立全市域范围统筹方式收集、运输、处理农村生活垃圾，实现全市生活垃圾无害化处理率100%。

2017年10月1日，乐昌市正式全面启动城乡环卫一体化PPP项目（乐昌市住建局　供）

【公用事业管理】　燃气　2017年，乐昌市住建局共开展4次燃气安全生产大检查，完成2家燃气企业的燃气经营许可证换证工作，在乐昌市祥生液化气有限公司举行燃气行业安全事故应急救援联合演练。2017年，乐昌市燃气购气总量4869吨，销售总量4240吨。

污水处理　住建局负责乐昌市已建四家污水处理厂的日常运营管理工作。新建乐昌市村镇污水处理设施建设PPP项目，项目建设内容包括4个建制镇镇区14座污水处理站及污水收集管网，总处理规模约2.07万吨/日、配套管网总计约75.9千米；16个建制镇和1个街道办180个行政村的519座污水处理站及污水收集管网，总处理规模约1.2185万吨/日，配套管网总计约424.41千米。2017年，完成可行性研究报告、实施方案、财政承受能力论证报告、物有所值评价报告等前期工作。

供水　住建局负责乐昌市武江河饮用水源置换工程建设，截至2017年年底，完成乐昌、坪石、黄圃取水点水资源论证工作，完成可行性研究报告（2017年调整版）等前期工作。黄圃镇水源置换工作完成招标。（李慧杰　何四成　苏华勇　黄沁园　何境华　张昌梅）

附：市住房和城乡规划建设局领导班子成员名单

党委（党组）书记、局长：陈世军

党组成员、副局长、纪检书记：徐建雄

党组成员、副局长、城市建设管理监察队队长：黄伟崇

党组成员、建筑工程质量安全监督站站长：赵政平

党组成员、副局长、房管局局长：苏华勇

党组成员：何四成

政府投资建设项目代建管理

【概况】　乐昌市政府投资建设项目代建管理局成立于2015年9月，于2016年5月挂牌，为市政府直属正科级公益一类事业单位，事业编制12名。主要工作任务为受市政府委托行使业主职能，负责政府投资建设非经营性工程项目的组织实施和管理工作。办公地点在乐昌市广福路98号，内设办公室、规划技术股、合同预算股、工程管理股。2017年在编人员6名。

【代建项目实施】　2017年，共代建项目16个，立项13个，总投资额约6.7亿元（其中建安工程总投资额约3.6亿元），全年完成资金支付6200万元。完工交付使用项目5个，续建项目1个，新增项目10个，其中，省、韶、乐重点项目1个，为乐昌市第二人民医院新建医院项目。该项目为省中心卫生院升级建设项目，采用勘察、设计、施工总承包（EPC）模式，项目建设总投资2.9亿元，其中建安工程费部分1.7亿元。总建筑面积4.7万平方米。2017年9月27日开工建设，至2017年年底完成“三通一平”、传染楼基础工程。韶、乐重点项目1个，为乐昌东站站前广场及进站道路工程项目。站前广场总占地面积约3万平方米，工程总造价1500万元；进站道路长295米，宽25米，工程总造价600万元。2017年该项目建设完成。乐昌重点项目9个，分别为乐昌产业转移工业园农民创业就业基地项目、乐昌市第一市场项目、乐昌市城南市政道路（原水泵厂至电力新村）工程、乐昌市坪石区域性敬老院改扩建工程、新建大源镇卫生院项目、乐昌市北乡镇卫生院综合楼工程、乐昌市妇幼保健计划生育服务中心维修改造项目、乐昌市医疗急救指挥中心和乐城街道社区卫生服务中心项目。其余政府投资建设项目5个，分别为乐昌市第一中

学旧教学楼维修工程、韶关明星葡萄种植科技有限公司配水管线工程、乐昌市社会福利院老年公寓、武警韶关支队乐昌中队营房项目和乐昌东站广场综合管理用房等配套基础设施项目。 （张坚红）

附：政府投资建设项目代建管理局领导班子成员名单

副局长：谢志飞（负责全面工作）

副局长：陈　薇（女，8月—）

房地产管理

【概况】 乐昌市房地产管理局（加挂乐昌市房产开发中心、乐昌市住房保障中心牌子）为市住房和城乡规划建设局管理的公益二类事业单位。位于乐昌市金融路89号，内设办公室、计财股、房地产中介股、房屋租赁股、档案室、房屋安全管理股、住房保障中心办公室、测绘所、白蚁防治管理股（白蚁防治所）、坪石所10个部门。下设乐昌市房地产交易中心，是房地产管理局归口管理事业单位。核定事业单位编制44名（含乐昌市房地产交易中心）。主要工作职责是房地产交易管理、中介机构业务管理、直管公房（保障性住房）管理等（登记业务于2016年划转至乐昌市不动产登记中心）。

【房地产交易管理】 2017年，房地产交易中心完成乐昌市商品房合同网签6896宗，面积81.5万平方米，成交金额30.91亿元；存量房买卖交易网签1735宗，面积21.61万平方米，成交金额4.03亿元。年度新增销售商品房挂网面积67.52万平方米（其中商品住房面积61.82万平方米、非住宅面积5.7万平方米）。商品房预售款申请495宗，批复预售款14.69亿元。

【保障性住房建设】 2017年度的重点安居工程是长岭头公租房1号、2号、3号楼和廉租房3号、4号楼的水电安装，其中给水安装388户，给电安装417户；长岭头公租房1号、2号、3号楼装修总面积23907平方米。

【保障性住房管理】 2017年，对申请租住人才公寓和廉租住房的申请人进行资格审核，对符合条件的申请人按照相关程序进行房屋分配，共分配人才公寓72套、公（廉）租房266套；对已出租的房屋进行全面清查，对12户不符合租住条件的承租户，收回其承租的公（廉）租房。2017年共收缴公房租金381.06万元，进行房屋维修41套。

【房屋测绘】 为房地产产权登记、交易、城市建设规划等提供房地产测绘成果，2017年共测绘2158宗，测绘面积共计29.3万平方米。完成测绘成果报告书备案和档案管理91宗，面积128.42万平方米。

【房地产中介管理】 2017年，市房地产管理局开展乐昌市房地产中介服务机构备案工作，2017年度乐昌市房地产中介登记备案24宗。组织已备案的服务机构进行业务培训学习，对已备案的从业人员实行实名服务制管理。 （严昌莲）

附：市房地产管理局领导班子成员名单

局　长：苏华勇

副局长：欧先程

　　　　谢云红（女，3月—）

　　　　钟智宽（3月—）

党支部书记：欧先程

环境保护

【概况】 乐昌市环境保护局是乐昌市人民政府主管环境保护工作的直属机构。成立于1987年，位于乐昌市公主下路100号，内设办公室、人事股、环境规划与宣教股、监督管理股、环境监察分局，下属事业单位有乐昌市环境监测站、信息中心、广东省地表水质自动监测站坪石子站。2017年在编人员46人。主要工作职责是对全市的环境保护工作实行统一监督管理。

【环境质量】 2017年环境质量整体良好，二氧化硫、氮氧化物、PM10（可吸入颗粒物）、臭氧等指标均达到或优于二级标准，PM10 达标天数比例为 100%。地表水达标率 100%。其中环境空气质量优良率达 100%，全优率 75%以上。

【环境监测】 2017 年，共出具污染源监测报告 180 份，其中水质监测报告 96 份、噪声监测报告 40 份、废气监测报告 36 份，在线比对监测报告 8 份。完成国省控水质监测断面、乐昌峡、昌山变电站断面 12 期，其他市控断面水质监测严格按照规定进行监测。饮用水源地监测 12 期。各监测断面水质均达到或优于《地表水环境质量标准》中Ⅲ类水质标准。共获取城区酸雨监测数据 78 个。区域噪声监测共获取 238 个监测数据，达到区域环境质量标准二类区标准。

【污染物减排】 圆满完成韶关市下达给乐昌市 2017 年主要污染物总量控制指标任务，化学需氧量、氨氮、二氧化硫、氮氧化物排放总量分别控制在 4366 吨、516 吨、3364 吨、3395 吨以内。减排工程方面，完成坪石发电 B 厂 4#、5#机组烟气超低排放工程。农业源方面，完成 3 家规模化养殖场配套污染治理工程建设及农业源减排台账资料的上报送核工作。

【环保窗口】 2017 年，环保窗口办件 5508 件，环保备案 287 件，环保窗口咨询人数超过 7000 人次。窗口服务获得“季度优秀窗口”及“年度优秀窗口”荣誉称号。

【环境监管】 2017 年，开展企业排污情况大排查、环境保护大检查等大规模专项行动，共出动 1354 人次，检查 347 家次企业。完成清理整治备案 204 件（其中小水电 192 件、木材加工企业 12 件），立案处罚环境违法案件 17 宗。

【排污费征收】 督促企业按时进行排污申报，2017 年，排污费征收入库额 365.79 万元。排污收费工作全部实行电脑信息化管理，排污核定、排污收费相关信息及时报送上级环保部门，向社会公开。

【城镇生活污染治理】 把陈家村、上丛村、前村确定作为乐昌市农村环境监测村庄，监测内容包括饮用水源监测、环境空气监测、土壤环境监测、县域地表水监测。坪石、秀水、廊田、梅花、沙坪、庆云、白石和黄圃 8 个乡镇完成饮用水源保护区界标和警示标志建设。全面推进村镇污水处理基础设施建设，协助做好污水处理厂建设项目，加强污水处理厂监管。申报的廊田镇廊田村等 5 个定点扶贫村农村环境综合整治通过评审。全面完成养殖业集中整治任务，由政府出资建设乐昌市养殖业污染物集中处置场，运行良好，通过环保部和广东省环保厅的验收。

【环保宣传】 2017 年，市环保局深入社区及监管企业进行多次宣传活动，派发 1000 余份环保知识及法律法规宣传资料，通过微信转发拓宽宣传面，召集相关单位和企业集中学习 10 余次，接受教育总人次 3000 人次。 （陈文达）

附：市环境保护局领导班子成员名单

党组书记、局长：黄常春

党组成员、副局长：杨建中

肖远雄

陈明才（12 月—）

党组成员：曹海雄

商贸·旅游

商　　务

【概况】　乐昌市商务局前身是乐昌市对外贸易经济合作局，办公地址位于乐昌市公园路17号，是乐昌市人民政府主管市场管理、对外经济合作、口岸管理和经济技术协作的工作部门。内设办公室、投资促进股、外资管理股、贸易发展股、口岸管理股和商贸流通股，机关行政编制15名，后勤服务人员2名，事业编制3名。对外同时挂乐昌市口岸局和乐昌市招商引资工作领导小组办公室牌子。2017年，在职在岗工作人员17人。

【招商引资】　2017年，紧抓东莞大朗对口帮扶乐昌的契机，主动对接大朗，用好用足大朗项目资源优势和信息资源优势，承接大朗并通过大朗承接整个珠三角的资源外溢。积极与珠三角地区的韶关商会、乐昌商会及企业协会建立战略合作关系，加强招商信息收集，结合乐昌桃花节、水果节、5月1日乐昌东站启用仪式、6月23日大朗乐昌产业共建经贸合作交流会、7月26日乐昌市企业项目奠基暨招商引资项目集中签约仪式、8月28日“凝聚乡情携手共赢”乐昌市2017年珠三角韶商经贸合作交流会、10月30日乐昌市第二批集中动工项目奠基暨招商引资项目集中签约仪式、11月30日2017年韶关市72个产业项目集中奠基动工仪式（乐昌分会场）暨乐昌市招商引资项目集中签约仪式、12月29日乐昌市精准扶贫、产业共建系列活动暨大朗毛织品走进乐昌活动启动仪式等重大节会活动，积极开展招商推介和集中签约活动，形成“每月都有新活动、新亮点，每月都有新项目集体签约”的良好宣传氛围。2017年，乐昌市新签项目53个，合同总投资额48.16亿元，同比分别增长489%、103.4%。其中亿元以上项目14个，同比增长180%。新招引的项目中，有高新技术企业和新三板上市企业各4家。新增动工项目25个，动工率为47.17%；初步形成新材料和机械制造两大特色主导产业。

2017年5月1日，乐昌东站启用仪式暨签约仪式在乐昌东站站前广场举行。乐昌市与香港宏辉集团签订乐昌市国际商贸城项目投资协议

（市商务局　供）

【吸收外资】　2017年，乐昌市引进4家外资企业，分别是深圳艾尔康电子元器件有限公司乐昌分公司、韶关翡翠明珠酒店有限公司、乐昌添鸿环保新材料有限公司、乐昌市骐昌农业发展有限公司。全年合同吸收外资金额634万美元，同比下降50.47%；实际利用外资金额143万美元，同比增长22.22%，完成全年目标任务数的29.8%。

【外贸进出口】　2017年，乐昌市外贸进出口总值逐月增加，发展势头良好。承接的深圳转移来加工贸易型企业韶关高尔德防雷科技有限公司顺利投产。全年外贸进出口完成1776万美元，同比增长35.9%，超额完成韶关下达的目标任务数。

【商贸管理】　2017年，乐昌市社会消费品零售总额66.42亿元，同比增长8.4%，批发零售贸易业增加值 10.95 亿元，同比增长 4.6%，新增限上商贸企业 10 家（乐昌市华圣贸易有限公司、乐昌市四季慢生态农业发展有限公司、广东新华发行集团乐昌新华书店有限公司、乐昌市德佳贸易有限公司、乐昌市隆源贸易有限公司、乐昌市昌山农庄、乐昌市昌运投资有限公司、乐昌市中林建材有限公司、乐昌市荣耀汽车贸易有限公司、乐昌市宝塔乐廊加油站有限公司），同比增长 400%。（李思兰）

附：市商务局领导班子成员名单

局党组书记、局长：李龙彪

局党组成员、副局长：张坤强

蓝伟华（6 月—）

局党组成员：杨金含

副局长（挂职）：梁沃洪（4 月—）

烟草专卖

【概况】 2017 年，乐昌市烟草专卖局（分公司）在岗人员 160 人，内设机构有综合管理部、专卖管理办公室（内管派驻办，专卖稽查大队）、财务部、烟叶管理部（烟基办）、营销部，下设老坪石烟叶中心工作站、白石烟叶收购分站、黄圃烟叶收购分站、梅花烟叶收购分站、沙坪烟叶收购分站。全年完成卷烟销售 16495.2 箱，同比减幅 0.7%，上缴地方税款约 4722 万元。

【主要职能】 1990 年，县烟草专卖局在全县范围内行使烟草专卖管理职权，县烟草公司负责全县烟草种植，收购、调拨以及负责全县卷烟批发业务，属三级批发企业，独立核算，自负盈亏。2007 年 12 月 28 日起，乐昌市烟草专卖局（分公司）主要职能是负责全市烟叶种植收购和卷烟经营以及卷烟、烟叶市场的专卖管理实行，全市统一报账制。

【卷烟销售结构、效益提升】 2017 年，乐昌卷烟月卷烟平均单箱销售收入 31760.60 元/箱，同比增加 1271.66 元，增幅 4.17%；一、二类烟分别同比增长 24.21%、5.44%；三、四、五类烟分别同比下降 2.80%、18.70%、15.94%。销售收入（含税）52389.75 万元，同比增加 1271.66 万元，增幅 4.17%，卷烟销售结构、效益明显提升。

【落实烟叶“双控”政策】 2017 年，乐昌烟叶生产收购计划由 2505 吨减为 2445.85 吨，该局主动深入抓好计划调减政策宣传发动，严格落实烟叶种植合同面积，确保烟叶生产平稳发展。2017 年，全市共签订烟叶种植收购合同 384 份，烟叶种植面积 1159 公顷，种植面积 100% 落实。收购烟叶 2445.85 吨，完成全年计划的 99.83%。

【烟叶工作质量水平持续提升】 以烟叶等级纯度为核心，抓好精益生产与标准化生产技术措施落实，提升烟叶质量，上等烟比例 67.78%，中等烟比例 32.22%，下等烟比例 0.01%。经省、市公司烟叶收购质量检查合格率全部达到 80% 以上，以 70% 以上的合格率顺利通过国家局工商交接质量验收。

【烟基与烟站建设】 提高烟农烤烟、编烟工作效率，降低劳动成本，2017 年，购买烟夹 400 套，补贴资金 512 万元，受益面积达 533.33 公顷。沙坪、梅花烟站项目建设工作稳步开展。

【卷烟打假打私打非】 乐昌市烟草专卖局进一步深化联合监管机制，加强内外联动，联合公安、市场监督局等职能部门开展 37 次大规模的联合执法行动。突出专项整治，突出公路运输拦截，严查外地卷烟流入，严防本地卷烟流，切实严防假、私、非烟反弹。2017 年，共查处涉烟案件 110 宗，查获 5 万元以上 10 万元以下大要案 6 宗，10 万元以上大要案 14 宗，查获涉案烟叶 11.24 吨，查获涉案卷烟 1185.022 万支，总案值 514.19 万元，同比增长 7.2%。上缴财政罚没款约 149.44 万元，同比增长 11.22%。（贺佳子）

附：市烟草专卖局领导班子成员名单

局　长（经理）：朱志军

副经理：彭健强

周雁南（—12 月）
许坚鸿（12 月—）
副局长：黎启晃（—4 月）
王奇赞（5 月—）

粮食储备管理

【概况】 乐昌市粮食储备中心为市政府直属工作部门，正科级事业单位，同时挂乐昌市粮食局的牌子。2016 年 9 月重新核定事业编制 24 名，后勤服务人员数 1 名，内设办公室、人事监察股、财会股、调控股、监督检查股 5 个股室。2017 年有事业编人员 21 人，后勤服务人员 1 人。下辖乐昌市粮食购销有限公司及乐昌市直属粮食储备库、坪石直属粮食储备库、乐昌市乐昌峡绿色米业有限公司、市区粮所、廊田粮所、长来粮所 7 个基层企业。年内，乐昌粮食安全责任考核（2016 年）在韶关各县（市、区）中排名第一。

【民生项目】 乐昌市稻谷烘干中心为乐昌市 2017 年十大民生实事项目之一，分 2 个点设立，分别在市区乐昌峡米业公司和廊田粮所，项目总投资 315 万元，其中米业公司为 4 组共 60 吨，投资 168 万元；廊田粮所为 3 组共 90 吨，投资 147 万元。米业公司烘干项目于 10 月 10 日全面完成调试工作，并投入生产，截至 2017 年年底，烘干与代烘干稻谷 500 吨。廊田稻谷烘干项目于 11 月底全面完成。

2017 年 8 月 10 日，韶关、乐昌人大代表视察稻谷烘干项目（市粮食局 供）

【建库工作】 乐昌市储备粮仓库扩建项目是韶关和乐昌两级政府的重点民生工程建设项目，总仓容量近 4 万吨，项目总投资 6350 万元，分坪石库点与市区库点实施。坪石库点新建 4 座仓库，仓容量 2.5 万吨，于 2017 年 10 月 20 日通过验收。市区库点新建 4 座仓库，仓容量近 1.5 万吨，于 2017 年 11 月 21 日通过验收。

【夏粮收购与轮换】 2017 年，夏粮收购任务 7133 吨。全面落实粮食收购政策，核查粮食经营户收购资格，对粮食收购政策执行情况进行检查，检查粮食的轮换情况，各收储库点均严格按照《粮食流通管理条例》的规定，依法进行陈粮的轮换制度。

【粮油管理】 全面完成省、韶关、乐昌新增储备粮任务，确保粮食安全政府责任制任务的完成和区域粮食安全。对该市储备粮管理的总则、库存管理、轮换管理、财政专项资金和信贷资金管理、动用管理、法律责任等管理文件在原有的基础上结合实际进行补充和完善。对全市地方储备粮油开展实地调研工作。对地方储备粮油仓库容量、仓储条件、仓储设备、检测仪器、技术规范以及经营管理、信誉状况等进行检查。确保不出现轮出、轮入计划未完成或轮换超轮空期的现象。确保各级储备粮定期轮换、推陈储新，保障质量安全。

【粮食法治化建设】 5 月，市粮食局在直属库组织开展以“发展粮油科技、增加优质产品、保障主食安全”为主题的粮食科技活动周活动。10 月 16 日，由韶关市粮食局、农业局、教育局、科学技术局、市妇女联合会、乐昌市人民政府主办的第 37 个“世界粮食日”、第 27 个全国爱粮节粮宣传周活动在乐昌市启动。

【深化企业改革】 重新修订《乐昌市粮食购销有限公司章程》，2017 年 10 月 24 日成立董事会、监事会，聘任经理、副经理向市国有（集体）企业改革领导小组办公室呈报《乐昌市粮食局下属企业市区粮食管理所整合重组实施方案》，通过兼并重组的方式，健全公司法人治理结构。加强党对国有企业的领导。将原市区直属库支部、市区粮所支部合并调整改选，新成立乐昌市粮食购销有限公司党支部，保留乐昌市乐昌峡绿色米业有限公司党支部。

【军粮供应】 乐昌军粮供应站和坪石军粮供应点在源头上做好食品安全工作，确保部队官兵吃上放心粮油。完善军供成品仓设施，为部队发展建设需要发挥作用。积极参加军供业务培训。4月26日至27日，组织军供站3人参加韶关市召开的全省军粮供应工作会议暨举办军供业务培训班；6月8日，组织军供站4人参加韶关市军供业务培训班。开展军粮供应“深化改革、转型发展、军民融合”大讨论活动，在驻乐部队后勤部门和全市军粮系统开展《问“稻”军粮供应》三大讨论专题。

（陈万锋　段　炼）

附：市粮食储备中心（粮食局）领导班子成员名单

局　长：丁振华

中心副主任：羿耀泉

李志学

范力田

供销合作社联合社

【概况】 乐昌市供销合作社联合社，属参照公务员管理的市政府直管事业单位，市财政全额拨款。内设办公室、人事监察股、财会股、基层企业管理股和社有资产管理股5个职能股（室），按经营管理需要，市供销合作社联合社内设企业财务结算中心。2017年在编参公人员15人。

2017年，乐昌市供销合作社联合社下属公司14个、基层供销合作社18个、专业合作社42个（其中农资类专业社7个、农产品类专业社35个）、综合服务社12个、农副产品配送中心1个、农资配送中心1个。全社系统在岗经营人员851人，经营管理人员66人，退休人员206人。所属基层供销社、公司的用工实行聘用制，公司经理、基层供销社主任和财务人员由市联社聘用，工资、福利待遇由企业在经营活动中自行负担。2017年，全社系统累计完成商品销售总额15820万元。实现利润36.62万元，上缴税金4.17万元，社会贡献总额125.92万元。

【专业合作社建设与网点经营】 专业合作社与农副产品经营　2017年，供销社系统的专业合作社实行农超对接的专业合作社12家，配送中心1个，农副土特产品销售额1230万元。

农业生产资料　2017年，农业生产资料公司有农资专业合作社7个，配送中心1个，农资经营配送网点、加盟经营点103个。配送各类化肥3220吨，农药335吨。农药、小型农机具、农资产品销售额8550万元。

日用消费品经营　在全市16个乡镇建立有30个日用消费品经营网点，日用消费品销售2100万元。

烟花爆竹经营　供销合作社下属盛安烟花爆竹专营有限公司，有烟花爆竹经营网点102个，年内，在经营中没有发生重大事故。

电商平台经营　2017年1月10日，乐昌市土产公司农副产品配送中心暨好方便网上超市举行开业庆典仪式，年内，“好方便”电子商务有限公司交易额1000万元，建成3个镇级电商综合服务中心和60个村（社区）级电商综合服务站。

2017年1月10日，好方便网上超市开业

（张楚　摄）

【社有企业资产】 2017年，全社系统用地面积56650平方米。房产面积65220平方米（其中，住宅面积6710平方米；门店面积17080平方米；仓库面积27830平方米；简易房、闲置房屋、危房面积13600平方米）。

【组织参加首届全国青年“乐创杯”创业创富大赛（乐昌）】 2017年5月23日，乐昌市举行首届全国青年“乐创杯”创业创富大赛（乐昌）暨乐昌电商与零售创新资源对接峰会，市供销社组织乐昌好方便电子商务有限公司等直属公司、农民专业合作社负责人参加峰会。会上，乐昌好方便电子商务有限公司分别与广东旅游文化产业有限公司、韶关市乐善科技服务中心签订战略合作协议。在2017年11月30日的首届全国青年“乐创杯”创业创富大赛（乐昌）总决赛暨颁奖典礼上，乐昌市供销社创办领办的好方便电子商务有限公司的好方便O2O开放平台项目、梅云油茶专业合作社的乐昌市岩韵高山茶种植项目分别获创业组二等奖和三等奖。

（张　楚）

附：市供销合作社联合社领导班子成员名单

理事会主任：邱鑑林

理事会副主任：邓文斌

欧雪屏（女，—4月）

廖典香（6月—）

监事会专职副主任：朱阳明

旅　游

【概况】 乐昌市旅游局设3个内设机构：办公室、质量规范与管理股（旅游质量监督管理所）、资源与市场开发股。机关行政编制10名，2017年年末，实有在编人员9名。

2017年，全市旅游接待人数450.84万人次，同比增长15.06%；旅游综合收入29.8亿元，同比增长16.02%。

【旅游商品】 马蹄　乐昌素有“马蹄之乡”的美称。马蹄是乐昌较大宗的土特产之一，总种植面积达666.7公顷，产量过万吨。以乐城和北乡为主要产区，廊田、河南、长来、九峰等乡镇也有种植。乐昌马蹄以个大肉嫩、清甜多汁、爽脆无渣为特点而闻名全省及港澳地区市场，其品质最优者为乐城田洞10公顷产区出产的马蹄，年产约240吨。

张溪香芋　乐昌出产优质香芋历史悠久，其中以河南镇的张溪香芋品质最优。张溪村位于九泷十八滩出口的右侧，小垌张溪水流淌其中，垌面宽阔平坦，土质为稀流冲积沙壤土，土层深且肥沃，所产香芋个大肉嫩，内有槟榔花纹，煮熟时松软如棉，香气四溢，令人垂涎，向来为宴请嘉宾喜上名菜。省内及港澳诸多大酒家制作“香芋扣肉”时，厨师多指名要购买张溪香芋。张溪香芋原种植面积23.3多公顷，年产约280多吨，截至2017年年底，开发扩种至73.3公顷，年产900多吨。

沿溪山白毛茶　白毛茶是乐昌又一大宗名优土特产。乐昌的大源、九峰等山区，终年云雾缭绕，雨量充足，其出产的茶叶芽尖及叶背均披上薄薄的一层白毛，“白毛尖”因此得名。乐昌白毛茶有大叶白毛、中叶白毛和尖叶白毛三类，以大叶白毛品质较优，分布也较广，总种植面积566.7公顷，年产约350多吨。乐昌白毛茶八成为手工制作，保持其原汁原味。其最大特点是茶叶肥厚，茸毛多，制成的绿茶其汤色微绿，清澈透明，清香四溢，饮后舌底生津，回甘持久，是全国名茶之一。若能以九峰泉水冲泡，则为上上名贵佳品。清朝时代沿溪山的白毛茶就曾被列为朝廷贡品。产品销往美国、日本、英国、法国等国家和中国港、澳、台等地区，饮誉海外。

九峰柑橘　乐昌市九峰镇属亚热带季风气候，平均海拔526米，早晚温差大，垂直气候变化，辖区适宜种植水果，所产柑橘甘甜可口，令人回味无穷。九峰柑橘分早熟、中熟、迟熟等品种，上市时间为8月到12月，2017年全镇共种植柑橘面积733.3公顷，年总产量近3.5万吨。

九峰柰李　九峰独特的夏季温差造就了九峰柰李的独特风味。九峰柰李以清甜可口、肉质鲜嫩而让人尝后余味无穷。全镇种有柰李2000多公顷，产量约为5.4万吨。一般在7月下旬市场交易量达最高峰。

坪石水蜜桃　坪石镇水蜜桃主要分布在龙珠、陈家坪、莲塘等村委会，其中尤以龙珠所产闻名，果实硕大光嫩，色泽鲜艳，肉嫩汁多，味清甜爽脆，全村种植面积达233.3公顷，年产3000吨，以特早熟与中熟相结合种植。

秀水镇布朗　乐昌市秀水镇充分利用该镇日照强的优势种植布朗，秀水镇布朗色泽鲜艳、个大肉甜，深受广大游客欢迎。

梅花猪　在中国诸多“名猪”里面，梅花猪堪称广东代表。早在五代十国时期已经培育而成，因产于乐昌梅花镇而得名。梅花猪皮薄、肉嫩、味美，有大骨猪与细骨猪两种。全身黑白花纹，头、嘴、耳、臀及尾为黑色。鼻尖，腹部等部位为白色。其腹大，耳大均下垂，瓦筒嘴、背腰阔而微凹。

“梅花牌”子姜辣椒　“梅花牌”子姜辣椒产于乐昌梅花镇，是一种把生姜与辣椒混合一起腌制的特色美食。原料选自昼夜温差大、污染少、水质优的高寒山区，以地方传统技术制作，不含任何防腐剂、色素，风味独特、爽口开胃，是餐用佐料如蒸、炒、拌菜的优质配料，已成为当地人们日常生活、居家必备的烹食调料佳品。梅花子姜辣椒在韶关地区乃至珠三角等地均具有较高的知名度，在2007年韶关市首届旅游商品大赛中获优秀旅游商品奖，2012年韶关旅游手信大赛中获得农副土特产品银奖。

黄圃板栗　黄圃镇因土质适宜板栗生长，多种植于山坡地，黄圃板栗个大、味香甜、肉质松化，营养价值很高，甘甜芳香，含淀粉51%～60%，蛋白质5.7%～10.7%，脂肪2%～7.4%，糖、淀粉、粗纤维、胡萝卜素、维生素A、B、C及钙、磷、钾等矿物质，可供人体吸收和利用的养分高达98%。普遍用于食品加工，烹调宴席和副食。板栗生食、炒食皆宜，糖炒板栗、拌烧子鸡，喷香味美，可磨粉，亦可制成多种菜肴、糕点、罐头食品等

桃花酥　以新鲜桃花为辅料，将酥饼做成桃花的形状，口感酥脆香甜，芬芳四溢。

【旅游资源开发】　2017年，乐昌市启动《乐昌市全域旅游规划》编制工作，《乐昌市生态休闲度假旅游线路建设规划》《九峰镇旅游名镇旅游发展总体规划》、梅花镇深塘村、廊田镇龙山村、长来镇和村旅游名村旅游发展总体规划均通过专家评审。龙王潭生态景区新建防护网，修缮拦水坝。省道247线、省道248线安装设置7块旅游交通指示牌。古佛洞天、九峰镇上廊村、长来镇和村、两江镇凰落村等旅游景区及旅游集散地各新建扩建旅游厕所6间。九福兰花公园和誉马葡萄酒庄园投入建设。

【旅游景点介绍】　龙王潭生态旅游区　龙王潭生态旅游区属国家AAA级旅游景区，其中龙潭飞瀑是乐昌新八景之一。景区位于乐昌市东北18千米处，集温泉、绿湖、奇山于一体，即由龙泉、龙湖、龙谷三大分区组成，故又称三龙谷生态旅游区，是广东省唯独仅有的优势资源组合。

龙泉，即龙山温泉。建有温泉度假村。度假村内设有室内和露天温泉浴池。其中，室内浴池又分双人池和多人室两种类型，中、高、豪华三个档次；中型会议室，可容纳百人餐厅，歌舞厅等吃、住、游、娱设备设施完善。

龙湖，即龙山水库。湖水清绿透澈，湖面顺山势蔓延，形似展翅雄鹰，气势非凡，异常壮观。

龙谷，即黄龙谷。位于景区的北部。景区内动植物资源丰富，常年青山绿水，蝶飞蜂舞，蝉鸣当歌，瀑布回潭妙不胜言，有九瀑十八潭，是溪谷寻幽养生的绝好去处；红军长征足迹，恐龙足印化石，是科普及爱国主义教育基地；瑶族风情，异彩缤纷；生态溪流河畔烧烤场别具情趣；一滴泉，石缝滴流，被称为龙王潭矿泉水，清甜爽口。黄龙谷以其“幽、奇、峻、险、稀、雅、独、趣”之意境，令游人游之悠之倾之醉之，是生态旅游，科普健身游，休闲度假游的绝佳选择。

古佛洞天　风景区古佛洞天又名古佛岩，属国家AAAA级旅游景区，乐昌新八景之一，因洞内的石笋和钟乳石，形状如仙似佛，前人在洞内安放过佛像，在洞口又建有佛寺而得名。位于乐昌市城西南5千米处。古佛岩属大型石灰岩溶洞，洞内上下重叠三层，最高处达30米，总面积1.2万平方米，常年气温保持在19℃～20℃。岩洞内的景区主要分为古佛殿、观音殿、王母殿、玉皇宫、西游宫、逍遥宫和金龙殿7个宫殿，整个游程570米。洞内石笋、石花、石柱、石幔，千姿百态，或插其中，或悬其上，色彩斑斓，景象纷呈，蔚为奇观，最妙处是钟乳石群，其状如仙人佛众，形神各异。古佛岩

还有三亿年前的海底珊瑚化石和罕见的大型石脑，难得一见，亦堪称一绝。

金鸡岭风景区　金鸡岭属国家 AAA 级旅游景区，位于广东北大门——岭南第一镇之称的坪石镇，是广东省八大名山之一，金鸡啼晓是乐昌新八景之一，景区占地面积约 1.6 平方千米。因山岭的西北峰有座丹红色巨石，貌似金鸡，故而得名。此金鸡石鸡头向北尾朝南，故俗说“金鸡吃着北方的粮食，把金宝财富下放到广东，这就是今日广东繁荣昌盛的原因”，因而被称为广东“风水鸡”，引来无数游人瞻仰。金鸡岭属典型的丹霞地貌，海拔 338 米，相对高度 168 米，四周悬崖如刀切，雄伟险峻。

乐昌峡　史称九泷十八滩，武江河穿流于九峰山与大瑶山之间的峡谷，形成乐昌峡，是广东 13 处河流峡谷中最长的峡谷。乐昌峡水利枢纽工程的建成，造就了“高峡出平湖”的峡谷湖面风光，也将金鸡岭、走马岭、庐溪峡、“7011”工程、韩泷祠、坪石古街等峡谷沿线景点连成一体。昌峡平湖是乐昌新八景之一。

后洞生态庄园　后洞生态庄园位于乐昌市区西北方向 5 千米处，处于广东省乐昌林场十万亩的林区之中，其地域方圆 5 千米，集吃住玩于一体，景区内大部分为原始森林，其间瀑布、泉水飞泻，野鸟盘旋，且珍稀植物繁多，景色迷人，还有远近闻名的乳姑仙庙。庄园内设有菜园、果园、水上乐园、儿童乐园，植物科普教育园，设有篮球场、羽毛球场、烧烤场，钓鱼场等。据史料记载，英国人就是在这一带发现乐昌含笑。唐朝茶圣陆羽在西石岩寺期间，曾到后洞采摘野山茶。

杨东山十二度水生态旅游区　杨东山十二度水生态旅游区位于乐昌市东北 32 千米处的九峰山山脉，距九峰镇 8 千米，距“水果之乡”九峰花果园 2 千米。因从山脚登上山巅需十二次涉渡河流而得名十二度水。区内高山峻岭，最高的五指峰海拔 1726.6 米，重峦叠嶂，风光迤逦，特殊的地理区位造就了绚丽多彩的旅游资源。区内陆生脊椎动物物种数量达到 163 种，其拥有的各纲物种数基本上占全国物种数 5% 以上，占广东省已知物种数的 18% 以上。有保护完好的广东松群落。瀑布水潭，妙不胜言。高山地势，落差明显，河流顺山势九转十八弯，移步换景，河水飞流倾泻，形成美妙的瀑布和水潭。最高的瀑布高达近百米，远远望去仿佛“飞流直下三千尺，疑是银河落九天”，有瀑必成潭，瀑潭相映衬，景象万千，气势壮观。

九峰花海　乐昌新八景之一，每年阳春三月，九峰十万亩桃花、李花争相怒放，盘山公路两旁桃花嫣红，李花雪白，金灿灿的油菜花点缀其间，可谓遍地是花，处处是景。漫山遍野的花海让慕名前来的游客仿若置身“桃李花长廊”之中。九峰镇茶料村被农业部评为 2016 年中国美丽休闲乡村。九峰镇连片栽种桃李等果树，形成了“春季赏花、夏秋摘果”的旅游品牌，成为享誉省内外的乡村旅游点。

五山梯田　乐昌新八景之一，2014 年被农业部评为“中国美丽田园”。梯田坐落在乐昌市杨东山山脉，海拔 800 米。在梯田的西南、西北和正北三个角度为最佳观赏摄影点，站在山上，放眼望去，可见数百级乃至上千级的梯田，仿佛一道道天梯从山顶垂挂下来直抵山脚，错落有致，顺山就势，一条条、一根根、优美的曲线或平行或交叉，显示了动人心魄的曲线美。梯田一年四季节景色各异，在春耕播种的季节里，那层叠弯曲镶嵌着边框的片片“镜面”，人在其中，仿佛置身于水梦幻晶光境界里。金秋，金黄色的稻谷描绘出美妙绝伦的金黄色乡村风景画，景象非常壮观。

庆云户昌山古村落　庆云古村又称“户昌山古村落”，乐昌新八景之一，距今有 800 多年历史。曾先后出现一批进士、举人、贡元以及“六品军功”等显赫人物，颇有“人文蔚起、科甲联登”之誉。至今村前大坪上仍存几十对“旗杆石”，这便是当年科举、功名的见证。村内完好保存了密集的明清时期古建筑群，祠堂、私塾、雕梁、壁画、牌匾随处可见，有为数众多的文物古迹以及精美的建筑、雕刻和书法绘画艺术，堪称岭南文化艺术的瑰宝。2012 年被评为第三批“广东省古村落”。

梅花大坪古村　大坪古村，乐昌新八景之一，村内完整保留着大量的明清古建筑，这些古建筑群青石为道，高墙深巷、曲水绕舍，具有江南地的徽派风格，又以围屋为墙，似是聚族而居，夹杂了一些客家的特征。建筑群雕梁画栋、布局齐整，采用青砖黛瓦，飞檐起翘、檐下有书画装饰，大门上的透窗雕龙画凤，墙头古画均配以古诗、古书法，展示了民间古建筑的特色和雕工画艺的精美。大坪古村还是广东省的革命老区村庄之一，20 世纪 30 年代，中国共产党地下党的活动人员在杨家寨开展地下革命斗争，成立粤北乐昌县第一个党支部。朱德、陈毅率南昌起义军部队曾驻村里，并在贤关阁文奎楼召开关于智取宜章年关暴动的军事会议。

“7011”景区　“7011”景区位于武江咽喉要塞，是一座神秘的地下军事堡垒工程，被称为岭南神宫。因工程于 1970 年 1 月 1 日动工建设，代号“7011”而得名。景区占地面积 2 万平方米，由展览区、营房区和地下指挥中心三部分组成。景区核心景点为地下指挥中心，地下工程建设面积 6000 平方米，巷道长约 1.8 千米，巷道成“S”形纵横交错，道道关卡，形同迷宫，配备对外防御系统、作战指挥系统、能源供给与辅助设施系统。

西石岩寺　西石岩寺位于乐城西北 2 千米处。门楼“西石岩寺”牌匾为全国政协原副主席、全国佛教协会会长赵朴初亲笔题字。自唐宋以来，这里就是佛、道、儒三家和历史名人的活动场所，是“七十二福地”之一。洞中有一小石穴，相传为佛教禅宗南宗六祖惠能去黄梅山求学时在此憩息，故又有“仙人石室”之称。石室洞壁上有许多历代碑刻，其中唐代茶圣陆羽所书的“枢室”碑刻，为全国罕有的陆羽遗迹；石窟厅中央竖有一面“玄帝赞”古碑，为全国仅有的两块“玄帝赞”古碑刻之一。至今，西石岩寺仍香火旺盛，游人络绎不绝。

白水寨生态园　白水寨生态区位于乐昌市五山镇大乐村东洛水库旁，景区面积约 2 平方千米。景区于 2007 年开始开发建设，2008 年 6 月完成首期工程建设。景区分清爽世界瀑布观赏区、竹林观赏区、杉木林观赏区、东洛水库湖面风光观赏区、游客服务中心等 5 个功能分区，观赏游览步道约 1 千米，游程约 1 小时。6 个天然的瀑布连成一线，总落差达 200 多米，其中最大的瀑布落差超过 60 米，形成异常壮观的瀑布群景观。

北乡九福兰花公园　处于省道 248 线，位于香樟公园、九峰十里桃花等旅游黄金线路的门户位置，占地面积约 80 公顷。为农业观光主题参观园，兰花生产与经营为主业，是省级现代农业示范基地；同时发展观光休闲，配置大型兰花主题展馆、古道文化馆、蝴蝶谷、南药园、粤北植物园、郊外体育公园、登山徒步道、兰花客栈、兰花餐厅，集食、住、玩等功能于一体。

广东誉马葡萄酒庄园　位于乐昌城区西南 5 千米，距韶关市区 50 千米，地理位置优越，其纬度位于 22.6 度，是种植葡萄最佳地理位置。庄园葡萄种植面积 66.67 公顷，该处可以了解葡萄的种植、压榨、酿造到灌装，葡萄园管理、酒庄酒生产的全过程，还可以品酒、赏酒、休闲、度假。广东誉马葡萄酒庄园将打造成为广东省第一个集葡萄酒酿造、鲜食葡萄和酿酒葡萄种植、休闲互动旅游三产合一、全开放的欧式葡萄种植基地和葡萄酒酿酒庄园。

梅花镇百臻生态农业园　规划总面积 1533.33 公顷，园区参照台湾休闲农业模式，结合梅花当地人文地理特征，打造成一年四季都能让游客体验到种植、采摘、品尝应季特色农产品的休闲佳地。以原生态特色农产品鱼稻、糯麦、草莓、水蜜油桃、红心猕猴桃、紫玉淮山、秋葵及特优玉米等特色品的种植及配套农村旅游的酒店设施为主。是一家科普教育、旅游为辅的一体化休闲农业与乡村旅游的综合农业园区。

长来镇和村　长来镇和村有醉美乡村公路，乡村壁画和谭氏宗祠等景点。醉美乡村公路上，长达十几千米的公路两旁种植一棵棵又高又直的水杉树，像一个个昂首挺立的威武士兵，等待首长检阅。谭氏宗祠是为纪念乐昌宋代第一位进士谭必而建，始建年代失考，现存建筑为清乾隆年间（1736—1795 年）重修。2012 年 10 月公布为广东省第七批文物保护单位。进入谭氏宗祠沿途的房屋的墙壁上画有谭必生平的壁画，与周围环境相得益彰，形成社会主义新农村的美丽画卷。是周末游玩，骑行的好去处。

【旅游推荐线路】

（1）广州—乐昌三日游线路建议

广州（出发）—坪石—金鸡岭—“7011”旅

游点—古佛洞天—西石岩寺—龙王潭—返程

（2）广州—韶关—乐昌两日游线路建议

A线：广州（出发）—南华寺—古佛洞天（或龙王潭或白水寨）—丹霞山—返程

B线：广州（出发）—坪石—金鸡岭—乐昌—古佛洞天（或龙王潭或白水寨）—西石岩寺—返程

（3）韶关—乐昌一日游线路建议

A线：韶关（出发）—云门山—古佛洞天—丹霞山—南华寺

B线：韶关（出发）—乐昌—古佛洞天—西石岩寺—龙王潭—返程

（4）乐昌特色旅游线路

A线：乐昌城区—北乡—九峰—两江—庆云—坪石为主线，乐昌城区—廊田—五山为支线

B线：古佛洞天—大坪古村—百臻农业生态园—“7011”景区—皈塘古村—金鸡岭

C线：古佛洞天—九峰花海—十二度水自然生态保护区—楠木森林公园—户昌山古村—金鸡岭

D线：楼下古村—龙王潭—龙山温泉——白水寨生态园—五山梯田

（5）红色线路

A线：市区—龙王潭—五山红军指挥部—五山梯田

B线：梅花镇—红七军烈士陵园—大坪古村—皈塘古村

（刘学峰）

附：市旅游局领导班子成员名单

局　长：何国志

党组书记：邬建华（7月—）

副局长：韩秋阳

　　　　王金红（女）

财政·税务

财政工作

【概况】 乐昌市财政局属国家行政机关，是市政府工作部门。内设办公室、人事股、预算股等25个机构和乐昌市财政局乐城财政所、坪石财政所等17个财政所，有机关行政编制49名，参照公务员管理事业编制92名，事业编制25名，2017年在编人数140人。

2017年，来源于乐昌市财政总收入完成151579万元，同比增长21.58%。全市上划中央收入完成35383万元，同比增长0.53%；省市共享“四税”收入完成18805万元，同比增长6.35%。全市一般公共预算收入完成59099万元，完成预算的101.42%，同比增长15.06%。一般公共预算收入加上级补助收入、上年结余收入、债券转贷收入和调入资金等312514万元，全市财政总收入完成371613万元，完成预算的102.66%，同比增长15.89%。全市一般公共预算支出完成322126万元，完成预算的98.83%，同比增长18.72%，其中纳入GDP核算的财政八项支出完成229188万元，同比增长22.52%。一般公共预算支出加上解上级支出、预算稳定调节基金和债务还本支出等22943万元，全市财政总支出完成345069万元。2017年全市财政总收支相抵，滚存结余26544万元（上级项目专项资金）。

【财政收支管理】 强化协税护税机制，加强财税等部门间的沟通与协调，共建协税护税信息平台；合理安排财政资金调度，加快项目支出进度，逐级分解支出任务，提高财政资金支出效益，严格执行通报约谈制度。追踪和监控重点项目（民生资金、基建资金、发展资金、专项资金）落实情况；加大向上级争项目、争资金、争政策力度，全年争取上级转移支付资金21.73亿元；严格贯彻落实中央八项规定，从严控制一般性支出，严禁“三公”经费开支过大。

【保障和改善民生事业】 2017年，共投入省十件民生实事资金1.94亿元，同比增长14.79%。全市11类民生支出完成26.57亿元，同比增长16.81%，占一般公共财政预算支出的82.44%。其中，教育投入67993万元；城乡居民基本医疗保险人均补助由420元/年提高到450元/年，城市、农村最低生活保障标准财政人均补差分别提高到457元/月、206元/月，农村特困人员（“五保户”）救助标准提高到675元/月，城市特困人员救助标准提高到928元/月；人均基本公共卫生服务经费补助标准从45元提高到50元；投入901万元支持乡镇卫生院标准化建设、投入797万元支持57间村级卫生站公建民营规范化建设、投入4194万元支持乐昌市第二人民医院新建医院项目建设；支持精准扶贫工作，2017年本级安排1000万元，共筹集扶贫资金23156万元，全市贫困发生率从2015年的4.07%下降为1.0028%。

【推进改革创新】 坚持把改革创新作为推动财政事业发展的第一动力，深化预算制度改革，改进年度预算控制方式，探索建立跨年度预算平衡机制，确保年度财政预算收支平衡。深化财税制度改革，配合中央和省推进税收制度改革，推进地方税收体系建设，强化协税护税工作机制。深化国库集中支付改革，推进镇级国库集中支付制度改革，加强公务卡等配套设施建设；进一步强化财政专户管理，加强对乡镇财政资金的监管，切实防范财政资金安全外部风险；全面铺开权责发生制政府综合财务报告改革，完成政府综合财务报告试编工作。探索投融资体制改革，出台政府向社会力量购买服务目录及管理办法，制定《乐昌市政府基本建设项目资金支付管理暂行办法》等一系列制度措施，强化制度保障。积极应用PPP等新型投融资模式，加快基础建设项目推进。2017年，乐昌市城乡环卫一体化PPP项目签约落地，镇村污水处理设施建设等PPP

项目开展前期工作。

【优化财政职能】 完善预算编制与结转结余资金管理相结合的机制，积极盘活财政存量资金，加强对国库存款、结转结余资金、其他应收应付款和财政专户资金的管理，合理控制库款保障水平。加强政府性债务管理，建立政府债务管理及风险预警机制，控制政府性债务规模，分类纳入预算管理，建立健全“借、管、还”相统一的机制，将隐性债务纳入监管范围，完善债务风险防范机制。开展财政支出绩效评价，扩大绩效评价覆盖面，强化财政资金的全程监管，建立以信息化为支撑，绩效评价、资产管理、投资评审、财政监督、政府采购、国库集中支付与预算管理有机结合、彼此制衡的“六位一体”财政运行管理新机制。建设动态监控制度，完善预算联网监督系统，建立人大和审计联网监督机制，对财政资金运转实施实时监控。制定《乐昌市预算执行动态监控管理办法》等管理制度及工作机制，将全市所有财政预算支出单位、所有财政性支出资金纳入动态监控范围。指导行政事业单位开展内控管理工作，组织开设培训班，提高全市行政事业单位内部管理水平。 （欧雪芬）

附：市财政局领导班子成员名单

党组书记、局长：许建武

党组成员、主任科员：林永红（女，7 月—）

党组成员、副局长：林永红（女，—7 月）

彭荣华

朱史文

连光军（8 月—）

党组成员：连光军（7 月—）

国家税务

【概况】 乐昌市国家税务局（以下简称国税局）位于乐昌市人民南路 25 号，1994 年 10 月 28 日组建，1995 年 1 月 1 日正式独立运作并对外办公，是垂直管理的正科级建制单位。2017 年 8 月 4 日成立中共乐昌市国家税务局机关委员会，新增机关党委办公室。设置 13 个部门，机关设 10 个股级行政科室、1 个副科级直属机构（稽查局）、1 个副科级派出机构（坪石税务分局）以及 1 个事业部门（信息中心）。2017 年，在职干部职工 114 人，退休干部职工 69 人，在职中共党员 81 人。

【组织税收收入】 2017 年，乐昌市国税局完成税收收入 61159 万元，同比增长 9.9%，增收 5493 万元。其中，增值税 49230 万元，同比增长 5.9%，增收 2748 万元。营改增四大行业增值税 19467 万元；企业所得税 8664 万元，同比增长 14.3%，增收 1082 万元；消费税 53 万元，增收 8 万元；车辆购置税 3212 万元，同比增长 106.4%，增收 1656 万元。全年完成市本级收入 13996 万元，同比增长 7.7%，增收 996 万元。全年征收文化事业建设费 85 万元，同比增长 28.8%，增收 19 万元。全年办理出口退（免）税 1712 万元，同比增长 77.4%，增加 747 万元。

【依法治税】 2017 年，市国税局清理出 1 条（《转发国家税务总局关于进一步推行办税公开的意见通知》）全文废止失效的税收规范性档，发放“一书一卡”《告知书》210 份，回收“监督卡”210 份，回访 130 户，查补收入 1641.52 万元。开展“营改增”扩围工作，做好扩围行业纳税人确认、培训辅导、涉税事项办理等各项准备。进一步加强小微企业等各项税收优惠政策落实工作，助力企业发展。2017 年，小型微利企业条件户数为 946 户，占企业所得税总户数 1254 户的 75.44%，减免企业所得税 127.32 万元。50 多户简并增值税税率优惠，完成 5 户农产品核定扣除工作的审核，所得税优惠政策惠及面 100% 享受，让纳税人真正享受“税收阳光”。

【纳税服务】 完善综合管理系统 2.0 版的功能建设，增加 24 小时自助办税终端，做好“二维码”便民措施的推广和应用，制定并落实《乐昌市国税局乐昌市地税局首问责任衔接制度》《2017 年乐昌市国家税务局“便民办税春风行动”工作方案》和《乐昌市国家税务局预约办税服务工作制度》，全面提高办税服务厅人员落实服务规范的能力。2017 年，乐昌市国税局在全省国税系统纳税人满意度调查中取得总体得分 91.68 分的成绩，高于全省平均分 3.47 分，在全省 140 个市县区中排名第 29、全市排名第 4。探索实施“互联网 + 税务”，开展优化网上办税流程、全面公开服务信息、推进实体办税服务厅与电子税务局融合发展、推动基层办税服务网点与电子税务局无缝对接等工作，加快实名制管理及电子税务局推广使用进度，构建以纳税人为中心的“引导式+体验式”全新办税服务，引导纳税人通过互联网、APP、微信等电子平台办理涉税业务。2017年，共有3447户正常纳税人在电子税务局完成实名认证绑定，占正常纳税人的99.94%。共有11286户（次）纳税人在电子税务局办理相关业务，在三个考核期内的平均电子办税率达97.97%。举办“青年文明号开放周”启动暨全国青年文明号揭牌仪式。纳税服务科（办税服务厅）被继续认定为“2015—2016年度全国青年文明号”（是全省国税系统获此荣誉称号的三个单位之一，韶关市国税系统唯一获此荣誉称号的单位）。被广东省国税局、共青团广东省委员会继续认定为“2014—2015年度国税系统广东省青年文明号”。7月11日至15日，办税服务厅将“请进来”融入“青年文明号开放周”，主动邀请纳税人、社会监督员、税收志愿者、媒体从业者等走进办税服务厅，开展岗位体验、操作观摩、政策讲解、公开评议等活动。联合提供个性化纳税服务和进行企业大走访190多户，开展“我为纳税服务献一策”主题大讨论活动，纳税人为国、地税改进纳税服务工作提出建议10余条。

2017年7月11日，乐昌国税局以“青年建功‘十三五’青春献礼十九大”为主题，举办“青年文明号开放周”启动暨全国青年文明号揭牌仪式　　　　（伍国文　摄）

【深化征管体制改革】　积极推进国地税征管体制改革，压实改革主体责任，以“任务清单”的形式“挂图作战”，实行台账“倒计时”管理，逐项抓好落实。持续优化营商办税环境，精简纳税人涉税资料报送，防范发票虚开风险，全面推行“实名办税制”，推进纳税人分类管理，对不同风险等级，分别采取风险提示、约谈评估、税务稽查等差别化应对。不断加大国地税合作力度，继续优化和完善征管合作项目。深化银税互动，联合开展纳税信用等级评定、税收宣传、纳税人培训辅导等活动。搭建信息交换平台，定期进行信息数据传递交换，共同筛选疑点数据，形成数据分析报告，实现征管基础数据的完整统一。2017年4月，国、地税局充分利用邮政遍及城乡的网点优势和邮递员走千家、进万户的特点，变“把企业请进税局”为“让政策走向万户”，开启全市首条“税宣邮路”。　（黄雪玲）

附：市国家税务局领导班子成员名单

局　长：林世远

副局长：李　辉

　　　　李颂华（9月—）

　　　　范卫东（—9月）

纪检组长：凌旭明

地方税务

【**概况**】　乐昌市地方税务局是乐昌市人民政府的经济执法和主管地方税收征管的职能部门，实行上级主管部门和地方政府双重领导，以上级主管部门垂直领导为主的管理体制，负责全市范围内地方税费的征收管理。2017年，在编干部职工118人，离退休干部职工67人。内设6个股（室）、中心，1个直属机构，下辖6个税务分局。

【**组织收入**】　2017年，累计完成税费收入88976万元。组织税收收入总额37067万元，同比增收7821万元，增长27.3%，完成韶关市局下达年度预期的115.83%，在韶关各县中排名第一。其中中央级税收6243万元，同比增收465万元，增长8.49%，省级收入4811万元，同比增收849万元，增长22.27%，市县级收入26013万元，同比增收6507万元，增长33.62%，入库增收2509万元，增长10.67%，完成韶关市局下达年度预期的117.18%，完成乐昌市政府下达年度预期的113.35%，在韶关各县中排名第一。各项费金收入51909万元，同比减收1654万元，下降3.09%。其中，社会保险费48917万元，同比减收355万元，下降0.72%；其他费金2992万元，同比减收1299万元，下降30.27%。

【税费征管】 2017年，全面践行机关服务基层，全员服务纳税人理念，大力推进分类分级改革工作，对管户和事项按业务和流程进行分类管理，进一步整合征管资源，优化人员配置；成立存量房业务价格争议评定小组、应急处理小组和重大事项审理小组等团队，构建“数据分析—风险分类—团队应对”闭环，有效规避风险。结合机构设置、税源结构和人力资源实际，整合梳理机关业务股室和基层分局的11大类522小项事项，删繁就简、规范重构各事项的内部流转明细图。并以此设置各类岗位，实施专业化分工。全面落实国务院六项减税政策和“实体经济十条”配套政策措施。全年累计减免各项税费2.12亿元，政策受惠面达100%。加强与市人社局、社保局、财政局和银行的沟通协作，做好机关事业单位养老保险上线工作，圆满完成全年社保扩面征缴任务，并作为优秀经验在全市规费工作会议上做推广介绍。做好个税全员全额申报、环保税开征准备等各项工作。

【依法治税】 进一步发挥行政复议解决税务行政争议纠纷，监督和保障税务机关依法行使职权。配合韶关市局做好四个批次的数据清理工作，完成率98.7%。全年依法查补税款2400万元。对3户企业进行立案专项检查，查补税费、滞纳金166万元（不含国税查补收入）；有针对性检查涉票企业5户，查处发票违法行为3件；督导4户企业开展行业自查，查补入库税款和滞纳金近280万元；进一步加强征管与稽查部门协作，督促某企业自觉补缴以前年度欠税321万元；全面开展稽查说理式执法，规范执法行为，维护行政相对人合法权益。做好纳税信用等级评定和复评补评工作。累计消除21户纳税人44次错误扣分，分值共计284分，为错误关联为D级的5户纳税人挽回名誉。

【纳税服务】 完成乐城办税服务厅规范化改造项目。引入税务机器人乐乐开启智能办税新模式。推行“一窗式”服务，印制“业务受理单”和“资料传递卡”，健全内部衔接机制。分局长导税从“一日导税体验”变为“常态化”工作，零距离服务纳税人；引入内存涉税信息逾1万条的智能机器人导税，提高导税岗工作效率20%以上；完善容缺受理机制，对缺失非重要资料或者因时间和地域限制等特殊原因需要急办的事项提供急事急办服务。纳税人评价满意率达99%以上。走访管户2307户，收集意见527条，帮助纳税人解决困难问题692条。深化税务行政审批制度改革，保留行政审批事项3项，与税务系统原有的87项行政审批事项相比精简比例达95%；纳税人满意度调查得分为92.74分，位列韶关第三位、全省第十八位。

【国地税合作】 2017年，国地税联合登记业务共6283笔，以国地税联合登记、变更和注销登记实现纳税人“只跑一次”。开通全省首条“税宣邮路”，利用邮政遍及城乡的网点优势和邮递员走千家、进万户的特点，变“把企业请进税局”为“让政策走向万户”。“银税互动”实现100%全覆盖。将个人的纳税情况纳入诚信机制，与7家银行机构负责同志共同签订“银税合作”战略合作协议，正式开启全市税务系统与银行系统深化战略合作、扶持小微企业发展的新起点。（陆晓莉）

2017年4月14日，乐昌市国地税联合邮政乐昌市分公司启用全省首条“税宣邮路”

（胡桂敏　摄）

附：市地方税务局领导班子成员名单

局　长：廖玉平

纪检组长：陈志明（—7月）

　　　　　陈大星（9月—）

主任科员：黄坤明

副局长：李毓华

　　　　林　军

总经济师：熊树忠

金融·保险

中国人民银行乐昌市支行

【概况】 2017年，中国人民银行乐昌市支行（以下简称人行乐昌市支行）在职干部18人，其中，行长1人、副行长1人、副主任科员1人；离退休干部22人。内设办公室、综合业务股、会计国库股和外汇管理股4个股室。

2017年，乐昌市银行业金融机构各项存款（含本外币，下同）余额161.29亿元，同比增加13.87亿元、增长9.4%；各项贷款余额83.52亿元，同比增加11.31亿元、增长15.66%。存贷比51.78%，同比提高2.8个百分点，高出韶关均值1.82个百分点。存贷款余额和存贷比在韶关七县（市）一区（指曲江区）中分别排名第一和第二。

【服务地方经济发展】 定期组织金融机构召开金融形势分析会议，贯彻执行稳健中性的货币政策，窗口指导银行机构加大对涉农、中小微企业、基础设施和重点建设项目的信贷支持。2017年，个人住房贷款余额31.87亿元，同比增长37.97%；累计对工业企业发放贷款近13.14亿元；涉农贷款余额52.29亿元，同比增长10.34%，农户贷款余额21.46亿元，同比增长15.38%，农村企业及各类组织贷款余额30.82亿元，同比增长8.79%。

【金融服务】 做好征信管理工作，推进信用体系建设。2017年，个人征信查询5053笔，企业征信查询52笔。做好账户管理行政许可工作，全年办理账户管理行政许可2032笔，其中开立846笔、变更865笔、撤销321笔。做好反假货币工作，开展对银行机构的人民币收付业务检查工作。2017年，辖内累计收缴假币1446张，金额119770元，同比分别下降9.79%、6.91%。加强国库业务管理，严把资金出入关，完善与地方财政税务协调机制建设，提高经理国库服务水平。2017年，乐昌市各级国库收入39.07亿元，支出33.75亿元，分别同比增长25%、9.88%，全年受理征收机关缴款书15.06万笔，财政拨款3.5万笔。督促辖内外汇指定银行落实“展业三原则”（了解客户、了解业务和尽职审查），加强对跨境资金流动监测和分析，严防跨境资金异常流动风险。加强政策宣传和业务指导，促进贸易投融资便利化。2017年，辖内涉外收支274笔，1744万美元。

【防控金融风险】 加强对银行机构不良贷款的监测，督导做好金融风险事件舆情监测和重大事项信息报送工作，防范外延性金融风险。开展地方法人银行机构存款保险核查、评级、缴费和审慎性评估等工作，稳步推进存款保险。健全和完善反洗钱、反假货币等工作联席会议制度和信息共享机制，多方联动开展对非法集资、非法买卖银行卡、涉众型金融案件等金融风险隐患的监测和防范，维护金融稳定。落实反洗钱工作职责，加强对金融机构的反洗钱工作指导和非现场监测工作，完成对地方法人金融机构的反洗钱监管走访工作。积极配合公检法部门打击洗钱活动，指导银行机构提供涉案账户线索，协助公安机关成功破获一起特大地下钱庄案，冻结涉案资金3000万元。开展打击电信网络违法犯罪活动，指导银行机构成功拒绝一例疑似有组织电信诈骗团伙开立个人账户案件，及时转发风险提示至各银行机构。

【推动普惠金融发展】 创新推动移动支付在农村地区的应用，优化支付服务环境，支持“三农”发展，帮助当地农户实现增收致富。建立“政府引导、人行推动、银行实施、工商农户共同参与”的四方模式，设计开发“九峰移动支付体验评价系统”，建设镇、村两级移动支付示范点。2017年，九峰镇网上银行存量户 3233 户，手机银行存量户 3593 户，两项指标均超过九峰镇常住人口的 30%，水果寄件数约 17 万件，助力当地农户创收超 2500 万元。开展金融知识宣传普及活动，维护金融消费者合法权益。到广东省工商高级技工学校举办防范和打击非法集资专题讲座活动。制作“打击防范电信网络新型违法犯罪构建平安和谐韶关”主题宣传教育视频，通过微信链接、磁盘介质等载体在辖内金融机构和中学范围内播放。联合白石镇政府将富村村委会打造成金融支持脱贫攻坚示范点，设立金融知识宣传长廊。创新开展国债知识宣传，推动国债下乡，助力农民理财。2017 年，乐昌市储蓄国债共销售 1067 万元。

【普惠金融“村村通”试点工作通过验收】 2017 年初，乐昌市农村普惠金融“村村通”试点工作获广东省金融办验收通过。2017 年，助农取款服务点累计发生交易 71937 笔，金额 3245 万元；设立农村信用建设担保基金 1600 万元，发放贷款余额 1600 万元，惠及农户 532 户；设立中小微企业贷款风险补偿基金 1800 万元，贷款余额 4106 万元，惠及中小微企业 6 家；农村妇女创业贷款余额 230 万元，惠及农村妇女 201 人；再就业小额担保贷款余额 1716 万元，支持 150 人创业，带动就业约 500 人；政银保项目贷款余额 58 万元；林权抵押贷款 5 宗，余额 1258 万元；农村小微企业贷款余额 5600 多万元。

【金融支持脱贫攻坚】 联合市扶贫办、金融办推动《乐昌市扶贫小额信贷工作实施细则（2016—2018）》等制度出台，建立扶贫贷款风险分偿机制和贴息补偿机制，指导涉农金融机构开展扶贫小额信贷工作。2017 年，设立扶贫贷款风险补偿基金和扶贫贴息资金 1600 万元，扶贫小额贷款余额 137 万元，支持 51 户建档立卡贫困户脱贫致富；指导涉农金融机构完成 3942 户贫困户的信用信息采集和 3715 户贫困户的信用信息评级工作，覆盖有劳动能力贫困户，并向无劳动能力贫困户延伸。

（曾婉旭）

附：中国人民银行乐昌市支行领导班子成员名单

行　长：丘福林

副行长：胡建东（2 月—）

副主任科员：肖思志（2 月—）

中国银行股份有限公司韶关乐昌支行

【概况】 中国银行股份有限公司韶关乐昌支行（以下简称中国银行韶关乐昌支行）是中国银行股份有限公司韶关分行下辖县（市）级支行，内设营业业务发展部，2017 年在职员工 15 人。

【经营情况】 中国银行韶关乐昌支行大力支持乐昌政府民生、产业重点项目和地方中小企业的发展，通过个人住房贷款、消费金融贷款以及企业贷款助力民生事业发展和中小企业发展。截至 2017 年年末，各项存款余额 50476 万元，其中人民币企业存款余额 8692 万元；各项贷款余额 43743 万元，其中中小企业贷款余额 8327 万元，主要核心指标完成上级下达的任务。

【服务地方经济】 大力支持乐昌重点项目和地方中小企业发展，改善企业融资难等问题。发挥外汇专业行的优势，做好出国金融服务，为居民提供便捷周到的一站式跨境金融服务。做好惠民金融，代理发放退休人员工资、中学生资助金等，为老百姓在社会保障、医疗卫生、教育助学、便民缴费、生活消费等方面提供便捷服务。

（陈　琪）

附：中国银行韶关乐昌支行领导班子成员名单

行　长：刘玉华

副行长：李海燕（女）

陈旺泉

周正浩

中国工商银行股份有限公司乐昌支行

【概况】 中国工商银行股份有限公司乐昌支行位于乐昌市公主上路 21 号，内设行政经理部、业务部；下辖乐城支行、坪石支行、人民路支行（于2017年10月撤并为自助银行）；辖内有自助银行1个，CDMA自动存取款柜员机15台。2017年在职干部员工54人。

【经营情况】 2017年，全行各项存款19.96亿元，比年初新增1.9亿元，其中，储蓄存款余额13.57亿元，对公存款余额5.48亿元；各项贷款余额9.1亿元，其中，公司贷款余额2.36亿元，比年初减少0.36亿元，个人贷款余额6.74亿元，比年初新增2.35亿元。全年实现安全运营无事故、无案件的“双零”目标。（龚新华）

附：工行乐昌支行领导班子成员名单

行　长：陈新辉

副行长：叶伟新

　　　　罗印强

中国农业银行股份有限公司乐昌市支行

【概况】 2017年，中国农业银行股份有限公司乐昌市支行（以下简称农行乐昌支行）内设客户部、综合管理部、风险管理部；下辖乐昌侨成支行、乐昌江畔支行、乐昌坪石支行3个二级支行和支行营业部，共4个营业机构，在岗员工74人。在城区及乡镇设立自助银行区9个、ATM机22台，开办助农取款点114个。

2017年，全行各项存款余额18.93亿元，比年初下降0.20亿元，其中储蓄存款余额16.70亿元，对公存款2.23亿元；各项贷款余额18.44亿元，比年初新增3.23亿元，其中法人贷款余额7.20亿元，比年初增加0.53亿元；个人贷款余额11.24亿元，比年初增加2.70亿元；其中个人住房贷款累计投放3.24亿元，比年初增加2.30亿元，存量同业排名第一、增量同业排名第二。全年实现中间业务收入1292万元。

【服务县域“三农”】 积极支持地方基础设施与重点项目建设，大力推进民生惠民工程，推动中小企业和“三农”业务发展。以农村个人生产经营贷款和家庭农场（专业大户）贷款为重点产品，以新型农业经营主体为重点支持对象，不断实施农户贷款业务经营转型。结合乐昌当地特色资源，加大对农（林）业龙头企业带动的种养大户及农民专业合作社示范社的信贷支持力度，重点支持家庭农场、专业大户、农民专业合作社等新型农业经营主体贷款。依托农行网络金融优势，通过快农贷、便捷贷、扫码支付等产品，开展走进农村、走进乡镇活动，服务乐昌乡镇个体工商户、农村专业合作社和农户等群体。以惠农通工程建设，做实惠农通服务点，方便农户代缴电费、电信话费功能。截至2017年年末，农行在梅花中心镇设立金融服务站1个，全行设立POS机260台、转账电话214台，“惠农通”金融服务点114个，覆盖90个自然村。

【履行社会责任】 积极开展“精准扶贫”工作，抽调业务骨干参与黄圃镇驻点扶贫工作，全行中层干部向贫困户捐出节日慰问金13200元。在全省扶贫济困日中，全行员工捐款11200元，用于黄圃镇里村村委会定向扶贫捐赠。（潘华刚）

附：农行乐昌支行领导班子成员名单

行　长：文　键

纪委书记：冯利平

副行长：欧阳剑

中国建设银行乐昌支行

【概况】 中国建设银行股份有限公司乐昌支行位于乐昌市城镇昌山西路79号，2017年，有营业网点1个，内设个人货款中心1个、自助银行4个，在岗员工19人。

【助力脱贫攻坚】 通过建设银行“善融商务”电商平台，开辟电商扶贫绿色通道，精准对接乐昌特色农业、水果基地，实现贫困地区农业龙头企业和优绩农业合作社入驻善融商务。2017年，成功实现2户农业合作社入驻善融商务。

【支持中小企业发展】 不断创新信贷品种，破解中小企业融资难融资贵难题，向企业推出“小微快贷”和“云税贷”业务。全年共投放中小企业贷款900万元。

【助力房地产去库存】 通过优化人员劳动组合，优化贷款流程等方法加快个人贷款业务发展，坚持执行利率优惠政策，让利于民，全年共发放个人商品房贷款2.23亿元。

【“裕农通”普惠金融服务】 推出“裕农通”普惠金融服务，为乡镇家户提供助农取款、存款、转账等业务，打通金融服务“最后一公里”。2017年拓展12户“裕农通”业务。 （李志平）

附：建行乐昌支行领导班子成员名单

行　长：丁淑文

副行长：陈文胜

　　　　朱有成

中国农业发展银行乐昌市支行

【概况】 中国农业发展银行是直属国务院领导的中国唯一一家农业政策性银行。主要职责是按照国家的法律、法规和方针、政策，以国家信用为基础，筹集资金，承担国家规定的农业政策性金融业务，代理财政支农资金拨付，为农业和农村经济发展服务。中国农业发展银行乐昌市支行位于公园路55号，是乐昌市内唯一的政策性银行，成立于1997年9月，内设办公室、会计结算部、信贷业务部，2017年年末，在岗员工14人。2017年，中国农业发展银行乐昌市支行被中国农业发展银行广东省分行评为“2017年度县级支行十大进步行”。

【业务范围】 业务范围包括办理粮食、油料收购、储备、调销贷款。办理粮食仓储设施、农业产业化龙头企业及其他涉农企业贷款。办理新农村建设、农村基础设施建设、农业综合开发、县域城镇建设贷款。办理水利建设贷款。代理财政支农资金拨付和企事业单位存款、结算业务。办理代理保险、办理票据转贴现、同业存款等业务。

2017年，中国农业发展银行乐昌市支行被中国农业发展银行广东省分行评为“2017年度县级支行十大进步行”（农发行乐昌支行　供）

【支持地方粮油储备】 2017年，农发行乐昌市支行发放政策性贷款5120万元，支持乐昌市政府收储及轮换地方储备粮油，确保地方储备粮食的安全。发放仓储设施建设后续贷款480万元，持续支持乐昌市政府改善提升粮食仓储设施条件，促进仓储企业可持续发展。

【发挥政府项目金融主导作用】 农发行乐昌市支行持续发挥金融支持的主导作用，真正成为“政府的银行”。累计支持重点项目12个，授信逾18亿元。2017年，发放政府主导项目建设贷款3.09亿元，支持乐昌市政府9个政府主导项目：乐昌市储备粮仓扩建项目、高铁站至产业园道路建设项目、乐昌市张滩闸坝枢纽重建工程项目、乐昌市武江河饮用水源置换工程项目、乐昌新城核心区综合整治项目、乐昌新城核心区基础设施建设项目、乐昌产业转移工业园综合整治项目、乐昌市病险山塘水库除险加固项目、乐昌市村村通自来水项目。

（田慧嘉）

附：农发行乐昌支行领导班子成员名单

行　长：黄忠平

副行长：杨志斌

乐昌市农村信用合作联社

【概况】 2017年，乐昌市农村信用合作联社（以下简称乐昌联社）下设10个职能部门、26个营业机构（其中全功能网点7个、精品网点3个、普通网点16个），在职员工279人。

截至2017年年末，乐昌联社各项存款余额70.11亿元，各项贷款余额30.1亿元，存、贷款占市场份额分别为43.47%、36.03%。实现金融往来收入1.42亿元，经营利润1.69亿元。全年实现安全运营无事故。

2017年，乐昌联社被中央金融团工委评为2016—2017年度“银团合作”优秀派出机构、被韶关市消费者委员会评为“2016年度诚信单位”、荣获2016年度韶关市银行业信息工作“先进集体”称号、2016年乐昌市农村普惠金融“村村通”工作先进单位称号；员工陈焕君荣获全省农合机构“优秀团干”称号、卢颖被广东金融团工委授予“广东金融青年服务明星”称号、李丽娟荣获2016年度韶关市银行业信息工作“先进个人”称号、叶雨珊参加由韶关市金融青年联合会和韶关市金融团工委联合主办的“我的青春，我的梦”演讲比赛荣获优胜奖。

【改制农商行】 乐昌联社于2017年正式启动改制组建农村商业银行工作，前期完成预评估、形成自评估报告和财务重组方案、召开组建农商行动员大会及筹建工作小组会议等工作。计划于2018年完成改制工作，组建广东乐昌农村商业银行股份有限公司。

2017年11月7日，乐昌召开农信社组建农商行工作动员大会　　（余伟民　摄）

【发展电子金融】 乐昌联社大力拓展电子金融市场，利用省联社建立的“鲜特汇”网上商城，联系乐昌市当地优质农业生产企业，将本土特色农业产品上架至“鲜特汇”商城，帮助本土企业开拓销路；加大“鲜特汇”扫码支付业务营销力度，以现代金融及客户需求为导向，发展非现金支付应用市场。

【化解房地产库存】 2017年，乐昌联社不断修订完善按揭贷款制度，成立按揭贷款专营中心，配备3名客户经理专职负责房地产按揭项目及个人按揭贷款，致力于化解房地产库存，促进乐昌市房地产业持续发展，全年累计发放按揭贷款1.86亿元。

【社会责任】 2017年，乐昌联社积极发挥金融优势，通过进校园、进社区、进学校、进工厂开展各类主题宣传活动，普及金融知识，维护金融消费者的合法权益；围绕支持“三农”发展、扶助青年及妇女就业创业等重点工作，发放创业担保贷款、农村妇女创业贷款和“政银保”贷款；组织青年志愿者走进贫困村关爱留守儿童、走进学校慰问贫困学生、走进福利院关怀残障儿童及孤寡老人。

（吴　霞）

附：乐昌联社领导班子成员名单

党委书记、理事长：吴新华
党委副书记、主任：曹伟基（—12月）
党委委员、纪委书记、监事长：朱瑞洪（—12月）
党委委员、纪委书记：潘观寨（12月—）
党委委员、副主任：刘伟华
　　　　　　　　　戴彩明

中国人民财产保险股份有限公司乐昌支公司

【概况】 中国人民财产保险股份有限公司（PICCP&C，以下简称中国人保财险）是经国务院同意、中国保监会批准，于2003年7月由中国人民保险集团公司发起设立的、亚洲最大的财产保险公司。中国人民财产保险股份有限公司乐昌支公司是中国人保下属的分设机构，于1985年1月成立。2017年，支公司在职员工27人，内设经理室、综合部、理赔分部、业务部、农险部、坪石营业部和梅花营销服务部。

【业务范围】 业务范围包括机动车辆保险、人身意外保险、短期健康险、财产保险、责任保险、信用保险、政策性农险等，其中政策性农险主要包括水稻、玉米、农房、能繁母猪、生猪、家禽等。2017 年，公司独家承办乐昌市政策性水稻及玉米种植保险、政策性能繁母猪养殖险、政策性农房保险、政策性生猪及家禽保险等，继续承保乐昌峡水利枢纽、坪石 B 电厂等乐昌标志性产业的财产险。

【经营和服务】 2017 年，年实现保费收入 4734 万元，同比增长 18%，稳居财产类保险市场份额的第一位。中国人保财险开通 365 天 24 小时全国服务专线“95518”、www. epicc. com. cn 官网直销平台、“4001234567”电话销售专线、移动互联平台、柜面一体化和“中国人保”APP，形成强力服务网络，随时随地的为客户提供投保咨询、理赔查询、一站式在线服务。（李晓娇）

附：中国人保财险乐昌支公司领导班子成员名单

总经理：倪雄峰

总经理助理：吴　锟

中国人寿保险股份有限公司乐昌市支公司

【概况】 中国人寿保险股份有限公司乐昌市支公司（以下简称中国人寿乐昌支公司）内设总经理室、办公室、客户服务部、个险销售部、银行保险部、团险销售部，下辖廊田营业部、长来镇营销服务部、九峰镇营销服务部、北乡镇营销服务部、坪石镇营销服务部等 7 个营业及服务网点。2017 年年末，中国人寿乐昌支公司有 550 人，其中，一线业务骨干及精英 522 人，在职干部、职工 28 人（包括正经理 1 人、副总经理 2 人）。

【业务发展】 截至 2017 年 12 月 31 日，中国人寿乐昌支公司总保费收入 13950 万元，比 2016 年增加 2380 万元；全年给付支出 5998 万元，比 2016 年减少 734 万元（其中，满期给付支出 4415 万元，年金给付支出 749 万元，赔款给付支出 459 万元，死亡及医疗给付 1914 万元）。

【社会责任】 2017 年，中国人寿乐昌支公司举办“国寿金矿企业家招募”增员活动，搭建创业平台。开展保险服务“温暖下乡”活动，拓展农村网点业务。联合民政部门推进“银龄安康”及妇联推进“妇女二癌”险工程。举办“道德讲堂”，开展爱国卫生大扫除活动，配合创卫创文工作。（伍文娟）

附：中国人寿乐昌支公司领导班子成员名单

总经理：赖国强

副总经理：魏志华

　　　　　刘志勇

教　　育

教育管理

【概况】　2017年，乐昌市教育局有领导班子成员4人，其中党组书记、局长1人，副局长3人；在职干部职工79人。内设15个股室：局办公室、人事股、审计监察股、基建财务股、基础教育股、职业与成人教育股、体育卫生艺术教育股、市人民政府教育督导室、市招生考试中心、党工委办公室、学生助学工作办公室、中学教研室、小学教研室、电教仪器站、财务结算中心。中共乐昌市委教育工作委员会辖2个党委（中共乐昌市第一中学委员会、中共乐昌市城关中学委员会），1个总支（中共乐昌市第二中学总支部委员会），17个支部，有委员5人，其中，书记1人，副书记1人。中共乐昌市教育纪律检查工作委员会辖2个纪委（中共乐昌市第一中学纪律检查委员会、中共乐昌市城关中学纪律检查委员会），有委员5人，其中书记1人，副书记1人。

2017年，全市有学校56所，其中普通高中2所，完全中学1所，职业中学1所，初中9所（含民办初中1所），九年一贯制学校13所，小学29所，特殊教育学校1所，教学点42个。幼儿园84所（其中公办幼儿园23所、民办幼儿园61所）。有在校学生78499人，其中学前教育幼儿17471人，小学生36161人，初中生15644人，普通高中生6804人，中职生2333人，特殊教育学生86人。有在职教职工5734人，其中幼儿教职工1538人，小学教职工1962人，初中教职工1414人，普通高中教职工654人，职中教职工148人，特殊教育教职工18人。

【教育创强】　制定完善《乐昌市创建广东省推进教育现代化先进市实施方案（2015—2020年）》，召开“推现”动员会，扎实推进强镇复评，启动一批学校新建、扩建项目，全面完成“三通两平台”（宽带网络校校通、优质资源班班通、网络学习空间人人通，建设教育资源公共服务平台和教育管理公共服务平台）建设。2017年1月，庆云、梅花、沙坪镇通过省督导验收，实现省教育强镇全覆盖。投入1123万元，完成云岩、秀水、黄圃、乐城等4个镇（街）“强镇”复评工作。启动广东省农村职业教育与成人教育示范县创建。

2017年9月12日，乐昌市召开推进教育现代化暨创建省农村职业教育与成人教育示范市动员会　　（丘丽茹　摄）

基础教育

【学前教育】　继续推进民办普惠性幼儿园发展，全市普惠性幼儿园76所，其中，普惠性民办幼儿园53所，普惠性公办幼儿园23所，普惠性幼儿园占比90.47%，学前三年毛入园率为96.8%。

【义务教育】　加大投入，改善办学条件，解决进城务工子女就学，推进“防流控辍”工作。加快推进义务教育阶段学校基础设施建设，缩小区域内、城乡间的教育差距。2017年，小学适龄儿童入学率达 100%，辍学率为 0；初中适龄少年入学率为 99.64%，辍学率为 0.19%。九年义务教育巩固率为 98.4%。2017 年新招聘教师 84 人。

【高中教育】 全面完成教育信息化建设，提升高中办学水平，不断加强教育教学管理。2017 年，普通高考实际参考人数 2756 人，本科总上线人数 1145 人，同比增加 129 人，增长 5 个百分点。高中阶段毛入学率为 94.5%。

【职业教育】 做好中职学校招生宣传工作。2017 年，超额完成乐昌市下达的春季招生任务。乐昌职中被评为韶关市中等职业学校 2016—2017 学年度教学管理先进单位。

【特殊教育】 以集中教学、随班就读、送教上门三个方式，统筹推进特殊教育建设。“三残”（智残、体残、肢残）儿童少年入学率为 100%。

【依法治教和平安校园工作】 狠抓综治维稳建设、学校安全和校园周边环境综合治理。加强法制教育，组织实施“七五”普法。强化依法治校，规范办学行为，重点整治教育乱收费、有偿家教等不正之风。2017 年，“平安校园”实现全覆盖；启动“依法治校示范校”创建活动。

【高考成绩取得新突破】 全市 2017 年普通高考实际参考人数 2715 人，其中第一批重点本科上线 203 人，同比增 2 人。第二批本科上线 942 人，同比增 127 人，增幅为 4.74%。本科以上上线人数 1145 人，同比增 129 人，增幅为 4.75%；专科以上上线人数 2395 人，总上线率为 88.2%。乐昌一中、二中荣获“韶关市 2017 年普通高中教学质量优秀学校”称号，城中被评为“韶关市教育科研先进单位”。

【助学工作效果显著】 全市助学工作实现从幼儿园到大学的全覆盖。精准扶贫建档立卡家庭困难学生 2016—2017 学年度教育扶贫资金达 713.14 万元，全部发放。积极动员社会力量捐资助学，2017 年，社会各界人士共资助乐昌市贫困中小学生、贫困大学生 276 人次，资助金额 35.46 万元；捐资用于学校改善办学条件 959.3 万元。全面推进生源地信用助学贷款，2017 年有 224 人办理生源地信用助学贷款，贷款金额 170.2611 万元。 （彭丽媛）

附：市教育局领导班子成员名单

市委教育工委书记、教育局党组书记、局长：
肖永剑

市委教育工委委员、教育局党组成员、副局长：
薛陆平
罗琦辉
谢海雄

市委教育工委副书记、纪工委书记：薛陆平

学校选介

【乐昌市第一中学】 概况　乐昌市第一中学是一所公立全日制普通高级中学，正科级事业单位，位于乐昌市大瑶山路 36 号。学校创建于 1928 年秋，前身为昌山书院，其间七易其名，九迁其址。1950 年更名为乐昌县第一中学，1994 年乐昌撤县设市后定名为乐昌市第一中学。2002 年被评定为广东省一级学校，2010 年 6 月被评定为“广东省教学水平优秀学校”和“广东省国家级示范性普通高中”。

学校占地 13.33 公顷，教学区有 2 栋教学楼、1 栋实验楼、1 栋粤辉科学楼、1 栋综合行政楼和 1 栋图书馆，有 1.3 万平方米的文化广场。运动区有全塑胶 400 米跑道标准运动场 1 个、标准篮球场 10 个，占地 3200 平方米的体育馆 1 座。生活区有 3 栋学生宿舍、1 栋学生食堂。装配 68 套先进的“交互式电子白板多媒体电教平台”，有标准的理化生实验室、仪器室 17 间，理化生探究室各 2 间，综合实践活动室 3 间，电脑室、语音室 6 间，电子阅览室 2 间和录播室 1 间，有音乐、舞蹈、美术、心理辅导等功能室，图书馆的藏书 15 万册。

学校设 60 个教学班，教职工编制数 260 个，在校学生 3400 多人。2017 年有在编教职工 245 人，其中专任教师 225 人，专任教师学历达标率 100%，有硕士研究生9人，有研究生进修班学历34人；教师中有高级职称77人，一级职称122人；有韶关市级学科带头人5名，韶关市各学科学会常务理事或理事11名，乐昌市学科带头人67名。

2017年，学校被评为“2017年乐昌市学校管理和教育教学先进单位”和“2017年韶关市普通高中教学质量优秀学校”。学校男子篮球队在韶关市第十五届青少年运动会暨第二十二届中学生“英东杯”篮球比赛中勇夺亚军，舞蹈队在韶关市第二十二届中小学“英东杯”文艺竞赛中荣获中学组民族集体舞第一名，女子足球队代表韶关参加2017年广东省“省长杯”青少年足球联赛全省总决赛，勇夺女子高中组第四名，创造韶关市青少年女子足球队参加省赛的历史最好成绩。

2017年12月11日，学校女子足球队勇夺广东省“省长杯”青少年足球联赛全省总决赛女子高中组第四名　　　　（乐昌市第一中学　供）

高考实现五连增　6月25日，2017年高考放榜，乐昌一中高考成绩实现五连增，一本上线233人（专项61人），二本以上上线912人，比2016年增加153人，本科上线率70%。一本上线人数和上线率、本科上线人数和上线率等各项指标均名列韶关县（市、区）重点中学第一。

第一届初中创新实验班开学　9月1日，停办初中10多年后的第一届初一创新实验班开学，设2个班，新生共102人。　　　　（黄仁科）

附：市第一中学领导班子成员名单

党委书记、校长：谢丰收

副校长、工会主席：古俊辉

副校长：李祥忠

副校长、党委委员：杨　霞（女，7月—）

副校长、党委委员：范泽生（7月—）

【乐昌市城关中学】　**概况**　乐昌市城关中学创建于1969年10月，校址位于乐昌城区红岭东路20号，是一所公立全日制普通高级中学，正科级事业单位，于2005年评定为广东省一级学校。

学校占地面积12万平方米，分成教学区、运动区、学生生活区、教工住宅区。教学区有教学楼3栋（建筑面积7802平方米）、科学楼1栋（建筑面积10398平方米）、综合行政楼1栋（建筑面积2036平方米）。运动区有1个标准化400米跑道运动场（面积31000平方米）、5个标准篮球场（面积5176.5平方米）。学生生活区有4栋学生宿舍（建筑面积9938平方米）、2栋学生食堂（建筑面积1074平方米）。有标准理化生实验室、仪器室18间，理化生探究室1间，综合实践活动室3间，电脑室、网络室4间，电子阅览室2间，录播室1间，英语口语考场2间，计算机835台，多媒体教学平台69个，地理、历史、音乐、舞蹈、美术等功能室按要求配齐；有图书3.75万册及体育器材、美术、音乐器材设备一批。

2017年，学校有45个高中教学班。教职工的编制242人，实际在校教职工219人。其中高级职称49人，中级职称112人，初级职称53人。

教学成绩　2017年，城关中学高考一本上线13人（含地方专项上线2人），二本上线76人，本科以上上线总共89人，专科以上744人。专科上线率创近年新高。

教研成就　2017年，乐昌市城关中学化学科组被评为第六届（2015年9月—2017年6月）广东省优秀化学科组。肖彬清老师荣获广东省先进化学科组长荣誉称号。朱红云、肖彬清老师获广东省计算机教育软件评审三等奖和二等奖。地理组在2017广东省奥林匹克竞赛中，学生邓月荣获广东省一等奖，另有3位同学获广东省二等奖，3位同学获广东省三等奖。乐昌市城关中学被评为韶关市2016—2017、2015—2016学年度优秀教科研先进单位。语文组刘留老师获韶关市高中现场作文比赛二等奖；获韶关市高中语文青年教师讲说课比赛二等奖。地理组老师侯新宇在韶关市高中数学青年教师讲题比赛中获韶关市三等奖。生物组老师吴考香在2017年实验教学说课活动中获韶关市三等奖。英语组老师潘元获韶关市高中英语教师教学技能之微课制作大赛二等奖，谢虹获三等奖。历史组侯晓燕老师指导的学生获2017年韶关市中学历史漫画大赛一等奖。化学组老师蔡姣姣在韶关市高中化学青年教师教学能力比赛中获韶关市三等奖。林永彪校长的长篇小说《中学校长》作为韶关市宣传部文艺精品由中国言实出版社出版发行，撰写的《必须理直气壮地在高中思想政治课教学中加强“家国情怀”核心素养教育》获中国教育学会2017年度论文征集和评选活动优秀论文三等奖。（朱乐祥）

附：乐昌市城关中学领导班子成员名单

校长、党委书记：林永彪

副校长、党委副书记：张家成

副校长、党委委员、工会主席：肖亮宏

副校长、党委委员：谭小芳

副校长、党委委员、纪委书记：骆奎斌

【乐昌实验学校】 乐昌实验学校前身是创办于1940年的“乐昌铁路中学”，2004年2月，学校由羊城铁路总公司移交乐昌市人民政府管辖，9月更名为“乐昌市乐昌实验学校”。为乐昌市直属学校、韶关市一级学校。学校位于乐昌市解放东路11号，占地面积15815平方米，建筑面积6700平方米，运动用地面积6800平方米，绿化面积3900平方米。学校先后被评为“广东省依法治校示范学校”“全国优秀家长学校实验基地”“全国优秀家长学校”“广东省知识产权示范校”“韶关市一级学校”“韶关市绿色学校”“韶关市义务教育规范化学校”“韶关市教学质量优秀学校”“韶关市德育示范校”“韶关市安全文明校园”等。

2017年，学校有22个教学班，在校学生1060人；在职教职工92人，其中，中学高级教师6人，中学一级教师83人，华南师范大学研究生课程班结业9人。韶关市“十佳”教学能手1人，乐昌市名教师1人，乐昌市学科带头人18人。教师撰写的教育教学论文、课例有42篇分别在省、市、县评比中获奖；学生有52人次分别获各级各类奖励。

（乐昌实验学校　供）

附：乐昌实验学校领导班子成员名单

校长党支部书记：胡代宏

副校长党支部副书记：罗朝顺

副校长：陈东洪

　　　　刘寿良

【乐昌市中等职业技术学校】 乐昌市中等职业技术学校（乐昌市职业技术教育中心），简称乐昌职校，是由乐昌市人民政府举办的一所全日制公办中等职业学校，属财政一类事业单位。学校创办于1985年9月9日，2000年被评为全国首批国家级重点中等职业学校，2002年被确定为广东省中等职业教育实训中心，2006年被确定为“广东省百万农村青年技能培训工程”培训点，2009年被确定为广东省中等职业教育课程改革试点学校，机电技术应用和电子技术应用专业被确定为广东省重点建设专业。2015年，成立乐昌市职业技术教育中心，实行一校两牌，对外加挂“乐昌市职业技术教育中心”牌子。该中心为中职学历教育、继续教育、社区教育和社会培训“四位一体”县级职业技术教育中心。学校2010年被广东省人民政府授予“广东省职业技术教育工作先进集体”称号，2011年被确定为全国职工教育培训示范点。

学校占地面积34万平方米，建筑面积43940万平方米。建有校内实训室50个，大型实训车间5个，各种仪器设备1000多台（套），计算机1100台，数控铣床20台，数控车床20台，线切割机8台，高级电工维修设备50多套，所有功能室及课室均配备多媒体教学平台；馆藏纸质图书5.1万册、电子图书15万册。开设电子技术应用、机电技术应用、电气技术应用、模具制造技术应用、数控技术应用、会计电算化、电子商务、计算机应用、学前教育等9个主干专业。2017年9月，学历在校学生2333人。学校建立数控铣工、数控车工、装配钳工、机修钳工、维修电工、家用电子产品维修工、育婴员等7个工种的初、中级国家职业技能鉴定所。学校面向社会年均培训1000多人次。先后与100家企业建立校企合作关系，建立35个较稳定的校外实习基地。

2017年，学校教职工编制173人，实有在编在岗教职工148人，其中专任教师143人，专业课教师101人，专任教师中73人既有中等职业教育教师资格证书和教师系列职称，也有与所教专业（课程）相对应行业、岗位的中级及以上职业资格（技能）证书或职称，即“双师型”教师73人，占专业课教师72.3%。有广东省特级教师1人，广东省南粤优秀教师5人，广东省首届职业院校教学名师1人，首期享受韶关市政府特殊津贴人才2人，韶关市名校长、首席教师、名教师、教学能手、名班主任各1人，乐昌市学科带头人12人。毕业生就业率达98%以上。学生参加“3+证书”高考，上线率为88.89%，超过韶关市高职类考生平均上线率35.74个百分点，上线率稳居韶关市同类学校前列；在广东农工商职业技术学院对口自主招生“三二分段”考试中，44名学生参加考试，44人被拟录取，上线率100%。（黄常明）

附：乐昌市中等职业技术学校领导班子成员名单

校　长：文海明

副校长：罗光溢

余春荣

白远方

薛玲瑛（女）

科技·体育

科技管理

【推进大众创业万众创新】 2017年，乐昌创新创业氛围形成，科技支撑引领作用日益凸显，乐善众创空间列入韶关市级众创空间和广东省众创空间试点单位。2017年在孵企业80家。

【科技计划项目申报和实施】 2017年，乐昌市申报科技计划项目21项，其中省级项目9项，获得经费支持211.46万元；韶关市级项目12项，获得经费支持42.6万元。完成本级科技项目立项12项，安排经费支持50万元。

【科技成果鉴定和科技进步奖】 2017年，乐昌市独立完成的科技成果获韶关市科技进步奖2项，均为三等奖。 （彭春华　钟　鸣）

知识产权

【专利申请】 2017年，乐昌市专利申请359件（其中发明专利9件，实用新型专利59件，外观设计专利291件），同比减少8.0%；专利授权量253件（其中发明专利3件，实用新型专利26件，外观设计专利224件），同比减少41.8%。

【知识产权宣传培训】 利用“3·15”消费者权益日、“4·26”世界知识产权日等重大节日，组织开展宣传活动，通过现场咨询、派发宣传资料、宣传画册、举办讲座、科普宣传栏等形式，广泛开展知识产权相关知识的宣传培训。深入企业，了解企业知识产权情况和需求，开展知识产权的政策宣传，引导企业申请专利。组织开展知识产权进社区，进企业，进学校活动，全年累计开展活动12次。

【知识产权保护】 在“3·15”消费者权益日和“4·26”世界知识产权日期间，联合公安、市场管理、农业、质量监督管理等部门进行联合执法检查，主要针对食品、药品、农资市场等专利侵权产品、假冒专利产品、制售假冒伪劣产品开展专项整治活动。2017年，查处涉嫌假冒专利侵权案件1宗。 （黄广平　钟　鸣）

高新技术产业

【概况】 2017年，乐昌市新增3家国家高新技术企业。欧亚特和中健行申请广东省高企入库培育，韶瑞铸钢组建省级科技特派员工作站和工程技术研究中心。欧亚特、韶瑞铸钢等企业在创造条件申请国家高新技术企业。

【高新技术产品量质增长】 2017年，乐昌市安捷铁路轨枕有限公司的“V形槽混凝土无砟岔枕”“小曲线半径弯道专用枕”“哑铃型混凝土轨枕”3个产品和中健行集团的“松珍胶囊”“松茸酒”“松花粉蜂胶胶囊”“松珍牌金鸡鲜鸡蛋”“松花粉植物提取物固体软料”5个产品获省高新技术产品认定并进行产业化生产。 （彭春华　钟　鸣）

地震监测

【地震监测台网建设】 在长来镇前溪村建有1个地震监测台，与省地震局联网。监测台安排专人负责，并将监测数据直接发送到省地震局，2017年运行正常，管理规范。

【地震监测台管理】 监测台各项设施设备完好，运行正常；地震监测台的设施聘请当地村民管理，签订管理协议，定期支付管理费，监测台依法得到保护。（黄广平　钟　鸣）

体　育

【概况】 乐昌市体育局位于人民南路18号，是市政府直属事业单位，内设机构有办公室、群众体育股和竞技体育股；下设乐昌市青少年业余体育学校、乐昌市体育馆2个事业单位。局机关参公编制6名，工勤技能编制1名；乐昌市青少年业余体育学校事业编制9名，工勤技能编制2名；乐昌市体育馆事业编制3名。有建筑面积10123平方米的体育馆（馆外附属设施有篮球场1个全场、5个半场，五人制足球场1个）和占地面积6673平方米的竹林游泳场（包括一个50米×25米标准池、一个25米×25米中池和一个娃娃池）。

【全民健身活动】 2017年，组织开展“2017年乐昌市‘百信花苑杯’迎新年环城跑”“乐昌市第二十一届‘贺岁杯’棋类个人快棋赛”“2017乐昌市第二十三届‘市长杯’五人足球赛”“2017年乐昌市‘体彩大乐透杯’第三届男子篮球联赛”“8·8健身排舞大赛”“我要上全运——2017年全民健身系列活动游泳友谊赛”“广东省第二届百县（区）足球赛（韶关）市预选赛”“2017年乐昌市首届乒乓球联赛”“2017年韶关市第二届‘竹林堂杯’男子篮球联赛”“2017年乐昌市首届足球联赛”“乐昌市第二届徒步乐昌峡活动”“第十届广东省遥控模型大赛”等比赛和活动，掀起乐昌市全民健身热潮。

2017年11月11日至12日，第十届广东省遥控模型大赛在乐昌市举行

（市体育局　供）

【棋类、排舞成绩显著】 2017年，乐昌市象棋运动员何媛代表广东省队参加第十三届全国运动会群众项目象棋比赛，斩获冠军。乐昌市象棋队参加“2017年首届‘高琪杯’全国象棋公开赛”，获得一金一银一铜。参加“江阴周庄”2017中国体育彩票全国象棋业余棋王赛暨“全民棋道杯”2017年广东省第二届“谁是棋王”全民争霸赛广东赛区象棋总决赛，获得3金1银。参加2017年福摩杯“舞动中国—广场舞联赛”总决赛，获得自选曲目一等奖，规定曲目二等奖；团队总分第五名、优秀组织奖。

【国民体质监测】 结合“全民健身日”系列活动，免费开展国民体质监测活动，为近千人进行国民体质监测和进行科学健身知识宣传。2017年，成立乐昌市首个购买服务的体质监测站，利用企业推广体质监测，使国民体质监测日常化、具体化。

（邓英才）

附：市体育局领导班子成员名单

局　长：陈京雄（—9月）

副局长：李小燕（女，2017年9月开始主持全面工作）

　　　　李小珍（女）

卫　生

卫生和计划生育

【概况】 乐昌市卫生和计划生育局位于乐昌市人民北路40号，是乐昌市人民政府工作部门。内设11个机构：办公室、政策法规科技宣教股、医政股（市深化医药卫生体制改革工作领导小组办公室）、预防保健股、考核评价股，流动人口计划生育服务管理股、信息统计股、规划财会股、人事监察股、计划生育家庭发展股和基层指导股。机关行政编制29名，2017年实有在职人数22人。

2017年，乐昌市县域内有各级各类医疗卫生机构365个，其中，医院3个、卫生院16个，社区卫生服务机构1个，专业公共卫生机构4个（妇幼保健机构1个、慢性病防治机构1个、疾病预防控制中心1个、卫生监督机构1个），村卫生室273个。编制人数2989人，2017年在岗职工2974人，比2016年增长3.76%。执业助理医师以上851人，注册护士1101人。有床位数2580张。2017年年末，全市户籍总人口55.81万人，出生8311人，出生性别比为104.70，出生率14.90‰，自然增长率8.91‰。

【县级医院升级建设】 2017年9月27日，乐昌市第二人民医院异地新建项目正式动工建设。乐昌市人民医院改扩建项目有序开展。乐昌市中医院改扩建项目完成部分设备采购。乐昌市妇幼保健计划生育服务中心改扩建项目在建设中，其中出生缺陷干预中心于2017年9月28日投入使用。

【乡镇卫生院标准化建设】 2017年11月，投资250万元的五山镇卫生院住院综合楼和投资600万元的廊田镇卫生院住院综合楼投入使用。投资500万元的北乡镇卫生院和投资2500万元大源镇卫生院标准化建设于2017年11月正式开工建设。

【医联体建设】 2017年5月，乐昌市人民医院加入以粤北人民医院为核心医院的粤北人民医院医联体；2017年7月，乐昌市妇幼保健计划生育服务中心加入以韶关市妇幼保健院为核心医院的韶关市妇幼医联体；2017年8月，乐昌市中医院加入以韶关市中医院为核心医院的韶关市中医医联体。

2017年5月3日，乐昌市人民医院加入以粤北人民医院为核心医院的粤北人民医院医联体

（市卫计局　供）

【全面推开分级诊疗制度】 全面建立全科医生、家庭医生、基层签约服务制度和急需领域医疗服务制度。鼓励县级医院以医疗联合体形式，与乡镇卫生院建立利益共享、责任共担的对口帮扶体系。鼓励实行县、镇一体化管理。至2017年，分级诊疗政策全面推行，医疗卫生机构分工协作机制基本形成。

【深化公立医院改革】 从2017年7月8日起，乐昌市所有政府举办的公立医院（含乡镇卫生院、社区卫生服务中心、县级公立医院、慢性病防治站）全面取消药品加成、取消挂号费。改革后，全市公立医院药占比（不含中药饮片）总体降到30%，百元医疗收入（不含药品收入）中消耗的卫生材料降到20元以下。全市所有公立医院医疗费用平均增长幅度控制在8.9%，比任务控制数的10%执行情况更好。

【落实医改补助政策】 2017年，城乡居民医保财政补助由每人每年420元提高到450元。基本公共卫生服务项目人均年经费标准从45元提高到50元，将国家基本公共卫生服务项目作为家庭医生签约服务的优先签约内容。省财政按编制数核发经济欠发达地区乡镇卫生院和社区卫生服务中心事业费，乡镇卫生院医务人员岗位津贴每人每月800元，村卫生站医生补贴每村每站每年2万元，全科医生特设岗位每个岗位每年补助6万元等。

【严重精神障碍患者管理】 乐昌市17个乡镇（街道）均开展重性精神疾病防治工作，防治覆盖率100%。2017年，乐昌市登记在册的确诊严重精神障碍患者人数2391人，按照规范要求进行管理的严重精神障碍患者人数1985人，规范管理率83.02%。

【家庭医生签约服务】 家庭医生签约服务主要以老年人、孕产妇、儿童、残疾人以及高血压、糖尿病、肺结核等慢性疾病和严重精神障碍患者为重点。2017年，签约常住人口171851人，签约覆盖率32.43%（按户籍人口计），其中重点人群签约69600人，重点人群签约服务覆盖率62.69%，计划生育特殊家庭签约率100%，农村建档立卡贫困人口签约率100%，城乡低保、“五保”人口签约率100%。

【城乡环境卫生整洁】 结合巩固省文明城市工作，组织群众性爱国卫生运动，加强病媒生物防制，从源头上降低疫情风险。扩大卫生镇村创建覆盖面，五山、梅花、黄圃3个镇成功创建为韶关市卫生镇，乐城街道办事处天井岗、下西村、长来镇和村、大赛村等23个村成功创建为韶关市卫生村，两江镇凰落村成功创建为广东省卫生村。

【全面完成基层中医馆建设】 在2016年完成建设11个乡镇卫生院中医馆的基础上，2017年新增建设6个，提前一年实现基层中医馆建设项目全覆盖。

【创建群众满意乡镇卫生院】 2017年，乐昌市云岩、三溪、沙坪、黄圃4个镇卫生院通过国家群众满意乡镇卫生院评审，获得“群众满意乡镇卫生院”称号。

【流动人口计划生育双向服务管理】 2017年，乐昌市共投入流动人口专项活动资金58万元。清理出租屋、商铺、工地等5123个，新建信息卡1521人，查验流动人口计划生育证明3625人，实现网络信息互联互通。

【基层卫生人才管理】 做好全科医生规范化培训（助理全科医生培训）工作和住院医师规范化培训招收、考核和管理工作，落实基层卫生人才队伍补助。与外地高等医学院校和韶关学院医学院合作，订单式定向培养4名实用型医学人才（一本1名、二本2名、专科生1名）。 （许剑涛　沈志伟）

附：市卫生和计划生育局领导班子成员名单

党组书记、局长，市委卫计工委书记：何平良
党组成员、副局长，市委卫计工委副书记：吴广玉
党组成员、副局长：夏文辉（—6月）
　　　　　　　　　何伟雄（—6月）
　　　　　　　　　王献君（7月—）
党组成员、副局长兼市食品药品监督管理局副局长：张家磊（7月—）
党组成员、市爱卫办主任：黄佩珊（女）
党组成员、副主任科员：张松峰
副局长兼市食品药品监管局副局长：李首魁

疾病预防控制

【概况】 乐昌市疾病预防控制中心是乐昌市疾病预防控制、卫生监测检验和卫生学评价的技术指导中心，为副科级公益Ⅰ类事业单位。内设机构15个（14个科室，1个挂靠机构为市健康教育所）。2017年，乐城街道预防接种工作移交到乐城街道社区卫生服务中心承担，坪石镇预防接种职能移交坪

石卫生院承担。年内，市疾病预防控制中心被韶关市卫生和计划生育局评为韶关市疾病预防控制工作先进单位。

【传染病监测】 2017年1月至11月，乐昌市共报告甲、乙、丙类传染病3719例，与2016年同期2622例相比上升41.84%，其中死亡5例，与2016年同期相比下降44.44%。

【免疫规划管理】 以《预防接种工作规范》及《儿童预防接种信息管理》指导全市各镇开展儿童免疫规划接种工作。截至2017年11月30日，全市新建档6229名儿童，与2016年同期建档6163名儿童比略有提高。

【慢性病管理】 市疾病预防控制中心承担基本公共卫生服务项目中的居民健康档案管理、老年人健康管理、高血压患者健康管理、2型糖尿病患者健康管理和死因监测工作。截至2017年11月30日，乐昌市高血压患者管理17375人，管理率为28.84%；规范管理人数12139人，规范管理率为69.86%。糖尿病患者管理4630人，管理率为16.29%；规范管理人数3400人，规范管理率为73.43%。乐昌市65岁及以上老年人管理22695人，管理率为56.96%。建居民健康档案345904人，建档率为84.12%，建立电子健康档案人数340751人，电子建档率为82.86%；健康档案使用率为41.83%。报告死亡病例2008例，估算年度报告死亡率为4.94‰，报告及时率99.95%，审核及时率100%。

【艾滋病综合防治】 2017年发展3个社会组织（韶关市民生网爱心协会乐昌分会、小新星英语培训机构、韶关市红丝带志愿者协会）参与艾滋病示范区工作，分别开展大众人群的宣传教育工作、“艾滋病防治知识进校园”宣传讲座活动与高危人群行为干预工作。

【食品风险监测】 乐昌市乐城镇和廊田镇为广东省食品安全风险监测点，全年分四个季度分别采集食品样品进行化学污染物以及食源性致病菌检测。市疾病预防控制中心承担乐昌市辖区内食品风险监测的采样、食源性致病菌监测样品的检测及其他区县的米制品、大米、水产品的检测工作。2017年，全市发生食源性疾病暴发事件1起，中毒人数3人，无死亡病例。

【公共卫生监测】 开展2017年生活饮用水卫生监测工作。至2017年11月30日，共检测554份水样，合格份270水样，合格率为48.73%。对全市的公共场所进行73间次的委托性卫生监测，总检测项目数2481，不合格项目数34，合格率98.6%。会同市卫生监督所于2017年9月11日至2017年9月19日开展乐昌市9所学校的卫生综合评价工作。9所监测学校的监测评价实得分经标化后分数均在60～80分之间。乐昌市8所监测点学校正式全面启动因病缺勤监测工作。

【国家人体生物监测项目】 乐昌市被国家抽样确定为国家人体生物监测项目监测点，抽样确定乐城街道城北居委会、五山镇坪田村委会、梅花镇流山村委会3个调查单元各48名常住居民为调查对象。年内，市疾病预防控制中心顺利完成国家人体生物监测项目各项工作任务。

【健康教育工作】 充分利用电视、网站、广播等宣传形式，对国家基本公共卫生服务均等化免费项目、服务内容、服务方式及服务定点机构进行广泛宣传，与市级微信平台商签订发布合同，定期发布公益宣传片，在公共场所显示屏播放公益广告。乐昌电视台健康生活栏目播放健康宣传片，定期为公众提供健康生活常识。结合卫生宣传日在人流量密集的广场和街道开展高血压，糖尿病，健康生活方式，预防接种等宣传活动9次。2017年6月，参加韶关市组织的全市健康教育技能竞赛活动，分别取得个人演讲比赛二等奖和优秀奖，团体三等奖的成绩。2017年8月，市疾病预防控制中心参加2017年中国健康科普大赛活动，其编排的《管好胆固醇，预防心梗》演讲类视频，荣获全国二等奖。

（谷小俭）

2017年8月，市疾病预防控制中心参加2017年中国健康科普大赛活动，其编排的《管好胆固醇，预防心梗》演讲类视频，荣获全国二等奖 （市疾控中心 供）

附：市疾病预防控制中心领导班子成员名单

主　任：彭记伍

党支部书记：胡慧明（女）

副主任：吴凌霄

李铁来

工会主席：孔志坚

医院选介

【乐昌市人民医院】 乐昌市人民医院位于乐昌市盐围街70号，始建于1939年，是一所集医疗、康复、预防、保健、教学、科研、急救等功能于一体的综合性二级甲等医院，曾三次被省卫生厅授予“文明医院”称号，是全市的医疗、急救中心，是韶关学院医学院、连州卫校的教学医院，是乐昌市的医疗保险定点医院，广铁集团驻粤单位医保定点医院，粤北人民医院医联体成员单位，并与中山大学附属口腔医院成立联合口腔医疗中心。

医院总建筑面积5.2万平方米，其中业务用房面积4.05万平方米（含在建工程13500平方米）。医院编制病床500张，设有内一科（含心血管、神经内科、ICU病房）、内二科（感染病科）、内三科（普通内科，含呼吸、消化、内分泌、泌尿、血液内科、血液净化中心）、外一科（含骨科、神经外科、矫形专科、烧伤外科、手外科、椎间盘突出治疗专科和疼痛专科）、外二科（含普通外科、泌尿外科、肿瘤外科、微创外科、痔疮专科、前列腺专科、乳腺专科）、麻醉科、妇科、产科、儿科（含新生儿室）、中医科（含中医、康复及疼痛治疗科）、五官科、口腔科、急诊科13个临床科室，放射科、药剂科、检验科、功能科（含病理室、放免室、B超室、心电图室、脑电图室、脑血流图室、电子胃镜室、电子结肠镜室等8个功能检查室）等医技科室，以及临床支持中心、社区卫生服务中心等。

医院技术力量雄厚，专业科室齐全，医疗设施先进，拥有美国通用电气公司全新智能型1.5T磁共振（MRI）、多功能介入诊断治疗机、美国GE16排螺旋CT、6000飞天全功能数字化X线摄影系统（DR）、心脏专用彩超、电子内镜治疗系统、电子鼻咽喉镜、关节镜、高压氧舱等一大批先进的医疗仪器设备，为广大群众提供现代化高科技诊疗手段。

2017年，全院在职职工484人（含合同制专业技术人员128人），其中专业技术人员459人，占全院人员的95%；专业技术人员高级职称49人，中级职称127人，初级职称283人，硕士学历人员2人。总诊疗195479人次，同比增加15863人次，同比增长8.83%；入院15320人次，同比增长8.42%；手术3377人次，同比增长21.61%。

2017年5月3日，乐昌市人民医院举行“粤北人民医院医联体成员单位”挂牌仪式，人民医院成为粤北人民医院医联体成员单位。5月4日，举办2017年护理“品管圈”成果汇报会，二外科守护圈“提高Ⅰ级护理患者交接班完整率”获得一等奖。7月，人民医院被乐昌市总工会评为职工之家。8月，组织参加“心动中国·稳心杯·心电学基础与临床综合知识大赛”韶关地区晋级赛，被韶关医学会、韶关医学会脑心同治专业委员会授予三等奖。9月，一外科成功开展第一例肩关节置换术，手术过程顺利，术后患者恢复良好。11月，开通医疗一卡通服务，建立个人健康档案，方便医生快速、全面掌握就诊人的病历资料，缩短就医时间，提高诊疗质量及效率。12月10日，医院团委组织志愿者医疗队在河堤广场开展义诊活动，为300余名群众进行免费诊治。 （李艳华）

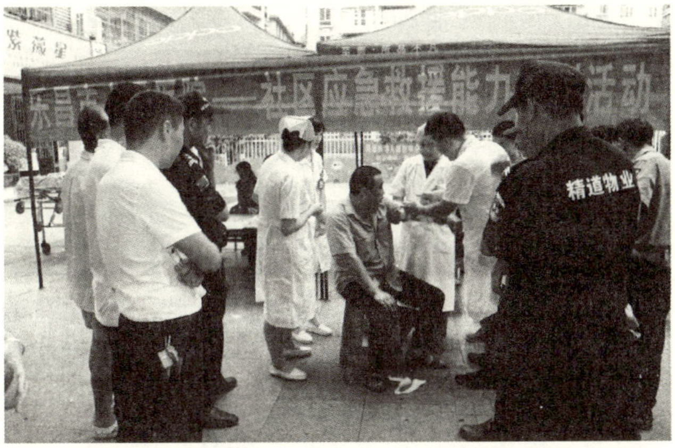

2017 年 8 月 25 日，乐昌市人民医院组织医疗志愿服务队到顺易华庭小区开展社区应急救援能力培训活动 （市人民医院 供）

附：乐昌市人民医院领导班子成员名单

院　长：李资文

副院长：吕敏文

李发仁

李瑞华

邹巧玲

【乐昌市中医院】 乐昌市中医院是一所非营利性全民所有制正科级单位，始建于 1952 年，前身是乐城镇医院，于 1988 年 6 月转制为乐昌县（市）中医院。医院地处市区中心，是一所集医疗、保健、康复、教研于一体的既有中医特色，又有现代医院功能的综合型中医医院。是卫生部确定的“爱婴医院”、国家中医药管理局评审通过的“二级甲等中医医院”、广东省中医药局评定的“省文明中医医院”，广东省卫生厅、广东省中医药局确定的“广东省中医名院创建单位”，是韶关市劳动和社会保障局确定的“韶关市城镇职工基本医疗保险定点医疗机构”和“韶关市社会工伤保险定点医院”。

医院总建筑面积 21777 平方米，业务用房 15280 平方米，编制床位 350 张，开设有康复科、外科（骨伤科、肛肠科）、妇产科、儿科、内 1 科（心脑病科、肾病科）、内 2 科（肺病科、脾胃科、糖尿病科、风湿病科、肿瘤科）、急诊科、门诊部（设肛肠、肝病、五官、内科、外科、糖尿病专科）、手术麻醉科、治未病中心、口腔科、血液净化室、药剂科、放射科、检验科、功能科（心电图室、B 超室、内窥镜室）、供应室、病人服务中心。

医院拥有英国佳乐超脉冲等离子双极内窥镜系统，配置有腹腔镜全套设备，成功开展泌尿外科、前列腺电汽化切除术、尿道狭窄切开术及一系列妇科微创手术等。科室配备西门子双排螺旋 CT、西门子彩超、DR 机、东芝全自动生化仪、尼普洛和费森尤斯血透机等大型设备。检验科设备齐全，是省卫生厅确定的“广东省一级性病实验室”。急诊科与市人民医院共同承担着 120 急救任务，开设“急救绿色生命通道”，配备全自动除颤仪、呼吸机等完善的急救设备。内科开设 ICU 重症监护室、血液透析室；外科运用中医正骨手法治疗跌打、内外兼治、骨折愈合快速；能开展开颅手术、外伤开胸抢救、股骨头置换术。微创颅内血肿穿刺、碎吸术等；中医妇科、腹腔镜微创手术是妇产科的特色治疗；治未病中心是省中医药局批准的“广东省中医治未病健康工程试点单位”；康复科是医院的龙头科室、韶关市中医重点专科，开展的针灸、推拿、按摩、浮针、拔火罐、梅花针叩刺、磁疗、火针疗法、运动疗法、中药外敷、经络注血疗法、神经阻滞疗法、贴耳穴美容法、针灸减肥疗法、天灸疗法以及蜂针疗法等充分发挥中医药的疗效和特色，该科室被国家中医药管理局确定为国家第二批农村医疗机构中医特色专科项目。

2017 年，全院职工 440 人（其中在职在编 228 人、合同制专业技术员工 138 人、退休职工 74 人）；全年总收入 9503 万元，比 2016 年增长 908 万元，药品收入占业务收入的 26.43%，同比减少 1.78%；2017 年 1 月，医院在乐昌市卫生系统组织的全市卫生机构县级医院绩效考核中获第一名；3 月 8 日，医院被韶关市人力资源和社会保障局评为医保年度考核优秀等次；7 月 21 日，医院工会被乐昌市总工会授予“乐昌市先进职工之家”称号；12 月，医院完成跨省及省内异地医保即时结算接口的升级改造，市外及跨省医保病人在当地申请备案后，可持医保卡办理入院登记，完成异地就医直接结算。12 月 7 日，刘梓平、谭繁胜 2 人被韶关市人民政府授予“韶关市首期享受市政府特殊津贴人才”荣誉称号。 （黄　娟）

附：市中医院领导班子成员名单

院　长：刘梓平

副院长：罗　杰
　　　　徐伟明
　　　　谭繁胜
　　　　罗小英（女）

【乐昌市第二人民医院】 乐昌市第二人民医院是一所集医疗、科研、教学、预防保健于一体的综合性二级医院。于1954年成立，担负着乐昌北面9个乡镇近30万人口的医疗、预防保健、计划生育技术指导和境内京珠高速公路等五大交通主干道意外事故的医疗救治任务，是多间医学院校的教学医院。医院于1995年通过二级医院评审，达到二级乙等医院标准，建筑面积27559平方米，其中工作用房面积14811平方米。开放病床350张，设河西分院、急诊科、门诊部、五官科、口腔科、内一科、内二科、外科、儿科、新生儿室，妇产科、传染科、中医科、血液净化室、麻醉科、肛肠痔瘘及皮肤性病科等20多个专业科室。

拥有全身CT、全数字化X线摄像系统（DR）、彩超、体外震波碎石机、电子阴道镜、电子咽喉镜、进口呼吸机、全自动生化分析仪、全自动血球计数仪、血气分析仪、液基细胞学（TCT）检测（宫颈癌筛查），尿液沉渣检测，电脑胎儿监护仪、全麻机、德国产血液透析机、腹腔镜等医疗设备。医院有职工299人。获得中级职称的有78人、高级职称的19人。

2017年，全院总接诊门急诊诊疗126657人次，其中门诊病人110191人次，住院患者10112人次。住院手术1703人次。年内，外科及妇产科新开展腹腔镜手术，其中外科26例，妇产科10例。

2017年9月，乐昌市第二人民医院升级建设项目启动。该项目由省、市投资29465.25万元，总建筑面积4.7万平方米，设置床位490张。完成后医院将达到二级甲等水平，成为乐昌市“一市两城”发展战略的县域次级医疗卫生中心。该项目计划2019年6月投入使用。（刘卫国）

附：第二人民医院领导班子成员名单

院　长：杨克祥
副院长：陈劲松
　　　　邓顺林
　　　　郭　娟（女）
　　　　肖锦忠

2017年9月，乐昌市第二人民医院新建项目工程举行开工仪式（何海松　摄）

文　化

综　述

【概况】 乐昌市文化广电新闻出版局于2005年3月由原文化局、广播电视事业管理局和原市委宣传部承担的新闻出版行政管理职能调整归并组建而成(加挂版权局牌子)。是乐昌市人民政府主管文化、广播电视、新闻出版、版权等工作的职能部门，核定编制21名，其中行政编19名、工勤编2名，2017年有在职人员19名（含工勤2人）。内设机构有办公室、文化艺术股、文化市场办公室、新闻出版管理办公室、广播电视股和文化市场综合执法队。下属单位有图书馆、博物馆、文化馆和电影发行放映中心留守处。

2017年1月，市文化馆被广东省文化厅评为第三届广东省基层文化工作先进单位，文化馆馆长周丽萍和九峰镇综合文化站站长李良城被评为第三届广东省基层先进文化工作者。2月，文化馆被评为国家一级馆。7月，周丽萍被中共广东省委宣传部授予“2017年广东省基层宣传文化能人”称号。

【文化基础设施建设】 乐昌市文化馆总分馆试点建设工作通过广东省第一批图书馆及文化馆试点验收。完成25个村（社区）综合文化服务中心试点建设工作。完成乐昌市职工文化广场群众活动舞台建设工作。“三馆”建设进一步完善，完成图书馆少儿阅览室、流动图书馆、书库楼面补漏维修工程，完成文化馆“非遗”展厅扩展工程，完成博物馆绿化、美化整治工作，新建宣传长廊。2017年，图书馆接待阅读群众14.5万人次，文化馆接待参观群众6万人次，博物馆接待参观群众13.5万人次。

【文化惠民工程】 2017年，完成农村公益电影放映2340场、送戏下乡100场、送书下乡8万册任务。定期组织青年文化志愿者下基层开展送文化活动，举办“乐昌市书法家下基层送文化．送春联活动”“投身志愿服务·做新时代雷锋”“志愿服务——我参与，我奉献，我快乐”“美丽中国梦·快乐乐昌人”等文化志愿活动。开展免费文化艺术培训，培训学生245人次，免费辅导业余团队340人次。为全市195间农家书屋配送一批中共十九大文件和学习读本。

【文化活动精彩纷呈】 做好“千人书画大赛”“我们的节日”“开心广场·百姓舞台”季度文化展演等群众文化活动品牌，举办“美丽中国梦·法治伴我行”“我来炫·我要出彩”两场千人书画大赛，联合举办首届“农家乐杯”书法大赛、首届“五古杯”书法美术摄影大赛及“美丽乐昌”书画作品巡展、“农家乐杯”书法大赛获奖作品展、“中国梦·慈善情”中国传统文化书画全国展览、廉政书画大赛获奖作品展、“庆国庆”大朗·乐昌书画作品联展等文化艺术展览。联合举办或协办“中国梦·粤湘情”两省三地迎春晚会等系列迎新春活动，“乐昌桃花节开幕式”、“中国梦·劳动美”五一国际劳动节专题文艺演出、“大爱有声·走进乐昌”之脱贫攻坚·幸福乐昌文艺演出活动、“民声

“开心广场·百姓舞台”季度文化展演

（市文广新局　供）

热线”走进乐昌文艺演出、“喜迎十九大·共圆中国梦”之“戏曲、百姓文艺、流行音乐”等四个专场的庆国庆系列活动、乐昌市环卫工人节等大型专题文艺活动。举办“粤读越精彩——21天阅读挑战书”“讲乐昌故事，建善美乐昌——推广规范使用普通话演讲活动”。

【文化遗产传承保护】 完成乐昌市第一次全国可移动文物普查成果梳理工作，编写完成《乐昌市第一次全国可移动文物普查工作报告》、《藏宝之乐——乐昌市第一次全国可移动文物普查精品图录》。完成“薛岳故居”抢救性加固维修工程和李氏宗祠（含李氏家祠）、龙门第书院（含敬惜字纸塔）维修工作。制定五汪村谭氏宗祠和朱家村紫阳书院文物保护单位维修方案。完成“西京古道（乐昌段）”（含三拱桥村三拱桥、老屋村小坑桥、老坪石宜乐古道、三星坪村三星坪码头、双桥村关春双桥、鹧鸪塘村西京古道、草鞋岭村思源亭、出水岩村暂歇息亭、下开封桥村石凉亭、下开封桥村古道）、湘南暴动策源地建筑群（含梅花镇大坪村杨氏宗祠、大坪村新书房、大坪村文奎楼、大坪村文昌阁、坪石皈塘南昌起义军革命活动旧址）、背坑村张氏三公祠申报广东省第九批省级文物保护单位工作。完成乐昌市省定点贫困村内不可移动文物竖立标志工作。“五山纸马”被列为韶关市第六批非物质文化遗产名录项目；完成沿溪山茶叶广东省非物质文化遗产申报工作。推进“戏剧进社区、进校园”“非遗进社区、进校园”工作。举办“文化和自然遗产日”非物质文化遗产项目展示展演活动及“乐昌市非物质文化遗产项目宣传图片巡展”。

【文艺精品创作繁荣发展】 1月，2016年韶关市业余文艺作品评选有11件获奖。邱土明的相声《园长相遇记》获一等奖；欧伦彬的相声《好好做人》获二等奖；王超杰的小品《不是为了钱》、邝岳云的曲艺《好人赞》、邱土明的小品《局中局》、周丽萍的少儿舞蹈《学花鼓》获三等奖；付泽剑的电视短剧《单身证明》、王超杰的小品《一副眼镜》、杨宝英的小品《知青情怀》、《妈，我们都是您的儿子》获优秀奖。花鼓戏《打鞭进城》参加“2017粤戏越精彩——全省优秀地方戏曲剧种会演暨学术研讨会”交流演出。2017年，欧伦彬的小品《自作自受》在韶关环保专题汇演中演出。4月，欧伦彬的小品《大年三十》在中冶集团总公司丹冶成立十周年文艺会演中演出。5月，王超杰的小品《不是为了钱》获中国首届爱传递征文三等奖。6月，欧伦彬的论文《岭南一枝花——乐昌花鼓戏探究》发表于文化部主管的国家核心期刊《中国民族博览》杂志。散文诗《陕西行（三章）》、《红色延安（外二章）》发表于《世界华人散文诗年选》。少儿舞蹈《微我吧爸爸妈妈》获“锦绣之花”首届全国少儿舞蹈精品展演金奖。文艺作品《一双高跟鞋》《曲线疗法》获得韶关市群众戏剧曲艺花会银奖；《曲线疗法》获韶关市优秀廉政小品曲艺创作二等奖。少儿绘画《七彩太阳花》《草莓姑娘》《和谐宇宙》等获得中国少年儿童美术书法摄影大赛一等奖，组织老师获一等辅导奖，其余31人获得不同层次的奖项。国画《云峰叠嶂映松涛》、隶书《鸟鸣花傍》、小楷《乐毅论》等书画作品入选广东省第十四届美术书画摄影作品联展，《胜利的号角》入选“同心筑梦”韶关市迎春美术作品展。

【文化市场管理】 2017年，完成38家出版物发行单位年度核验工作，全部通过核验。深化行政审批制度改革，行政审批事项取消4项，承接上级直接下放和委托下放的行政审批事项11项。召开2017年“扫黄打非”启动协调会议，推进“扫黄打非”进基层工作，开展“扫黄打非”专项行动，开展整治网吧接纳未成年人联合执法行动、开展圣诞节零点夜查行动。做好安全生产工作，开展汛期灾害防范和安全生产隐患大排查工作、不可移动文物消防检查行动。全年共出动执法检查人员1938人次，检查经营单位共计496家次，巡查网吧162家次，歌舞娱乐场所153家次，游戏游艺经营场所28家次，印刷经营单位84家次，书报刊经营单位40家次，音像（电子）出版物经营单位17家次，电影放映单位12家次。处理投诉、举报共19件，收缴“六合彩”资料等非法出版物3151份，查处“乐昌市旺辰威网吧接纳未成年人”案。3月，市文化市场综合执法队被评为2016年韶关市文化市场综合执法工作先进单位，雷永发被评为办案能手。

（胡芳婷）

附：市文化广电新闻出版局领导班子成员名单

局　长：杨会标

副局长：张清福（—6 月）

吴满娥（女，—6 月）

李启平

夏文辉（6 月—）

黄明秀（女，6 月—）

邓　斌（7 月—）

广播电视

【概况】 乐昌市广播电视台主要承担着以市委、市政府决策和部署为中心的各项新闻宣传任务，担负着中央台、省、市广播电视节目转播及覆盖工作。台下设办公室、后勤计财部、总编室、电视中心、广播中心、网络电视部、科技事业中心、网络中心、数据部、市场客服部、工程施工部、广告部及 17 个广播电视站。2017 年在职 136 人（含合同制工人）。

【宣传工作】 2017 年，市广播电视台播出电视新闻稿件 1400 篇；微信公众号编发本地新闻稿 1130 篇、图片 1360 幅，上传新闻视频 600 个。在参加韶关市广播电视好新闻评比活动中，《扶贫实事》《种出来的酒》《魅力乐昌，魅力村镇之廊田镇》等 8 件作品分获一、二、三等奖；在广东省客家地区播音主持评比中，送评的《小红帽日记：爱在心中，感恩最美》获电视主持类三等奖；在韶关市人大新闻奖评比中，专题片《人大代表：绣好精准扶贫之花》获三等奖。新闻宣传工作突出加强迎接中共十九大和学习宣传贯彻十九大精神宣传报道，开设《畅谈十八大展望十九大》《喜迎十九大》《砥砺奋进的五年》等专栏。大会召开期间，派出多个采访组深入农村、市区街头和相关单位采访干部群众收看十九大开幕式盛况。开设《学习贯彻十九大精神》专栏，宣传全市贯彻落实十九大精神的实际行动，推动乐昌经济社会发展。新闻宣传工作强化重点项目或事项的关注度，全方位报道高铁乐昌东站的建设和开站及桃花节的盛况。举办“书香满校园”乐昌少儿百科知识竞赛，将比赛过程制作成系列专辑在栏目中播出。

【网络建设】 有计划地对网络进行升级改造，及时对新楼盘网络覆盖，做到快速配送信号、熔接光缆、安装设备及传输信号，提高有线电视入户率，增强市场竞争能力。推出新装、续费送礼活动，对新装及续费用户预存收视费，按不同档次均可获赠礼品或选择一个付费节目包。积极做好专线数据业务维护工作，完成非线性编辑系统后备电源的安装调试与上线运行。

【启动网络改革重组】 根据《中共广东省委办公厅、广东省人民政府办公厅关于组建广东省广播电视网络股份有限公司的通知》《关于印发〈关于加快推进全省县（市、区）广播电视网络整合工作的实施方案〉的通知》精神，9 月 23 日，市委办、市政府办联合印发《关于成立市广电网络改革重组工作领导小组的通知》，由此正式启动乐昌市广电网络改革重组工作。11 月，由省委宣传部、省网络股份有限公司公开遴选的第三方中介机构进驻，以 2017 年 9 月 30 日为资产评估基准日，对台网络资产进行审计、清查和评估。12 月 28 日，台召开全体干部职工大会，以实名投票方式表决同意《乐昌市广电网络改革重组工作方案》和《乐昌市广电网络改革重组人员安置方案》。广电网络改革重组工作，主要是整合广电网络资源，将台和网络进行剥离。

【安全播出】 制定和实施《乐昌市广播电视台安全生产检查实施方案》和《乐昌市广播电视台安全播出安全生产应急预案》，定期开展安全生产大检查，全面检查有线电视前端机房、无线发射台、电视中心、有线电视接入网的制度建设情况、设备运转、信号源系统和电力系统等情况。对存在隐患的播出设备，及时做出更换和改造。邀请市消防大队相关人员为电视台干部职工演练培训，提高消防技能，确保安全播出。

【无线覆盖】 完成市区和原祖山发射台中央节目无线覆盖设备的安装，并发射运行。竹子角发射台相关设备上架安装完工，并正常运行。

（周忠军　谢祖军　陈世娟）

附：市广播电视台领导班子成员名单

台　长：张济楚

副台长：周　赞（女）

蔡茂淋（女）

文物考古

【概况】 乐昌市博物馆位于乐昌市乐城街道办事处红岭社区东环南路1号，为全民所有制公益性事业单位，于1984年2月28日成立，编制10人，2017年在职人数8人。博物馆首期工程（1#展馆、工作楼）占地面积15333平方米，建筑面积1852平方米，2005年7月，1#展馆展出“乐昌商周至秦汉文物展”，2015年8月利用工作楼改造为展室，展出“乐昌革命文物展”，两处展览均向社会免费开放。

【文物普查】 2012年至2016年完成乐昌市第一次全国可移动文物普查。2017年上半年对普查成果进行梳理总结，《乐昌市第一次全国可移动文物普查工作报告》、《藏宝之乐——乐昌市第一次全国可移动文物普查精品图录》完成编写工作，等待韶关“一普办”下发统一书号后印刷。

【不可移动文物保护】 “薛岳故居”抢救性加固维修　“薛岳故居”为两地六处建筑，广东省政府下拨维修资金50万元抢救性加固维修“薛岳故居”之薛岳故居，维修面积309平方米，工期为2017年7月至11月。

五汪村谭氏宗祠保护　9月，市博物馆聘请华南理工大学建筑设计院专家对乐昌市省级文物保护单位五汪村谭氏宗祠进行现场勘察，制定出维修方案，申报2017年省重点文物保护经费。维修方案于2017年11月29日获省文化厅批复通过。

广东省第九批文物保护单位申报　9月，推荐申报“西京古道（乐昌段）”（含三拱桥村三拱桥、老屋村小坑桥、老坪石宜乐古道、三星坪村三星坪码头、双桥村关春双桥、鹧鸪塘村西京古道、草鞋岭村思源亭、出水岩村暂歇息亭、下开封桥村石凉亭、下开封桥村古道）、湘南暴动策源地建筑群（含梅花镇大坪村杨氏宗祠、大坪村新书房、大坪村文奎楼、大坪村文昌阁、坪石皈塘南昌起义军革命活动旧址）、背坑村张氏三公祠3处16个文物点为广东省第九批省级文物保护单位。

龟峰塔抢救性加固维修　龟峰塔塔身倾斜，乐昌市政府投入资金85.9万元进行龟峰塔加固维修工程，该工程于12月13日进场施工。

户昌山村古村落维修　广东省人民政府下拨30万元加固维修乐昌市市级文物保护单位李氏宗祠（含李氏家祠）、龙门第书院（含敬惜字纸塔），工期为4月至6月。

朱家村紫阳书院编制维修方案　6月，对省级文物保护单位秀水镇朱家村紫阳书院进行测绘、编制维修方案。

文物消防安全检查　9月、12月，联合公安、消防、文化综合执法队等部门对全市295个不可移动文物点进行全面检查，排查安全隐患。10月，对全市省定贫困村内84个文物点进行挂牌工作。

【南粤古驿道保护】 加强对南粤古驿道的保护，配合省住建厅南粤古驿道专家组赴乐昌云岩、梅花、坪石、北乡、五山等地考察。新发现梅花大坪—老屋村路段荫亭古凉亭1个；秀水镇大竹山古道聚贤亭1个；五山镇青岭村古道龙虎门1个；总长5千米的梅花牛头桥—鹧鸪岭古道1条。配合规划、旅游、宣传等部门开展乐昌市的规划、旅游、宣传打造，推动乐昌文物合理开发、活化利用。7月，广东电视台《南粤古驿道》大型历史文化系列纪录片《西京古道》在乐昌市政府举行开机仪式。

【红色文化宣传】 5月，韶关图书馆纪录片《红军在韶关》到乐昌市五山、九峰、梅花、坪石等地摄制。7月，“南粤星火路·粤北记忆”采访团到乐昌市进行采访。该采访团由人民日报社、解放军报社、南方日报社、韶关日报社等20余家中央、省、市等主流媒体组成。

【文物馆藏与管理】 市博物馆定期组织人员对仓

库文物进行例行清点、检查核实，进出仓库严格执行出入库登记制度；对文物库房进行全面检查，排除安全隐患。保卫人员24小时值班，夜间2人巡逻，全面落实人防、物防、技防三举措施，确保文物展品安全和正常开放工作秩序。对省、市级文物配备消防灭火器，建立微型消防站。全年无事故发生。

【对外开放】 乐昌市博物馆馆内有“乐昌商周至秦汉文物展览”、“乐昌革命文物展览”，文物点五山红军长征临时指挥所“红军长征过乐昌”3处固定展览，“乐昌市博物馆文物（普查）成果流动展”流动展览1处，2017年10月，新建48米的宣传橱窗，以图文的形式展示部分馆藏文物。全年参观人数约13.5万人，未成年人约9.4万人。8月，乐昌市博物馆申报广东省爱国主义教基地、国防教育基地。

【文物征集】 2017年，市博物馆接受陈活林、陈立、黄春泉、赖世华、秀水朱氏宗祠等分别捐献战国青铜矛、行军床、石鼓、木制对联、神铳等文物15件（套）。

【文物古迹选介】

1. 湘南起义策源地建筑群（含大坪村杨氏宗祠、大坪村新书房、大坪村文奎楼、大坪村文昌阁、南昌起义军革命活动旧址）

湘南起义策源地建筑群（含大坪村杨氏宗祠、大坪村新书房、大坪村文奎楼、大坪村文昌阁、南昌起义军革命活动旧址）为两处5个文物点，分别位于乐昌市梅花镇大坪村委会大坪村和坪石镇皈塘村委会中心村小组上李家。1927年8月1日，南昌起义失败后保留两支队伍，朱德、陈毅率领南昌起义军其中一支部队1200人来到湘赣边区活动，1928年1月10日到达梅花大坪村杨家寨，部队在大坪村文昌阁、杨氏宗祠、新书房等地宿营，并在文奎楼召开军事会议，会议作出“智取宜章”的决定，初步拟定湘南起义的战略方针。坪石大捷后在坪石镇皈塘村李氏宗祠（即南昌起义革命旧址）召开祝捷大会。朱德、陈毅领导的智取宜章（年关暴动），揭开了湘南起义的序幕，在中国革命发展史上有着重大的意义。2016年4月26日，湘南起义策源地建筑群（含大坪村杨氏宗祠、大坪村新书房、大坪村文奎楼、大坪村文昌阁、南昌起义军革命活动旧址）经乐昌市人民政府公布为市级文物保护单位。

大坪村杨氏宗祠　（刘钦迟　摄）

大坪村新书房正门　（丘卫平　摄）

大坪村新书房内部　（丘卫平　摄）

大坪村文奎楼　　　　（骆学旺　摄）

大坪村文昌阁　　　　（骆学旺　摄）

南昌起义军革命活动旧址　　　　（丘卫平　摄）

2. 鹧鸪塘村西京古道

鹧鸪塘村西京古道位于乐昌市梅花镇鹧鸪塘村委会牛头桥村至桃李坑村，秦汉时期开辟通行。保存较完整约5千米，西北通梅花关村、接坪石、宜章，东南接云岩草鞋岭思源亭、乳源面积约6000平方米。为0.8米至1米宽的青石阶路。自古以来就是贸易通商的西京古道，京珠高速公路基本与其平行穿越岭南岭北山脉，说明其地理位置的重要。对研究西京古道自古以来商贸往来的发展具有较高的价值。

鹧鸪塘村西京古道　　　　（白和琴　摄）

3. 隘口子龙虎门

隘口子龙虎门位于乐昌市五山镇青岭村委会大路排隘口子，由两道拱圈式城门组成，高约3米，长约3.5米，宽约2.5米。龙虎门建于清朝后期。石门分别由湖南、广东两地共同出资砌筑，为广东与湖南的分界线。对研究古道文化和古时湖广交通

隘口子龙虎门　　　　（白和琴　摄）

脉络走向有一定的价值。

（白和琴）

附：市博物馆领导班子成员名单

馆　长：欧伦彬

副馆长：丘卫平（女）

　　　　白和琴（女）

群众文化

【概况】 乐昌市文化馆位于人民南路22号，建筑面积2723平方米，编制24人，2017年在职干部职工21人，退休人员16人，其中，在职高级职称1人，中级职称8人，初级职称7人。

年内，花鼓戏设施投入25万元。该馆被评为全省基层文化工作先进单位，总分馆通过广东省文化厅第一批图书馆及文化馆试点验收。乐昌市非物质遗产保护项目《五山纸马》被列入韶关市非物质保护遗产名录。馆内常年开设书画展览厅、“非遗”展览厅，有书画培训室（2间）、多功能小剧场、舞蹈培训室、文艺创作辅导室、书画创作辅导室；橱窗宣传栏（7块）、电子宣传栏（5块）、流动宣传牌（20块）。2017年开展7期展览，各橱窗展示照片1200多张。

【千人书画大赛】 2017年元旦，乐昌市文化馆承办“美丽中国梦·法治伴我行”千人书画大赛。6月17日，承办“我来炫·我要出彩”乐昌市北面镇千人书画大赛。

【免费开放与服务】 乐昌市书画摄影展厅和非物质文化遗产项目展，常年向广大群众开放。展出乐昌市非物质文化遗产项目相关的道具、乐器、书籍以及非遗项目介绍等。

【群众文化活动】 5月24日，乐昌市文化馆腰鼓队成立。8月，乐昌市书画作者梁浩泉、谢今古、丁瑞玲、孔志坚和李福林的作品参加由韶关市委宣传部举办的“南国书香、美术、书法、摄影”作品展并入选。9月15日，举行“讲乐昌故事，建善美乐昌——开展推广规范使用普通话演讲活动”，来自各中小学校31位参赛选手，围绕乐昌市的历史传统、特色产品、旅游文化等内容进行演讲。

【书画摄影与非遗展览】 2月8日，市文化馆组织市业余书画作者作品100余件参加丹墨春晖——2016年乐昌市“贺新春”书画展览。2月28日，庆“六一”—“童心飞扬”画展在文化馆开幕，该次展览展出作品105幅。从6月10日起，开展2017年“文化和自然遗产日”非物质文化遗产宣传展示系列活动。以非遗宣传图片巡展和非遗项目文化艺术展演的形式进行，大力推进乐昌市非物质文化遗产的传承与创新发展。7月10日，乐昌市首届“农家乐”杯书法大赛获奖作品在市文化馆展出。8月18日，“中国美·慈善行”中国传统文化书画全国巡展暨慈善助残活动在乐昌市文化馆举办，展出来自中国当代书画家的书画作品共80多幅。8月28日，“乐昌市2017廉政书画大赛获奖作品展”在该馆开展，共展出荣获优秀奖和佳作奖的作品62件，其中书法41件、美术21件。12月8日，由东莞大朗镇文学艺术联合会、大朗乐昌对口帮扶指挥部、乐昌市文学艺术联合会、乐昌市摄影家协会和乐城街道办文化分馆联合举办的“大朗乐昌对口帮扶两地成果摄影作品联展”在该馆展出，共展出110多幅反映两地城市建设、自然生态、旅游风光、古迹文化、扶贫工作等题材的摄影作品。

2017年“文化和自然遗产日”乐昌市非物质文化遗产宣传展演　　（市文化馆　供）

【民间民俗文化迎新春展演】 2017年正月初一，市文化馆组织民间艺术表演队举行“民间民俗文化迎新春展演”活动，25堂醒狮、龙凤呈祥队、五山纸马、廊田春牛、蚌壳旱船秧歌、腰鼓等民俗文化表演队伍为广大市民表演一场精彩的民间民俗展演。

民间民俗文化迎新春展演 （市文化馆 供）

【群众文化艺术展演】 1月22日，乐昌市2017年“中国梦·粤湘情”两省三地迎春晚会在河堤广场举行。3月3日，九峰桃花季·乐昌欢乐游2017年乐昌桃花节开幕暨“中国美丽休闲乡村”授牌仪式在九峰镇中学田径场举行，市文化馆演出队携乐昌本土特色的文艺表演和歌舞《我爱桃花我爱家》等节目参加开幕式。5月1日，组织参加高铁东站启用仪式和“中国梦·劳动美”2017年“五一”国际劳动节专题文艺演出。5月7日，2017年乐昌市文化馆长来镇分馆举办“村（社区）‘两委’换届文艺会演”。6月17日，乐昌市文化馆总馆与坪石分馆联动开展“幸福乐昌·百姓风采”乐昌市文化馆——坪石镇分馆联动文艺会演暨法治宣传活动。9月25日，参加“喜迎十九大·共圆中国梦”2017年国庆文艺晚会等系列活动，活动包括戏剧曲艺专场、社区专场以及流行音乐专场等。10月，小品《曲线疗法》、花鼓小戏《一双高跟鞋》参加“第五届韶关市戏剧曲艺花会优秀剧目巡演”演出队伍，在韶关市各县区巡演。

【文化惠民】 12月6日至30日，由乐昌市文化馆主办、各镇（街道）文化馆分馆承办的文化馆总分馆联动文艺演出在各镇上演。该次演出以三台不同形式及内容的节目日夜同时上阵，有业余团队演绎的舞蹈、快板、小戏、渔鼓说唱、五山纸马等非遗节目，及总馆表演的获奖剧目乐昌花鼓戏、小品、山歌演唱等，共演出近百场。

【书画交流】 3月14日，市文化馆组织当地书画作者及艺术爱好者与广东华夏促进会成员在文化馆小剧场进行书画交流活动，共同创作《三月桃花舞春风》《漫山桃花舞丹龙》等多幅国画作品，并围绕书画艺术展开学术交流。

【文艺辅导与公益文化服务】 艺术培训开设书法班、美术班、舞蹈初级班、舞蹈中级班、声乐初级班、钢琴初级班、二胡班、芭蕾舞培训班，2017年共招生160人。10月30日至11月11日，面向各社区及乡镇文艺爱好者开设电子琴、舞蹈、腰鼓等培训班各两期，160人次参加。该馆业务人员进社区每个月平均辅导4至6次，抽选业余文艺团队到馆进行辅导，平均每个月8至10次，辅导人数共800人，节目形式以歌舞，戏曲，小品快板以及表演唱为主。策划每月文化展演活动，每个月不重复抽选3至4个队伍进社区、敬老院、乡镇等进行文艺展演，评选出较有地方特色的经典节目。

【业余文艺作品成绩显著】 周丽萍编排，乐昌市文化馆培训中心演出的舞蹈《微笑吧·爸爸妈妈》参加2017首届“锦绣之花”全国少儿舞蹈精品展演荣获金奖。该馆推荐的30余幅少年儿童作品参加2017全国少年儿童美术书法摄影大赛，辅导老师丁瑞玲荣获辅导一等奖，石星文、蔡雯珺等8人荣获美术一等奖，钟瀚彬荣获书法一等奖，冯昭辉荣获美术特等奖。1月7日至9日，该馆排演的乐昌花鼓戏《打鞭进城》在“2017粤戏越精彩——全省优秀地方戏曲剧种会演暨学术研讨会”中展出。该馆排演的小品《曲线疗法》、花鼓小戏《一双高跟鞋》参加第五届韶关市戏剧曲艺花会获银奖。11月，文化馆排演的小品《曲线疗法》参加“韶关市优秀廉政小品小戏曲艺创作评选活动”，荣获二等奖。12月28日，该馆组织27件作品参加“2017年度韶关市群众文艺作品评选”，共20件作品获奖。其中，扶建庭的小戏《生日礼物》荣获一等奖，罗发玉创作的小戏《新上任的好村官》荣获二等奖，欧伦彬创作的小品《毒品莫沾》、曲艺《婆婆妈妈谈改变》、王超杰创作的小品《一辆电动车》和朱碧明创作的小品《爱在高墙》等8件作品荣获三等奖，付泽剑创作的小品《官二代的烦恼》、扶益华创作的小品《如此上班》、杨宝英创作的小戏《廉荣贪耻》和邱土明创作的小戏《采茶》等11件作品荣获优秀奖。罗静怡荣获省音乐家协会颁发的“2016年度优秀园丁”称号和韶关市第二届器乐大赛“优秀辅导老师奖”，其摄影作品《宣誓》获“红星闪闪随手拍”手机摄影大赛一等奖。

【参与残障孤儿艺术康复项目】 市文化馆组织干部职工积极参与公益慈善项目。该馆罗静怡及谢今古出席由美国慈善机构、北京农家女学校和乐昌妇联开展的残障孤儿艺术康复项目，在该项目中担任音乐、美术课程老师，每周两天前往乐昌市社会福利院给残障孤儿授课。

【文化馆总分馆试点建设】 4月6日，广东省文化馆总分馆试点验收工作组一行人先后到乐昌平富村服务点、北乡分馆、长来分馆、昌山服务点及文化馆总馆进行文化馆总分馆试点建设考核验收，省验收工作组对乐昌开展文化馆总分馆试点建设工作取得的成效表示肯定。

【非物质文化遗产的保护、申报及宣传】 11月15日始，韶关市非物质遗产保护项目抢救性拍摄纪录片之《乐昌渔鼓》《乐昌花鼓戏》《青蛙狮》《九峰山歌》等拍摄组在乐昌市开拍，历时6个月。乐昌市非物质遗产保护项目《五山纸马》被列入韶关市非物质保护遗产名录。9月28日，韶关市委党校非物质文化遗产调研小组到市文化馆对乐昌市的4个省级项目、2个市级项目和44个本地项目进行调研，开展“韶关市党校·乐昌市——非物质文化遗产调研交流活动”。6月14日，乐昌市文化馆总馆及各镇分馆、乐昌市非物质文化遗产保护中心承办的2017年“文化和自然遗产日”非物质文化遗产项目展示展演活动在市河堤文化广场举行，通过图文展示和现场解说的方式向市民宣传介绍乐昌非物质文化遗产保护项目《九峰山歌》《青蛙狮》《乐昌花鼓戏》《乐昌渔鼓》等优秀传统文化；文艺展演采取歌、舞、剧的形式将九峰山歌、青蛙狮、乐昌花鼓戏、渔鼓说唱、五山纸马进行编排再创作，以动态的舞台形象展现给观众。6月10日，市文化馆排演的乐昌花鼓戏《打鞭进城》，少儿舞蹈《我来学花鼓》受邀参加韶关市非物质文化遗产项目展示展演系列活动。

【文化惠民与文化志愿者活动】 1月，该馆联合市文联、市书法协会开展“乐昌市书法家下基层送文化送春联活动”，组织乐昌市书法家下乡镇下基层为市民写春联、送祝福。组织志愿者服务队下基层开展“投身志愿服务·做新时代雷锋”“志愿服务——我参与，我奉献，我快乐”等志愿者活动。“美丽中国梦·快乐乐昌人”志愿文化活动每月一场演出，共演出12场。 （钟 志）

附：市文化馆领导班子成员名单

馆　长：周丽萍

支部书记、副馆长：李红坚

图书管理

【概况】 乐昌市图书馆位于乐昌城西竹林公园内，占地面积5400平方米，建筑面积2126平方米，是一座园林式图书馆。馆舍于1984年7月正式动工兴建，1986年4月建成并向社会开放。该馆有编制人员13人，2017年有工作人员12人，其中馆长1人，副馆长2人，有本科学历4人，大专学历6人，中专高中2人。大专以上学历占职工人员的83%。具有副高职称1人，中级职称3人，初级职称3人。乐昌市图书馆有阅览座位186个，设有文化信息资源共享工程乐昌支中心、广东省立中山图书馆乐昌分馆、外借处、综合阅览室、少儿阅览室、外借室等服务场馆，每周开放时间为57小时，提供外借，阅览，参考咨询，视听等服务，举办讲座，展览，读书比赛等活动。

2017年，乐昌市图书馆接待进馆读者144547人次，上网读者6807人次，在馆阅览390276册次，外借38049册次，外借办证413个，开展惠民活动4次，送书下乡8.5万册，举办展览1期，发表学术论文1篇，制作宣传栏10幅、宣传口号展板8幅；微信公众号发布社会主义核心价值观宣传2期；购买新书4229册。

【第六次全国县级以上公共图书馆评估定级工作】 2017年5月，乐昌市图书馆启动第六次全国县级以上公共图书馆评估定级工作，该次评估定级工作是检验2013—2016年服务工作质量的重要衡量标准，也是推动乐昌市图书馆向新一代图书馆发展的重要契机。图书馆对照县级图书馆评估标准和二级图书馆必备条件，联系实际查找存在问题，进一步完善建设内容，功能布局和设备配置，加强馆内图书资料的收集整理，规范管理制度，提高服务质量和办馆水平，于7月上旬完成自评上报工作。

2017年8月至11月，市图书馆承办第七届廉洁读书月活动　（市图书馆　供）

【开展活动】 1月28日，由乐昌市文化广电新闻出版局主办，乐昌市图书馆承办的“乐昌市2017年新春灯谜竞猜游园活动”在职工文化广场举行。该次活动共写灯谜600条，参加游园的市民5000多人次。4月16日，图书馆举办“学问杯”——《说出你的故事》演讲比赛，来自乐昌市各中、小学23名学生参加了比赛。评出一等奖2名，二等奖3名，三等奖5名。其中获一等奖的乐城一小的张媛、潘轶两位同学代表乐昌参加韶关总决赛。6月3日，乐昌市图书馆与乐昌市新时代小学阅读兴趣班在图书馆少儿阅览室举行“读一本喜爱的书，写一篇好作文”的阅读写作比赛，有30名小学生参加。7月19日至8月24日，乐昌市文化广电新闻出版局、教育局、妇联、团市委、图书馆在市图书馆举办“粤读越精彩——21天阅读挑战书”活动。活动共有26人获得全能挑战者称号，26人完成三项挑战，28人完成两项挑战，30人完成一项挑战。7月25日，乐昌图书馆联合广州红霖信息有限公司在图书馆二楼电子阅览室共同举办“穿越海底两万里”科普活动，30个家庭参加活动。8月至11月，市图书馆承办第七届廉洁读书月活动。10月，图书馆到坪石、梅花、庆云、三溪、廊田、长来等乡镇开展送书下乡惠民活动，送书共计8.5万册。

【基础设施建设】 2017年4月，一楼少儿阅览室、二楼流动图书馆、三楼书库同时进行楼面补漏工程维修，8月9日，少儿阅览室、流动图书馆、三楼书库屋顶补漏维修工程和一楼门口地面维修工程竣工并通过验收。9月，为配合乐昌市政府完成巩固文明城市工作，图书馆新添置1台电子显示屏设备。

【学术钻研】 2017年1月，余少武的论文《“普通均等”图书馆服务体系构建探索》在《管理观察》刊发。11月3日，余少武通过图书档案文博系列中级专业技术资格。

【获得荣誉】 1月1日，林斌的摄影作品《古佛雄狮》在乐昌市委宣传部、乐昌市文联、乐昌市大联信息技术有限公司、乐昌市摄影协会联合举办的“讲好乐昌故事·传播乐昌好声音”摄影比赛活动中入选展览，荣获三等奖。11月，乐昌市图书馆组织参加韶关公共图书馆联盟举办的阅影韶关——阅读推广摄影展中，副馆长林斌的《报名》、乐昌摄影爱好者何发祥的《夜读》、冯海燕的《读书的日子》三幅摄影作品入选展览。12月22日，林斌的摄影作品《古佛岩雄狮》在参加乐昌市政协举办的“建设文明城市·共创善美乐昌”书法美术摄影作品大赛中（摄影类）荣获三等奖。　（林　斌）

附：市图书馆领导班子成员名单

馆　长：罗启良

副馆长：林　斌

　　　　余少武

图书经营

【概况】 乐昌新华书店有限公司于2011年12月

改制重组，变更工商登记：广东新华发行集团乐昌新华书店有限公司，重组后的乐昌新华书店有限公司为法人独资有限公司，是南方出版传媒股份有限公司105家子公司之一，于2016年2月上市，隶属广东新华发行集团股份有限公司，是广东省国有控股出版物发行龙头企业集团。2012年，被评为全省新华书店改革重组工作“先进单位”；2015年，荣获“全省新华书店文明店堂”称号、“全省韶关地区教辅发行亚军”称号。

2017年，广东新华发行集团乐昌新华书店有限公司设教材部和业务部2个部门，有干部职工13人。有2间实体门店，一间位于乐昌市坪石镇步行街，经营面积200平方米，员工4人，门店年销售码洋60万元；另一间位于乐昌市解放西路30号，经营面积400平方米，员工5人，年销售码洋70万元。

【经营情况】 主要经营国内正版图书、国旗制品、文体用品、日用品、红酒等，承担乐昌市中小学教材、教辅发行工作。2017年，发行教材教辅共890万元，门店年销售110万元，进口意大利红酒销售7万元，党政读物征订发行30万元，配送文化消费补贴45万元。全年营业总收入776万元。

【开展活动】 举办“共筑中国梦. 书香溢佗城”朗读者及图书角“4·23”世界读书日活动；邀请黄敬如（计算天才饶瞬函的母亲）到小新星思达教育培训机构进行现场签售会。 （罗艳红）

附：乐昌新华书店领导班子成员名单

执行董事（总经理）：罗艳红（女）

副总经理：梁全有

监　事：黄吉洪

档案和地方志

【概况】 乐昌市档案局（馆）位于市政府大院内，实行局、馆合一管理体制，属市政府直属参公管理事业单位。内设办公室、管理编研股、监督指导股和地方志办公室4个股室。参公人员定编10名，工勤编1名。2017年年末，在职人员9人，工勤人员1人。

乐昌市档案馆于1990年11月评定为省二级目标管理达标单位，2007年12月晋升为省一级目标管理达标单位。截至2017年年末，全市有档案综合管理达标单位国家二级2个、省特级21个、省一级4个、省二级38个。

至2017年年底，市档案馆馆藏档案116991卷，36341件，其中民国档案663卷，民生档案76044卷（婚姻档案69514卷、残疾人档案6530卷）；征集当地百姓族谱85册，地情资料书籍56册，地方志书集5种；族谱130册，资料9400册；照片3348张（80册），光盘23张；字画、牌匾、旧印章等实物651件。

【依法接收和开放档案】 2017年，乐昌市档案局加强档案接收的指导与监督，做好各单位到期应接收进馆档案的督促检查和验收工作，做到档案移交、接收的规范化、制度化，确保单位到期档案及时、安全地移交进馆。2017年接收档案13738卷，5100件。档案开放鉴定工作正常开展，2017年度新增开放档案330卷，累计开放档案2450卷。

【强化查档接待服务】 指定专人做好现行文件接收整理、保管、提供利用等服务工作。全年接待前来查阅和利用档案资料及现行文件891人次，调阅档案2005卷、59件，调阅资料184册，现行文件32件，复印档案5893张，为各项决策、招商引资、土地确权、土地征用、各类山林、土地房屋纠纷、案件侦破、婚姻调解、个人档案、社保退休工龄的判定等提供大量有效的凭证材料。

【档案信息化建设】 2017年，馆藏档案目录数字化比例达到100%，持续开展馆藏纸质档案数字化扫描工作，2017年完成全文数字化扫描715卷，75000页，累计完成全文数字化扫描1925卷，199955页；完善政府信息公开平台建设，2017年度市档案局主动公开政府信息71条，累计主动公开政府信息291条，全文电子化率达100%。

【档案业务指导】 规范档案整理服务，对从事档案整理业务的中介服务机构进行监督、指导，通过审定档案分类方案、文件材料归档范围与保管期限表，对档案整理质量进行前置把关。积极为各单位提供档案业务指导，及时协助各单位解决在档案业务活动过程中遇到问题和困难。2017年6月，市档案局上门监督和指导12个单位的档案工作，提供业务咨询服务。

【馆舍日常管理工作】 加强对档案的保管、利用、保护、保密，实行档案专人保管，专人查阅，集中归档，严格执行《档案资料保管制度》《档案保密制度》《档案统计工作制度》《档案鉴定销毁制度》《档案资料库房管理制度》等制度，落实好档案库房的“八防”（防盗、防光、防高温、防火、防潮、防尘、防鼠、防虫）和文书、诉讼、会计、科技、声像等各种档案的保密工作，严格执行用电、用水安全，切实消除档案馆内的安全隐患，定期检查库房档案资料的数量、质量、霉变等保管情况，保持库房内部设施的正常运行，发现问题及时解决，做好情况登记，落实档案管理安全责任制。

【《乐昌年鉴（2017）》编纂】 《乐昌年鉴（2017）》于2017年9月由方志出版社公开出版发行。该年鉴由中共乐昌市委、市政府主办，市地方志办公室组织实施，各承编单位共同参与编纂，设31个栏目，共52.5万字。客观记录2016年乐昌市的大事要事，内文增加随文插图，图文并茂地记载2016年度乐昌地区经济社会发展的基本情况和主要成就，在新设立的“年度关注”栏目中收录乐昌市通过“全国健康促进县”评估、茶料村入选“中国最美休闲乡村”、为民办实事项目、重点项目建设等专题；在“附录”栏目中重点介绍“乐昌新八景”“坪石十大名片”等独具地方特色的内容；《乐昌年鉴（2017）》在乐昌市地情网进行全文发布。

【地方志资料年报】 市地方志办公室加强对全市地方志资料年报工作的指导、监督，组织对年报资料审查验收与整理、汇编，指定专人、专室集中妥善保管年报资料。2017年，明确资料年报报送时间及内容，完成全市94个承编单位2001—2016年度的资料年报编写工作。

【地情网站建设】 突出地方特色，以志书、年鉴为中心，以全面反映当地新闻、地情资源为主进行栏目信息更新。2017年，累计在网上发布文章2325篇，图片348幅，搜集入库现实地情信息2条，《乐昌市志》2部，《乐昌年鉴》7部，地情资料2部，总访问量累计150.96万多人次。

【全市自然村落历史人文普查】 乐昌市自然村落历史人文普查工作于2016年3月启动，全市列入普查的自然村1921个。普查内容包括自然村的地理环境、历史沿革、民族、方言、风俗习惯、家谱族谱、宗教信仰、文物遗址、掌故传说、历史事件、人物等35项内容。2017年基本完成自然村调查、普查表填写、系统录入、村落概况撰写、文稿总纂任务，全书分五册，近300万字，收录图片4000多张，一册送出版社，其余四册进入补充资料图片、公示阶段。

【档案馆舍扩建】 2017年，乐昌市档案馆扩建工程纳入年度民生工程，于2月复工，6月完成主体工程，10月完成室内外装修。11月，由建设单位和施工单位会同建设局、消防局、纪检、财政等部门进行施工验收。乐昌市档案馆原建筑面积2318平方米，扩建馆舍总面积1655平方米，其中，新增库房面积250平方米、展览室235平方米，建成后与原馆合为一体，面积4000平方米，达到县（市）级国家综合档案馆面积标准基本要求。

（黄润萍）

附：市档案局（馆）领导班子成员名单

局（馆）长：李永忠

副局（馆）长：薛会祥

陈懿茜（女）

社 会 生 活

人力资源和社会保障

【概况】　乐昌市人力资源和社会保障局为市人民政府工作部门。设12个内设机构：办公室、就业促进股（市农民工工作领导小组办公室）、劳动关系股、专业技术人员管理股、职业能力建设股、社会保险股、培训股、事业单位人事管理股、劳动保障监察综合执法大队股、工资福利股、公务员办公室，工伤保险股（2017年增设，设股长1名，核定行政编制2名，从市人社局编制中调剂）；下属2个事业参公单位：人才工作管理办公室、劳动人事争议仲裁委员会；1个事业单位：就业服务管理局。核定行政编制27名、事业参公编制15名、事业编制16名、后勤服务人员4名，2017年实有在职人数56人，离退休人员24人。

【就业再就业】　截至2017年12月底，全市城镇登记失业率2.64%，控制在3.5%以内；审批创业带动就业小额担保贷款57笔，共1034.9万元，灵活就业的就业困难人员社会保险补贴发放4196人次，补贴金额774.92万元。城镇新增就业3236人，完成全年任务的101.1%；城镇失业人员再就业3018人，完成全年任务的100.6%，就业困难人员就业286人，完成全年任务的102.1%。2017年公共就业服务系列招聘活动任务数为22场（其中精准扶贫专场17场），至年末，全市共举办23场招聘会（其中20场精准扶贫招聘会），累计228家企业参与现场招聘，提供6057个岗位，咨询人数8960人（其中贫困人口513人），登记应聘人数1301人（其中贫困人口125人），达成意向797人（其中贫困人口61人），成功实现就业212人（其中贫困人口29人），派发春风卡等宣传资8430份。

2017年乐昌市“南粤春暖”企业招聘现场

（市人社局　供）

【创业带动就业】　健全创业培训、政策扶持、创业服务“三位一体”的创业机制。重点引导高校毕业生、就业困难人员及退伍转业军人等更多群体自主创业。完善落实鼓励创业的小额贷款等各项扶持政策。截至2017年12月底，全市共审批发放小额担保贷款57笔，发放金额1034.9万元，带动就业人数171人。积极开展稳岗补贴，审核申报单位43家，发放金额约60万元。乐昌市新联媒体有限公司和乐昌市大联信息技术有限公司等2家公司成功申请一次性创业资助共计1万元。

【职业技能培训】　做好2017年度培训及一年内取得证书人员的劳动力技能晋升培训资金补贴申报、审核工作。全年共落实专项补贴资金71.18万元，含机构及个人补贴共438人。积极推进技能精准扶贫工作，2017年，乐昌市共投入使用技能扶贫资金约10万元，采取把学员“请上来”集中培训和教师（技能）“走下去”送教的两种方式，按照“分片区、分时段、分类别”的工作原则，将所有有意愿参加贫困劳动力技能晋升培训的人员纳进计划中。2017年，全市开展技能培训班4期共5个班，涉及保育员、焊工、电工等工种，培训学员105人，完成计划数的161.5%。其中有3名贫困户学员通过保育员技能省考。

【社会保险】 截至2017年12月底，企业职工（不含离退休）参保人数37760人，完成49886人，完成率132.11%；缴费任务6月至9月平均数为30100人，完成100.54%；基金征缴收入任务24460万元，完成数为24261万元，完成比例99.19%。城乡居民养老保险参保任务数145300人，完成154946人，完成率106.92%；城乡基本医疗保险参保任务数382480人，完成385506人（包含城镇职工医保和城乡居民医保），完成率100.79%。失业保险参保15432人，完成率75.8%，基金收入完成率111.95%；工伤保险参保23476人，完成率101.19%，基金收入完成率108.64%；生育保险参保23529人，完成率101.42%。

【推进机关事业单位养老保险改革工作】 印发《乐昌市人民政府关于机关事业单位工作人员养老保险制度改革贯彻意见的通知》和《乐昌市人民政府办公室印发关于加快推进全市机关事业单位养老保险制度改革工作方案的通知》。2017年共完成348个单位、9486名工作人员的编制审核认定；参保上线单位133个，参保缴费人数7233人，占应纳入参保人数的80.84%，改革后的退休费发放人数3826人，占应纳入发放人数86%。

【机关事业单位人员招录（聘）和管理】 做好2017年公务员招录和事业单位公开招聘和转任等工作，2017年，乐昌市政府机关招录公务员146人，录用141名；共办理公务员调动90人，其中调出市外30人、市内调动58人、市外调入2人。教育系统完成高中学校自主招聘和面向社会公开招聘中小学教师工作。其中，高中自主招聘聘用教师10人，面向社会公开招聘中小学教师、招聘聘用教师71人；卫生系统公开招聘63人，综合类事业单位招聘71人，进入政审考察阶段。共办理事业单位人员调动手续52人，其中系统内部调动13人、市内调动20人、调出市外19人。

【专业技术人才队伍建设】 完善职称改革过渡审核工作，审核确认一级教师资格证书60份，初级教师资格证书18份，并办理聘任手续。全面完成2016年中小学教师职称改革工作。截至2017年年底，共审核初级专业技术人员资格及发放初级专业技术资格证173本。办理专业技术人员遗失资格证补证3人。办理专业技术人员职务聘任审核477人次，续聘1772人次。申报专业技术职称234人，其中正高级1人、高级117人、中级82人、初级34人。

【人才服务工作】 做好2017年度人才信息采集工作，至2017年年底，乐昌市人才信息库共录入人才信息29329条，其中党政人才2627条，占8.96%，企业经营管理人才2006条，占6.84%，专业技术人才10791条，占36.79%，高技能人才958条，占3.27%，农村实用人才12566条，占42.84%，社会工作人才381条，占1.30%。做好高校毕业生就业服务工作，积极落实“三支一扶”期满大学生就业扶持政策，2017年，7名支教“三支一扶”大学生派遣到乐昌市服务，5名服务期满大学生申请留在原服务单位。认真办理档案转递、人事代理服务等工作，积极做好政策的宣传解答。做好人才公寓申请工作，共47人符合人才公寓的申请条件，按程序审核发放“乐昌市人才公寓准租证”。做好企业人才引进工作，向企业推荐16名符合条件招聘的人才信息。做好享受市政府特殊津贴人才选拔申报工作，全市共7名优秀专业技术人才入选韶关市首批享受政府特殊津贴人才人选。

【劳动保障监察执法和仲裁工作】 组织开展农民工工资支付情况专项检查、清理整顿人力资源市场秩序专项检查、用人单位遵守劳动用工和社会保险法律法规情况专项检查、社会保险法执法检查等工作，在检查中发现的问题均得到处理。全年受理投诉举报案件35件，涉及金额357万余元，涉及人数332人，结案34件，1件正在调处中，为劳动者追回劳动报酬319万多元，在规定办案期限内结案率达97%。共接到仲裁案件46宗，决定受理45宗，不予受理1宗。法定审限内结案率为

100%。受理的案件涉及劳动者58人，涉案金额279.4万元。（周旭贤）

附：市人力资源和社会保障局领导班子成员名单

党组书记、局长：欧多纯

党组成员、副局长：江少波

吕秀莲（女，—8月）

欧　标（6月—）

党组成员：梁美霞（女）

赖建有（6月—）

社会保险和医疗保障

【概况】 韶关市社会保险服务管理局乐昌分局为正科级建制，参照公务员管理的条管事业单位。由韶关市社会保险服务管理局垂直管理，主要负责经办养老、失业、工伤、医疗、生育保险等业务。自1984年3月2日设立韶关市乐昌县社会劳动保险公司以来，前后经历乐昌县社会劳动保险公司、乐昌县社会保险事业管理局、乐昌县社会保险基金管理中心（副科级）、韶关市社会保险基金管理中心乐昌办事处（副科级）、韶关市社会保险乐昌办事处（正科级）、韶关市社会保险服务管理局乐昌分局六次组织变更。2017年年末，有干部职工49人（含临时工和坪石工作站），下设8个科（股）室：人秘股、社会保险关系股、养老失业保险待遇核发股、医疗工伤生育保险待遇核发股、城乡居民医疗保险待遇管理股、社会保险稽核监督股、计划财务股和机关事业养老保险股。

【社保服务大厅标准化建设】 乐昌分局位于乐昌市人民中路104号，大楼土地面积467平方米，大楼建筑面积2378.5平方米，共9层，停车场约680平方米，是原乐昌市建筑工程公司办公大楼。2004年由乐昌分局出资购得所有。受大楼原有设计所限，社保服务大厅分开两层办公，每层服务大厅面积不足100平方米；且无临街大门，不符合社保服务大厅要求标准，故省社保局将乐昌分局列为2016年社保服务大厅标准化建设改造单位。2017年，乐昌分局正式启动该工程。在整个标准化建设前期方案确定过程中，乐昌分局先后考虑过新建、搬迁、置换、旧楼改造等方式。因受各种现实原因的约束，并经多次专题调研论证后，分局决定采用在原办公大楼基础上进行改建方案。截至2017年12月底，乐昌分局完成大楼改建工程的60%。

【业务档案规范化管理】 继续开展档案督查整改活动，推进理顺档案数字化处理进程。2017年，乐昌分局前后投入25万元用于扩大原档案室库房建设。改建完成后，新增档案室库房64平方米，可容纳1.7万册档案。推进城乡居保业务档案整理移交工作，不断提升社会保险业务档案管理规范化、信息化水平。

【巩固离退休人员养老金社会化发放成果】 加大基础数据的调查、清理工作，完成全市24000多名退休人员2017年的养老待遇调整工作，调整后人均月增发养老金待遇110元，并于7月底将补发养老金全部兑现到退休人员领取养老金的银行账户上。

【加强对定点医疗机构的协议管理】 2017年。乐昌分局与定点医疗机构和定点药店签订《服务协议》达到“两个100%”。采取多种措施对定点医疗机构进行检查，检查均采取定期与不定期的明察暗访方式进行，对存在的问题下达整改通知书，进一步规范定点机构的医疗行为，降低违规行为的发生，控制医疗保险费用不合理的支出，严把医保待遇支付关，避免基金流失。

【2017年主要工作指标完成情况】 （见表，数据截至2017年12月31日）

表 8　　2017 年乐昌市社会保险和医疗保障主要工作指标完成情况表

险种名称		目标任务	已完成任务	完成任务	备　注
养老保险	参保人数（人）	37760	49886	132.11%	缴费数：32323 人。领取待遇人数：24499 人
	基金收入（万元）	24460	24261	99.19%	
	基金支出（万元）	—	58055	—	
失业保险	参保人数（人）	20360	15432	75.80%	领取待遇人数：204 人
	基金收入（万元）	490	459	111.95%	
	基金支出（万元）	—	560	—	
医疗保险	参保人数（人）	43300	42209	97.48%	—
	基金收入（万元）	10985	10842	98.70%	
	基金支出	—	9724	—	
工伤保险	参保人数（人）	23200	23476	101.19%	—
	基金收入（万元）	600	652	108.67%	
	基金支出（万元）	—	234	—	
生育保险	参保人数（人）	23200	23529	101.42%	办理生育保险待遇 928 人次
	基金收入（万元）	366	340	92.90%	
	基金支出（万元）	—	1037	—	
城乡居民养老保险	参保人数（人）	145300	155350	106.92%	符合领取待遇人数：63407 人。
	缴费人数（人）	—	74470	—	

（李露菲）

附：社会保险服务管理局乐昌分局领导班子成员名单

局长、书记：杜剑美

主任科员：钟乐铭

副局长、副书记：邓勇辉

副局长：廖厚金

民　政

【概况】　乐昌市民政局内设办公室、优抚安置股、救灾救济股、最低生活保障股、社会事务股、基层政权和区划股、财务审计股、婚姻登记处 8 个股室。行政编制数 20 名，2017 年在职人员 23 人（其中公务员 18 人、工勤人员 5 人）。有乐昌市殡葬管理所、乐昌市社会福利院、乐昌市殡仪馆、乐昌市麒麟山陵园所、乐昌市复退军人服务中心、乐昌市流浪乞讨人员救助安置中心 6 个下属单位，并负责管理乐昌市老龄办和乐昌市市慈善会。

【最低生活保障】　从 2017 年 1 月 1 日起，乐昌市城镇低保标准从原来的每人每月 485 元提高到 580 元，人均补差标准从原来的每人每月 418 元提高到 457 元。农村低保标准从原来的每人每月 335 元提高到400元，人均补差从原来的每人每月190元提高到206元，全年共发放低保资金3072.77万元；积极开展低保靶向精准专项核查，取消城乡低保283户、468人，新增城乡低保239户、440人。截至2017年年底，全市共有3554户、7267人享受低保。

【“五保”供养】 全年投入320万元用于消防改造，16间乡镇敬老院均安装消防梯和消防自动报警系统。乐昌市的“五保”供养标准由2016年的572元每人每月提高到675元每人每月，城市“三无”定救人员提高到928元每人每月。至2017年年底，乐昌市农村“五保”户和城市“三无”定救人员1018人，其中农村“五保”集中供养276人，分散供养666人；城市定救76人，集中供养定救31人，分散供养定救45人。全年发放供养金824.58万元。

【医疗救助】 全年支出医疗救助金388.31万元，救助1878人次。共资助9314名城乡低保对象、农村“五保”户购买2018年城乡居民基本医疗保险。对临时陷入困难的374户家庭进行临时救助，支出救助金132.58万元。向全市19个镇（街道、办事处）、225个村（居）委会发放宣传小册近万份。

【其他救助】 全市有3个应急避护场所，总占地面积24.13万平方米，建筑面积10.6万平方米，可为4.9万人提供灾害避护。做好重建家园工作，5户全倒户全部完工，完工率为100%；积极应对冬令春荒工作，全年累计发放救灾资金约22万元（含全倒户建房补助）、发放救济大米74.8吨、棉被977张、军大衣370套等，救济人数近5000人次；乐昌市全年发放孤儿基本生活费118万元，将236名无人抚养儿童全部纳入低保，由低保资金统一发放，共发放生活保障金121.18万元；救助流浪乞讨人员1200人次，在医疗机构医治的精神病人45人次，救助资金约130万元。

【双拥优抚安置】 全年共发放各项抚恤补助金1200多万元，发放义务兵家属优待金359.62万元，发放退役士兵一次性安置补助金和立功补助金739.18万元，发放慰问金和座谈会经费62.735万元，印发春节慰问信2万份，对联2000幅，投入20余万元修缮烈士纪念设施，组织3次向复退军人送医送药活动，价值约30万元，购置10万元书籍赠送给驻乐部队。落实好重点优抚对象住院“一站式”结算工作，2017年报销医疗补助10万余元；落实好自主就业退役士兵档案接收和引导就业工作，协调人社部门对符合政府安排工作的2名退役士官全部安排工作。

【婚姻和收养登记】 2017年，婚姻登记场地改扩建项目竣工并投入使用，新的办公场地按照国家3A标准改建。全年办理结婚登记3476对，离婚登记1182对，补发结婚证758对，补领离婚证99宗。对2016年全年婚姻档案进行归类整理，共整理档案6000多卷，安排专人管理和维护，实现电子档案和纸质档案“双套制”保管。

【殡葬管理】 落实减免城乡居民殡葬基本服务费用工作，2017年全市共火化遗体2119具，减免城乡居民殡葬基本服务费用159.57万元；完善殡葬设施，投入89.96万元用于购买殡仪车、火化机和遗体冷藏柜等殡葬设施；举行“先人骨灰树葬活动”，推行火化和骨灰不占地的树葬和壁葬生态葬法；在乐昌市殡仪馆组织开展乐昌市第三次殡仪馆公众开放日活动。

【村（居）委会换届选举】 全面完成215个村（社区）“两委”及监督委员会换届选举工作。共产生新一届村（社区）“两委”班子成员914名，实现书记、主任“一肩挑”的村（社区）205个，“一肩挑”比例为95.35%；村（社区）“两委”干部交叉任职人数603个，交叉任职比例93.49%。村（社区）“两委”选出女干部278人，女书记17人，35岁左右的年轻“两委”干部162人。参选率、一肩挑比率、交叉任职比率、女干部比率均高于省、韶关的要求。

【地名普查】 全市地名普查基本完成，通过省地名普查工作验收。完成导入数据库及形成地名普查成果表5728条，其中陆地水系22条，陆地地形626条，行政区域18条，群众自治组织215条，非行政区域1086，居民点2528条，交通运输设施287条，水利、电力、通信设施325条，纪念地、旅游景点106条，建筑物228条，具有地名意义的单位287条，地名登记表136张。成果图117张，审音定字申报表7张，跨界地名71个。

【社会建设】 2017年，新增社会组织17个，至年末，全市共有社会组织223个（其中社会团体138个、民办非企业单位85个）；重视社会工作人才拓展工作，全市持证的社会工作者有310名；做好乐昌市七个“双百镇（街）社会工作服务站”建设运营示范项目工作；做好2017年社会组织年检工作以及社会组织三证合一换证业务。

【老龄事业】 乐昌市共有9175位符合条件的80岁以上老人享受政府高龄津贴，2017年共发放高龄津贴247万元；实施“银龄安康行动”工程，全市累计投保40472人；乐昌市为60岁以上老年人办理和发放韶关市老年人优待证802张；养老服务设施建设进一步加强，北乡镇前村等7个农村居家养老服务中心站建设全部竣工并投入使用；九峰镇家庭服务中心项目和城东社区家庭服务中心项目有序推进；市福利院老人公寓项目和坪石区域性敬老院项目建设积极推进；深入开展养老服务评估试点工作，19个镇（街道、办事处）的养老服务评估工作全面完成，评估符合条件的老人11440人；做好韶关市第六届老年人体育运动会的组织工作，乐昌市获得团体总分第二名和优秀组织奖。

【慈善事业】 2017年，全市共收到扶贫济困日捐款131.57万元，安排到贫困村民生事业中。开展慈善助学兴教活动，共资助贫困大学生8名，每名5000元。

（陈　玻）

附：市民政局领导班子成员名单

党组书记、局长：陈嘉强
党组成员、主任科员：李翠芳（女，7月—）
党组成员、副局长：骆云辉
　　　　　　　　　吴满娥（女，6月—）
　　　　　　　　　何相平（7月—）

镇（街道、办事处）

乐城街道办事处

【概况】 乐城街道办事处位于乐昌市区河南武江河畔，于2003年7月，由乐城镇、河南镇合并组成。是乐昌市人民政府所在地。管辖原乐城、河南两镇11个居委会和16个村民委员会。所辖范围东与廊田镇相邻，南与长来镇相连，西与乳源县交界，北与北乡镇相接，地理位置十分优越。全街道建城区面积12.2平方千米，辖区总面积187.78平方千米，耕地面积1457公顷，山地面积1.5万公顷。2017年年末，总人口127017人。全年实现农村经济总收入53414.18万元，同比增长7.3%；农村人均纯收入13451元，同比增长8%。境内有旅游景点古佛岩，有市（县）文物保护单位龟峰塔、文峰塔、西寺岩寺、伯陵堂、赵佗城遗址等。自然资源丰富，武江河贯穿而过，溪水众多，森林资源以松树、杉树为主，有国家一级保护植物——红豆杉和名贵植物——乐昌含笑。名优特农产品有张溪香芋、香葱、下西反季节蔬菜、塔头番茄、小洞毛茶、河南莲藕等，是乐昌市的重要“菜篮子”基地。

【社会事业发展】 2017年，乐城街道上半年纳入低保453户821人；下半年纳入低保498户854人。办理临时救济13人；大病医疗救助32人次；其他救济8人次；发放救济粮4吨。办理发放高龄老人津贴8982人。救济外来流浪乞讨人员533人次。受理廉租房申请8户，审核通过7户，受理公租房申请169人。走访慰问军烈属67户、重点稳控退伍军人10人，全年发放慰问金2万多元。全年办理残疾人城乡居民医保730人；办理残疾人生活津贴258人；办理重度残疾人护理补贴589人；完成农村白内障、眼科疾病筛查613人次。

【新时期精准扶贫精准脱贫工作】 经过精准识别，乐城街道16个村1个居委会共有贫困户386户，贫困人口991人，其中有劳动能力的贫困户199户709人；低保、“五保户”257户529人。每个贫困户均落实帮扶干部，实现一对一的精准对接，建立一户一册档案，因地制宜、因人而异制定帮扶三年规划和当年帮扶具体措施，精准施策，确保三年内有劳动能力的贫困户全部脱贫，符合政策的全部或部分丧失劳动能力的贫困户纳入低保稳定脱贫。截至2017年年底，为3个省定贫困村有劳动能力贫困户发放382包复合肥、37包尿素、1575只中鸡苗、168包鸡饲料、49头猪苗、214包猪饲料，合计投入资金205305元。下西村安排50万元入股乐昌市扶穷电站、100万元投入乐昌市公共资产中心，投入60万元建成光伏产业，为集体和贫困户增加稳定收入；塔头投入30万元入股乐昌市公共资产中心；天井岗村安排50万元入股乐昌市扶穷电站并建成养殖1万只雪毛土鸡示范基地；乐城街道办事处安排97.625万元投入乐昌市公共资产中心，预计为199户有劳动能力贫困户年收入增收400元每户。积极开展种养技能培训。在下西村、天井岗村开展种养技术培训班8批次，近400人参加学习；在乐城街道办事处开展新时期精准扶贫精准脱贫技能提升培训班1批次，近百人参加培训。

【招商引资】 引进乐昌誉马葡萄庄园和乐昌市闽兴新型建材环保砖2个项目。乐昌誉马葡萄庄园于2017年9月投产，截至年底投资1.4亿元；乐昌市闽兴新型建材环保砖项目完成选址。

【土地确权工作】 乐城街道共151个经济合作社

（村小组）按照工作流程开展土地确权工作，确权承包户数6047户，国土“二调”（第二次全国土地调查）集体用地面积2344.21公顷，截至年底完成实测面积2318.1公顷，实测率99.51%。完成实测承包地面积1789.9公顷。土地确权151个村小组均按要求完成资料收集、外业指界、二轮图纸确认工作，进入农户签印阶段。

【重点项目建设】 2017年，完成路面硬化11千米，硬化扶贫公路6.089千米，其中，乐广高速收费站至明星葡萄庄园旅游公路一期工程、乡道632线小洞水毁桥新建工程、麻纺厂至张溪小学段、铁三处机械厂至花生坜段、斧头湾至纸厂段、塔头八九队路段、乡道623线至马糍塘段、罗家祠至乐城段均完工通车，进入施工保养期。完成潭冲水库清淤工程，清淤土方7409.7立方米，工程造价30万元；完成张溪同古墩村复耕水圳工程300米，工程造价10万元；完成月坵葡萄酒庄农田排灌渠工程920米，工程造价30万元；完成大洞“5·30”水毁水陂修复工程，新建水陂3座，工程造价13万元；完成中小河流整治工程项目，总投资1890.89万元，整治包括炭洞水、西坑水在内的9.28千米河流；完成下王坪新建桥梁工程；完成23个村小组村村通自来水饮水工程。

【社会主义新农村建设】 2017年6月，乐城街道正式启动人居环境综合整治工作。乐城街道共有16个行政村，125个20户以上的自然村，其中省定贫困村3个，20户以上的自然村26个（塔头9个、天井岗7个、下西10个），26个自然村按方案先行开展人居环境整治工作，建立健全保洁长效机制，聘请保洁员，制定乡规民约。3个省定贫困村分别确定下西坎下、塔头三队、天井岗高坵为3个示范建设的自然村。下西村的10个自然村不同程度开展“三清理”“三拆除”行动，共拆除危房、露天厕所300多间，1.3万平方米，投入资金43万元。规划设计坎下组的雨污分流项目，通过预算财审。天井岗村于6月开始整治村主干道的卫生清理和拆除废弃危房，先期投入8万多元。天井岗的7个自然村中有3个自然村开展“三清理”“三拆除”工作，分别是试点村的高坵、乌坭冲和麦园，截至年底，天井村共拆除危房露天厕所76间，2600多平方米，投入资金10多万元。塔头村三队拆除危旧房、露天厕所20多间，500平方米，投入资金5万元。

【劳动和社会保障事业】 乐城街道完成城乡居民医疗保险续费64034人。完成2017年享受退休待遇人员的生存认证工作，参保续费8822人。完成就业困难人员认定800多人。发放就业困难人员社保补贴2000多人次。新增就业人数1166人，城镇失业人员再就业民1001人，就业困难人员实现就业104人。完成发放征地农民养老保险132人。完成社保扩面55人。

【教育】 科教、法律进社区活动覆盖率达100%，文体卫生活动进社区覆盖率达到90%。开展“我们的节日”主题文化活动9次以上。教育强街成效显著，辖区各中小学累计投入2.6亿多元新建修缮校舍；投入1911.11万元添置一批常规教学仪器和其他教育设施设备；投入3250多万元新建2所公办幼儿园，支持新建普惠性民办幼儿园；各学校之间进行2000多人次的教师交流，培训教师21994人次。

【文化】 组建业余排舞队，练塘村、城北居委会分别组建村、居级排舞队，大昌生活区的退休老干部组建金秋排舞队，培植一批活跃的文化骨干。2017年，联动市文化分馆送戏下乡11场，送电影下乡16场，送戏进社区5场。西联村打造3个文化运动广场，大木坵村建造1个文化广场，镇街文化站文体设施不断完善。

【卫生】 2017年，负责清运16个村委会垃圾，由中航集团公司负责垃圾清运工作，乐城街道配合做好交接、垃圾桶发放工作，对16个村委会227个积存垃圾点垃圾进行清理。展开登革热病防控工作，“四害”总体密度得到控制。

【计划生育】 2017年，乐城街道全年出生人口1647人，其中政策内出生1601人，性别比为103.84，计划生育率97.21%，出生率12.96‰，死亡率为5.6‰，自然增长率7.36%。

【城镇建设与管理】 乐昌新城、乐昌大道征地工作稳步推进，其中，河南完成征地摸底调查工作，天井岗准备召开征地表决会，塔头部分村小组通过征地表决会，后期工作有序开展。

【党建工作】 2017年，乐城街道实现“两学一做”学习教育常态化制度化，辖区内38个党支部定期组织2825名党员学习党章党规和习近平总书记系列重要讲话精神。各党支部开展“七一”党员大会、民主生活会、慰问困难党员等活动，实现人心凝聚。普遍直接联系群众工作分片走访4万多人，收集群众反映问题109个，解决群众问题76个。月坵村、红岭社区软弱涣散党组织不适应、不符合科学发展的突出问题在有条不紊地整顿转化中，调整和处理个别不干事、乱作为的党员干部。全年发展12名预备党员。顺利完成27个村（居）两委换届工作。

【打造全开放式葡萄酒酿造庄园】 月坵村誉马葡萄庄园位于乐城街道月坵村，规划打造为广东第一个集旅游、观光、品酒、休闲为一体的全开放式葡萄酒酿造庄园。庄园首期种植葡萄用地66.67公顷，建厂房、地窖的设施农用地0.67公顷。于2017年9月投产，截至2017年年底，共投资1.4亿元，2018年产值预计达到5亿元。 （王蕙敏）

附：乐城街道办事处领导班子成员名单

乐昌市委常委、党工委书记：万广平

党工委副书记、办事处主任：熊海泉

人大工委主任：李伟文

党工委副书记、综治信访维稳中心主任：刘伙生

党工委副书记：谭玖英（女）

党工委委员、办事处副主任：张建志

办事处副主任：罗根源

李分勤（女）

党工委委员、纪工委书记：何相兵

党工委委员、武装部部长：罗　荣

党工委委员：邓少洪

杨　秀（女）

卢祝优（女）

党工委委员、综治信访维稳中心副主任：曾　硕

月坵村誉马葡萄庄园 （邹莉梅　摄）

表 9　　2017 年乐昌市乐城街道办事处主要社会经济指标一览表

指　　标	单位	数量	指标	单位	数　量
农林牧渔及服务总产值（当年价）万元	万元	—	生猪存栏量	头	40000
工业总产值	万元	—	水果总产量	吨	3852
固定资产投资	万元	—	中学	所	2
招商引资实际投入	万元	—	小学	所	6
财政收入	万元	—	中小学在校生	人	10925
农民人均纯收入	元	13451	中小学在职教师	人	524
粮食总产量	吨	7034	水泥公路	千米	17. 1

表 10　　2017 年乐昌市乐城街道办事处村（居）委会基本情况表

序号	村（居）	书记	主任	村民小组（个）	居民小组（个）	总户数（户）	总人口（人）
1	榴村	李彩文	李彩文	7	—	416	2000
2	练塘	钟贵昌	钟贵昌	2	—	285	1380
3	大木丘	李平华	李平华	6	—	355	1677
4	长迳	江观华	江观华	5	—	210	959
5	西联	邓炎俊	邓炎俊	9	—	670	2720
6	附城	温良华	温良华	8	—	720	2929
7	河南	余东明	林俊武	10	—	653	2216
8	张溪	李新保	李新保	16	—	485	2149
9	塔头	黄世辉	黄世辉	9	—	351	1548
10	洪莲	付桥明	付桥明	11	—	582	2427
11	天井岗	丘英学	丘英学	10	—	402	1921
12	下西	王良华	王良华	15	—	715	3064
13	月丘	黄日旺	黄日旺	14	—	633	2803
14	王坪	吴宗明	吴宗明	10	—	258	1203
15	大洞	郑荣珍	肖佐文	10	—	225	1086
16	小洞	陈良有	钟武灿	18	—	273	1434

续表 10

序号	村（居）	书记	主任	村民小组（个）	居民小组（个）	总户数（户）	总人口（人）
17	先锋	邓均兰	邓均兰	—	11	2446	6191
18	大昌	黄艳红	黄艳红	—	15	6320	14460
19	新村	孔彩贞	孔彩贞	—	9	3705	7368
20	府前	邝卫鹤	邝卫鹤	—	8	2843	11347
21	城南	童国景	童国景	—	5	384	1667
22	城北	李志斌	李志斌	—	15	2907	11931
23	竹林	陈阳海	陈阳海	—	4	1583	6282
24	城东	饶魁新	饶魁新	—	14	3405	12037
25	站前	黄立红	黄立红	—	14	2382	9300
26	花明	罗桥发	罗桥发	—	11	2976	7099
27	红岭	欧翠迎	欧翠迎	—	11	2346	8205

长 来 镇

【概况】 长来镇位于乐昌市南部，东邻廊田镇，南与乳源瑶族自治县桂头镇交界，西和北与乐城街道办事处接壤，距县城 7 千米，属粤北山区丘陵平原地带，地处乐昌盆地南部。辖 1 个居委会，12 个村委会，56 个自然村。土地面积 94 平方千米。年末户籍人口 25352 万人，农业人口 20731 人，外来人口 169 人。耕地面积 1580 公顷，粮食播种面积 1800 公顷，粮食产量 11200 吨。林地面积 4666 公顷，森林覆盖率 70% 以上。2017 年，全镇工农业总产值 49890 万元，同比增长 4%；一般公共预算收入 1972.6 万元，增长 14%；农村人均纯收入 12580 元，增长 4.1%。全年出生人口 334 人，自然增长率 11.21%。自然资源主要有石灰石、铁矿石。地方特产有前溪村香芋，大棚西瓜、草莓、无公害蔬菜、安口“松子鸡”、灵口地膜西瓜、和村无公害蔬菜等。境内有新石器时代的园岭遗址，省级文物保护单位五汪谭氏宗祠。有“过会”（糍粑节）的传统习俗。

【农业和农村工作】 继续推广良种良法，抓好特色农业项目示范点的建设。全镇 1733.33 公顷水稻（两造）实现机播机收，总产量 10900 吨。加大森林防火宣传，严控森林火灾。抓好生态公益林保护和植树造林工作。

【综治维稳】 2017 年，长来镇受理回复群众信访函 35 宗，调处 6 宗来人来访矛盾。对排查登记的 106 名精神病患者确定监护人及协助监护人。推进综治信息化系统（中心 + 网格化 + 信息化）建设，镇辖区内实现系统应用全覆盖。支持配合公安机关和政法部门开展的“严打”斗争和专项治理活动，没有发生恶性刑事案件和特别重大案（事）件或恐怖袭击案件。2017 年 12 月，长来中学获得“乐昌市平安校园”称号，长来小学获得“乐昌市安全文明校园”称号。

【新时期精准扶贫精准脱贫工作】 2017年，预脱贫贫困户有132户368人。重点落实贫困户产业帮扶、就业帮扶、教育扶贫等政策。1月，水口村顺盈惠农养殖专业合作社落地，有劳动能力贫困户集中养殖鹅苗，每户投入启动资金3000元，每年每户固定12%的收益。5月，使用扶贫资金15.461万元，为有劳动力的贫困户每户发放化肥两包、种苗20只，共购买鸡苗2300只、鸭苗240只、鹅苗3680只、化肥396包。通过以奖代补产业扶贫，每户可获得500元至3000元奖励金，共奖励244户56.8892万元，使用扶贫资金14.64万元为参与奖补的244户贫困户每户购买化肥6包。通过以奖代补就业扶贫政策，按就业的贫困人口年收入的6%（有职业资格证书的8%）共奖励92户17.7677万元。投入90万元入股乐昌市公共资产管理中心项目，贫困户每人每年有8%的分红；乐昌市扶贫办为每个贫困人口入股3356.23元到公共资产管理中心，年底按8%分红。

7月，全镇（水口村除外）203户贫困户加入乐昌市昌德兰花有限公司参与集中种植兰花，每户投入启动资金3000元，每年每户固定12%的收益。

年初，广东省政府办公厅引进广州新又好餐饮集团接手承包和村菜场。新又好集团接手蔬菜基地后，以种植向日葵为突破口发展观光农业。3月，对接智晨农业公司租地18.33公顷，投产种植台湾番薯、台湾南瓜、百香果、葡萄、蓝莓、树莓等特色作物，并通过公司现有电商渠道销售。

长来镇和村观光农业——向日葵（长来镇　供）

【发展特色产业】 前溪村106.6公顷香芋、67公顷乐溪谷生态农业种植基地，和村67公顷无公害蔬菜，灵口20公顷地膜西瓜，东边村33公顷马蹄，安口和上坪村67公顷反季节蔬菜，“温氏”集团和“松子鸡”等现代养殖业全面推进，辐射带动特色农业项目向规模化、专业化、商品化发展。

【民营经济】 全镇民营企业38家，2017年度总产值9060万元。具有代表性的民营企业有粤佳生态猪场、意和水泥厂、功利水泥厂等。新又好公司菜场规模67公顷；水头溪电站和新坡电站装机容量分别为1000千瓦和500千瓦。

【招商引资】 昌山村旺宝加油站完工；前溪占地13.33公顷、投资2500万元的乐昌市昌德兰花有限公司正常生产；占地67.33公顷、投资3800万元的广东润粮农业科技有限公司在和村落户，完成投资1000多万元。

【镇区建设】 开展创建卫生镇工作，整治街道“脏、乱、差”，改善城镇面貌。与市交通局、住建局、公路局、国土局、公安局等单位联合拆除韶乐公路两侧4处违章建筑1.4万平方米。对墟坪乱搭乱建构建物进行整治，扩宽街道，对主街道划置停车位。在墟坪武江桥桥头附近河边平整硬化土地新设一临时市场，解决临时摆卖场地问题，缓解交通拥堵状况。开展创建卫生镇工作，整治街道“脏、乱、差”，改善城镇面貌。

【农村农业基础设施建设】 维修和村五汪河堤至灵口坝河堤2.5公里，改造灵口、大赛、安口村的高标农田灌溉系统，增强农业生产抗洪防旱能力；硬化安口、灵口、前溪公路村道、巷道共计5公里。

【农村合作医疗】 城乡医疗保险参保21280人。新农保参保9268人。2018年度农村居民参加城乡居民医保的个人缴费标准提升为每人每年180元。

【教育】 引导督促流失学生、辍学学生返校继续就读，全镇适龄儿童入学率100%，高中升学率92%。2017年，长来中心幼儿园通过韶关市一级幼儿园复评验收。

【文化】 完成包括露天舞台建设在内的昌山村综合性文化服务中心示范点建设。开展群众性文娱文体活动。在河堤健身广场举办3期文艺会演。

【党建工作】 2017年，发展新党员14名，培养入党积极分子36人。村“社区”两委换届选举中，选出“两委”干部59人，其中村书记、主任“一肩挑”11人，“一肩挑”比率91.6%。确保每个村委会至少有1名妇女干部。筹集资金20多万元整治软弱涣散党组织灵口村硬件、软件环境。

【打造美丽乡村和村旅游名片】 长来镇与碧桂园集团合作共建“美丽乡村”项目，落实资金230万元，拆除166间、6000多平方米的危旧泥砖房，聘请美术学院团队对五汪村结构良好的泥砖房开展墙绘，帮助农户开展美丽庭院建设，在闲置杂草坪、房前屋后边角地修建栅栏、花坛、石桌石凳、古樟树围基等。推进村主干道沿线景观美化提升，打造位于主干道旁的村口三角坪、竹林公园及观景平台等重点地块，为乡村旅游提供驻足观赏点。在村主干道两旁、主干水系沿岸栽种宫粉紫荆1600棵，在各自然村房前屋后栽种桂花树200棵。全年投入1500万元推进和村公共服务、教育、道路交通、文化休闲、农田水利等基础设施建设。（杨丽芬）

附：长来镇领导班子成员名单

党委书记：朱新玉（女）
党委副书记、镇长：邹方球
人大主席：王土根
党委副书记、综治信访维稳中心主任：张云山
党委副书记：邝积刚
党委委员、副镇长：肖正国
党委委员、武装部部长：雷春红
党委委员、纪委书记：张丽娟（女，—9月）
党委委员：何次英（女）
　　　　　曹淑娟（女）
副镇长：王忠俊
　　　　杨新荣

长来镇五汪村墙绘　　（长来镇　供）

表 11　　2017 年乐昌市长来镇主要社会经济指标一览表

指　标	单位	数量	指标	单位	数　量
农林牧渔及服务业总产值（当年价）	万元	30078	生猪存栏量	头	13600
工业、企业总产值（当年价）	万元	5916	水果总产量	吨	5800
固定资产投资	万元	2262	中学	所	1
招商引资实际投入	万元	1200	小学（含教学点）	所	3
农民人均纯收入	元	12083	中小学在校生	人	2293
粮食总产量	吨	11200	中小学在职教师	人	173
农业机械化	台	14	水泥公路硬化	千米	0

表 12　　2017 年乐昌市长来镇村（居委会）基本情况览表

序号	村（居委会）	书记	主任	村民小组（个）	总户数（户）	总人口（人）	集体经济纯收入（万元）	农民人均纯收入（元）
1	长来街社区	龚东阳	龚东阳	—	962	2796	—	—
2	罗村	李龙辉	李龙辉	2	462	1991	30	11931
3	灵口	余志华	余志华	7	503	2206	3	12109
4	大赛	张细英	张细英	4	263	1073	8.5	12756
5	东边	张永强	张永强	3	375	1467	5	12538
6	长来	龚荣祥	龚荣祥	5	732	3198	3	12475
7	安口	王志奇	张鉴尧	9	481	2100	3.5	12666
8	上坪	林基赞	林基赞	6	232	1011	6.5	12668
9	金竹山	张国才	张国才	5	373	1693	5.1	12202
10	水口	沈汉民	沈汉民	7	437	1703	3.8	11699
11	和村	肖锦凤	肖锦凤	4	465	2068	23	12958
12	昌山	黄国清	黄国清	5	238	865	18	12947
13	前溪	张志勤	张志勤	9	754	3511	7.4	12171

北 乡 镇

【概况】 北乡镇位于乐城北面，全镇总面积93.6平方千米，山岭面积7266.6公顷，水田面积1113.3公顷。辖茅坪、东红、上丛、新村、黄坌、前村、上西坑7个汉族村民委员会和下西坑1个瑶族村民委员会，共85个自然村，年末有居民4628户，人口16211人。2017年，全镇农村经济总收入45332万元，同比增长4.1%；农村人均纯收入13933元，增长8%；全镇财政一般预算收入1017万元，固定资产投资1000万元。北乡素有“马蹄之乡”美称，马蹄是北乡镇特色农业产业，也是农村经济支柱产业，占农民总收入70%。2009年5月，被国家评定为原产地理标志保护产品；2011年3月，获得绿色食品认证。发展腊味特色产业，通过扶持腊味深加工企业、注册“北乡腊味”商标等措施，打造北乡腊味品牌。

【村“两委”换届选举】 2017年，共选出村“两委”干部33名，平均年龄45岁，书记主任“一肩挑”及交叉任职率均达100%。新选出的33名村两委干部当中，大专学历村干部有13名。换届期间实现“零上访”。

【“三型”农村党组织建设】 推进“三型”（堡垒型、服务型、规范型）农村党组织建设，完成直联走访入户4288户，建立问题台账，及时解决问题，解决率为98%。落实“青苗培养”工程，共培养24名后备村干部。采取结对帮扶的形式，推进精准扶贫工作，北乡镇有贫困户245户，2017年脱贫71户。采取“镇选村培”模式发展党员，共发展党员12名，平均年龄35岁，其中大专以上学历8名。抓好党建带团建妇建工作，建立健全团委、妇联机构，配齐团委、妇联专职副书记。

【示范村建设】 统筹资金8万元，连续整治5个月，五星人居环境综合整治示范村建设取得阶段性效果，如期完成人居环境“三清理”“三拆除”整治工作任务，建立卫生清理长效机制，于2017年12月通过市人居环境督查组的验收。

【农村生活垃圾治理】 镇政府设立专栏宣传农村生活垃圾治理内容，定期对各村农村生活垃圾治理工作进行考评，做好记录台账，及时发放治理意见。与乐昌市中航公司签订协议，由该公司负责全镇的农村生活垃圾中转。

【新时期精准扶贫精准脱贫工作】 2017年，帮助贫困户自主发展种植马蹄香芋产业项目26.67公顷，发放产业奖补金22.6万元。各级扶贫财政资金使用规范，佐证资料齐全，资金使用率为91%（乐昌市乡镇排名第一），于2017年10月通过省扶贫审计组的检验。

【发展特色农业】 依托万亩产业种植基地，全面推广马蹄组培苗和香芋新品种及科学种植技术，不断提高马蹄产量、改善马蹄品质，打造“一乡一品”特色农业工程。走产业化、科技化、组织化发展路子，促进农业增效、农民增收。大力发展蔬菜产业，增强农业后劲发展。通过扶持腊味深加工企业、注册“北乡腊味”商标等措施，全力发展腊味产业。启动北乡农贸市场建设工程，提供交易中转平台，解决城郊无农产品交易平台的问题。

【招商引资】 2017年，北乡镇引进招商引资项目两个：乐昌市鸿运农副产品加工厂和广州市盖邦不锈钢制品有限公司。鸿运农副产品加工厂由广州民营企业家（简广信）和乐昌市鸿发特色农产品流通合作社共同投资，计划投资额5000万元。公司利用闲置资产原北乡镇乐昌第二水泥厂办公楼（及空坪）投入建成（香芋、马蹄等）农产品加工生产线、速冻、冷藏储存，销往国内大、中城市及中国港澳台地区。广州市盖邦不锈钢制品有限公司，属金属五金加工厂招商引资项目，占地面积约0.67公顷，该公司是新型建材大型生产没污染行业，主要生产道路设施——沙井盖、金属加工制品、不锈钢水沟盖板等不锈钢轻工加工制成品，产品销往全国各地。

【举行桃花节北乡农副产品展销会暨美食节】 3月4日至12日，2017乐昌桃花节北乡农副产品展销会暨美食节在北乡镇茅坪村举行。美食节以“看世外桃源，享乐昌美食”为主题，有50多家商家参展。活动期间，展示了北乡马蹄、炮弹香芋、沿溪山白毛茶、九峰黄金奈李、黄圃板栗、梅花子姜辣椒等农副特色产品，及牛腩串、糍粑、鸡蛋糍、北乡菜包、角仔糍等特色美食。

（骆志为　沈海英）

附：北乡镇领导班子成员名单

党委书记：谭　辉
党委副书记、镇长：邓继润
人大主席：陈永英（女）
党委副书记、综治信访维稳中心主任：陈昌泉
党委副书记：扶春莲（女，—6月）
　　　　　　白新朝（10月—）
党委委员、副镇长：白新朝（—10月）
党委委员：张国梁
党委委员、武装部部长：薛旭军
党委委员、纪委书记：邓庆华
党委委员：骆志为（女）
副镇长：邱远东
　　　　唐静娴（女）

3月4日至12日，2017乐昌桃花节北乡农副产品展销会暨桃花美食节在北乡镇茅坪村举行　（吴卫东　摄）

表13　**2017年乐昌市北乡镇主要社会经济指标一览表**

指　　标	单位	数量	指标	单位	数　量
农林牧渔及服务业总产值（当年价）	万元	37933	生猪存栏量	头	15035
工业总产值（当年价）	万元	4879	水果总产量	吨	4300
固定资产投资	万元	1000	中学	所	1
招商引资实际投入	万元	360	小学	所	1

续表 13

指　　标	单位	数量	指标	单位	数　量
财政收入	万元	1017	中小学在校生	人	850
农民人均纯收入	元	13933	中小学在职教师	人	112
粮食总产量	吨	7841. 68	水泥公路	千米	110

表 14　　2017 年乐昌市北乡镇村委会基本情况表

序号	村委会	书记	主任	村民小组（个）	总户数（户）	总人口（人）	农民人均纯收入（元）
1	上丛村委会	陈胜有	陈胜有	10	831	3213	14386
2	前村村委会	赵根福	赵根福	14	677	2527	13619
3	上西坑村委会	沈保明	沈保明	6	167	780	12978
4	下西坑村委会	盘永明	盘永明	6	225	864	13095
5	茅坪村委会	李泽建	李泽建	12	782	2320	14106
6	东红村委会	龚荣球	龚荣球	6	217	791	14521
7	黄坌村委会	谭堂顺	谭堂顺	14	763	2612	13663
8	新村村委会	谢业文	谢业文	18	723	2785	13619

廊　田　镇

【概况】　廊田镇位于乐昌市东部，北纬 25 度，东经 113 度，距市区 13 千米，国道 535 线和省道 247 线贯穿境内，与仁化县、浈江区、乐昌市乐城街道、五山镇、长来镇、北乡镇等相连，素有“粤北粮仓”之美称，是粤北地区两省二县七镇的农产品流通集散地。廊田镇属于亚热带气候，年平均气温 20. 3℃，年均降水量在 1500 ~ 1800 毫米之间。全镇总面积 147 平方千米，林地面积约 1 万公顷，耕地面积 2194 公顷。辖 17 个建制村和 1 个居委会，197 个村民小组、5 个居民小组，157 个自然村，总人口 3. 9 万人。

廊田历史悠久，隋代以前已有先民居住，唐代以灵溪酒闻名天下，明朝设高胜巡检司，清同治年间（1862—1874）设辛陂乡，清末置东乡，民国 18 年（1929）改东乡为第二区，新中国成立后设为第三区，1955 年 8 月第三区易名为廊田区，1958 年 12 月成立廊田人民公社，1983 年 10 月复置廊田区，1987 年 1 月设廊田镇至今。廊田山川毓秀，人才辈出。北宋时，有号称草堂二夫子，登进士任州官的李勃、李岩兄弟，明有进士邓颙、领乡荐邓瑗、邓球等人。宋至清代，有进士、贡生、监生、举人、生员一批。近代涌现张义诚、卢炳贵、杨彪、曾元才、谭新华、余席福、黄应环、陈事平、吴强、黄焕文等一批为革命英勇献身的先进人物。

廊田是广东省首批划定的中心镇之一，2015 年被评为广东省宜居示范城镇；2016 年成功创建韶关市卫生镇；2017 年评定为广东省技术创新专业镇——水稻现代农业。镇内设有公安、工商、供销、信用合作社、供电、邮政、电信等职能部门的分支机构。全镇实现村村通公路，村村通电话、通电、通水、通卫星电视。交通运输、商贸、饮食服务、保险业、中介服务、电信服务等较为齐全。有九年一贯制中心学校1所，教学点7个，有公办幼儿园1所，民办幼儿园3所。

2017年，全镇工农业生产总值达10.1亿元，同比增长6.5%；完成财政收入2833万元，同比增长19.97%；农民人均纯收入13503元，同比增长6.77%。2017年5月，在第七届全国生态旅游文化产业发展高峰论坛上，廊田镇楼下村入选“2017中国最美古村落”。

【农业和农村工作】 2017年，廊田镇以专业合作社为龙头，大力发展特色农业、规模农业，推进农业产业化，优质稻产量连年增长，沙糖桔、四季葱、香芋、马蹄等经济作物形成规模。2017年共种植优质稻3300多公顷（复种面积），其中以“银黏”“美香黏”“台香黏”“宜香10号”“超级稻五优308”水稻品种为主，是省内外畅销的优质农产品。全年存栏肉猪1.6万头，出栏肉猪2.6万头。开展村级集体经济发展试点工作，平富的葡萄园、寨头的荷花种植、农庄的生态农庄、葫芦坪的竹器加工、楼下的大棚蔬菜等项目具有良好的发展前景。注重发挥示范引领作用，在白平连片种植13.33公顷观赏性油菜花，打造农业乡村休闲游，带动农民增收。2017年全镇购买农业机械22台，补贴85390元。

【土地确权工作】 廊田镇土地确权面积约3533.33公顷，承包农户6855户，完成确权登记地块67388块。截至2017年年底，完成外业调查17个行政村、197个村小组。197个村小组确权图纸、表格落实了村名的签字、村小组的盖章，全部图纸下发到各村委会、村小组，农村集体土地确权登记工作基本完成。

【综治维稳】 举办多场普法宣传和法治讲座活动，开展“七五”普法和法治镇创建工作，全面推进平安创建，狠抓矛盾纠纷的排查化解工作。着重抓好综治、维稳、防邪教、人民调解、法治宣传和依法行政工作。2017年，镇综治中心全年计接待来访群众32批112人次，受理信访事项11宗，办结10宗，受理各类矛盾纠纷16宗，成功调处16宗，调处成功率100%。成功调处往年积案1宗。“中心+网格化+信息化”工作稳步推进；严重精神病患者救治救助工作开展有序；加强平安创建，建成龙山、新寮等4个乐昌市级平安村，廊田镇被评为乐昌市2017年度平安创建暨综治工作优秀单位；岩前村是乐昌市按法制框架解决基层矛盾试点村；白山村被广东省人民政府授予“创建无邪教示范村”称号；廊田镇司法所被评为乐昌市司法行政系统先进集体。廊田、沙洲、王屋、白山、农庄5个村委会开展民主法治村创建工作，抓好全国“两会”、香港回归20周年、中共十九大等重点防护期的维稳工作，未发生一宗到省进京非正常上访事件。其他各项指标均比往年进一步减少。

【新时期精准扶贫精准脱贫工作】 全镇有6个省定相对贫困村和11个分散村，在册贫困户共有475户1320人，其中一般贫困户229户809人，低保贫困户234户496人，“五保”贫困户12户13人。完成帮扶总规划和年度帮扶计划。2017年共筹措投入资金2401.408万元，其中，到村资金1797.766万元，到户资金603.642万元。建立一批产业扶贫项目，入股市物业资产分红，实行输血与造血并重的扶贫开发模式。通过大力发展产业扶贫项目，鼓励引导贫困户积极参与产业和就业“以奖代补”。建档立卡贫困户年人均可支配收入2016年达6060元，2017年，有劳动能力的贫困户人均可支配收入达6152元，有劳动能力的贫困家庭年可支配收入稳步增加，完成年度脱贫攻坚任务。

【发展特色产业】 以特色产品为依托，以农民专业合作社为龙头，大力推广新型农技，早造在白平付村完成粮食绿色创高产活动，试种优质“华优122”面积26.67公顷，亩产624千克，晚造在东庄九思坪完成机插创粮食高产活动，面积6.67公顷，亩产 603 千克，全省排名第二；土壤肥料肥效、花生高产栽培、控湿肥料、早春辣椒高产栽培等一系列的试验为该镇农业生产提供了良好的经验积累。形成“银黏”“美香黏”“台香黏”“宜香10 号”“超级稻五优 308”等优质水稻主打品种，不断提高“廊田优质米”“廊田香米”品牌知名度。各种经济作物形成规模，其中种植甘蔗近 29.3 公顷，香芋、马蹄和地膜花生各 200 多公顷，蔬菜近 1540 公顷。

【民营经济】 2017 年，全镇有个体户 508 家，其中餐饮 44 家，食品批发零售 100 家，药品经营 8 家；民营企业 34 家，主要从事水力发电、农业生产服务、石英砂、电子、木材、纺织加工以及教育等行业，其中有农民专业合作社 47 家，从事农产品种养、加工、流通等。

【招商引资】 2017 年，引进新定达箱包厂，预计投资 2000 多万元，带动就业 300 人以上；引进乡贤资金建立乐昌市凤凰山养殖专业合作社，预计投资超过六百万元开展优质肉牛养殖，截至 2017 年年底，出栏 50 多头肉牛，种植牧草 13.33 公顷。宝林寺重建项目招商工作全面推进。

【镇区建设】 加快《廊田镇中心镇总体规划》修编和《廊田镇区控制性详细规划》编制，规划通过专家评审，待修改细节后报上级审批。完成 2017 年民生项目工程，在镇区安装 200 盏（带有“廊”字）的路灯，对街道进行改造和硬化，完成信用社、供电局至市场以及市场内巷道硬化、府前路和农贸市场排污渠道整治、镇区公厕翻修改建等工程。占地 4200 平方米，建筑面积 1.8 万平方米的廊裕花园全部完成建设，丽湾华府商住楼开发项目完成过半的工程建设。投入 35.8 万元用于敬老院消防、设施改造和设备更新，2017 年该项目完工正常运转。对敬老院食堂投入 2.9 万元进行改造并达标。

【农业农村基础设施建设】 力促国道 535 线乐昌城区至廊田镇农民东街路段路面改造项目圆满完成。白山村、葫芦坪村 2 座涵洞全部建成。完成乡道村道路面硬化 4.98 千米。完成旅游公路（羊古田至龙王潭和廊田至白水寨工程）的可行性报告。强化农业基础设施建设，包括龙山水、岩前水、楼下水总长 16.923 千米，总投资 2260.21 万元的中小河流整治工程全部完工。总投资 2000 万元的农业综合开发灌溉渠“三面光”项目全部完成。以解决农村困难群众最基本安全住房为目标，完成 45 户农村危房改造任务。

【城乡居民医疗保险】 2017 年，全镇城乡居民医疗保险缴费任务数为 32887 人，完成 31184 人，完成率 94.82%。

【教育】 完善《廊田镇奖教奖学实施方案》，对教育教学进行量化考核，形成长效激励机制，调动教师队伍积极性，提高教育教学质量。2017 年，全镇中小学在校学生：初中在校生 1030 人，小学在校生 2471 人，在职教师 250 人；辍学率控制在 1.5% 范围内，廊田中心学校中学部在全市教育教学质量综合排名第 8。

【文化】 镇文化站积极鼓励农村妇女参加排舞活动。截至 2017 年年底，成立 18 支排舞队，开展大型排舞活动 3 场。平富、铜坑村各建有群众舞台 1 座。成功举办廊田镇篮球联赛，首次开展女子三人篮球赛。吸引 14 个队伍参赛，其中女子队 4 队。

【卫生】 2017 年，新增居民健康档案 3000 多份，登记管理 65 岁及以上老年人 1382 人，中医保健指导 1284 人，慢性病管理登记管理并提供随访高血压患者 632 人，登记管理并提供随访的糖尿病患者 213 人，并按要求录入居民电子健康档案系统；联合综治办、派出所、卫生院以及各村（居）委进行全镇精神病病人的排查，全年建档 182 人，在档管理 153 人。举办各类知识讲座和健康咨询活动 12 次，发放各类宣传材料，更换宣传栏内容。进一步加强传染病报告与处理、儿童预防接种、孕产妇健康、结核病防治等工作。投资600万元的廊田卫生院住院大楼建成投入使用。

【计划生育】 2017年，全镇出生575人，计划生育率为97.39%，男女性别比为104.63。户籍人口死亡282人，死亡率为7.13‰，人口自然增长率为7.40‰

【地方特产】 农产品有“银黏”“美香黏”“台香黏”“宜香10号”“超级稻五优308”水稻品种。经济作物有沙糖桔、四季葱、香芋、马蹄等。农特产品有廊田马蹄、廊田香芋、葫芦坪冬笋和笋干。糍粑有鸡蛋糍、油糍、千层糕、叶糍、竹叶糖糍、角子糍、冬至仔、糯米鸡等。

【造林绿化】 2017年，完成迹地更新造林90.7公顷，幼林抚育面积864.6公顷，完成木材生产采伐3768立方米。森林病虫害预测面积300多公顷，防治53.3公顷。

【党建工作】 2017年，廊田镇党委共有24个党支部，其中，18个村（社区）党支部，2个机关支部，3个企事业支部；党员总数861人，正式党员843人，女性党员202人。其中，高中及中专学历115人，大专学历132人，本科及以上学历74人；35岁及以下党员189人，36至45岁党员127人，46至60岁党员250人。2017年新发展党员18名，其中女性党员10名，35岁及以下党员12名，本科及以上学历4人，大专学历7人。

【社会主义新农村建设】 狠抓镇村卫生，成功创建韶关市卫生镇，白平村、平富村被授予“韶关市卫生村”称号。大力开展卫生大扫除、除“四害”、健康教育活动、卫生科普知识宣传等系统活动，镇村垃圾清理实现日产日清，卫生环境得到极大改善。人居环境整治工作和新农村示范村建设扎实推进，廊田镇6个省定贫困村基本完成“三清”“三拆”工作，拆除老旧房屋、废弃猪栏牛栏面积共计3.8万平方米，并启动雨污分流项目、垃圾污水处理以及村道巷道硬化等整治项目。建立卫生长效机制、村民理事会制度和环境卫生保洁制度。廊田村通过农耕文化主题墙绘展现农村新气象、新风貌，呈现出一道亮丽的风景线。白平、平富、楼下、廊田、新寮、农庄等村在主干道、主要路口等地安装路灯，改善村民夜间出行条件。完成18个村级公共服务平台建设，改善村级办公条件和便民服务设施。

【精神文明建设】 加强社会主义核心价值观宣传，推进文明镇街建设八大行动，建成社会主义核心价值观主题广场，修整“粤北粮仓”文体广场，并投入使用。

【廊田电商服务中心揭牌】 2017年1月18日，廊田电商服务中心揭牌。该中心是廊田镇廊田村委会与京东华南区、广州青农现代农业发展有限公司共建的线下实体，与乡村创客青年服务中心合为一体，面积约为50平方米，选址位于廊田村委楼一层。廊田村电商扶贫的思路和运作模式是“实体展销店＋线上扶贫馆＋合作社＋农户（包括贫困户）”。截至2017年年底，电商实体展销店和线上扶贫馆均建设完毕，孵化2家合作社/企业（注册乐昌灵溪生态农业发展有限责任公司、乐昌御龙园家庭农场）；争取京东华南区支持开通线上扶贫馆，并给予一批优惠E卡。电商中心建成后，帮助村民开展网络众筹卖出稻米1.15万千克，通过连接销路卖出米酒1000千克、芋头马蹄约150千克等。

2017年1月18日，廊田电商服务中心揭牌。图为共青团广东省委副书记梁均达（右）与乐昌市委书记陈宏宇为中心揭牌 （廊田镇 供）

【“粤北粮仓廊田镇”微信公众号开通】 2017年5

月24日，廊田镇开通官方微信公众号——“粤北粮仓廊田镇”，主要功能是转变服务方式，推介粮仓廊田。微信公众平台自定义菜单中设置廊田政务（政策宣传）、特色廊田（风物人情、廊田故事）和媒体廊田。截至2017年年底，公众号关注用户数1782个，累计发布图文消息47条，日均阅读量291篇，其中推文《廊田镇形象宣传片》阅读量达25117人次。（李志伟）

附：廊田镇领导班子成员名单

党委书记：欧建来
党委副书记、镇长：陈金旺
人大主席：李森林
党委副书记、综治信访维稳中心主任：李国飞
党委副书记：华艳梅（女）
党委委员、副镇长：连契山
党委委员、纪委书记：詹乐平
党委委员：黄　萍（女）
　　　　　何　勖（女）
党委委员、武装部副部长：邓家城
副镇长：沈希凡
　　　　余文敏（女）

表15　**2017年乐昌市廊田镇主要社会经济指标一览表**

指　标	单位	数量	指标	单位	数　量
农林牧渔及服务业总产值（当年价）	万元	51923	生猪存栏量	头	15396
工业总产值（当年价）	万元	—	水果总产量	吨	9916
固定资产投资	万元	5298	九年一贯制学校	所	1
招商引资实际投入	万元	600	教学点	所	7
财政收入	万元	2833	中小学在校生	人	3501
农民人均纯收入	元	13503	中小学在职教师	人	250
粮食总产量	吨	21861	水泥公路	千米	199

表16　**2017年乐昌市廊田镇村（居）委会基本情况表**

序号	村（居委会）	书记	主任	村民小组（个）	居民小组（个）	总户数（户）	总人口（人）	集体经济纯收入（万元）	农民人均纯收入（元）
1	社区	邓广胜	邓广胜	—	5	971	1831	6.46	—
2	廊田	刘　平	刘　平	18	—	785	2923	6.86	12072
3	沙洲	钟考忱	钟考忱	17	—	665	2555	4.79	12329
4	葫芦坪	刘井古	刘井古	13	—	389	1582	11.36	11558
5	岩前	朱润古	朱润古	32	—	847	3223	75.20	12985
6	龙山	李淑珍	李淑珍	5	—	178	753	15.2	11648

续表 16

序号	村（居委会）	书记	主任	村民小组（个）	居民小组（个）	总户数（户）	总人口（人）	集体经济纯收入（万元）	农民人均纯收入（元）
7	农庄	冯雪群（—10 月）谢均仔（11 月—）	冯雪群（—10 月）	30	—	822	3278	35.54	12098
8	铜坑	李太金	李太金	12	—	547	2159	11.31	12278
9	王屋	王有志	王有志	8	—	304	1169	26.06	11899
10	白平	戴天福	戴天福	15	—	542	2048	3.93	12456
11	寨头	林树辉	林树辉	3	—	221	893	6.56	12954
12	平富	朱荣有	朱荣有	4	—	297	1190	1.81	12662
13	新寮	谢汉红	谢汉红	9	—	246	869	19.28	12527
14	马屋	张修金	张修金	18	—	473	1828	2.67	12001
15	白山	尹胜明	尹胜明	22	—	802	2981	8.27	12258
16	楼下	邓建明	邓建明	27	—	1070	4341	10.99	13422
17	东庄	邓传发	邓传发	15	—	549	2056	—	11198
18	旱禾田	卢深明	卢深明	15	—	443	1848	10.53	11812

五山镇

【概况】 五山镇位于乐昌市东北部，东部与仁化县红山镇交界，南部与廊田镇相邻，西部与九峰、北乡镇接壤，北部与湖南省汝城县毗邻，省道247线南北贯通，距乐昌市区33千米。镇政府所在地地理坐标为北纬25°61′、东经113°49′，全镇平均海拔380米。2017年辖11个村委会，128个自然村（其中沙田村的长老坑村小组和赤水村小组是少数民族聚居村，是瑶族人口居住点）。土地面积186平方千米。年末户籍人口21527人，农业人口21031人。耕地面积1840.96公顷，林地面积1.6万公顷，森林覆盖率93%，是以林业为主的镇，属乐昌四大林区之一。五山镇坚持植树造林，封山育林，有毛竹8666.67公顷，年产毛竹1300多万条（4寸以上），是粤北著名的“毛竹之乡”。

五山辖区矿产资源主要有萤石矿、钨矿、石英矿、稀土矿、钾长石矿等，其中小山萤石矿探明贮量达100多万吨，贮量在广东省名列前茅。水利资源丰富，有大小水电站54座。土特产有香菇、生姜、紫心薯、指天椒、竹笋、竹器、竹筒酒、梯田米等。生态旅游资源主要有石下村上黎组梯田、大乐村白水寨、东洛水库、沙田村龙王潭、竹海森林公园等。

2017年，五山红军长征临时指挥所被中共韶关市宣传部、韶关市社会科学联合会授予韶关市社会科学普及基地。

2017年9月，“五山红军长征临时指挥所”被中共韶关市委宣传部、韶关市社会科学联合会授予“韶关市社会科学普及基地”称号

（五山镇　供）

【农业与农村工作】 2017年，全镇农村经济总收入3.26亿元，农村居民人均纯收入12903.28元。全年发放种粮补贴758989.18元。围绕有机、绿色等特色农产品，建立完善土地流转机制，实行适度农业产业的规模经营，打造“一村一品”工程。在石下村、小山村种植有机稻53.33公顷，在青岭村种植黄栀子10.67公顷，在文书村种植贡柑16公顷。联合省台办帮扶资源，共同打造“共当美丽田园主人产业扶贫项目”，在小山、石下完成“共当美丽田园主人”13.33公顷，实现五山农业供给侧改革，加快农业产业融合发展新格局。

【综治维稳】 2017年，五山镇利用直联工作，畅通信访渠道，加强矛盾纠纷和不稳定因素的排查；通过领导包案，狠抓矛盾纠纷的调处。全年排查、受理和调处各类矛盾纠纷20宗，成功化解19宗，矛盾纠纷调处成功率达95%。

【新时期精准扶贫精准脱贫工作】 全镇共有贫困户344户1077人（相对贫困村204户705人，分散贫困户140户375人），其中有劳动能力247户907人，无劳动能力97户173人。通过产业帮扶、就业培训、社会兜底、教育资助、危房改造、增加村集体收入等帮扶措施，全年投入各级扶贫资金303万余元，实现预脱贫103户364人，脱贫比例为33.7%。

【民营经济】 五山镇有54座水电站，其中规模较大的有铭源、东溪、扶村、金山水电站。突出抓好毛竹龙头产业，集中打好“麻坑牌笋干”、“智品青竹酒”、“能哥竹筒酒”、五山香菇、梯田米等品牌，带动全镇民营经济的发展。

【计划生育】 2017年，全镇出生人口335人，出生率15.32‰；出生人口中女性163人，男性172人，出生性别比为105.52。

【打造“红色旅游”为主体的生态文化旅游】 以五山梯田、五山竹海公园、五山红军长征指挥所、红军墓、五山纸马、东洛水库、沙田龙王潭等一系列生态、休闲、红色旅游资源，打造以“红色之旅”为主体的生态文化旅游产业。2017年，五山梯田、五山竹海公园、五山红军长征指挥所、红军墓等旅游景点年接待游客6万多人次，为当地农民增收1000多万元。

【造林绿化】 开展封山育林和森林防火工作，组建镇村两级护林防火员队伍，及时消除火灾隐患。2017年，新造林56.7公顷，幼林抚育面积334公顷。加强林政管理，有效遏制乱砍滥伐现象。落实强林惠农政策，给农户优惠购买林业保险逐年增加，2017年达21户56.7公顷。

【党建工作】 顺利完成换届选举工作，在村“两委”换届选举中，选出村委会干部45名，其中实现书记主任一肩挑9名，村“两委”班子结构更趋合理。深化群团改革，坚持以“党建带妇建”“党建带团建”为原则，全面推进服务型基层群团组织建设，顺利完成妇联及团委换届工作。扎实开展直联工作，全镇走访5237户，收集群众反映问题48项，解决42项，问题解决率88%。完成对山溪村党支部的软弱涣散整顿，韶关市考核为优秀等级。

【镇区建设】 完成五山镇卫生院综合大楼、居家养老服务中心建设。敬老院消防、厨房改造工程及电子监控工程、五山镇汽车客运站、五山供电所业务用房建设工程在施工。投入127.5万元安装510盏路灯。2017年，五山镇被韶关市爱国卫生运动委员会授予“韶关市卫生镇”“韶关市灭鼠达标镇”称号；山溪村被韶关市爱国卫生运动委员会授予“韶关市卫生村”称号。

【基础设施建设】 2017年，投入417万元建设五山镇标准化自来水厂，日供水量达500吨，解决麻坑村3100多人的生活用水问题。投入6万多元加强农田水利建设，修复小山村和石下村损毁灌溉水渠30多米。完成新建五山镇32个自然村35个工程点的安全饮用水项目。完成两条乡村道路硬化5.23千米，其中文书至大洞1.33千米，樟木桥至上洞3.3千米、五山至二级站共0.6千米。

【社会保障】 2017年，参加城乡居民基本医疗保险17950人、城乡居民基本养老保险8292人、新增社保扩面12人。全年审核上报农村低保364户837人，城镇低保3户3人；全镇有五保供养对象38人，集中供养7人。做好退伍军人的优抚安置工作，残疾人生活津贴、重度残疾人的护理补贴以及农村高龄老人津贴的调查和发放等工作。（李艳华）

附：五山镇领导班子成员名单

党委书记：张广润

党委副书记、镇长：梁新来

人大主席：梁志雄

党委副书记：邓曲院

党委副书记、综治信访维稳中心主任：彭振兵

党委委员、常务副镇长：朱欢明

党委委员（宣传）：邓发良

党委委员、纪委书记：吴可可（—11月）

党委委员（组织）：陈洁莉（女）

党委委员、武装部部长：许松春

副镇长：陈昌军

副镇长：李学勤（—9月）

表17　　2017年乐昌市五山镇主要社会经济指标一览表

指　标	单位	数量	指标	单位	数　量
农林牧渔及服务业总产值（当年价）	万元	33731.54	生猪存栏量	头	5530
工业、企业总产值（当年价）	万元	1531.54	水果总产量	吨	3380
固定资产投资	万元	412.09	中学	所	1
招商引资实际投入	万元	200	小学	所	5
农业机械化	台	—	中小学在校生	人	582
农民人均收入	元	12903.28	中小学在职教师	人	90
粮食总产量	吨	3407	水泥公路硬化（新增）	千米	5.23

表18　　2017年乐昌市五山镇村委会基本情况表

序号	村（居委会）	书记	主任	村民小组（个）	总户数（户）	总人口（人）	集体经济纯收入（万元）
1	沙田	郭伟华	郭伟华	7	287	1183	14.2

续表 18

序号	村（居委会）	书记	主任	村民小组（个）	总户数（户）	总人口（人）	集体经济纯收入（万元）
2	大乐	陈永古	陈永古	10	410	1705	5
3	麻坑	张求华	丘洪森	22	750	3104	3.8
4	嶂下	谢朝荀	谢朝荀	5	263	1086	12.9
5	山溪	张汉山	张汉山	5	331	1387	4.9
6	小山	吴镜清	吴镜清	11	559	2348	10.5
7	石下	陈伟兵	陈伟兵	19	609	2598	12
8	青岭	连贵成	连贵成	18	693	2853	11.3
9	坪田	连昌会	张树荣	8	591	2557	13.9
10	文书	张乐文	张乐文	9	211	881	11.2
11	牛头洞	许松春（兼）	刘庚有	14	314	1329	12.5

九 峰 镇

【概况】 九峰镇位于乐昌市中部，是林区中心镇，距乐昌市区 31 千米，省道 248 线贯穿境内。东北面与湖南省宜章县、汝城县交界，西与两江镇毗邻，南与北乡、大源两镇相连。境内群峰叠嶂，以有五指、向日、马蹄、青云、紫微、云祖、太乙、羊角、三星九座山峰而得名。明清时属郭下乡郭西都、民国时属第五区，1950 年成立第四区，1955 年 8 月改为区，1957 年改为乡，1958 年 8 月成立红旗人民公社，1960 年冬从红旗公社分出，成立九峰人民公社，1983 年 11 月改为区，1986 年冬改为镇。全镇辖 12 个建制村和 1 个社区，171 个自然村，总人口 22361 人，总面积 192 平方千米，其中耕地面积 903.1 公顷，林地面积 17800 公顷，森林覆盖率 85% 以上。2017 年，全镇生产总值 3.74 亿元，同比增长 7.8%，其中农业总产值 2.7 亿元，增长 8.7%；工业总产值 6300 万元，增长 5%；第三产业总产值 4100 万元，增长 16.6%；人均纯收入 14252 元，增长 9.1%。

九峰素有“粤北水果之乡”之称，被广东省人民政府评为水果专业镇，主要以种果、种树为主，种菜、养殖相结合，多种经营，全面发展经济。形成“山上种树、山腰种果、山下种菜”的立体农业格局。土特产主要有柰李、黑布朗、油桃、水蜜桃、鹰嘴桃、水晶梨、橘子、椪柑、脐橙、手工擦糍粉、糯米糍、黄糍、金银花、茶叶、红薯干、魔芋、禾花鱼、食用菌等。

九峰人文鼎盛、旅游资源丰富。山歌《啦打》被列入省级非物质文化遗产保护项目，境内的景点有九峰花海、茶料花海、石壁潭花海、桃花长廊、桃花王、桃李人家、九峰银杏树、九峰杨东山十二度水省级自然保护区、抗日名将薛岳旧居（广东省文化厅第六批文物保护单位）等。九峰利用环境优美、风景秀丽、花果连片的生态资源优势，发展第三产业，形成“春赏花、夏秋摘果、冬戏雪”的旅游格局，努力打造“岭南花果小镇”。九峰镇茶料村被国家农业部评定为“2016 年中国美丽休闲乡村”。

2017 年 8 月，全国第一个镇级非现金支付授牌仪式在九峰镇政府举行。9月，九峰镇被广东省林业厅评定位为“广东省森林小镇”。是年，九峰镇茶料和上廊村成功创建韶关市卫生村。

【农业和农村工作】 以打造特色农业经济强镇为目标，大力发展水果产业、造林绿化和以茶叶、禾花鱼、擦糍粉等为代表的新兴产业。实施“九峰水果专业镇优稀水果产业升级示范区建设项目”，深入推广“水果套袋种植”等先进技术，做好科技示范和品种改良换代，提高水果品质。做好农机补贴宣传工作，全镇购置拖拉机、微耕机等农业机械11台，核实发放补贴资金8800元。全镇水果种植面积4333.3公顷，其中黄金柰李和柑橘各占1666.6公顷、桃子533.3公顷、其他杂果466.8公顷。全镇有家庭农场10家，以绿峰合作社为代表的农民专业合作社17家，有社员1335多人。

【综治维稳】 2017年，九峰镇接待群众来访22批次，46人次，参与开展各类调解案件20宗，调解成功20宗，调处成功率100%。扎实开展矛盾纠纷排查调处工作，确保到省进京上访的零发生。开展严重精神障碍患者排查，共排查出105名患者并进行救助，未出现严重精神病障碍者肇事肇祸现象。

【新时期精准扶贫精准脱贫工作】 2017年，九峰镇做好贫困人口精准识别、建档立卡、系统信息录入、落实结对帮扶责任等各项基础工作，确定符合条件的贫困户212户524人，一般贫困户95户316人、低保贫困户68户157人、“五保”贫困户49户51人。其中，有劳动能力的贫困户122户414人、无劳动力90户110人。根据贫困户的实际情况，因地制宜制定帮扶措施，举办种植技术培训班，做好产业“以奖代补”工作，发放肥料物资等。全年完成脱贫目标75户242人。

【公路交通建设】 2017年，九峰镇硬底化农村公路14.4公里；对乡道695线、966线、789线和其他无编号道路共7处道路隐患进行修复，其中包括路基下榻重筑路面2处，共约84.9平方米，路基掏空新建片石砼路肩墙5处，共75.3立方米；全面维护农村公路；在三岔路口、学校路口、人流量大的路段安装凸透镜、警示牌和减速带等道路安防设施。

【水利基础设施建设】 全面完成九峰水文洞至联安段河道治理工程；省山区五市中小河流治理工程九峰水桃子园至湾子段、三廊段大廊段、上廊至溪下段进场施工，截至2017年年底，完成工程量的50%；全面推行河长制工作，任命镇、村级河长23名、民间河长10名、河道管护员23名，树立公示牌23块，河长巡河69次，清理河道垃圾9100米，参与清理河道及沿岸垃圾300余人次；九峰镇标准化自来水厂工程建设顺利进行，完成水厂的公路修建，打好清水池基础，建好5座拦水坡、沉淀池，安装引水管道2050米。

【农村合作医疗】 2017年，城乡居民养老保险参保人数8934人，完成任务数的102%，2017年合作医疗参保1.8万多人。

【计划生育】 2017年，全镇出生人口382人，其中男孩197名、女孩185名，出生性别比106.49。免费孕前优生健康检查完成154人，完成率96.25%。

【农村人居环境整治工作】 2017年，在全镇130个20户以上的自然村成立村民理事会，制定村规民约和保洁制度。截至2017年年底，全镇拆除危旧房132间5199平方米，猪牛栏170间3451平方米，露天茅厕68间971.6平方米。

【党建工作】 全镇有18个党支部，739名党员，其中农村党支部12个，农村党员612名。2017年，发展预备党员12名，入党积极分子29名。加大对横坑村软弱涣散党组织整顿工作，实现晋位升级。

【乐昌市桃花节开幕式在九峰镇举行】 2017年3月3日，乐昌桃花节开幕式在九峰镇中学举行。开幕式现场举行“中国美丽休闲乡村”（茶料村）授牌仪式和乐昌市首届青年创业创富大赛启动仪式。桃花节期间，接待游客60多万人次，同比增长33%。餐饮、住宿、农家乐等第三产业顺势发展。

【九峰成立书画院】 2017年2月28日，乐昌市九峰镇成立书画院。成立会议选举产生第一届九峰书画院院长、副院长、秘书长及顾问等。九峰历史文化底蕴深厚，成立有20多个业余文娱团体，经常开展舞龙、广场舞表演、山歌对唱、农家书画展等文化娱乐活动。其中，农家书画展成功举办五届。

【深入推广“互联网+”】 积极做好互联网农业小镇建设工作。按要求建设农产品展示区、培训室、监测站、运营办公室、物流专区及视频监控系统、生产基地等，通过韶关专家组的验收。6月20日，韶关市互联网农业小镇九峰营运中心揭牌运营。2017年，全镇有160个淘宝店、1721个微店。农户通过淘宝店、微店、微信朋友圈等线上形式销售本地农产品，线上销售额占41.9%，从事电商农户数占全镇农户的1/3。（罗秋雯）

附：九峰镇领导班子成员名单

党委书记：马建民
党委副书记、镇长：沈家和（—7月）
党委副书记、镇长人选：赵平平（女，7月—）
人大主席：王献栋
党委副书记、综治信访维稳中心主任：吕晓华
党委副书记：谭云能
党委委员、副镇长：邓鸿平
党委委员（宣传）：雷林亮
党委委员、武装部部长：扶国军
党委委员（组织）：周小云（女）
党委委员、纪委书记：沈翠琼（女）
副镇长：钟高义
梁应珠

表19 **2017年乐昌市九峰镇主要社会经济指标一览表**

指标	单位	数量	指标	单位	数量
农林牧渔及服务业总产值（当年价）	万元	27000	牛猪存栏量	头	13126
工业总产值（当年价）	万元	6300	水果总产量	吨	33300
固定资产投资	万元	14700	中学	所	1
招商引资实际投入	万元	—	小学	所	1
财政收入	万元	1115	中小学在校生	人	1101
农民人均纯收入	元	14252	中小学在职教师	人	96
粮食总产量	吨	3800	水泥公路	千米	117.5

表20 **2017年乐昌市九峰镇村（居）委会基本情况表**

序号	村（居委会）	书记	主任	村民小组（个）	居民小组（个）	总户数（户）	总人口（人）	集体经济纯收入（万元）	农民人均纯收入（元）
1	浆源	陈福连（—5月） 刘建才（6月—）	陈福连—5月） 刘建才（6月—）	11	—	376	1532	20.2	13226

续表20

序号	村（居委会）	书记	主任	村民小组（个）	居民小组（个）	总户数（户）	总人口（人）	集体经济纯收入（万元）	农民人均纯收入（元）
2	文洞	彭永强（—5月） 钟远标（6月—）	彭永强（—5月） 钟远标（6月—）	6	—	267	1060	14.9	14109
3	茶料	廖会雄	廖会雄	18	—	516	2123	30.6	14428
4	联安	谢世强（—5月） 谢立和（6月—）	谢世强（—5月） 谢立和（6月—）	16	—	539	2201	33.6	15293
5	坪石	薛功勇	薛功勇	14	—	488	1952	29	14884
6	三联	张建强（—5月） 周礼成（6月—）	张建强（—5月） 周礼成（6月—）	14	—	399	1688	22.8	13533
7	横坑	白志平（—5月） 伍洪波（6月—）	白志平（—5月） 伍洪波（6月—）	18	—	477	1997	29.3	14692
8	上廊	薛明山	薛明山	19	—	489	1981	30.1	15206
9	小廊	黄招金（—5月） 黄守泰（6月—）	黄招金（—5月） 黄守泰（6月—）	12	—	432	1803	25.3	14059
10	大廊	丘寿强	丘寿强	19	—	555	2214	29.7	13450
11	湟洞	罗建云（—5月） 徐路财（6月—）	罗建云（—5月） 徐路财（6月—）	12	—	303	1291	19	14744
12	溪下	钟心良	钟心良	12	—	344	1344	17.1	12788
13	九峰街道	黄新华	黄新华	—	5	412	830	9.3	—

两江镇

【概况】 两江镇位于乐昌市中部，距乐昌市区45千米。东与九峰镇相邻，南与大源镇交界，西与庆云镇接壤，北与白石镇相接，因镇区大、小两江交汇而得名。省道248线横贯全境。辖7个村委会101个自然村，年末户籍人口1.34万人，农业人口6599人，外来人口118人。全镇土地面积130.91平方千米，耕地面积781公顷，粮食播种面积622公顷，粮食产量约3535吨。林地面积12000公顷，森林覆盖率89.8%，活立木蓄积量约82万立方米。2017年，全镇生产总值2.23亿元，同比增长7.7%。其中，第一产业增加值1.775亿元，增长7.9%；第二产业增加值0.368亿元，增长5%；第三产业增加值0.087亿元，增长14.5%。地方一般公共预算收入0.084亿元，增长23.6%。农村常住居民人均可支配收入13841元，增长8%。两江镇有丰富的水力资源、林木资源、萤石矿资源。盛产油桃、鹰嘴桃、黄金柰李、柑橘等特色水果。打造以“赏花摘果”为主线的生态休闲旅游，同时先后挖掘出月湾古桥、狮子山古楠木森林公园、古道听泉、凰落花谷、徐氏宗祠、蔚岭关等景点。2017年，凰落村荣获“广东省卫生村”称号。

【农业和农村工作】 大力发展水果产业和以茶叶、禾花鱼等为代表的新兴产业，推广水果套袋种植等先进技术，不断提高水果品质，打造绿色水果品牌，发展“互联网＋农业”模式，畅通水果销售渠道，提高水果经济效益。2017年全镇水果种植面积1866公顷，其中奈李506公顷、柑橘833公顷、油桃366公顷、其他品种161公顷。

【综治维稳】 2017年，两江镇联合镇村共进行矛盾纠纷的组织排查15次，调处各类矛盾纠纷61件，受理办结信访件4宗，答复网民留言交办事项2宗。

【新时期精准扶贫精准脱贫工作】 2017年，两江镇为贫困户购买发放鸡苗、猪苗、饲料、化肥等生产物资一批；落实危房改造、路灯安装、基础设施建设、慰问等各项惠民措施；举办2场精准扶贫精准脱贫种植、养殖技能培训班，加强实用技术培训，提高贫困户的种养技能。2017年完成75户，243人的脱贫任务。

【土地确权工作】 2017年，两江镇配合作业单位，完成土地确权颁证登记工作。全镇共清理土地承包档案户数2629户，人数12846人，实测承包面积数18568块，实测承包面积817.4公顷。

【社会主义新农村建设】 2017年，两江镇新农村示范建设和农村人居环境整治工作初显成效。凰落和曹家洞2个省定贫困村村民理事会创建率、村庄规划编制率、“三清三拆”完成率、垃圾清运和保洁体系创建率实现四个100%；其他村均成立村民理事会，制定理事会章程和保洁制度。

【发展特色产业】 两江镇为乐昌市“四大林区”之一，大兴规模造林和引导林农进行山权流转集中造林，鼓励支持林农重点发展杉木林和优良杂木林，加快培育林下经济，实施残次林改造工程。探索发展生态农业休闲旅游，借助桃花节加强宣传，发掘当地历史人文资源打造新景点，引导村民积极发展农家乐。

【民营经济】 鼓励民营企业积极改革，不断加强技术改造和设备更新，提高企业效益，全镇23座水电站运行平稳，韶关市原隆矿业有限公司乐昌市两江萤石矿效益良好。电商、互联网、快递等新兴行业快速发展，农家土特产销量增长较快，新成立1家电子商务公司。

【镇区建设】 2017年，两江镇对镇区下水道进行改造升级；投入30余万元进行镇区消防安全专项规划（2017—2022年）、安装建设镇街区消防安全设施、设立社区微型消防站。

【农村农业基础设施建设】 2017年，两江镇新开6千米融资公路和30千米机耕路；在乡村道路安装路灯240盏；建立7个村级道路交通劝导站；完成55个村小组农村自来水村村通工程。

【农村合作医疗】 2017年，两江镇办理新型农村社会养老保险新参保485人，参加新型农村社会养老保险有5458人，参保率109.62%；城镇居民医疗保险参保缴费11301人，参保率99.32%；完成社保扩面15人，100%完成上级下达的目标任务。

【教育】 2017年，两江镇巩固教育创强成果，进行“平安食堂”建设，投入资金完善教学设施。全镇适龄儿童入学率100%，有中心学校1所，中心幼儿园1所，教师63人，在校学生430多人，在园幼儿120多人。

【文化】 2017年，两江镇完成凰落、上长塘、普乐村级综合性文化服务中心建设；举办“人居环境动员”“庆七一，颂党恩”“不忘初心跟党走，建设美丽新农村”等文艺会演活动；完善镇文化活动中心。

【地方特产】 两江独特的地里气候条件，造就两江水果清新独特的风味，特色水果有油桃、杨梅、黄金奈李、山地西瓜、橘子等。两江是纯客家镇，拥有浓厚的客家民俗文化，有将军菜、山水豆腐、擦糍粉、黄糍等特色美食。

【党建工作】 2017年，两江镇有14个基层党组织，其中5个党总支，有农村党员390人。完成村“两委”换届工作，选举产生29名村“两委”干部。落实直联制度，走访农户3541户，收集群众意见75条。

【精神文明建设】 召开学习党的十九大精神宣讲会，开展各类学习培训，加强意识形态建设。积极推进文明镇村建设。举办4场文艺会演，大力弘扬社会主义核心价值观。

【举办乐昌桃花节分会场活动】 2017年3月12日，乐昌市桃花节两江分会场活动拉开序幕，启动主题为“徒步花谷，龙凤呈祥”的徒步活动，起点设在两江镇中心幼儿园，终点设在有“花谷”之称的凰落村委会，400多名群众参加活动。桃花节期间接待游客2.3万人次，创造GDP约360万元。

（罗湖强）

附：两江镇领导班子成员名单

党委书记：孙俊华（—8月）

沈家和（8月—）

党委副书记、镇长：黄元勇

人大主席：黄　彪

党委副书记：邓军强

陈明华

党委委员、副镇长：谭小峰

党委委员：龚尤东

邹　智

邓茂松

党委委员、纪委书记：张伙明

副镇长：白田嫒（女）

黄　勇

2017年11月30日，学习贯彻党的十九大精神文艺会演在两江镇中心幼儿园举行。图为上长塘村代表队表演的舞蹈《中国美》　（罗湖强　摄）

表 21　　2017 年乐昌市两江镇主要社会经济指标一览表

指　　标	单位	数量	指标	单位	数　量
农林牧渔及服务业总产值（当年价）	万元	17750	生猪存栏量	头	3612
工业、企业总产值（当年价）	万元	3680	水果总产量	吨	33980
固定资产投资	万元	2000	中学	所	1
招商引资实际投入	万元	0	小学（含教学点）	所	1
农民人均纯收入	元	13841	中小学在校生	人	430
粮食总产量	吨	3535	中小学在职教师	人	63
农业机械化	台	0	水泥公路硬化	千米	9.5

表 22　　2017 年乐昌市两江镇各村委会基本情况表

序号	村（居委会）	书记	主任	村民小组（个）	总户数（户）	总人口（人）	集体经济纯收入（万元）	农民人均纯收入（元）
1	普乐	罗水华	罗水华	18	650	3100	37.6	14100
2	凰落	徐坚城	徐坚城	12	521	1956	5	13640
3	岐乐	罗福招	罗福招	13	385	1256	6	13845
4	上斜	徐双堂	徐双堂	12	480	1907	7.5	13860
5	上长塘	李伟强	李伟强	19	630	2200	10.3	13980
6	曹家洞	曹会庭	曹会庭	17	549	2236	7	13620
7	茶坪	唐寿生	唐寿生	10	220	968	6	13842

大　源　镇

【概况】　大源镇位于乐昌市中部，东与北乡、九峰、两江三镇相连，南与乐城街道办事处毗邻，西与梅花镇交界，北与坪石、庆云两镇接壤，武江河、京广铁路、广乐高速公路贯穿境内。全镇土地面积 282.2 平方千米。2017 年年末户籍人口 10877 人。辖 9 个村委会，279 个自然村。

大源镇是广东省重点林区之一，是乐昌市最大的林业镇，盛产杉木和其他用材林木。全镇林地面积 2.5 万公顷，森林覆盖率 84%。耕地面积 453 公顷，粮食播种面积 252.07 公顷，粮食年产量 1208 吨。地方特产有茶叶、蜂蜜、黄姜、烟熏腊肉、腊肠、走地鸡、冬菇等。旅游资源有“燕子岩”溶洞、大瑶山隧道、“乐昌峡”库区、湖洞革命老区、江南果茶蜂蜜生产基地等。是全国林业基地、茶叶之乡。

2017 年，全镇生产总值 2.47 亿元，同比增长 5%。农村常住居民人均可支配收入 13472 元，同比增长 9.1%。

【农业和农村工作】　2017 年，圆满完成第三次全国农业普查工作，共录入2068户普查对象信息。农村土地经营权确权登记总户数1863户，完成签印确认农户数1863户，完成率100%，确权总面积800多公顷。“一事一议”项目即湖洞村安装太阳能路灯工程竣工，共安装路灯31盏。全镇完成积存垃圾清运16吨约8.5立方，拆除危旧房43间，约2681平方米；拆除废弃猪牛栏12处约962平方米；拆除露天厕所茅房2处约65平方米；拆除违章、破损广告10余处，面积约8平方米。

【综治维稳】 全面落实“中心+网格化+信息化”工作模式，将镇区划分为78个网格，一个网格配置一名网格员，并对每个网格员配置三台移动终端，提升办事效率。全年共受理矛盾纠纷28宗，调解成功27宗，调解成功率达96.43%。完成严重精神障碍患者排查工作，排查出患者49个，并完成登记造册、落实监护人、定期排查跟进的工作，全年未发生有严重精神障碍患者致人死亡案件。全年发放各类宣传资料1.6万份，悬挂横幅24条，张贴海报800张，制作宣传栏9块，LED屏24小时不间歇播放宣传标语。

【新时期精准扶贫精准脱贫工作】 2017年，大源镇共有48户168人脱贫。截至2017年年底，全镇有贫困户170户474人，其中省定相对贫困村永济桥村19户74人，均完成挂扶责任人与贫困户的对接工作，100%实现动态管理。贫困户新农村合作医疗参保率为100%，为5户贫困户申请1.50997万元的大病医疗救助。帮助符合条件的贫困户就读学生47户65人申请相关补助1.15万元。投入50.8985万元为有劳动能力贫困户进行产业帮扶，发放鸡苗4150只，杉树苗7.9万株。为大源镇贫困户104户361人申请31.025万元产业奖补，并联合韶关科技局为贫困户进行专项培训，通过“互联网+”模式拓宽销路，加快脱贫致富。针对有外出务工意愿的贫困人员，专门提供就业指导，帮助其报名参加相关技能晋升培训班，鼓励企业优先聘用该部分人员，成功为76户90人申请就业奖补94233.99元。2017年，全镇计划危房改造数为14户，2018年春节前全部竣工入住。全面完成贫困户授信工作，收到9户贷款申请，其中有6户成功获得贷款，合计15万元。统筹入股乐昌市公共资产管理中心62万元（占人均2万元经费的24.9%），将每年所得收益平均分配给全镇所有贫困户。永济桥村在韶关林业局的支持下将扶贫“6·30”资金中的100万元单独入股乐昌市公共资产管理中心，增加村集体经济收入。积极推进扶贫开发微小型公益项目建设，计划投入59.5万元改善村民的生产、生活条件。在永济桥村曹堆坑村小组建设百亩茶园示范基地项目。

【社会主义新农村建设】 2017年，启动第一批“亮化”工程，对镇区右岸公路进行路面清障平整，安装路灯110余盏。11月底完成永新公路至茶元头路段硬底化工程，总长约3千米。成立农村人居环境整治工作领导小组与辖区9个村委会签订《2017年大源镇人居环境综合整治工作责任书》，发动全镇力量完成省定贫困村人居环境“三清理”“三拆除”整治工作。委托北京北达城乡规划设计研究院制作《大源镇永济桥村委会村庄人居环境整治规划（2017—2025年）》，并按照规划逐步落实。积极引导、鼓励外出乡贤返乡推动新农村建设，形成全社会支持新农村建设的浓厚氛围。

【发展特色产业】 在永济桥村曹堆坑村小组建设百亩茶园示范基地项目，该项目计划投入资金100万元，种植6.7公顷约25万株优质茶叶。截至2017年年底，完成茶叶种植、修剪、培土、追肥、物理防治、喷灌系统建设以及机耕道路建设等工作。

【镇区建设】 12月15日，《乐昌市大源镇总体规划》与《乐昌市大源镇镇区启动区控制性详细规划》终审成果专家评审会议在乐昌市人民政府会议室通过专家组评审，确定大源镇建设的发展方向和规模，确保新农村建设符合镇村的实际发展需求。新镇区卫生院开始动工建设。

2017年12月15日，《乐昌市大源镇总体规划》与《乐昌市大源镇镇区启动区控制性详细规划》终审成果专家评审会议在乐昌市人民政府会议室召开　　（大源镇　供）

【农村农业基础设施建设】　推进乐昌峡大坝至大瑶北田排25公里路面改建工程，2017年12月完成招投标工作。县道329线沿溪山至水源村委会路段完工，解决1400多名群众出行难问题。

【农村人居环境综合整治】　选定省定贫困村永济桥为示范点，对永济桥村曹碓坑村小组进行整村拆除重建，力求将曹碓坑村打造成风情特色村庄，截至2017年年底，拆除工作完成80%。启动路灯亮化工程，组织人力、设备，对私自占用路肩种植农作物、栽种果树苗木、占道乱堆乱放生产资料等行为进行重点整治，对乐昌峡湿地公园（即大长滩村委会路口）至大源镇政府路段进行路灯安装。发展生态休闲旅游，充分利用新镇区建设工作契机，深入挖掘和合理利用现有旅游资源，大力发展生态旅游和观光农业项目，创建生态休闲旅游品牌，发挥库区自然风光优势，积极推动“乐昌市湿地公园”和“大源镇森林公园”项目进展，推广各类特色茶叶生产基地，打造曹碓坑村“百亩茶园”，主动融入乐昌市“大旅游”格局，全力打造绿色休闲小镇。

【社会保障工作】　截至2017年10月，办理2018年城乡居民基本医疗保险8745人，城乡居民基本养老保险参保4394人，缴费人数2305人；办理失业就业登记12人，城镇就业困难人员灵活就业社会保险补贴核查24人次，完成社保扩面人数12人次，办理城镇新增就业人数50人，完成就业困难人员实现就业人数8人。为25位老人办理高龄津贴。全年完成殡改37例。

【教育】　全镇有中心小学1所，位于桥头村，小学生人数55人，教师14人。帮助全镇符合条件贫困户在省内就读的71名学生申请相关补助。积极联系社会帮扶力量，9月16日，大源镇22位贫困户的子女得到深圳市吉尊玛慈善基金会的资助。

【文化】　完成水源、泗公坑、墩子、桥头、永济桥村的篮球场建设，并配备健身器材；完成大源镇30多平方米的文化活动室建设，购置一批新图书；12月完成墩子村多功能文化服务中心试点建设；组织体育爱好者与邻镇及市有关部门进行多场篮球和乒乓球友谊赛。

【卫生】　2017年，大源镇建成2个卫生站，分别为永济桥村卫生站和大长滩村卫生站，共投入资金358114.57元，其中上级配套资金32万元，单位自筹资金38114.57元。2017年湖洞村被评为韶关市卫生村。

【计划生育】　2017年，全镇总户籍人口为10877人，出生176人，出生性别比125.64%，死亡50人，自增率16.18‰。完成免费孕前健康检查指标，参检并录入系统44对，完成率110%。

【造林绿化】　完善林业分类经营，建立比较完备的林业生态体系和比较发达的林业产业体系。强化保护和可持续发展意识，将林业从过去单一的用材林向生态林、观光林过渡转型，不断完善和凸显乐昌城市的中心绿肺功能；积极引导和发动群众开展荒山造林和残次林改造，加强幼林抚育和病虫害防治技术指导，扩大森林保险覆盖范围，发展林下经济，提高资源利用效率和农户经济效益；落实生态公益林补偿机制，严厉打击破坏生态公益林行为。加强森林资源保护与护林员队伍建设，开展森林火灾隐患动态巡查，严格管控野外用火，全年无重大森林火灾事故发生。

【党建工作】 圆满完成村委换届选举工作，共选出村“两委”干部37名，8个村实现书记主任“一肩挑”及“两委交叉任职”，书记主任“一肩挑”比例为88.9%，“两委交叉”比例为96.3%。深入推进“两学一做”学习教育，严格落实党组织生活制度，全面从严治党，圆满完成党组织和党员信息采集工作。2017年，大源镇共发展党员15名，走访联系群众总户数2019户，收集意见82条，反映问题118条，切实为群众办好事、办实事。

【精神文明建设】 发挥文化站阵地作用，免费开放公共文化信息平台，推进文明镇街创建，打造永济桥、泗公坑、墩子、桥头、水源运动健身广场。11月18日，举办“健康行走，乐昌加油”全民健身徒步乐昌峡活动，宣传健康生活理念。

（涂青云　付律芬）

附：大源镇领导班子成员名单

党委书记：邹　亮
党委副书记、镇长：邓东梅（女）
人大主席：罗招良
党委副书记：邝玉红
　　　　　　谢城美
党委委员、副镇长：杨嘉锋
党委委员、武装部部长：肖锦琦
党委委员、纪委书记：邓晓辉
党委委员、组织委员：李红翠（女）
副镇长：张其彬（2017年5月－2017年12月韶关团市委挂职）
　　　　薛　婧（女）
党委委员：黎　雅（女，10月—）

表23　**2017年乐昌市大源镇主要社会经济指标一览表**

指　标	单位	数量	指标	单位	数　量
农林牧渔及服务业总产值（当年价）	万元	—	生猪存栏量	头	4559
工业、企业总产值（当年价）	万元	—	水果总产量	吨	0
固定资产投资	万元	—	中学	所	0
招商引资实际投入	万元	—	小学（含教学点）	所	1
农民人均纯收入	元	12667	中小学在校生	人	49
粮食总产量	吨	1208	中小学在职教师	人	14
农业机械化	台	—	水泥公路硬化	千米	26.1

表24　**2017年乐昌市大源镇村委会基本情况表**

序号	村委会	书记	主任	村民小组（个）	总户数（户）	总人口（人）	集体经济纯收入（万元）	农民人均纯收入（元）
1	大长滩	付双强	付双强	10	304	1212	10.5	11400
2	墩子	张永传	张永传	7	217	910	15.9	11800
3	湖洞	丁月照	丁月照	7	178	669	8.5	12810

续表 24

序号	村委会	书记	主任	村民小组（个）	总户数（户）	总人口（人）	集体经济纯收入（万元）	农民人均纯收入（元）
4	桥头	杜圆娇	杜圆娇	8	227	927	8	13500
5	水源	邱财文	邱财文	9	331	1436	8.5	13000
6	小滩	杨桂详	杨桂详	12	296	1379	10	12837
7	新秦	何茂升	何茂升	9	309	1147	6	12000
8	永济桥	丘清兰	丘清兰	7	264	1062	5.5	13665
9	泗公坑	丘朝光	谢月旺	9	303	1367	7.5	13000

坪　石　镇

【概况】　坪石镇位于乐昌市西北部，毗邻湖南省宜章、临武、汝城县，南距乐昌市城区 33.75 千米，北距湖南省郴州市 70 千米。历史上曾被誉为广东八大重镇之一，素有“广东北大门、岭南第一镇”之称。京珠高速公路、广乐高速公路、107 国道、省道 248 线、省道 249 线在镇内交会，京广铁路自北向南纵贯全镇，是广东北部的重要交通枢纽和重要边贸城镇，是省内外和南来北往物资的重要集散地。2017 年，辖 25 个村委会、4 个居委会。总人口 92756 人，总面积 267.6 平方千米，城区面积 7.4 平方千米，耕地 2202 公顷，林地 2.8 万公顷，森林覆盖率 76%。全年完成地区生产总值 41.88 亿元，同比增长 4.86%；地方一般公共预算收入 3970.83 万元。主要土特产有天堂生姜、转村提子、水牛湾无花果、杨梅等。旅游景点有金鸡岭风景区和“7011”工程景区等，金鸡岭风景区是广东省四大名山之一和八大风景区之一，属省级风景名胜区。

坪石镇 1998 年被广东省建委列入小城镇规划建设管理 7 个试点镇之一，2001 年被乐昌市委、市政府确定为重点发展的中心镇，2003 年 2 月被省计委列入第二批小城镇健康发展综合试点镇，2004 年被列为国家经济综合开发示范镇，2010 年被列入广东省城镇化技术集成应用试点，2013 年被乐昌市委、市政府列为副中心城市，2014 年被评为全国重点镇，2015 年成功创建为韶关市卫生镇，并成功入选广东省新型城镇化“2511”综合试点镇。

【全域旅游】　2017 年，坪石镇成立全域旅游发展委员会，初步建立镇村旅游服务体系。支持乐昌峡・九泷十八滩旅游项目开发和金鸡岭风景区旅游产业合作开发，完成《金鸡岭风景名胜区规划》专家评审。辖区内省道 248 线、249 线纳入《乐昌市乡村旅游线路建设规划》。组织皈塘村、金鸡村、莲塘村、陈家坪村、田头村创建韶关市旅游名村。在坪石镇政府公众号建立“全域旅游”专栏，发布服务热线、餐饮、住宿、景区（点）等信息。举办 2017 年乐昌桃花节坪石分会场“金鸡起舞相约花海”文艺展演及乐昌市北部九镇特色产品展销会暨“金鸡寻宝”户外定向越野活动。开展旅游资源专项调查，建立坪石镇旅游资源库。

【党建工作】　2017 年，坪石镇圆满完成全镇 29 个村（社区）“两委”换届工作。开展领导干部驻点普遍直接联系群众工作，每月召开镇党委会，实行周二驻点日例会制度，全年走访群众 15788 户，解决问题 70 宗。推进“两学一做”学习教育常态化制度化，组织党员进行“两学一做”网络考学，满分率97.3%。发展新党员22名，其中男15名、女7名；35岁及以下10名，大专学历以上9名，转正党员3名。完成天堂村党支部软弱涣散整顿工作。开展231人次谈话提醒，“咬耳扯袖、红脸出汗”成为常态。

【工业经济】 2017年，坪石镇落实主动融入珠江三角洲发展战略，全方位与珠三角对接。学习借鉴珠江三角洲的先进理念，着眼产业共建，大力优化坪石镇发展环境。加大粤湘开放合作力度，推动韶关市坪石发电厂有限公司（B厂）供热向宜章工业企业延伸，与宜章弘源化工有限公司签订《关于工业蒸汽合作的框架协议》。协调督促韶关市坪石发电厂有限公司（B厂）与广东东方锆业科技股份有限公司乐昌分公司签订供应工业蒸气项目尽快落地，实现工业余热的循环利用和发电企业下游产业链的延伸。落实闽兴新型环保墙体材料扩产项目，安顺达管道天然气建设项目稳步推进。完善坪石项目库，研究落实招商优惠政策，加强宣传推介，引导珠江三角洲企业、资本到坪石发展。进一步完善“坪石乡贤人才库”，登记在册139人，吸引在外成功人士回乡投资置业；进一步改善民风，镇企、村企关系进一步融洽。以对口帮扶为桥梁，吸引相关产业链整体转移和上下游关联产业协同转移，积极发展民营经济，形成产业集聚效应。

【“三农”工作】 2017年，坪石镇实施“十百千万”农村致富工程（扶持培育十大产业，挖掘培育百位能人）。积极发展种养大户、家庭农场和专业合作社等，培育发展新型农业经营主体，雪毛农业发展公司被评为韶关市级农业龙头企业，宜乐生态提子庄园被认定为乐昌市级农业龙头企业，塔谷岭等家庭农村被认定为韶关市示范家庭农场。引入社会资金、政策资金和扶贫资金在三星坪建立“雪毛鸡产业基地”，在肖家湾建立“无花果产业基地”，在转村成立“葡萄产业基地”，推动农业产业发展和带动贫困户脱贫。大力发展农村电商，成立韶关市首家镇级电商协会和乐村淘韶关市首家镇级运行中心。全面完成农村土地承包经营权登记工作。

【镇区建设】 2017年，坪石镇稳步推进省新型城镇化“2511”综合试点建设，不断完善镇区基础设施。完成《坪石镇总体规划（2017—2030）》初步方案。完成老坪石菜市场、坪南小区、坪南路、排岗路至连心路路灯等一批亮化工程，完成黄泥坳路等一批绿化工程。深入开展城市综合整治，集中开展森下坪步行街和老坪石市场整治行动。启动城乡环卫一体化项目，镇区环境卫生得到明显改善。安顺达天然气项目完成厂区主体工程建设。坪南地下涵洞等“2511”一期项目完成立项。“2511”二期项目等城区扩容提质工程在编制可行性研究报告。国道535线老坪石至上埔村段改建项目（原省道248线改道项目）申请立项。涵盖镇区路管改造、神步大桥、坪石西大道等建设内容的PPP项目在做前期申报工作。

【农村人居环境综合整治和社会主义新农村示范村创建】 2017年，坪石镇不断加强农村交通、水利等基础设施建设。农村垃圾清运问题得到有效解决，成功创建武阳司、转村、三星坪3个韶关市卫生村。完成农村公路硬底化10千米。完成261.33公顷高标准农田建设、1.2千米中小河流治理、9宗病险山塘水库除险加固工程、21宗村村通自来水工程。农田水利防灾减灾能力明显增强。完善应急水源常态化管理，确保城市居民饮水安全。完成新一轮农村电网改造升级工作，供电保障能力大幅提高。落实“一事一议”财政奖补项目，农村公益事业稳步发展。推动农村人居环境综合整治和社会主义新农村示范村创建工作，11个省定贫困村完成20户以上自然村的村庄规划编制和“三清三拆”工作，成立村民理事会，建立垃圾清运处理和保洁体系，农村人居环境大为改观。

【生态建设】 2017年，坪石镇大力开展公路和铁路沿途生态景观林带建设，推进绿化造林工作，全镇森林覆盖率达80%。实施大气、水、土壤污染防治行动计划，完成韶关市坪石发电厂有限公司（B厂）4、5号机组超低排放工程建设，污染减排控制指标持续下降，空气质量保持优良。推进武江

（坪石段）治理工程和坪石镇污水综合治理项目。实行最严格水资源管理制度，全面推行河长制，构建镇村两级河长体系。加强复垦复绿、矿山整治和地质灾害防治，坚决打击“非采”行为。

【脱贫攻坚】 2017 年，坪石镇大力实施产业扶贫、就业扶贫、教育扶贫、医疗扶贫、金融扶贫、政策兜底等措施，采取“党支部 + 合作社 + 基地 + 农户（贫困户）”的扶贫模式，通过能人示范带动和产业扶贫拉动，带动贫困户增收。全年共投入各类帮扶资金 1709.841 万元，新增脱贫 213 户 732 人。完成 25 户农村危房改造任务。

【安全稳定工作】 2017 年，坪石镇全面落实安全生产责任制，层层签订安全生产责任书，加大安全生产隐患排查，整顿一批违规住人、缺乏消防设施和消防通道堵塞的场所和企业，全年未发生较大安全生产事故。全面实施按法治框架解决基层矛盾工作，从源头上减少矛盾纠纷的产生。推进“中心 + 网格化 + 信息化”建设工作。全镇共排查出矛盾纠纷 91 宗，调处成功 84 宗，调处成功率 92%；平安村（居）创建率 96.6%。全年全镇范围内没有发生恶性事件、群体性事件。

【社会保障】 2017 年，坪石镇城乡医疗保险参保 43929 人，完成率 109.05%；城乡居民养老保险缴费 7577 人，完成率 113.28%；企业职工养老保险缴费 6919 人，完成率 103.4%。落实各项就业政策，做好就业援助服务。2017 年低保对象 287 户、628 人，“五保”供养对象 153 人。救助流浪乞讨人员 277 人。坪石区域性敬老院项目动工建设。完成镇级公共服务中心建设和 29 个村级公共服务站的建设。

【文教卫生】 2017 年，坪石镇出生人口 837 人，政策生育率 97.25%，性别比 104.6。乐二院新建项目开工建设，11 个省定贫困村卫生站建设如期完成。稳步推进文明镇村创建工作。加强公共文化基础设施建设，完成乐昌市文化馆坪石分馆试点以及 19 个村基层综合性文化服务中心建设。打造金鸡后山社会主义核心价值观主题公园，开展送戏下乡、送法进村、送学上门等系列文化活动。巩固教育强镇成果，开展奖教奖学活动。举办第五届“金鸡杯”篮球赛。

2017 年 8 月 31 日，坪石镇奖教奖学颁奖仪式在镇政府计生一楼大会议室举行

（坪石镇　供）

【廉政建设】 2017 年，坪石镇加强行政监察和审计监督，对各村居、镇环卫所和敬老院开展专项审计，审计整改问题 46 件，稳步推进审计制度改革和审计全覆盖工作。自觉接受镇人大监督，办理人大代表建议 43 件。健全政府法律顾问制度，规范重大行政决策行为。

【团建工作】 2017 年，坪石镇完成 29 个村（社区）团支部换届工作，召开共青团坪石镇第十次代表大会。有 2 个优秀先进集体、1 名优秀团干、1 名优秀团员、1 名优秀志愿者及 1 名优秀农村青年创业致富带头人受到团乐昌市委的表彰。

【坪石镇成立韶关首家镇级电子商务行业协会】 2017 年 11 月 6 日，坪石镇成立韶关首家镇级电子商务行业协会。坪石镇电子商务行业协会有会员 44 家，当地企业、商家，特别是农业企业、果农，通过电子商务打开市场，促进产品销售。坪石的转村葡萄、天堂生姜、水牛湾无花果、肖家湾鹰嘴桃等农特产品，通过电子商务卖到全国各地及国外。

（赵星星）

附：坪石镇领导班子成员名单

乐昌市委常委、坪石镇党委书记、武装部政治教导员：刘允曾

党委副书记、镇长：邓勇健

人大主席：王重华

党委副书记、综治信访维稳中心主任：刘良华

党委副书记：何金锭（女）

党委委员、副镇长：白英辉

党委委员：朱君水

党委委员（统战）、工会主席：刁　彪

党委委员（组织）：周艳君（女）

党委委员、武装部部长：潘　廷

党委委员、综治信访维稳中心专职副主任：文福才

党委委员：沈忠明

党委委员、纪委书记：扶治和

党委委员（宣传）：邱锦萍（女）

副镇长：张　鑫（女）

谭文斌

2017 年 11 月 6 日，坪石镇成立韶关首家镇级电子商务行业协会（坪石镇　供）

表 25　　2017 年乐昌市坪石镇主要社会经济指标一览表

指　　标	单位	数量	指标	单位	数　量
农林牧渔及服务业总产值（当年价）	万元	32605	生猪存栏量	头	21749
工业、企业总产值（当年价）	万元	253355	水果总产量	吨	6152
固定资产投资	万元	1150	中学	所	3
招商引资实际投入	万元	1000	小学（含教学点）	所	5
农民人均纯收入	元	12573	中小学在校生	人	7367
粮食总产量	吨	5762	中小学在职教师	人	457
农业机械化	台	216	水泥公路硬化	千米	10

表 26　　乐昌市坪石镇 2017 年村（居）委会基本情况表

序号	村（居委会）	书记	主任	村（居）民小组（个）	总户数（户）	总人口（人）	集体经济纯收入（万元）	农民人均纯收入（元）
1	皈塘村委会	李松田	李松田	21	569	2408	3.8	12000
2	京口村委会	李春发	李春发	9	251	1053	1.4	13774.37
3	新岩下村委会	范红生	范红生	12	265	1075	7.5	11800
4	金鸡村委会	吴标胜	吴剑伟	10	560	1931	13.6	11820
5	灵石坝村委会	谢广雄	谢广雄	7	346	1344	2.1016	25122.45
6	河丰村委会	廖书明	廖书明	5	432	2223	9.8	12580
7	罗家渡村委会	李继林	李继林	9	283	1093	5	16230.49
8	田头村委会	李小林	丘德生	12	350	1499	5.7	12860
9	长排寮村委会	余欣生	余欣生	6	134	734	9	10500
10	天堂村委会	邓甲亮	邓甲亮	18	738	3120	2.6	13064.1
11	转村村委会	黄国华	黄国华	7	182	658	4.07	18778.76
12	仁里村委会	黄月良	黄月良	18	487	2319	5.63	14187.46
13	大罗家村委会	罗广	罗广	11	415	1516	8	11835
14	三拱桥村委会	彭四坤	彭四坤	8	238	946	8.3	12078
15	武阳桥村委会	肖发旺	肖发旺	7	252	1052	8	11100
16	白竹村委会	付发太	付发太	6	226	908	10.2	11860
17	龙珠村委会	何新义	何新义	11	310	1268	7	10752
18	陈家坪村委会	赖洪茂	赖洪茂	10	318	1312	1.73	12001.26
19	莲塘村委会	钟新战	钟新战	7	265	879	4	20270.89
20	肖家湾村委会	罗满根	罗满根	13	546	2353	3.2	14364.19
21	三星坪村委会	朱石清	朱石清	13	427	1626	3.7	17168.15
22	神步村委会	范飞生	范飞生	9	318	1368	8.7	10300
23	百家洞村委会	郑显飞	郑显飞	7	287	1199	10.25	10538
24	吴塘村委会	郑元发	郑元发	7	242	1103	3.26	10668
25	武阳司村委会	沈春明	沈春明	14	658	2792	3.4205	13656.68
26	劳动路社区居委会	罗秋玲	罗秋玲	7	1354	4023	—	—
27	坪南路社区居委会	杨玉蓉	杨玉蓉	10	3319	10103	—	—

续表 26

序号	村（居委会）	书记	主任	村（居）民小组（个）	总户数（户）	总人口（人）	集体经济纯收入（万元）	农民人均纯收入（元）
28	群众路社区居委会	吴菲	吴菲	9	3205	8885	—	—
29	老街街居委会	裴后亮	裴后亮	5	2131	6385	—	—

三 溪 镇

【概况】 三溪镇位于乐昌市西北部，南西北三面与湖南省宜章县交界，东面与坪石镇接壤。2017 年辖 8 个村委会，86 个自然村。土地面积 113.3 平方千米。年末户籍人口 12745 人，城镇人口 890 人，农业人口 11855 人。耕地面积 719.33 公顷，粮食播种面积 368.2 公顷，粮食年产量 2761.5 吨。山地面积 6273 公顷，森林覆盖率 75.6%。是广东省非物质文化遗产传承基地，乐昌市尊师重教先进单位。三溪镇有丰富的农业资源、森林资源和水资源。地方特产主要有红薯干、豆腐乳、红柚等。有谢家塘古村落遗址、浪头古戏台遗址、龙门塘古屋遗址、座马岭双鹤亭等文物古迹；有乐昌花鼓戏、青蛙狮、渔鼓等广东省非物质文化遗产保护项目。是广东省非物质文化遗产传承基地。2017 年，全镇生产总值 26585.8 万元，比上年增长 4.5%。财政总收入 989 万元，地方一般公共预算收入 788 万元。农村常住居民人均可支配收入 12083.5 元，增长 10%。

【农业和农村工作】 全年种植黄烟面积 99 公顷，年产烟叶 205 吨，产值 533 万元。鼓励农户购买 9 台小型耕整机和水稻收割机，实现 70% 以上的农户农业机械化耕作。完成农村土地承包经营权确权登记及颁证工作，涉及农户 2594 户，10372 人，田块 19099 块，土地面积 727.7 公顷。完成录入农业普查表登记对象 2783 户，其中一般农户 2725 户、规模农业户 38 户、农业经营单位 20 户，覆盖镇 8 个普查区、46 个普查小区。特色种养产业发展趋势良好，挂牌成立白露塘羊满山养羊协会；吸引开发商种植猕猴桃 20 公顷；仕坑的意之源农业休闲家庭农场和丫告岭中善生态养殖专业合作社共开发养殖田螺 13.33 公顷、禾花鱼 5.5 公顷；吸引乐昌市农家宝农业发展有限公司、乐昌市丰润达生态农业旅游发展有限公司、乐昌峡米业有限公司等开发商到该镇投资兴业。全年走访农户 3874 户，收集群众意见 178 条，收集群众反映问题 56 个，主要以市政交通、农业生产、医疗社保方面为主。解决问题 56 条，其中团队自行解决 44 条、镇协调解决 12 条，群众满意度达 99% 以上。

【新时期精准扶贫精准脱贫工作】 全镇 8 个村委会，其中重点贫困村 4 个，非重点贫困村 4 个，共计贫困户 206 户 612 人，2017 年帮扶脱贫 280 人。重点完善贫困村基础设施建设，投入 87.21 万元完成四个重点贫困村（车头园、大坪头、仕坑、三溪村委会）230 盏太阳能路灯安装；投入扶贫资金解决仕坑和大坪头村饮水工程 19.5 万元资金缺口，完成 18 个村小组“村村通”饮水工程建设。鼓励贫困户发展种养产业，建立三溪镇精准扶贫产业帮扶高产玉米种植基地，总面积 5.3 公顷，辐射周边 8 个村委会，带动贫困户种植玉米 12 公顷；发放给贫困户玉米种子 300 千克，化肥 9.2 吨，鸡苗 2750 只，生猪 46 头。积极发展就业扶持，年度举办就业和农业技术培训班 8 期，印制企业招工信息宣传册 300 册，重点针对有劳动力的 40 多户进行入户宣传，年度登记就业人员 48 户 186 人；年底共申报就业奖补 112 户 133 人。

充分发挥扶贫资金增值效应，投入 75 万余元扶贫资金入股乐昌市公共资产管理中心经营性项目，每年获得的红利收益折股量化全部分配到该镇建档立卡的贫困户账户；帮扶单位东莞信托有限公司捐赠仕坑村委会50万元入股到乐昌市公共资产管理中心经营性项目，收益部分用于贫困户生产生活资料的购买及节日慰问。东莞市发改局使用引导资金，帮扶三溪村、车头园村各入股50万元到乐昌市公共资产管理中心，帮助贫困户提高资产性收益。依托上级政策，成功帮助2户扶贫户通过信用社审批，申请扶贫贷款共计8万元。

【人居环境综合整治工作】 投入资金222.7万元全面完成所有贫困村的“三清”“三拆”工作，清理乱堆乱放697余处、积存垃圾162处、卫生死角413处、沟渠淤泥和垃圾60多处，拆除危旧房35户约1100平方米、废弃猪牛栏及露天厕所茅房84处、乱设广告236处、乱搭乱建50处；完成仕坑门楼修建工程、仕坑村委健身广场工程、石村罗家文化室及广场建设工程、大坪头环村道路、浪头村环村路建设工程、枫树园巷道硬化等项目建设，小石环村路、仕坑综合性广场建设等项目在施工建设。与中航环卫公司签订垃圾清运协议，在镇区及村委会共投放486个垃圾桶，实现垃圾全部集中清运。

【党建工作】 2017年，三溪镇中共党员总数533名，党支部20个，转正党员8名，发展党员15名。申报审批1名特困党员和23名困难党员、老党员。积极开展“两学一做”常态化制度化学习教育，组织党员干部集中学习培训18次，召开专题研讨会议9次，落实中共十九大会议精神宣传专栏3版，领导班子成员深入农村基层一线宣讲中共十九大精神12次；组织机关事业单位干部职工开展“学习中共十九大会议精神重阳节登山徒步活动”，学习中共十九大会议精神纲要；组织“颂歌十九大、筑梦新农村”文艺会演，表演与中共十九大会议相关的节目8个，观看群众300余人；组织中共十九大精神爱国影片巡展，在各村委会展播《辉煌中国》等6场次；组织镇村干部98人召开专题会议传达学习中共十九大会议精神，学习习近平在中共十九大会议上的报告；邀请讲师团讲授习近平总书记系列重要讲话和对广东工作作出的重要批示精神，组织360多名党员干部集中观看《南粤党旗红》等专题学习片，集中学习广东省第十二次党代会精神，广泛开展向廖俊波、黄大年学习活动。开展党员“学报告、学党章”考学活动，有533名党员完成考学，参考率和满分率达100%。扎实推进领导干部普遍直接联系群众工作制度。有驻点直联团队人数45人，走访总户数3874户，2017年走访完成率为100%。收集群众意见126条，收集群众反映问题共76个，解决问题65条。全年镇纪委自查14次，上级督查3次，未发现违反效能建设有关规定的行为。

【综治信访维稳】 全年综治信访维稳中心共受理来信来访21宗，处理完成21宗，办案率达100%。共接收上级交办矛盾纠纷案件4宗，成功调处4宗，均在期限内成功调处。积极做好全国“两会”、省十二次党代会、中共十九大等特别防护期信访维稳工作，严格执行零报告制度，全年未发生集体上访或群体性事件。2017年，全镇发生刑事案件10宗，获破5宗，治安案件6宗，查处5宗。

【农村合作医疗和社会保险】 全年度城乡医保参保人数10785人，社保扩面参保人数7人，城乡居民养老保险新参保人数136人，累计参保人数5438人，续保人数3015人，各项医疗保险参保率均达100%；年度城乡医保报销人数232人次。

【民生保障】 全镇农村低保户159户，共297人，城镇低保户7户，共12人，“五保”户25人，优抚对象78人，发放残疾证330人，年度实行大病救助12人，临时救助11人，受理自然灾害公众险理赔1宗。全年发放救济物质一批，其中大米4吨，军大衣20件，解放鞋30双，棉被55张。

【文化教育】 安装“巩固文明城市，学习十九大精神”宣传栏12块、分馆试点村（三溪、大坪头、石村）宣传栏4块、七个村委会办公楼宣传栏7板，粘贴“巩固文明城市，学习十九大精神”海报50余张；改造示范点村石村服务中心；完善活动室、功能室设施设备，添置桌椅1套、瑜伽设备5套、空调1台；为三溪花鼓戏表演队伍添置服装道具一批，音响一台；完成谢家塘兄弟祠堂和邝金发民宅非遗挂牌仪式。开展系列文化活动，以“树立节约意识，维护和谐稳定”为主题开展送戏下乡展演8场次；镇花鼓戏以宣传非物质文化遗产为主题累计下乡巡演5场次；镇联合市文化馆组织“颂歌十九大，筑梦新农村”文艺会演1场次；干部职工内部成立三溪旗袍协会，命名为山峦慕溪旗袍队，队伍7人。三溪镇中心学校被评为广东省首批足球推广学校、韶关市文明校园、乐昌市学校管理和教育教学先进单位。三溪镇政府被评为乐昌市尊师重教先进单位。

【卫生建设】 实现卫生一体化建设，村收集、镇集中，由中航环卫公司负责转运处理。完成三溪、车头园、仕坑、大坪头四个重点贫困村卫生站建设。2017年，三溪村委会被韶关市评为卫生村。

【疾病预防与公共卫生】 三溪镇卫生院全年度建立居民电子健康档案6870人，建档率99.05%。建立65岁以上老年人接受健康管理665人，规范管理高血压患者416人，规范管理2型糖尿病96人，严重精神障碍管理在管病人44人。全镇65岁以上老年人接受中医药健康管理服务528人，开展0－36个月儿童中医药健康服务195人。2017年建立新生儿预防接种证34人，在辖区内查金苗系统建证人数317人，建证率100%，各疫苗接种率均达95%以上。全年报告乙类、病类传染病9例，传染病疫情报告率、及时率均达100%。0～6岁儿童管理794人，0～6岁儿童健康管理率95.2%。家庭医生服务签约全人群签约5100人，其中重点人群签约1763人。2017年，三溪镇基本公共卫生服务项目在全市年终绩效考核中排名第一。

【计划生育】 2017年全镇总人口13189人，其中已婚育龄妇女2586人；全年出生184人，出生率13.96‰，人口自然增长率8.27‰；出生性别比为100。投入资金13万余元，对主要干道沿线、人群聚积的区域进行全方位的宣传，制作大型标语宣传牌9块、宣传栏8块、标语宣传布110块。全年共有84人次享受国家免费孕前优生检查，有12人次登记地贫基因携带者。发放《致育龄妇女的一封公开信》《致流动人口的一封信》1000余份。

【换届选举工作】 全面完成村“两委”换届选举工作，共选举产生村支部委员24名、村委干部32名，村支部书记和主任“一肩挑率”100%，村“两委”干部交叉任职率100%，村“两委”换届一次性选举成功率100%。其中大专以上学历6名，较上届增加200%；平均年龄为48.9岁，同比年轻1.38岁。选举产生村务监督委员会委员24名。召开三溪镇妇女第九次代表大会，选举产生三溪镇妇联第九届执委会和第九届委员会常务委员会。召开三溪镇共青团第十二次代表大会，选举产生共青团三溪镇第十二届委员会。

2017年9月29日，共青团三溪镇第十二次代表大会在镇政府召开　　（三溪镇　供）

【镇村基础设施建设】 投入211万元完成电山至北塘、三溪村委会至敬老院、浪头至杨司塘公路硬底化工程。投入19.6万元完成学校专用水管铺设项目，加强中心学校的供水保障。投入64万元完成4个贫困村卫生站建设。投入123万元完成7个村委会18个村小组的“村村通”自来水工程建设，惠及村民4252人。投入20万元完成大坪头村大泉组水渠建设工程。投入513.4万元专项资金改造镇区自来水厂，用以解决镇区及周边村的供水难题。投入37万元完善敬老院硬件安全设施设备。投入93万元完成神前岭和大坪头村颐养居建设。投入6万元启动占地30多公顷的三溪镇森林公园建设项目，整修毛坯路路基，新建公园停车场、公园大门，树立公园分布图，建设部分公园道路。全年完成农房改造14户，共计1128平方米。

【安全生产】 三溪镇辖区内有企业4家，小作坊1家，商店14家，小饭店2家，中心学校1家，卫生院1家，烟花爆竹经营户1家。2017年，调整充实了安全生产领导小组，组织辖区内站、所、村委会、企业负责人召开安全生产专题会，签订《安全生产责任书》；在辖区内多次开展安全生产整治，定期和不定期进行安全生产检查，把事故隐患消除在萌芽状态；建立8个交通安全劝导站，设置8名劝导员，建立镇辖区内交通道路、机动车、驾驶人等基本信息档案，设立宣传栏，定期开展交通安全宣传教育工作，对交通道路联防巡查以及安全隐患排查，联合上级交通部门对车辆检查，打击非法营运车辆。

【打造生态旅游】 三溪镇辖区内河道总长25千米，沿岸风景秀美，河水碧绿清亮，有源远流长的历史遗产和丰富的旅游资源。三溪镇围绕丰富自然资源、历史古迹、非物质文化遗产着力打造“舞水丹青”特色小镇。非物质文化遗产有民间舞蹈“青蛙狮”、传统戏剧“乐昌花鼓戏”、曲艺“乐昌渔鼓”。古建筑有建于清乾隆十九年（1754）的浪头古戏台、建于清康熙年间的龙门塘古屋、清代民居建筑群谢家塘古村、建于清乾隆十八年（1753）座马岭山双鹤亭。三溪镇森林公园项目在建设中，园内阔叶林景观明显，植被种类丰富，站在山顶瞭望，可见武江河似三条河汇集于此。丫告岭省高坪岩洞洞顶约有20余米高，总长约4~5千米路，洞内托附许多奇形怪状的钟乳石和大大小小的石厅。三溪镇河道蕴藏墨石丰富，许多造型好和命名好的三溪墨石展出于各种雅石展览会。镇内有千江月家庭农场、意之源家庭农场等休闲娱乐农场。

【三溪镇中心学校入选第一批省级青少年校园足球推广学校】 2017年，广东省教育厅公布第一批省青少年校园足球推广学校名单，三溪镇中心学校入选。三溪镇中心学校将足球课作为体育课的必修内容，保证每周一节足球课；足球活动纳入学校大课间及课外体育活动。组建足球兴趣小组，吸纳有兴趣的学生参与足球课余训练活动，参与学生人数达到284人，占总人数的68.4%；学校建有校级初中、小学男、女足球代表队4支共80人。各级校园足球队活动情况纳入班主任评优、评先考核。开展以校园足球为主题的趣味赛、对抗赛、挑战赛、足球节；开展足球明星进校园、青少年足球夏令营、校园足球小球王评选、足球绘画、足球征文、足球摄影、足球演讲等活动。学生体质健康合格率达98.57%。（赖　思）

附：三溪镇党政班子成员名单

党委书记：吴伟标
党委副书记、镇长：丁　琦
人大主席：杨宏华
党委副书记：龚云亮（女）
　　　　　　贺卓华
党委委员、副镇长：张伟清
党委委员、宣传委员：张宗荣
党委委员、武装部部长：何红金
党委委员、纪委书记：王元根
党委委员、组织委员：雷云龙
副镇长：龚猷学
　　　　吴荣斌

表 27　　2017 年乐昌市三溪镇主要社会经济指标一览表

指　　标	单位	数量	指标	单位	数　量
农林牧渔及服务业总产值（当年价）	万元	18788	生猪存栏量	头	4464
工业、企业总产值（当年价）	万元	3198	水果总产量	吨	5328
固定资产投资	万元	1037	中学	所	1
招商引资实际投入	万元	5254	小学（含教学点）	所	1
农民人均纯收入	元	11863	中小学在校生	人	392
粮食总产量	吨	2761	中小学在职教师	人	51
农业机械化	台	9	水泥公路硬化	千米	1.31

表 28　　2017 年乐昌市三溪镇村委会基本情况表

序号	村（居委会）	书记	主任	村民小组（个）	总户数（户）	总人口（人）	集体经济纯收入（万元）	农民人均纯收入（元）
1	三溪	邝德寿	邝德寿	8	304	1165	1300	12102
2	大坪头	邝贤忠	邝贤忠	7	301	1242	1235	11776
3	车头园	邝国六	邝国六	10	399	1875	1934	11365
4	丫告岭	何良章	何良章	7	305	1114	1200	12248
5	神前岭	邓贵祥	邓贵祥	12	382	1638	1587	11770
6	石村	邓广祥	邓广祥	12	392	1819	1630	12176
7	白露塘	何水庆	何水庆	13	303	1333	1064	11777
8	仕坑	何红金	何红金	17	350	1664	1696	11882

梅　花　镇

【概况】　梅花镇位于乐昌市西北部，坪乳公路、京港澳高速、乐广高速、乐梅公路贯穿境内，是“梅寮四地”（梅花、秀水、沙坪、云岩 4 个镇的简称）经济、文化、交通中心。辖 17 个行政村、1 个居民委员会，215 个自然村。年末户籍人口 6.1 万人，农业人口 5.9 万人，外来人口 0.05 万人。总面积 197.77 平方千米，耕地面积 1853.3 公顷，粮食播种面积 1534 公顷，粮食产量 6.6 吨。林地面积 14266.4 公顷，森林覆盖率 68%，活立木蓄积量 79137.2 立方米。2017 年，全镇生产总值 8 亿元，同比增长 7%。其中，第一产业增加值 0.48 亿元，增长 7%；第二产业增加值 0.64 亿元，增长 7%；人均地区生产总值 13155.73 元，增长 3.5%。固定资产投资 1388.18 万元，增长 3.1%。地方一般公共预算收入 1831.98 万元，增长 8.97%。农村常住居民人均可支配收入 12850 元，增长 8%。自然资源主要有锡矿。地方特产有主要有梅花猪、子姜辣椒、黄烟、无公害绿色蔬菜、紫心薯、香花梨（沙梨）、子姜辣椒等。旅游资源有梅花红七军烈士纪念碑、万古金城、韩泷祠、仙人岩、百臻生态农业园等。2017 年，该镇荣获“韶关市卫生镇”“广东省教育强镇”“广东省技术创新绿色蔬菜种植专业镇”称号。

【农业和农村工作】 2017 年，梅花镇有蔬菜、生猪种养合作社 67 家，蔬菜种植面积 1534 公顷，年均产量 6.6 万吨，产值超亿元；肉猪年出栏量 3.1 万头；2 家家庭农场评选为乐昌市示范家庭农场；莓花果蔬专业合作社评为国家级示范合作社；2 家企业被评为韶关市龙头企业；2 家电子商务有限公司进驻梅花镇，助力打造农副产品销售体系；百臻生态园智能大棚投入使用，引导推广无土栽培技术；农村土地承包经营权确权登记颁证工作稳步推进；“一事一议”项目有序开展。

【综治维稳】 2017 年，梅花镇受理信访件 78 件，调解成功 68 件，调解率 87%，网络信访 13 宗，答复率 100%。未发生重大公共安全事件和重大群体性事件，无重大治安事故、重大安全事故发生。7 个村成功创建民主法治村。

【新时期精准扶贫精准脱贫工作】 2017 年，投入各类帮扶资金 364.91 万元，涉及基础设施建设、人居环境整治、种养加产业帮扶和资产性收益帮扶项目 18 个，其中投入 100 万元入股市资产交易中心、85 万元在政府大楼楼顶建成光伏发电站；实施产业扶贫、就业扶贫、教育扶贫、医疗扶贫、金融扶贫、政策兜底等措施，全年完成脱贫 126 户 455 人。

【土地确权工作】 梅花镇农村土地承包经营权确权登记颁证工作进入收尾阶段，在加快签印确认、证件打印等工作，确权工作进度完善 90%，总结验收和建库归档等工作逐步推开。

【社会主义新农村建设】 2017 年，梅花镇确定 17 个镇级人居示范村名单，全镇 164 个 20 户以上自然村均成立村民理事会、村民议事机构。全面开展清理村庄周边道路、村内巷道、房前屋后、公共场所及其他卫生死角的各类积存垃圾。2017 年拆除旧危房超 200 间、面积近 5000 平方米。

【发展特色产业】 以“合作社＋基地＋农户”为运作模式的农民专业合作社有 67 家，其中多家合作社的产品注册商标，取得绿色食品证书，蔬菜种植面积由原来的 400 公顷发展到 1333 公顷，亩产值 1 万元以上。以蔬菜产业的发展带动蔬菜深加工业的发展，梅花镇 4 间“子姜辣椒”加工厂，利用梅花传统工艺与现代技术相结合，所生产出来的梅花子姜辣椒在省内闻名。以百臻生态农业园为代表的现代观光休闲农业得到进一步发展，生产的有机米热销珠江三角洲地区，优质的草莓深受群众欢迎，农家乐项目运作日趋成熟。

【民营经济】 梅花镇百臻生态农业科技发展有限公司成为梅花镇新型农业经营发展的新标杆，辐射带动梅花 10 多家“农家乐”“家庭农场”的发展。加大力度培育乐昌市闽兴新型建材有限公司、广东碧春晖农业有限公司、子姜辣椒厂等一批骨干企业，充分挖掘企业潜力，企业经济效益和市场竞争力明显增强。

【招商引资】 2017 年，跟进梅花风电场项目，促成深圳大正金胜投资管理有限公司对梅花旅游、投资开发及蔬果种植、特色小镇等投资意向项目。

【镇区建设】 2017 年，在镇区新安装路灯 31 盏，全镇电路灯达到 151 盏，太阳能路灯 53 盏。投资 20 余万元安装 40 多个视频监控摄像头，20 多块交通安全标识牌。投入 90 多万元，完善镇区排水排污系统、加强街道和巷道的硬化、完善鑫源商贸市场部分设施、新增加一批果皮箱、修缮镇区公厕、拆除乱棚乱架等。

【农村农业基础设施建设】 新开通坪溪、大坪村的 2 条农村客运班线，新建错车道 40 个，融资硬化16条乡村公路8.38千米；完成关春冷水井公路、梅花下街路段维护修复，推进省道249线梅花段修复工程；完成15个自然村“村村通”饮水工程改造和坪溪太平水（仙水河坪溪段）小河流治理；完成19个镇、村（居）委会公共服务平台建设。

【农村合作医疗】 2017年，梅花镇城乡居民医疗保险参保人员45891人，参保率97.53%，完成市人社局2017年下达给梅花镇的30个社保扩面工作任务；全年办理低保特困对象大病医疗救助5人次，其他特殊困难人员大病医疗救助10人次，一次性临时救助35人次。

【文化】 2017年，争取上级资金20万元维修红七军烈士纪念园，以此为依托打造社会主义核心价值观主题公园。完成2个综合性文化服务中心示范点、3个文化服务中心项目建设，做好大坪村第五批中国传统村落申报工作。

【卫生】 2017年，梅花镇成功创建韶关市卫生镇，梅花村、鹿村村荣获“韶关市卫生村”称号。在全镇辖区内增置垃圾收集点，投放垃圾桶1427个，扩大镇区保洁范围和时限；加强流山生活垃圾填埋场管理，定期开展消毒处理和堆土覆盖，加强日常巡查，安装视频监控，杜绝人为点火焚烧垃圾、倾倒医疗和建筑垃圾的行为。

【打造生态旅游】 梅花镇境内旅游资源丰富，有著名的莲花潭（邓小平同志指挥“梅花战役”指挥部）、与丹霞地貌相似的铁罗岭姐妹石、万古金城、仙人岩、韩泷祠等；有分别位于坪溪村、大坪村的天然温泉、大坪温泉；有红色革命历史和明清古建筑群的大坪杨家寨和“韶关市爱国主义教育基地”红七军革命烈士纪念园等景点，现代观光农业百臻生态农业园，万亩油菜花、桃花等。

【造林绿化】 2017年，完成抚养育幼林1613公顷，修复林场防火线13千米，管护好国家、省级以上生态公益林12719.4公顷，指导完成社会营造林205公顷，其中经济林165公顷。

【精神文明建设】 联合市文广新局举行2场大型文艺会演，新组建8支村级舞蹈队，其中农民排舞队获得2017年乐昌市排舞大赛二等奖；开展“留守儿童”与“农家书屋”阅读活动、“妇女儿童健康卫生”专题阅读活动和“脱贫有门，致富有路”辅导学习活动，成功举办第一届“幸福杯”足球赛。

【善学浩森综合大楼正式落成】 2017年1月29日，由善学慈善基金创始人赵曾学韫和冯浩森共同捐赠30万元新建的善学浩森综合大楼正式落成。当日，梅花镇三和希望小学举办“善学浩森综合大楼”揭幕暨善款捐赠仪式。新大楼配套实验室、电脑室、多媒体、美术室、音乐室和图书阅览室等功能室，三和希望小学办学条件得到极大改善。

（杨丽华）

附：梅花镇领导班子成员名单

党委书记：颜昌松
党委副书记、镇长：林俊仪
人大主席：付仙宝
党委副书记：孙　斌
　　　　　　罗增平
党委委员、副镇长：李　挚
副镇长：谭先文
　　　　袁志昇
党委委员、纪检书记：张剑平
党委委员、武装部部长：温则东
党委委员、宣传委员：黄建群（女，—5月）
　　　　　　　　　　赖　锋（10月—）
党委委员、组织委员：朱小兵
党委委员：张瑞辉
　　　　　林玉明

表 29　　2017 年乐昌市梅花镇主要社会经济指标一览表

指　　标	单位	数量	指标	单位	数　量
农林牧渔及服务业总产值（当年价）	万元	71388	生猪存栏量	头	31000
工业、企业总产值（当年价）	万元	80250	水果总产量	吨	3785
固定资产投资	万元	1388. 18	中学	所	2
招商引资实际投入	万元	2350	小学（含教学点）	所	17
农民人均纯收入	万元	1. 29	中小学在校生	人	6259
粮食总产量	吨	66000	中小学在职教师	人	382
农业机械化	台	300	水泥公路硬化	千米	8. 38

表 30　　2017 年乐昌市梅花镇村（居委会）基本情况表

序号	村（居委会）	书记	主任	村民小组（个）	居民小组（个）	总户数（户）	总人口（人）	集体经济纯收入（万元）	农民人均纯收入（元）
1	关春村	林俊仪	李健旺	27	—	1517	6300	4. 11	12815. 58
2	三和村	李木新	李木新	13	—	1047	4518	3. 81	12966. 05
3	梅花村	邓永增	邓永增	24	—	1913	8490	3. 68	12767. 76
4	流山村	陈梓明	陈梓明	13	—	795	3359	5. 33	12682. 61
5	大付村	范美养	范美养	9	—	663	2633	3. 89	12828. 41
6	鹧鸪塘村	吕金河	吕金河	11	—	957	3924	5. 93	12819. 08
7	坛司村	杨帮珠	杨帮珠	10	—	583	2461	3. 60	12792. 25
8	大塘边村	杨利民	杨利民	5	—	308	1341	6. 13	12905. 4
9	石带村	余勋伟	余勋伟	6	—	504	2077	3. 72	12789. 92
10	马糍湖村	余明森	余明森	9	—	446	1780	3. 45	13004. 54
11	清洞村	罗志辉	罗志辉	9	—	486	1902	3. 49	12962. 55
12	鹿村村	叶济群	叶济群	2	—	363	1335	3. 66	12707. 11
13	铜山村	刘春石	刘春石	11	—	716	2775	3. 55	12626. 63
14	坪溪村	杜忠友	杜忠友	17	—	741	2935	5. 73	12768. 93
15	大坪村	李增清	—	20	—	1099	4441	54. 09	13099. 02
16	深塘村	余勋炉	余勋炉	21	—	1335	5436	3. 89	12875. 07
17	石溪村	李福林	李福林	7	—	527	2155	3. 58	12889. 07
18	梅花居委会	邓光源	邓光源	—	1	946	1887	0. 09	13036. 03

秀 水 镇

【概况】 秀水镇位于乐昌市西北部，西部与湖南省宜章县关溪乡、栗源镇相邻，北部、东部、南部分别与梅花、云岩、沙坪接壤，为典型石灰岩地区。全镇总面积56平方千米，耕地面积629.33公顷、其中水田面积355.2公顷、旱地面积274.13公顷。辖10个村委会、77个自然村，总人口2.17万人。2017年，全镇生产总值26870万元，比上年增长0.3%。地方一般公共预算收入788万元，增长23%。农村常住居民人均可支配收入11467元，增长1.7%。地方特产主要有良种猪肉、山地鸡、秀水鱼干、黄烟、无公害绿色蔬菜、柚子、花生豆腐、黄糍粑、油菜等。旅游资源有朱家村紫阳书院、楼下村紫气书院、大竹山森林公园等。2017年，秀水镇荣获“乐昌市农村普惠金融‘村村通’工作先进单位”称号、“乐昌市2016年度无偿献血先进单位”称号、“2016年度武装工作先进单位”称号，秀水镇何家冲村荣获省级“创建无邪教示范村”称号。

【农业和农村工作】 2017年，秀水镇深化农业产业结构调整，重点抓好水果、油茶等特色农业，其中贡柑种植达253.33公顷，油茶146.67公顷。鼓励扶持黄烟、蔬菜、水果、油茶等农业专业合作社的发展，进一步形成“龙头企业+合作社+基地+农户”的产业化经营模式，有农村专业合作社23个。大力发展良种肉猪和山地鸡的饲养，实现年出栏量100头以上的猪场11家、年出栏量500只以上的鸡场3家。

【综治维稳】 2017年，秀水镇排查出矛盾纠纷23宗，成功解决23宗，办结信访件8宗。抓好矫正、安置帮教网络建设，组织全镇10个村及相关单位建立治安联防组织，建立从镇到村到单位家属的创建“平安家庭”活动组织网络。

【新时期精准扶贫精准脱贫工作】 秀水镇确定贫困户264户804人。做好精准贫困户建档立卡工作和帮扶干部结对工作，结合贫困户实际情况有针对性地为每户精准贫困户拟定三年帮扶规划。2017年，通过社保兜底、产业帮扶、就业培训等帮扶措施实现脱贫107户377人。

【土地确权工作】 2017年，秀水镇土地确权共有3314户，按家庭联产承包面积登记核实补贴面积共有869.61公顷。

【社会主义新农村建设】 2017年，秀水镇积极开展人居环境整治工作，组织村民落实“三清三拆三整治”。选择秀水镇田心村委会田心组作为社会主义新农村建设示范村，实施“村村通”自来水工程，规划建设标准化自来水厂和污水处理厂，建立生活垃圾收运清理制度，投入20万元兴建环镇街路灯。

【发展特色产业】 成立“岭富贡柑”和“凌峰油茶”农业专业合作社，发挥合作社示范带头作用，辐射带动特色农业项目逐步向规模化、专业化、商品化发展，初步形成东边排253公顷贡柑种植基地、西边排147公顷油茶基地特色产业格局。

2017年9月13日，乐昌市委书记陈宏宇（右三）到秀水镇冲里贡柑基地考察

（陈国良　摄）

【镇区建设】 2017年，在卫生院至秀水村委会之间的道路两旁安装50盏LED太阳能路灯，投入约

20万元，该项目是秀水镇2017年重点民生工程。

【农村合作医疗】 全镇2017年城乡居民养老保险任务数为16250人，完成16580人，完成率102%。

【教育】 进一步巩固“广东省教育强镇”成果。全面推行九年义务教育，抓好防流控辍工作，抓好适龄儿童入学率、在校学生巩固率，实现全镇适龄儿童入学率100%，在校学生巩固率100%。

【文化】 2017年，秀水镇建设文化分馆，活动室集图书室、棋牌室、乒乓室、健身房于一体。10个村的农家书屋创建达标工作，每个农家书屋都有图书，有专人负责，全天候对外开放，满足广大村民阅读需求。编写黑板报12期，画廊15期，印制横幅16条，会标60余条。

【卫生】 开展“六乱”（乱搭乱建、乱堆乱放、乱设摊点、乱拉乱挂、乱贴乱写乱画、乱扔乱吐）治理和完善农村生活垃圾处理机制，改善农村“脏乱差”现象；全面做好垃圾清运工作，新建秀水镇生活垃圾中转站和村收集点，安排专人负责垃圾清理工作。全面做好预防登革热病工作，积极发放宣传资料、灭蚊药品。

【打造生态旅游】 秀水镇朱家村紫阳书院和楼下村紫气书院是乐昌市保留较为完整的古建筑祠堂之，其中紫阳书院被列为广东省文物保护单位。镇内有大竹山森林公园，占地面积53平方千米，园区动植物资源丰富，有国家一、二级保护植物南方红豆杉、香樟等。

【党建工作】 秀水镇党委辖党支部12个，其中农村党支部10个，有党员377名，其中农村党员295名。2017年新发展党员7名，转正党员8名。组建10个驻点团队开展驻点普遍直接联系群众工作，驻点团队直接联系群众总户数4082户，其中贫困户278户，群众反映问题63宗，解决问题63宗，召开整顿工作专题会议6次，为群众代办事项36件，化解矛盾纠纷1件，投入整顿转化工作资金70万余元。召开党群、镇村联席会议16次，问题分析会议16次，讨论研究问题57件，落实57件，以上门走访、集中办理等多种服务方式，为民代办事项65件。 （何贵华）

附：秀水镇领导班子成员名单

党委书记：邝贤松
党委副书记、镇长：朱裕超
人大主席：李月明
党委副书记：丘秀娥（女）
　　　　　　骆学文
党委委员、副镇长：黎汉文
党委委员、武装部部长：李格志
党委委员、纪委书记：邓德文
党委委员、组织委员：刘盛盛
党委委员：叶　聪
副镇长：赖　海
　　　　张展聪

表31　**2017年乐昌市秀水镇主要社会经济指标一览表**

指　　标	单位	数量	指标	单位	数　量
农林牧渔及服务业总产值（当年价）	万元	4482.37	生猪存栏量	头	7813
工业、企业总产值（当年价）	万元	22389	水果总产量	吨	9856
固定资产投资	万元	0	中学	所	1
招商引资实际投入	万元	0	小学（含教学点）	所	4

续表 31

指　　标	单位	数量	指标	单位	数　量
农民人均纯收入	元	11467	中小学在校生	人	1742
粮食总产量	吨	5333	中小学在职教师	人	108
农业机械化	台	0	水泥公路硬化	千米	4.81

表 32　　2017 年乐昌市秀水镇村委会基本情况表

序号	村（居委会）	书记	主任	村民小组（个）	总户数（户）	总人口（人）	集体经济纯收入（万元）	农民人均纯收入（元）
1	秀水	丘冬香	丘冬香	9	719	3190	7.2	14332
2	田心	邝火明	邝火明	12	578	3285	6.6	10100
3	西河	朱君华	朱君华	12	728	3164	6.3	12186
4	黄金洞	张志平	张志平	5	224	1399	8.2	11201
5	消山	张宗泉	张宗泉	10	301	1997	6.1	10710
6	大竹山	陈聪华	陈聪华	5	216	1159	6.8	11186
7	中排	彭春杏	彭春杏	6	209	1318	7.8	11205
8	大罗岭	张群文	张群文	6	341	1707	7.6	11422
9	芳塘	陈世菌	陈世菌	6	299	2078	8	11250
10	何家冲	王土才	王土才	6	411	1769	6.8	11084

沙　坪　镇

【概况】　沙坪镇位于乐昌市西南部，东、南两面与乳源县交界，西面与湖南省的宜章县关溪乡、白沙乡毗邻，北面连接秀水、云岩镇，距乐昌市区公路里程约 60 千米。全镇总面积 146 平方千米，辖区有雷家窝、沙坪、马子坪、关山、山坪、柘洞、茶园 7 个村委会和 1 个八宝山林场，86 个自然村，153 个村小组。总人口 24216 人，其中党员 424 人。全镇耕地面积 1755.4 公顷，其中望天水田 73.3 公顷，其余为石花地。沙坪镇属典型的石灰岩地貌，有“七分石头三分土，食水用水贵如油”之称，自然条件极为恶劣。2017 年，全镇财政收入 1174.38 万元，实现农村工业总产值 718 万元，农村经济总收入 25167 万元，同比增长 6%；农村人均收入 12540 元，同比增长 6%。主要土特产有土榨花生油、辣椒、花生豆腐、山地玉米鸡、土鸡蛋、番薯干等。沙坪镇有著名的八宝山森林公园、西京古道等名胜古迹。

【农业和农村工作】　大力推广粮食生产新品种，推广优良玉米 400 公顷、花生 135 公顷，实现粮食生产增产增收。大力推广高效经济作物，种植黄烟 267 公顷，产值 1592 万元；辣椒 347 公顷，产值 2080 万元。大力发展畜牧养殖，生猪年出栏量 2.43 万头，销售沙坪鸡 7.6 万只，山区养殖业增效明显。

【综治维稳】 2017年，沙坪镇综治信访维稳中心受理和及时回复信访件11件，反馈率100%，办结率100%。对重点矛盾纠纷和信访积案，采取包案定责制，实行一案一包，明确包案领导和责任人员。推行三级联动制，建立镇综治调解委员会、驻村工作组及职能部门、村委会三级调处联动机制，通过统一领导、分级负责、联合调查、集体研究、层层落实责任合力化解等方式共同化解积案。

【新时期精准扶贫精准脱贫工作】 2017年，全力推进产业发展扶贫，给105户有劳动能力的贫困户发放145万株辣椒苗，给44户有劳动能力的贫困户发放9000多株香芋南瓜苗，动员14户贫困户种植10公顷黄烟。全力推进危房改造建设，2017年乐昌市住建局下达的35户贫困户危房改造任务全部完成。积极发展资产性收益项目，入股沙坪镇水利水电公司电站项目45万元，入股市公共资产管理中心经营性项目50万元，每年按入股8%的红利收益（共约7.6万元）平均分配给贫困户。

【土地确权工作】 2017年，沙坪镇完成实测耕地面积1755.4公顷，涉及农户4050户，涉及地块48558块。完成签印确认资料行政村3个，完成占比100%。

【发展特色产业】 利用黄烟秋闲田块种植香芋南瓜27公顷，平均亩产增收800多元；大力发展畜牧养殖，野猪养殖场年出栏量1000头，每头纯利润500多元。

【镇区建设】 完成沙坪镇镇区亮化工程，新增46盏LED太阳能路灯。全面启动人居环境整治工作，由外包公司中航环卫公司接管，在全镇范围投放垃圾桶，每天按时清运，积存垃圾得到有效清理。打造下深井人居环境示范村，村内新增5盏路灯。

【农村农业基础设施建设】 2017年，在下茶园、下禾斜村新建100多平方水池，完成“村村通”工程的装表和工程扫尾工作。印发沙坪镇全面推行河长制工作方案，为实现河库功能永续利用提供制度保障。积极推进水厂的设计、立项，做好水厂招投标、基础建设等工作。完成5.1千米的公路硬化，新开机耕路12千米。

【农村合作医疗】 2017年，沙坪镇印发3000多份居民医疗保险的惠民政策宣传资料到各家各户，截至12月底，参保人数19088人，完成率100%。全镇城乡居民养老保险参保人数9001人，其中享受待遇人数2928人。

【文教卫事业蓬勃发展】 通过各村定期开放农家书屋、电子阅览室、送戏下乡、电影下乡、远程教育等，丰富农村业余文化生活。突出抓好教学质量和教育基础设施建设，中小学教学水平继续保持全市农村学校较好的升学率，2017年，沙坪镇“教育创强”工作顺利通过考核验收。茶园村“卫生村”创建通过考核。开展卫生强镇创建工作，沙坪村、雷家窝村卫生站通过验收。

【造林绿化】 2017年，沙坪镇采购24万株杉树，造林160公顷。制定《沙坪镇护林员巡山护林管理制度》和森林火灾应急预案，投入30多万元建成八宝山至茅坪、单水窝至岭头片区防火带。

（李　龙）

附：沙坪镇领导班子成员名单

党委书记：廖远强
党委副书记、镇长：余树晗
人大主席：张锦锋
党委副书记、综治信访维稳中心主任：邓培养
党委副书记：宋俊霞（女）
党委委员、副镇长：黄华光
党委委员：杨福达
　　　　　李丹华（女）
党委委员、纪委书记：陈荣标
党委委员、武装部部长：雷智群
副镇长：陈丽琴（女）
　　　　廖永香（女）

表 33　　2017 年乐昌市沙坪镇主要社会经济指标一览表

指　标	单位	数量 2017 年	指标	单位	数量 2017 年
农林牧渔及服务业总产值（当年价）	万元	25167	生猪存栏量	头	8852
工业总产值（当年价）	万元	718	水果总产量	吨	2430
固定资产投资	万元	15	中学	所	1
招商引资实际投入	万元	0	小学	所	7
财政收入	万元	1174.38	中小学在校生	人	1778
农民人均纯收入	元	12540	中小学在职教师	人	165
粮食总产量	吨	3850	水泥公路	千米	122

表 34　　2017 年乐昌市沙坪镇村委会基本情况表

序号	村（居委会）	书记	主任	村民小组（个）	总户数（户）	总人口（人）	集体经济纯收入（万元）	农民人均纯收入（元）
1	雷家窝村	雷春杵	雷春杵	12	383	1787	13.5	14440
2	马子坪村	张际养	张际养	22	620	2802	14	13366
3	沙坪村	马树阶	马树阶	28	1236	4617	13.8	12707
4	山坪村	黄好东	黄好东	19	619	2944	14	13066
5	关山村	黄春城	黄春城	24	780	3737	16	11640
6	茶园村	许明生	许明生	23	866	4379	18	12263
7	柘洞村	谢金生	谢金生	25	850	3950	22	12638

云　岩　镇

【概况】　云岩镇位于乐昌市西南部，距乐昌市区55公里，是典型的石灰岩高寒山区，东南部与乳源瑶族自治县大桥镇交界，西南部与沙坪镇相连，西接秀水镇，北部与梅花镇接壤。京港澳（G4）高速公路和省道坪乳公路（S249）及县道357线经过境内。全镇辖9个行政村，总人口1.6万人，总面积66平方千米，其中耕地面积678.4公顷（水田454公顷、旱地224.4公顷）。境内有钨、锡、砷、铁、煤、石灰石等矿产资源，平均海拔680米，东部、南部最高海拔850米，西南、北部平均海拔400米，昼夜温差大，年平均气温16.4℃，属亚热带湿润性气候。农村经济收入主要靠外出务工和传统种养业，农业种植以水稻、黄烟、辣椒、玉米、青瓜、茄子为主。主要土特产有雪莲果、红衣花生、紫心红薯、黑美人西瓜、香芋冬瓜等。2017年，全镇财政收入956万元，实现农村经济总收入395.98万元，农民人均纯收入11446元，同比增长9%。云岩镇有著名的青莲山森林公园、云岩水库、西京古道、观音岩等名胜古迹。

【**农业和农村工作**】 以专业合作社为龙头，进一步调整优化农业产业结构，大力发展特色农业、规模农业，推进农业产业化，形成以“公司（合作社）+基地+农户”为模式的蔬菜产业化结构。2017年，全镇共有合作社、家庭农场15家。成功申报1家韶关示范合作社，1家韶关示范家庭农场。全年种植优质蔬菜青瓜、黄瓜、茄子、辣椒、小南瓜等200公顷。坚持走雪莲果、黄烟、油茶3条特色农业的路子，全镇种植雪莲果10公顷、黄烟15公顷、油茶120公顷、西瓜12公顷。开展蓝莓、核桃、中药材等新品种的种植基地试种，培育新兴产业。培育发展立体养殖业，做好基层农技推广体系改革与建设科技示范工作，示范户遍及9个村委会，36户。

【**综治维稳**】 2017年，全镇立案侦查刑事案件6宗，破获4宗，受理治安案件4宗，调处治安案件1宗，处罚案件1宗。全年无群体性事件，无进京非正常访、无赴省集体重复访。

【**新时期精准扶贫精准脱贫工作**】 云岩镇有贫困户183户531人，其中，一般贫困户50户191人，低保贫困户111户316人（无劳动能力低保户39户），“五保”贫困户22户24人（含孤儿1户1人）；有劳动能力户122户443人，无劳动能力户61户88人；残疾户44户135人。2017年实现精准脱贫63户186人。

【**土地确权工作**】 云岩镇确权登记总农户数3154户，836.93公顷，与作业单位严格按照广东省农村土地承包经营权确权登记颁证工作流程（共13个流程）稳步推进，完成资料收集、摸底调查、制作底图等工作；完成第一轮、第二轮张榜公示。

【**镇区建设**】 2017年10月，乐昌市中航环卫公司对全镇56个村小组全部集中垃圾清运。聘请2名环卫工人对镇区主干道、政府大院、街道实行立体式的清洁环卫。做好镇区标准化自来水厂建设，总投资393万元。

【**农村合作医疗**】 2017年，全镇参加城乡居民医疗保险12733人，覆盖率100%。补偿5236人次，补偿费用81.6万元。门诊报销29.6万元，直接受益群众4961人次。

【**农村农业基础设施建设**】 完成开封、出水岩、祖岭等7个村的农业综合开发，涉及水圳、机耕路、陂头建设等，投资1250万元。完成选家洞至鱼塘岭机耕路建设，总投资30万元。完成农村公路4.4千米硬化，总投资260万元。完成青莲山森林公园法治基地和后续工程建设，投资49万元。

【**打造生态旅游**】 深入开展调研规划梳理古驿道工作，对古驿道途经的下开封村石凉亭、岭脚下村暂歇息亭、草鞋岭村思源亭进行串联、包装和改造提升。依托青莲山森林公园、青莲山法治公园、观音岩景点，充分利用云岩镇海拔高、气候凉爽、空气清新以及石灰岩地貌等特点和交通便利、无污染、农产品丰富等优势，开发云岩夏季凉爽避暑，冬季看冰雪等特色项目，有观音岩、青莲山、水库库区等休闲旅游农家乐一体项目。

2017年2月15日，广东省住房城乡建设厅总规划师李永洁（前排左一）到云岩镇调研西京古道规划保护利用情况　　（云岩镇　供）

【**造林绿化**】 云岩、祖岭、出水岩3个村全村纳入封山育林管理区，封山育林面积225.9公顷，新建蓄水池3处，加固山塘水库4座。专门聘用护林防火员，成立森林防火救援队，全年没有发生较大面积森林火灾。进一步开展人工造林，加强油茶种植，在石冲、长塘等村种植油茶120公顷。开展新一代适应云岩高寒山区气候的人工林选种育苗工作，在石冲、长塘村推广种植红豆杉13.3公顷，油茶120公顷。

【社会主义新农村建设】 启动7个自然村的清理村巷道12条810平方米，清理房前屋后杂草杂物、积存垃圾24处，处理垃圾6吨。清理沟渠池塘溪河淤泥、漂浮物和障碍物150条，处理垃圾11吨，拆除危旧房、废旧猪牛栏及露天厕所茅房16间2220平方米，拆除乱搭乱建、违章建筑2处120平方米，拆除非法违规商业广告、招牌16处142平方米，村巷道硬底化105条2160平方米，修建垃圾收集点48个，安装宣传栏48个。总投资13.6万元。

（彭道城）

附：云岩镇领导班子成员名单

党委书记：罗其桓
党委副书记、镇长：丘永和
人大主席：黄志斌
党委副书记：龚旦强
　　　　　　蔡　东
党委委员、副镇长：廖光荣
党委委员、纪委书记：罗湛华
党委委员（宣传委员）：廖艳英
党委委员、武装部部长：陈勇新
党委委员（组织委员）：陈　亮
副镇长：黄志明
　　　　邓惠群（女）

表35　　**2017年乐昌市云岩镇主要社会经济指标一览表**

指　　标	单位	数量	指标	单位	数　量
农林牧渔及服务业总产值（当年价）	万元	395.98	生猪存栏量	头	12797
工业总产值（当年价）	万元	0	水果总产量	吨	1816
固定资产投资	万元	1000	中学	所	1
全镇人口总数	人	16451	小学	所	1
财政收入	万元	956	中小学在校生	人	1268
农民人均纯收入	元	11446	中小学在职教师	人	124
粮食总产量	吨	3637	水泥公路	千米	78

表36　　**2017年乐昌市云岩镇村委会基本情况表**

序号	村（居委会）	书记/主任	村民小组（个）	总户数（户）	总人口（人）	集体经济纯收入（万元）	农民人均纯收入（元）
1	石冲	廖远明	5	222	1235	44.66	11518
2	长塘	廖来聪	7	500	2445	53.95	11735
3	开封	余席省	5	216	1130	39.75	11368
4	出水岩	廖永萍	5	330	1420	40.5	11487

续表 36

序号	村（居委会）	书记/主任	村民小组（个）	总户数（户）	总人口（人）	集体经济纯收入（万元）	农民人均纯收入（元）
5	祖岭	廖光华	4	233	1150	39.97	11503
6	云岩	胡云昌	12	620	3312	66.7	11487
7	选家洞	谢辉	10	520	2458	49.98	11234
8	白蚕	谢日新	3	200	863	25.25	11406
9	斯茅坪	邱良辉	5	500	2438	35.22	11274

黄圃镇

【概况】 黄圃镇位于乐昌市北部，距乐昌市区 97 公里，东与白石镇相连，南邻庆云镇，西、北两面与湖南省宜章县的白石渡镇、杨梅山镇和赤石乡三个乡镇交接，距京珠高速坪石出口 27 千米。黄圃镇属盆地丘陵，土壤由红色砂页岩石风化而成，呈红色或紫红色，表土容易流失，山脊土壤浅薄。全镇总面积 79.97 平方千米，耕地面积 800 公顷、林地面积 4800 公顷。辖 10 个行政村、1 个居委会。总人口 1.8 万人，以农业经济为主。2017 年，全镇生产总值 2.44 亿元；农村人均纯收入为 12535 元，镇财政公共预算收入 1002.79 万元。土特产主要有板栗、西瓜、香（蜜）瓜、金银花、水晶梨、油茶等。主要旅游资源有里村碧水洞、应山村“四古”（古村、古桥、古庙、古亭）、“三白虎”（白虎嶂、白虎砦和白虎仙）、石溪古村、紫溪甘棠镇古村、东村欧阳古祠及桃坪革命老区等。

【综治维稳】 2017 年，黄圃镇妥善处理网络问政 11 起，接待来信来访 46 起共 79 人次。妥善处理“2·15”医疗纠纷事件、“4·29”应山学生意外溺亡事件、“6·26”意外坠亡事件、“8·5”紫溪、石溪两村山林取土纠纷事件、“10·24”黄圃镇垃圾场选址纠纷事件。做好中共十九大期间综治维稳工作，继续加强与湖南省毗邻乡镇赤石、杨梅山、白石渡的联系与沟通，实现十年边界无“战事”的良好局面。发挥综治办、派出所、司法所及各村调解委员会的作用，协调各种纠纷事件，打击危害社会治安的违法行为。

【新时期精准扶贫精准脱贫工作】 制定《黄圃镇 2017 年精准脱贫任务》，与斗湾、石溪、新塘、紫溪、应山 5 个贫困村签订 2017 年脱贫攻坚目标责任书，根据各村实际情况实施扶贫项目。全镇贫困户均全部纳入 2017 年基本医疗保险范围，60 岁以上贫困户全部参加基本养老保险。5 个非贫困村和 5 个贫困村基本完成贫困户种养殖产业扶贫帮扶工作，有 176 户 511 人参与“以奖代补”产业帮扶项目，共计产业发展启动资金 56.26 万元。统筹镇扶贫专项资金 90 万元入股乐昌市公共资产管理中心，4 个东莞帮扶贫困村每村入股 50 万元，1 个省直单位帮扶贫困村入股 30 万元，共计入股 320 万元。大力发展光伏发电项目，石溪村委会、应山村委会安装光伏发电项目并入网（石溪安装规模 10 个千瓦时，获得实际收益 7800 元；应山安装规模 15 个千瓦时，收益 2400 元），全部用于发展村扶贫事业和村集体增收；成功与企业签订光伏发电项目合同，新塘村委会在办理光伏发电项目资金申请，斗湾村委会计划发展光伏发电项目。

【发展特色产业】 大力发展黄烟种植产业，2017

年，全镇共种植黄烟333.33公顷、收购烟叶650吨，实现税收1000余万元。大规模兴建新型密集式烤房，全镇烤烟房数量2017年增加到400余座，可供333.33公顷的烟叶烘烤。不断加快产业结构升级，做优特色农业，鼓励村民大范围的承包种植，2017年新发展反季节蔬菜146.67公顷。开始发展特色养殖业，珍珠鸡、肉牛养殖等渐成规模。大力发展生猪养殖，全镇现500头以上规模养殖场2座，2017年出栏生猪1000多头。

【民营经济】 全镇有1家家具手工作坊、2个中型农场和1家集生产加工销售一体的板栗生产工作坊。2017年，全镇农民专业合作社有29个，注册资金总计800万元。

【招商引资】 2017年10月，在猪婆井进行水源置换工程建设，进入公开招投标阶段；促成黄圃邮政储蓄所的建设；应山村木山背、紫溪村曹家公路完成招投标流程；石溪村综合性文化服务中心完成招投标流程并建成投入使用。

【镇区建设】 推进城镇化建设，加强镇区市场管理和卫生清洁，组织力量对镇区交通及市场拥挤的情况进行整治；筹备资金对镇区主要道路（中心学校至财政所段）进行拓宽、排水渠改造，预计三期工程共250万元。

【农村农业基础设施建设】 黄圃河小河流域综合治理工程预算总投资2300万元，治理河段6千米，2017年全面完工。8月完成黄圃镇坦口水电站及坦口村、岐下岭村灌溉管道改造工程，改善坦口、岐下岭近百亩农田灌溉用水问题。投入120多万元做好村村通自来水工程，解决4000多人的用水困难问题。2017年动工的泸溪河森林公园建设项目基本完工。上斗湾文化室、下斗湾文化室均完工；自富岭、沙坪村、石溪环村公路维修工程全面完工，紫溪环村公路维修工程全面完工；石溪村杨柳塘、斗湾下白虎岭公路建设在施工中。

【医疗卫生】 全镇新农保实际参保人数6832人；完成城乡居民医疗保险参保14228人；企业职工养老保险参保缴费44人，超额完成市下达的企业职工养老保险扩面征缴目标任务。

【教育】 全镇有九年一贯制中心学校1所，有在校生1277人：小学965人，中学301人，其中九年级91人，有公办中心幼儿园1所、民办幼儿园2所、紫溪村教学点1个。

【计划生育】 2017年，黄圃镇户籍总人口19688人，已婚育龄妇女4747人，2016年10月至2017年9月共出生324人，性别比109.03，自然增长率10.44‰。

【精神文明建设】 利用各种传统节日，精心组织舞龙、醒狮、文艺会演、电影下乡等节目，满足农村群众的精神需求；严格文化市场管理，加强图书音像市场的监管力度，加大对黑网吧的打击清理力度，规范文化市场行为。（吴晓玲）

附：黄圃镇领导班子成员名单

党委书记：张以社

党委副书记、镇长：欧志勇

人大主席：李　杰

党委副书记：陈建安
　　　　　　张柏根

党委委员、纪委书记：彭湘华（—9月）

党委委员、副镇长：李亮生

党委委员、武装部部长：张德生

党委委员：陈红亮
　　　　　邓秀强

副镇长：黄　娟
　　　　谢文丹

表 37　　**2017 年乐昌市黄圃镇主要社会经济指标一览表**

<table>
<tr><th>指　　标</th><th>数量</th><th>指标</th><th>数　量</th></tr>
<tr><td>国民生产总值（万元）</td><td>24320</td><td>粮食（吨）</td><td>7817</td></tr>
<tr><td>农民人均纯收入（元）</td><td>12535</td><td rowspan="2">九年一贯制中心学校（所）</td><td rowspan="2">1</td></tr>
<tr><td>财政收入（万元）</td><td>1002.79</td></tr>
<tr><td>固定资产投资（亿元）</td><td>0.68</td><td>中小学在校生（人）</td><td>1277</td></tr>
<tr><td rowspan="3">农林牧渔及服务业总产值（当年价，万元）</td><td rowspan="3">25630</td><td>新型密集式烤烟房（座）</td><td>400</td></tr>
<tr><td>黄烟种植面积（公顷）</td><td>333.33</td></tr>
<tr><td>黄烟产量（千克）</td><td>650000</td></tr>
</table>

表 38　　**2017 年乐昌市黄圃镇村委会基本情况表**

序号	村委会	书记	主任	村民小组（个）	总户数（户）	总人口（人）	集体经济总收入（万元）	农民人均所得（元）
1	塘村	邓国全	邓国全	15	540	2040	14.5	12340
2	东村	欧光勇	欧光勇	17	449	1816	15	12230
3	里村	欧国树	欧国树	18	370	1664	8.9	11950
4	新塘	邓军仁	邓军仁	22	630	2569	16.2	12600
5	紫溪	吴树芳	吴树芳	16	512	2219	7.6	12450
6	桃坪	谷检山	谷检山	5	206	902	13.7	11700
7	应山	白国樑	白国樑	5	319	1402	7.6	12550
8	斗湾	白勇亮	白勇亮	16	660	2751	8.1	12720
9	鱼池岭	欧荫文	欧荫文	10	170	678	6.1	12200
10	石溪	邓国远	邓国远	13	590	2319	8.3	12140

庆　云　镇

【概况】　庆云镇位于乐昌市北部，地处蔚岭山西侧，狮子山脚下。全镇总面积 90.24 平方千米，辖土佳寮、五里冲、下黄、永乐、金坪、袄田、广田、湾雷 8 个村委会，105 个村小组。年末户籍人口 1.28 万人，其中农业人口 1.21 万人。耕地面积 1588 公顷，粮食产量 7146 吨。林地面积 6174 公顷，森林覆盖率 57%。地貌以石灰岩见多，平均海拔 400 米，狮子山高地海拔 890 米。省道 248 线贯穿全境，京广客运专线从境内穿越 9.7 千米。全镇以农业为主，林业为辅，锑矿为补。农村经济总收入达 19496 万元，同比增长 5.1%；农村人均收入 12212 元，增长 7.9%。主要地方特产有高山有机茶、华航丝苗米、板栗、玉米、蔬果等，出产的高山云雾绿茶于1998年获“广东省农博会食品奖”，2009年获“广东省无公害绿色食品奖”。该镇有独具特色的“五古”旅游线路，即游古山（狮子山及206微波塔），访古村（永乐户昌山古村），行古道（宜乐古道和蔚岭关），拜古庙（广田村凑云仙古庙），品古韵（庆云悠久人文历史和淳朴民风）。10月，该镇被广东省教育厅授予“广东省教育强镇”称号。10月18日，成功签约乐昌市华昇高效标准生态示范茶园及旅游综合建设项目，总投资6000万元。

【农业和农村工作】 发挥山地优势，水、旱、林种养结合，打造特色农业。全年新增4个家庭农场，创建2个市级示范社，推广种植黄烟86.67公顷、水果133.33公顷、“华航丝苗米”133.33公顷、蔬菜200公顷和高山有机茶200公顷。全年全镇农村经济总收入19496万元，比2016年增长5%。

【综治维稳】 开展“平安镇”“平安村”“平安学校”“平安企业”等创建活动和“七五”普法教育，加强镇村综治队伍建设，村级网格化管理队伍建设。做好安保工作，逐村进行矛盾排查，对查出的矛盾隐患，及时实行包案到人，限期督办，矛盾隐患有效消除，杜绝和避免重大信访案件的发生；对群众来信来访进行妥善处理，基本实现“小事不出村、大事不出镇”的目标。全年排查出矛盾纠纷12宗，调处12宗。

【新时期精准扶贫精准脱贫工作】 对全镇170户贫困户，436人从生活和产业上给予一系列帮扶措施。启动帮扶项目7个，共投入扶贫资金155.8万元，落实“以奖代补”政策，安排产业帮扶资金7.23万元发展贫困户种植、养殖，购买化肥20吨。安排产业帮扶资金18.17万元，85户贫困户入股乐昌市昌德兰花基地种植项目，每年按贫困户购买种苗的投资额的12%进行固定分红，到期后一次归还本金给贫困户。安排5.3万元开展冬种生产项目，购买2吨马铃薯种、328包油菜种子、9吨化肥发放给57户有劳动能力贫困户。完成30户贫困户危房改造。全年实现脱贫142人，51户。

【土地确权工作】 庆云镇土地确权登记颁证工作涉及农户数2617户，确权面积858.66公顷，全年完成8个村委会105个村小组土地确权第一轮公示工作，基本完成签名确认工作。

【社会主义新农村建设】 7月，启动农村人居环境整治工作，先后在永乐村委会上坦溪村小组召开农村人居环境综合整治现场推进会及大坪村小组举行示范村攻坚行动，建立农村垃圾清理长效机制，打造规范有序、卫生整洁、生态良好的农村环境。全年清除垃圾约120吨，共拆除违章建筑1处15平方米、废弃猪牛栏3处157平方米、残垣断壁6处400平方米、露天厕所茅房7处460平方米、危房24处2190平方米，清理排污渠47条3390米、巷道97条5230米、空坪50块5640平方米，清理掉13个村卫生死角、杂草堆、房前屋后积存的垃圾堆积物。

【发展特色产业】 整合茶叶资源优势，打造以大广行、狮子山、凑云山茶为代表的茶园示范基地，不断改进茶叶加工技术，产品质量和销售效益稳步提升。大力发展“一乡一品”优质品种，打造“生态米”品牌，将庆云镇建设成为“华航丝苗”优质稻基地。

【民营经济】 镇内有上龙锑矿、华翔木业、华昇农业等龙头企业。上龙锑矿从业人数40余人，主要开展地下锑矿资源开采工作。华翔木业公司主要生产E1/E2刨花板、高密度中纤板、三聚氰胺贴面板，有员工150多人，年产值2000多万元。华昇农业启动高效标准生态示范茶园及旅游建设项目，全年实现资金投入2500万元，将建成以茶叶生产、药材产供、旅游休闲于一体的高效标准生态示范基地。境内水资源丰富，有丰收水电站、永乐电站、五里冲电站、广田电站、袄田电站、赤溪电站6座水电站，总装机容量超过4000千瓦。

【招商引资】 10月18日，庆云镇与华昇农业公司签订《乐昌市华昇高效标准生态示范茶园及旅游综合建设项目框架协议》。项目总投资达6000万元，将带动茶叶产业整体升级转型。

【镇区建设】 全年投入4.3万元，实施乡村损毁路段修补工程；投入30万元，新增路灯85盏，完成赤溪村到镇区省道248线沿线的亮化工程；投入80多万元，实施金坪桥改建工程；投入240多万元，实施6条共约6千米乡村公路硬底化。

【农村农业基础设施建设】 全年庆云镇投入25万元完成镇供水水源环境整治；投入87万元解决湾雷一、二组，黄圃司生产生活用水问题；投入164万元完成12个自然村的“村村通”自来水工程；投入300多万元实施田头水湾雷段小河流域治理；投入330多万元新建一座高标准自来水厂；投入500多万元实施8个小山塘除险加固工程；投入1417万元实施金坪、五里冲、广田、袄田村高标准农田建设。

【农村合作医疗】 全年全镇城乡医保参保任务人数9816人，实际参保人数10083人，超任务数267人，完成率102.72%。

【教育】 7月，制定庆云镇《奖教奖学办法》，奖励优秀学生合计25200元，奖励优秀教师、学科带头人共21530元。9月，庆云中心学校正式投入使用。10月，庆云镇被广东省教育厅授予“广东省教育强镇”称号。10月26日，举行教育发展促进会成立大会暨教育创强感恩汇报会，谱写庆云教育新篇章。“创强”成功后，优质生源外流现象有所好转，教育教学质量稳步提升。9月，七年级新生共47人，是上届新生人数的2倍。

【启动首届“五古杯”美术书法摄影大赛】 3月，庆云镇启动首届“五古杯”美术书法摄影大赛。参赛作品以“五古”旅游为主题创作，反映该镇的自然山水、田园风光、人文景观、镇区建设、新农村建设风貌、和谐社会新风尚等。大赛分书法组、美术组、摄影相机组和摄影手机组4个组，收到各类参赛作品300多件，共评出书法、美术、摄影、诗赋特邀奖21名；书法一等奖2名，二等奖4名，三等奖11名；美术一等奖1名，二等奖3名，三等奖5名；摄影一等奖1名，二等奖3名，三等奖6名。

【编纂出版《庆云记忆》】 由庆云镇党委、政府编撰的《庆云记忆》一书，于12月出版。全书分概况、经济民生、历史村落、民俗风情、名胜古迹、民间传说、发展规划等12个篇章，以庆云的历史、现实、发展及乡风民俗、人文景观等为主线，从不同角度全方位展现庆云的传统文化和历史。

（余 良）

《庆云记忆》（庆云镇 供）

附：庆云镇领导班子成员名单

党委书记：王小勇

党委副书记、镇长：何勇斌

人大主席：赵平南

党委副书记、综治信访维稳中心主任：白深言

党委副书记：张 青（女，—7月）

李润昌（10月—）

党委委员、副镇长：邓永雄

党委委员、纪委书记：江庆锋

党委委员、武装部部长：李润昌（—10月）

党委委员：成 鹏

吴 冬

副镇长：佘梅锋

张 煜（女）

表 39　　2017 年乐昌市庆云镇主要社会经济指标一览表

指　标	单位	数量	指标	单位	数　量
农林牧渔及服务业总产值（当年价）	万元	19496	生猪存栏量	头	5876
工业、企业总产值（当年价）	万元	10652	水果总产量	吨	5482
固定资产投资	万元	2500	中心学校（含初中、小学）	所	1
招商引资实际投入	万元	2500			
农民人均纯收入	元	12212	中小学在校生	人	640
粮食总产量	吨	7146	中小学在职教师	人	70
农业机械化	台	—	水泥公路硬化	千米	79

表 40　　2017 年乐昌市庆云镇村委会基本情况表

序号	村（居委会）	书记	主任	村民小组（个）	总户数（户）	总人口（人）	集体经济纯收入（万元）	农民人均纯收入（元）
1	湾雷	张文党	张文党	19	668	2616	9.4	12117
2	金坪	欧军礼	欧军礼	12	395	1451	8.7	12205
3	广田	白永全	欧路生	15	291	1108	6.0	12372
4	袄田	谢发礼	谢发礼	8	168	747	5.0	12037
5	土佳寮	邓云生	邓云生	12	478	1985	11.8	12549
6	永乐	邓永际	邓永际	18	463	1768	13.2	12465
7	下黄	何田根	何田根	9	217	1044	7.7	12174
8	五里冲	白深宝	白深宝	12	376	1421	8.8	12235

白　石　镇

【概况】　白石镇地处乐昌市最北端，距乐昌市区 69 公里。东临乐昌两江镇，南连乐昌庆云镇，西接乐昌黄圃镇，北与湖南省宜章县的里田乡、汝城县的文明乡交界，是乐昌市 6 个石灰岩乡镇之一。全镇辖油甫、水井、坛祖、新田、上黄、当阳、富村、三界圩、涧水等 9 个村（居）委会，年末户籍人口 1.65 万人。总面积 79.3 平方千米，耕地面积 1292 公顷，粮食播种面积 613 公顷，粮食产量 4229 吨。林地面积 7654.3 公顷，森林覆盖率 82%，活立木蓄积量 51622 立方米。2017 年，全镇生产总值 2.3992 亿元，比上年增长 11%。其中，第一产业增加值 0.2 亿元，增长 7%；第二产业增加值 0.01 亿元，增长 3.6%；第三产业增加值 0.006 亿元，增长 2.3%。人均地区生产总值 19588 元，增长 6.6%。固定资产投资 0.1194 亿元，增长 99%。社会消费品零售总额 2.01 亿元，增长 6.3%。地方一般公共预算收入0.12亿元，增长3%。农村常住居民人均可支配收入13026元，增长8%。自然资源有金矿、铜矿、大理石、花岗岩石、石灰石、水晶石等。地方特产有黑布朗、辣椒、板栗、水晶梨、西瓜、黄烟等。主要旅游景点有铜鼓岩和云祖峰。

【现代化农业发展成效明显】 积极推进特色农业产业发展，培育一批以烟叶、辣椒、水晶梨、一点红红薯、红薯干、白石板栗、黑布朗、油茶等为主导的特色农产品。2017年，全镇黄烟种植面积132公顷，辣椒种植面积353.33公顷，紫心红薯种植面积1032.73公顷，特色高寒经济作物大豆、花生、蔬菜等种植面积538.47公顷，名优特水果黑布朗、水晶梨、西瓜等种植面积353.33公顷。实施科技兴农战略，加快农作物良种良法的引进、改良和推广工作，加大对种植农户农技知识的培训力度，年均培训900多人次。注重农民专业合作社的示范带动作用，推动专业合作社和家庭农场建设。

【发展生态绿色产业】 镇内特色林木有酸枣、马尾松、柏树等。封山育林面积5141公顷，造林面积1000公顷。引进民间资本，鼓励企业和个人进行山地开发，发动农民群众自发植树造林。扶持苗圃项目的发展，鼓励群众发展林下经济。

【社会保障】 2017年下半年，纳入低保家庭158户，享受低保人数285人。投入12万元对敬老院的软硬件设施进行改造完善。城乡居民养老保险和医疗保险参保工作100%完成任务，社保扩面和“银龄安康行动”工作稳步推进。建立农村就业服务平台4个。落实五保户、残疾人及困难高龄老人生活补贴、退伍军人优抚、关爱留守儿童等政策。

【基础设施建设】 启动油甫、上黄高标准农田水利建设；完成第三期村村通农村安全饮水工程，解决剩余8000人口的安全饮水问题；投入近百万元，开展镇区街道排洪渠维护改造工程和油甫综合健身文化广场建设项目。规范管理使用基本农田保护资金203.6万元（2015—2017年），用于硬化机耕路、维修水圳、山塘，改善农业生产条件。完成雷公塘、江下、梅溪公路硬化前路面平整、调直、调坡工作。

投入35万元实施街道亮化工程，在镇主要公路路口及部分村安装路灯90余盏；与中航环卫公司签订协议，实现镇区及各村小组生活垃圾集中收集处理；完成镇标准化水厂前期筹备工作。

【新时期精准扶贫精准脱贫工作】 2017年，全镇脱贫109户207人，完成危房改造户23户。投入资金152万元用于入股市公共资产管理中心和开展微小型公益项目、种植、养殖等产业扶贫项目，通过入股分红和发展扶贫产业项目，增加贫困户收入。为143位贫困户学生申请教育补助和生活补助约10.2万元；为3户贫困户申请大病医疗救助资金17514元。

【新农村建设】 全面开展“三清理、三拆除、三整治”农村人居环境综合整治工作，清理垃圾淤泥300余吨，拆除破旧废弃房屋、广告牌等2960平方米。新田关山、上当村创建为韶关市卫生村。

（谢佳颖）

附：白石镇领导班子成员名单

党委书记：丘永锋
党委副书记、镇长：丁钢文
人大主席：罗发强
党委副书记：雷塘旺
　　　　　　刘　锦
党委委员、纪委书记：李寒生
党委委员、副镇长：张世旭
副镇长：黄若沙
　　　　龚玉文
党委委员、组织委员：朱清林
党委委员、宣传委员：尹　英
党委委员、武装部部长：罗兴文

表 41　　2017 年乐昌市白石镇主要社会经济指标一览表

指　　标	单位	数量	指标	单位	数　量
农林牧渔及服务业总产值（当年价）	万元	23560	生猪存栏量	头	5210
工业、企业总产值（当年价）	万元	432	水果总产量	吨	8622
固定资产投资	万元	1194	中学	所	1
招商引资实际投入	万元	2000	小学（含教学点）	所	1
农民人均纯收入	元	12857	中小学在校生	人	694
粮食总产量	吨	4229	中小学在职教师	人	87
农业机械化	台	106	水泥公路硬化	千米	77.9

表 42　　2017 年乐昌市白石镇村委会基本情况表

序号	村（居委会）	书记	主任	村民小组（个）	总户数（户）	总人口（人）	集体经济纯收入（万元）
1	油甫村	陈良兵	陈良兵	20	1889	12.3	13619
2	涧水村	刘集旺	刘集旺	8	587	10.3	13362
3	三界圩村	黎万平	黎力平	7	415	10.6	12856
4	富村	邓文强	邓文强	7	480	11.2	13074
5	当阳村	雷回才	雷回才	10	484	11.3	13240
6	水井村	姚清古	姚清古	11	502	13.8	11635
7	坛祖村	周泽海	周泽海	6	432	22	11698
8	新田村	赖福养	赖福养	6	452	11.6	13051
9	上黄村	欧五全	欧五全	15	514	10.6	13179

坪石办事处

【概况】　坪石办事处位于乐昌市西部，总面积约10平方千米，是省属企业原坪石矿务局破产关停后，为使矿区各项社会职能实行属地管理而设立的，行政级别为正科级，乡镇建制。办事处机关驻地位于乐昌坪石镇坪南路1号，内设有党政办公室、经济发展办公室、社会事务办公室、计划生育办公室和维护稳定及社会治安综合治理办公室。附设原企业离退休人员管理分中心、便民服务中心。下辖南岭、八字岭、关春、河西、新村5个居民区，年末户籍人口10617人，常住人口5877人，外来人口66人。区内驻有乐昌市三益水泥股份有限公司、乐昌市南岭水泥厂等多家民营企业。

【党建工作】　坪石办事处有中共党员731人，党总支5个，党支部19个。2017年，批准转正党员3人，接收预备党员3人，培养入党积极分子6人。

全年走访群众3063户，占走访联系总户数100%。

【原坪石矿棚户区改造工作】 原坪石矿共1847户棚改户，完成货币安置987户；实物安置进入决胜期，位于坪石镇梅子冲（坪石贮木厂）的棚户区改造项目工程计划建设的1030套住宅的主体工程基本完成，并制定安置房分配方案。

【社会保障和社会救助】 2017年，城乡居民医疗保险和养老保险收缴任务超额完成，完成率分别为104.15%和100%。全年累计为350户、623人发放低保金额近340万元；为社区310名残疾人申办生活津贴或护理补贴，金额约65万元。开展残疾人基本服务状况和需求调查工作，办理残疾证22人，办理老年证15人。

【综治信访工作】 推进社会治安综合治理网格化管理，全面推进“中心+网格化+信息化”建设，开展无邪教社区创建活动。全年共排查各类矛盾纠纷56件，成功调处化解56件，调解率和成功率均达100%。党政领导班子接待各类信访78批共420多人次。中共十九大期间，成功处置10人以上的大规模越级上访2次，成功防止发生进京非正常上访、到省大规模集体上访事件。辖区内没有发生重大的治安案件和刑事案件。

【法治办事处创建】 举行大型法治宣传活动6场，专题法治讲座7场，张贴标语300多条，横幅11条，发放宣传单4000多份，每户发放一本法律读本，共800多本，出法治宣传栏5期，印发居民自治章程和居民公约各2000份，通过微信、QQ等法治宣传新途径，大力开展法治宣传。

【计划生育】 2017年，坪石办事处新出生人数72人，性别比为111∶76；人口自然增长率为0.83%。为辖区新婚夫妇提供免费孕前优生检查72人次。

【安全生产】 年内，组织对辖区烟花爆竹仓库、水泥厂、木材加工厂、皮革厂等开展安全生产大检查活动30余次，消除一批安全隐患。全年办事处没有重特大安全事故发生。

【原企业退休人员管理服务】 坪石办事处原企业离退休人员管理分中心承办着2300多名原坪石矿务局退休职工的管理和服务工作。年内，该中心围绕养老待遇领取资格认证和重特大病医疗报销工作，进一步优化服务模式，健全和完善窗口各项服务制度，工作人员服务意识增强，服务效率和质量提升，群众满意度提高。（彭增贵）

附：坪石办事处领导班子名单

党工委书记：詹彬文
党工委副书记、办事处主任：吴回礼
党工委副书记、纪工委书记：谢月香（女）
党工委委员、办事处副主任、工会主席：古想俭
党工委委员、办事处副主任：谢国汉
连韶武
党工委委员、办事处副主任、武装部部长：张安山

表43 **2017年乐昌市坪石办事处居民区基本情况表**

序号	村（居委会）	书记	主任	居民小组（个）	总户数（户）	总人口（人）
1	南岭居民区	吴尾青	吴尾青	5	1198	2925
2	关春居民区	刘亚辉	刘亚辉	4	926	2362
3	八字岭居民区	陈正学	陈正学	3	691	1750
4	河西居民区	谭美娥	谭美娥	3	834	3093
5	新村居民区	谢四清	谢四清	3	550	1544

梅田办事处

【概况】 梅田办事处是乐昌市人民政府派出机构，管辖坪石镇武水河西岸约1.5平方公里的居住面积。是省属企业原梅田矿务局于2002年12月26日关闭破产后，从湖南宜章、临武返迁广东境内安置于此，经省、韶、乐各级政府批准设置的正科级派出机构，管辖矿区乐昌户籍职工家属17258人（统计年度为2017年12月），河西生活区常住人口2996户9587人，形成一个典型的企业职工家属聚居生活区。梅田办事处内设机构有党政办公室、经济发展办公室、社会事务办公室、计划生育办公室、维护稳定及社会治安综合治理办公室。附设机构有：原企业离退休人员管理分中心、城镇居民医疗保险办公室、城镇居民社会养老保险办公室。梅田办事处下设5个居民区：坪东居民区、坪西居民区、坪北居民区、坪中居民区和坪梅居民区，其中坪梅居民区主要管辖具有该市户籍的异地居住人员。坪东、坪西、坪北、坪中管辖常住人口。梅田办事处河西生活区有初级中学1所（坪梅中学），在校学生964人；有小学1所（坪梅小学），在校学生1011人；机关驻地位于乐昌市坪石镇群众路97号。河西梅田矿工聚居生活区，依山傍水与金鸡岭遥相呼应；交通便利，京珠高速、国道107线、省道248线、坪乳公路相会于此，坪石新大桥联结坪石镇河东的京广铁路坪石站。辖区内西河湾、坪石新城、恒辉花苑3个高档住宅小区均落成。

【维护社区和谐稳定】 梅田办事处在河西生活区成立综治维稳中心，健全巩固信访、维稳、调解三位一体的工作机制。扩大充实社会工作委员会队伍，全面整合协调各方力量；聘请常年法律顾问，5个社区实现一社区一法律顾问。2017年成功调解民间纠纷31宗，提供法律援助7宗，刑释解教9人，帮教率为100%，接待走访信访人165人次。有效化解2件群体上访事件，劝返6个次老访户。

【社会事务民生保障】 2017年，共有1109户次、1704人申请城市最低生活保障救助，经入户调查、“三榜”公示、逐级审核，全年发放保障金908万元；办理城镇居民社会养老保险7629人、城镇居民养老保险1108人；为447位残障人士发放护理补贴63.6万元；为180名80岁以上高龄老人申办高龄津贴；发放精神病患药物补贴3000元；慰问计生困难户18户、现役军人家属13户、老、弱、病、残、孤寡户共396户。

【党建工作】 组建86名党员志愿者队伍，建立“三无”老人帮扶小组6个；5个居民区建立留守儿童关爱责任人12人；组建26名党员治安巡逻岗；发放社区党员“爱心服务卡”56张；设立工委、总支、支部三级信访责任岗22个。深入开展社区调研工作，解决民生问题。自筹资金，社区党员义务劳动完成坪中、坪西居民区便民小道硬化工程415米。完成坪北居民区福安路35栋、36栋前护坡修砌工程。在开展“党员干部直接联系群众”活动中，工委将社区信访积案12起与矛盾纠纷化解结合起来，分案到人到部门单位，维护社区和谐稳定。

【人口与计划生育】 “全面两孩”新政策实施后，计划生育工作重点从管理向服务转变。全年为73对夫妇免费进行孕前优生体检，同时做好评估报告与随访工作。与民政部门、残联部门、计生协会、妇女联合会共同举办多次关爱行动。开展“5·29”会员活动日，“爱心一元捐助”，为做免费孕前检查人员补助路费，在辖区河西举办文艺宣传等。对36户有困难的计生家庭进行帮扶，办理城独奖励22人。全年出生194人，人口出生性别比为106.38。

【精神文明建设与社区管理】 2017年，梅田办事处被推选为乐昌市创无邪教办事处。2017年3月，梅田办事处坪东居民区被国务院防范和处理邪教问题办公室授予“创建无邪教示范社区”称号。大力发展文化体育事业，积极推进广场舞蹈、老年书画等文娱健身活动，河西社区全部更新4套建设器材。修缮4处老年活动室、加强4支广场舞团体的管理。

【安全生产管理】 配齐安监站办公设施，为3名专职的安全生产监管人员配备监管巡查设备。各小区及学校设立安全协管员，与辖区5个居民区签订《安全生产责任书》。全年进行12次安全生产大检查。建立河长制及河道管理责任区，定期巡查，定期清理。

【宜居环境建设】 开展“灭蚊”等专项活动。继续推进垃圾分类指导工作，调动居民参与垃圾分类积极性。5个居民区每天由卫生委员进行清洁检查制度，通过评比、考核、奖励等一系列措施，改善社区卫生状况。开展社区道路硬化和绿化植树工作。成立社区戒毒康复小组，建立一系列管理制度，与“综治中心＋网络＋信息化小组”相联结，打造社区人文与环境相统一的宜居秩序。

（文幼琼）

附：梅田办事处领导班子成员名单

党工委书记：李兴军

党工委副书记、办事处主任：杨容斌

党工委副书记、纪工委书记、综治信访维稳中心主任：陈潮辉

党工委委员、办事处副主任：邱重阳

丘浩权

金　剑（女）

党工委委员、办事处副主任兼武装部部长：沈建军

表44　**2017年乐昌市梅田办事处居民区基本情况表**

序号	村（居委会）	书记	主任	村民小组（个）	总户数（户）	总人口（人）
1	坪东居民区	陈秋英	陈秋英	9	679	1969
2	坪西居民区	叶荣华	尹淑芳	9	741	1949
3	坪北居民区	林芳琼	肖仲军	12	653	2164
4	坪中居民区	朱广民	彭咏梅	9	664	1589
5	坪梅居民区	袁小兰	袁小兰	3	8523	9587

荣 誉 榜

2017年度获市级以上先进集体称号名录表

表45

获奖单位名称	评定单位	荣誉称号	获奖时间
廊田镇楼下村	全国生态旅游文化产业高峰论坛组委会	中国最美古村落	2017年5月
乐昌市人民法院	最高人民法院	全国优秀法院	2017年1月
乐昌市人民检察院	最高人民检察院	全国检察机关文明接待室	2017年12月
乐城街道办事处	国务院防范和处理邪教问题办公室	创建无邪教示范村	2017年3月
乐城街道人昌居委会	中国地震局	国家地震安全示范社区	2017年8月
梅田办事处坪东居民区	国务院防范和处理邪教问题办公室	创建无邪教示范社区	2017年3月
乐昌市农村信用合作联社	共青团中央金融工作委员会	2016—2017年度“银团合作”优秀派出机构	2017年11月
乐昌市北乡镇前村	广东省妇联、广东省精神文明建设委员会办公室	广东省家庭文明建设示范点	2017年10月
乐昌市公安局指挥中心110	广东省妇联	全省“巾帼文明岗”	2017年3月
乐昌市公安局粤北公安检查站	广东省公安厅	嘉奖	2017年12月
乐昌市教育局	广东省教育厅	广东省首届百佳学生资助工作典型单位	2017年12月
庆云镇人民政府	广东省教育厅	广东省教育强镇	2017年10月
梅花镇人民政府	广东省教育厅	广东省教育强镇	2017年10月
廊田镇	广东省科学技术厅	广东省技术创新专业镇	2017年9月
梅花镇人民政府	广东省科学技术厅	广东省技术创新绿色蔬菜种植专业镇	2017年9月

续表 45

获奖单位名称	评定单位	荣誉称号	获奖时间
九峰人民镇	广东省林业厅	2017 年广东省森林小镇	2017 年 9 月
乐昌市农业局	广东省农业厅 中国电信股份有限公司广东分公司	化肥农药零增长技术进万家宣传培训活动先进单位	2017 年 11 月
乐昌市农业技术推广总站	广东省农业厅 中国电信股份有限公司广东分公司	化肥农药零增长技术进万家宣传培训活动先进单位	2017 年 11 月
乐昌市文化馆	广东省文化厅	第三届广东省基层文化工作先进单位	2017 年 1 月
韶关市坪石公路局	广东省公路管理局	2015—2016 年度广东省公路管理局系统先进职工之家	2017 年 3 月
乐城街道城北居委会、大昌社区	广东省科协	广东省科普示范社区	2017 年 11 月
乐城街道城南居委会、城东居委会	广东省地震局	广东省地震安全示范社区	2017 年 11 月
乐城街道大昌居委会	广东省地震局	广东省地震安全示范社区	2017 年 8 月
乐昌市工商业联合会	广东省工商联	广东省“五好”县级工商联	2017 年 1 月
乐昌实验学校	广东省教育厅	广东省安全文明校园	2017 年 9 月
中共乐昌市纪委	广东省档案局	省特级档案综合管理单位	2017 年 8 月
乐昌市体育馆	广东省体育局	广东省公共体育场馆维修免费低收费开放示范单位	2017 年 12 月
乐昌市竹林游泳场	广东省体育局	广东省公共体育场馆维修免费低收费开放示范单位	2017 年 12 月
两江镇凰落村	广东省爱卫办	广东省卫生村	2017 年 12 月
秀水镇何家冲村	广东省人民政府防范和处理邪教问题办公室	创建无邪教示范村	2017 年 3 月
廊田镇白山村	广东省人民政府防范和处理邪教问题办公室	创建无邪教示范村	2017 年 3 月

续表 45

获奖单位名称	评定单位	荣誉称号	获奖时间
广东电网韶关乐昌供电局	广东省文明办、广东省公安厅、广东省教育厅、广东省司法厅、广东省交通运输厅、广东省安全生产监督管理局	广东省交通安全文明示范企业	2017 年 4 月
广东电网韶关乐昌供电局	中国南方电网有限责任公司工会委员会	中国南方电网有限责任公司模范职工小家	2017 年 2 月
广东电网韶关乐昌供电局	广东电网有限责任公司	2016 年安全管理先进集体	2017 年 2 月

2017 年度获市级以上先进个人称号名录表

表 46

姓名	单位名称	评定单位	先进称号	评定时间
陈京雄	乐昌市体育局	国家体育总局	全国群众体育先进个人	2017 年 8 月
黄忠平	中国农业发展银行乐昌市支行	中国农业发展银行	中国农业发展银行优秀职工之友	2017 年 12 月
刘宏伟	乐昌市人大办	省人大常委会办公厅	2017 年度优秀通讯员	2017 年 11 月
周丽萍	乐昌市文化馆	中共广东省委宣传部	2017 年广东省基层宣传文化能人	2017 年 7 月
周丽萍	乐昌市文化馆	广东省文化厅	第三届广东省基层先进文化工作者	2017 年 1 月
李良城	九峰镇综合文化站	广东省文化厅	第三届广东省基层先进文化工作者	2017 年 1 月
罗群胜	乐昌市农业技术推广总站	广东省农业厅 中国电信股份有限公司广东分公司	化肥农药零增长技术进万家宣传培训活动先进个人	2017 年 11 月
雷红江	乐昌市人民武装部	广东省军区	优秀团级单位主官	2017 年 12 月
杨　涛	乐昌市人民法院	广东省高级人民法院	先进个人	2017 年 1 月
黎跃飞	民建乐昌支部	民建广东省委	社会服务优秀个人	2017 年 9 月

续表 46

姓名	单位名称	评定单位	先进称号	评定时间
陈国雄	民建乐昌支部	民建广东省委	社会服务优秀个人	2017 年 9 月
陈焕君	乐昌市农村信用合作联社	广东省农村信用社联合社	优秀团干	2017 年 5 月
卢　颖	乐昌市农村信用合作联社	广东金融团工委	广东金融青年服务明星	2017 年 10 月
杨海兵	广东电网韶关乐昌供电局	广东电网有限责任公司	2016 年安全生产先进个人	2017 年 2 月
周丽萍	乐昌市文化馆	韶关市政府	韶关市首期享受市政府特殊津贴人才	2017 年 12 月
罗光溢	乐昌市中等职业技术学校	韶关市政府	韶关市首期享受市政府特殊津贴人才	2017 年 12 月
黄常明	乐昌市中等职业技术学校	韶关市政府	韶关市首期享受市政府特殊津贴人才	2017 年 12 月
谭繁胜	乐昌市中医院	韶关市政府	韶关市首期享受市政府特殊津贴人才	2017 年 12 月
刘梓平	乐昌市中医院	韶关市政府	韶关市首期享受市政府特殊津贴人才	2017 年 12 月

统 计 资 料

乐昌市 2017 年国民经济和社会发展统计公报

2017 年以来，面对经济发展中的诸多困难和不利因素，市委、市政府全面学习贯彻中共十九大精神，坚持以习近平新时代中国特色社会主义思想为指引，按照“四个坚持、三个支撑、两个走在前列”的精神要求，结合乐昌发展的实际，把中共十九大精神落实到各个领域各个环节中去，主动作为，精准发力，保持经济平稳发展。

一、综合

初步核算，全市生产总值 122.27 亿元，增速 4.8%。其中：第一产业增加值 23.83 亿元，增长 4.3%；第二产业增加值 26.66 亿元，下降 4.4%；第三产业增加值 71.77 亿元，增长 8.8%。三次产业结构为 19.5: 21.8: 58.7。按常住人口计算，人均 GDP 29387 元（现价），增长 4.0%。第三产业中，批发和零售业增加值增长 4.6%，住宿和餐饮业增加值增长 6.3%，金融业增加值增长 6.5%。民营经济增加值 63.94 亿元，增长 3.2%，占全市生产总值的 52.3%。

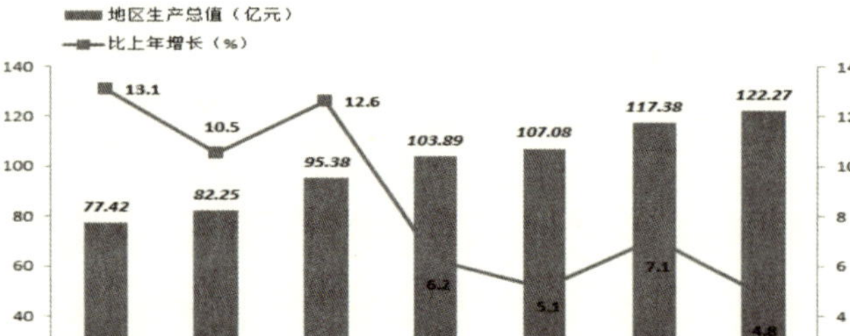

图统－1　2011—2017 年乐昌市地区生产总值及增长速度图

年末全市城镇新增就业人数 3236 人，城镇失业人员再就业人数 3018 人，困难人员实现就业人数 286 人，促进创业 163 人。年末城镇登记失业人员 900 人，城镇登记失业率 2.64%。全年完成劳动力技能晋升培训 562 人。

全年地方一般公共预算收入 5.91 亿元，增长 15.1%。其中税收收入 4 亿元，增长 15.7%。地方一般公共预算支出 32.22 亿元，增长 18.8%，其中财政八项支出 22.92 亿元，增长 22.5%。

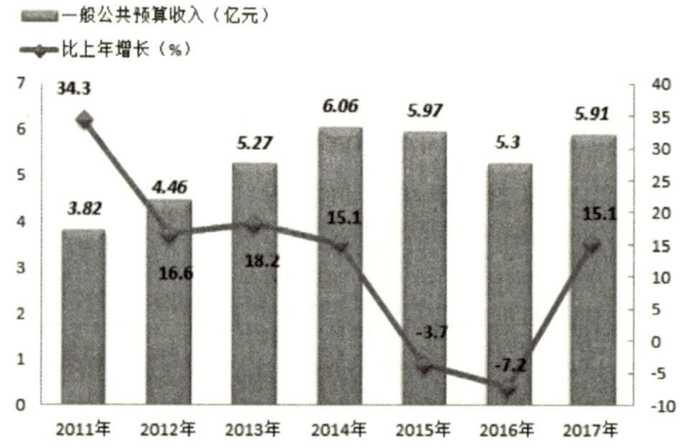

图统－2　2011—2017 年乐昌市一般公共预算收入及增长速度图

二、农业

全年农林牧渔业总产值 37.78 亿元，增长 4.3%。其中：农业增长 3.8%，林业增长 23.6%，牧业增长 3.7%，渔业增长 4.4%。农林牧渔业增加值 23.83 亿元，增长 4.3%。

全年粮食作物播种面积 2.35 万公顷；稻谷播种面积 1.57 万公顷；早稻播种面积 0.62 万公顷；晚稻播种面积 0.95 万公顷。全年实现粮食总产量 12.95 万吨，其中稻谷 9.73 万吨。

生猪年末存栏 15.49 万头，生猪年末出栏 26.56 万头；家禽年末存栏 53.53 万羽，家禽年末出栏 166.52 万羽；禽蛋产量 1339 吨。

三、工业和建筑业

全部工业增加值 20.3 亿元，下降 4%。规模以上工业企业增加值10.9亿元，下降7.1%。在规模以上工业中，国有及国有控股工业增加值2.38亿元，下降9.7%；股份制工业8.22亿元，下降7%；外商及港澳台投资工业0.06亿元，增长24.5%。轻工业增加值1.53亿元，下降8.8%；重工业增加值9.37亿元，下降7.1%。年末乐昌产业转移工业园工业企业16个，规模以上工业增加值2.2亿元，下降35.1%。

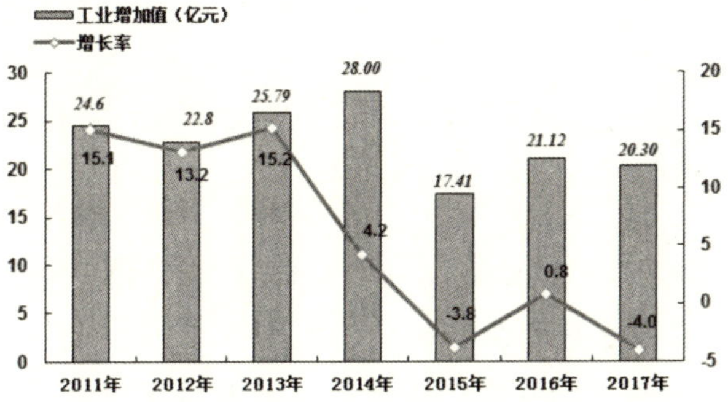

图统－3　2011—2017年乐昌市全部工业增加值及增长速度图

表统－1　2017年规模以上工业主要产品产量情况表

产品名称	计量单位	产量	比上年±%
发电量	亿千瓦时	25.30	－18.6
其中：火力发电	亿千瓦时	20.30	－15.8
棉纱	万吨	1.47	3.6
水泥	万吨	137.23	14.2
硅酸盐水泥熟料	万吨	79.44	9.7
硫酸（折100%）	万吨	4.78	26.3
矿山专用设备	万吨	0.51	－64.1
泵	万台	17.17	－7.3
塑料制品	万吨	0.66	148.9
纸制品	万吨	0.64	5.1

全年规模以上工业企业主营业务收入53.35亿元，增长4.5%；主营业务成本43.29亿元，增长2.9%；利润总额3.47亿元，增长17.6%。

全年建筑业增加值6.36亿元，增长1.5%。年末资质等级建筑企业16家，完成建筑业总产值7.4亿元，增长32.9%。全年实现主营业务收入8.18亿元，利润总额0.83亿元。房屋施工面积193.48万平方米，增长20.1%，房屋竣工面积12.67万平方米，下降60.2%。

四、固定资产投资

全年完成固定资产投资45.03亿元，增长21.2%。其中项目投资30.34亿元，占固定资产投资完成额67.4%，同比增长13.8%；房地产开发投资14.69亿元，增长39.7%；分投资主体看：国有及国有控股经济投资14.14亿元，下降8.8%；民间投资28.19亿元，增长47.3%。分产业看：第一产业完成投资4.7亿元，增长47.4%；第二产业中的工业完成投资15.38亿元，增长17.3%；第三产业完成投资24.95亿元，增长19.6%。

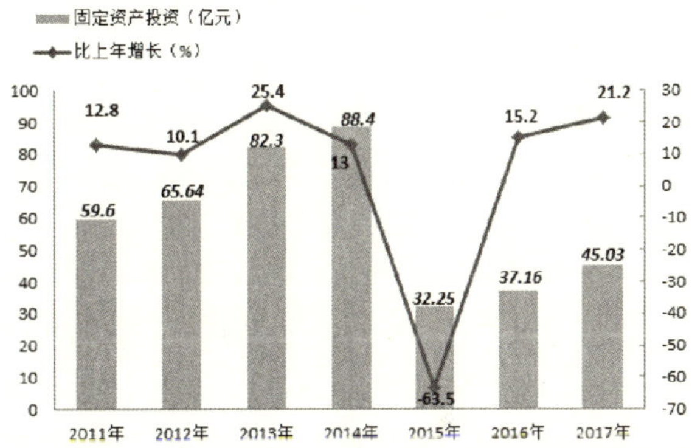

图统－4　2011—2017年乐昌市固定资产投资额及增长速度图

全年商品房销售面积72.33万平方米，增长47.1%，其中住宅商品房销售面积71.94万平方米，增长50.9%。商品房销售额27.24亿元，增长71%，其中住宅商品房销售额26.95亿元，增长79.4%；商品房待售面积32.99万平方米。

五、国内贸易

全社会消费品零售额66.42亿元，增长8.4%。核算指标中，批发业销售额19.86亿元，增长13.5%；零售业销售额62.12亿元，增长1.4%；住宿业营业额0.91亿元，增长6.7%；餐饮业营业额5.23亿元，增长9.8%。

年末限额以上贸易企业33家，其中批发业8家，完成销售额14.58亿元，增长12.9%；零售业11家，完成销售额2.96亿元，增长12.5%；住宿业8家，完成营业额0.48亿元，增长4.9%；餐饮业6家，完成营业额0.21亿元，增长30.9%。

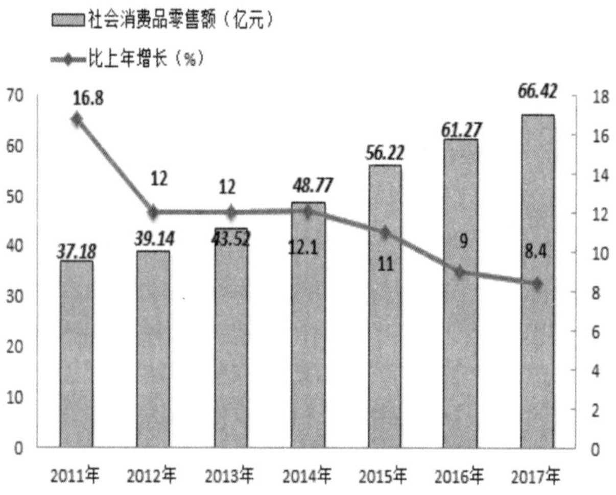

图统－5　2011—2017年乐昌市社会消费品零售额及增长速度图

六、对外经济

全年外贸进出口总额1776万美元，同比增长35.9%，其中，出口1639.3万美元，增长31.9%；进口136.7万美元，增长111.5%。

全年招商引资新签约项目53个，合同投资48.16亿元，同比分别增长489%、103.4%。其中高新技术企业4家；新三板上市企业4家；机械装备19家；新材料18家。53个项目中亿元以上项目有14个，同比增长180%。

七、交通、邮电和旅游

全年交通运输、仓储和邮政业增加值12.6亿元，增长8.8%。

客运量401.27万人，旅客周转量6019.19万人千米。货运量672万吨。

年末公路通车里程2961.66千米，晴雨通车里程2883.52千米。国道通车里程（包括坪乳公路）206.26千米；省道252.09千米；县道75.84千米；乡道1368.16千米。

全年电信企业营业收入20987万元，比去年略低，邮政业务总收入3390.42万元，增长21.3%。移动电话用户数29.32万户，下降10.5%；固定电话用户3.56万户，下降19.3%；互联网用户22.86万户，增长13.8%。

全年实现旅游总收入29.8亿元，增长16%，接待国内外游客450.84万人次，增长15.1%。其中，国内游客449.98万人次，增长14.9%。旅游住宿设施接待过夜游客228.75万人次，同比增长14.3%。年末，全市各类旅行社7家，已评定的星级饭店6家；其中四星级饭店1家；A级景区3个。

八、金融和保险业

年末金融机构本外币各项存款余额161.29亿元，增长9.4%，其中住户本外币存款余额121.01亿元，增长8.5%。年末金融机构本外币各项贷款余额83.52亿元，增长15.7%，住户贷款余额45.31亿元，增长24.8%，其中：住户中长期贷款40.95亿元，增长22.6%；短期贷款4.36亿元，增长49.6%。

全年寿险保费收入13951万元，同比增长20.6%；各项赔款和给付支出5998万元，同比下降10.9%；全年财产险保费收入4734万元，同比增长18%，各项赔款和给付支出2291万元，同比增长5%。

九、教育和科学技术

全年普通教育类招生数（包括职业中学）23436人，在校学生78169人，毕业生19920人。其中，普通高中招生2219人，在校生6839人，毕业生2527人，升学率99.3%。初中招生5450人，在校学生15644人，毕业生4585人，升学率98.1%。普通小学招生6945人（含42间教学点），在校生36176人，毕业生5466人，升学率100%。幼儿园招生7963人，在校生17471人，毕业生7093人。

表统－2　各类学校教育发展情况表

	学校数（所）	招生数（人）	在校学生数（人）	教职工人数（人）
普通教育合计	180	23436	78169	5857
幼儿园	84	7963	17471	1712
小学（含42间教学点）	70	6945	36176	2003
初中	22	5450	15644	1399
高中	3	2219	6839	595
职业中学	1	859	2039	148

全年申报上级科技计划项目21项，其中省级项目9项，获得经费支持211.46万元；韶关市级项目12项，获得经费支持42.6万元；完成本级科技项目立项12项，获得经费支持50万元。获韶关市科技进步奖2项，全市专利申请359件（其中申请发明专利9件，发明专利授权3件）。

十、文化、体育和卫生

年末共有文化馆1个，博物馆1个，公共图书馆1个，公共图书馆图书总藏量11.1万册。2017年博物馆接待参观人数13.5万人，图书馆接待进馆读者14.5万人次，文化馆免费辅导招生585人次。

全市体育馆共3个（包括学校2个）。韶关市第十五届运动会，我市代表队共揽入12金、7银、3铜的好成绩；在“2017年首届‘高琪杯’全国象棋公开赛”获得1金、1银、1铜的好成绩。

年末全市共有各类卫生计生机构379个，其中医院6个、卫生院16个，社区卫生服务机构1个，妇幼保健机构1个，专科疾病防治机构1个，疾病预防控制中心1个，卫生监督机构1个，村卫生站273个。全市卫生机构拥有在岗职工2974人，增长3.8%；其中，执业医师和执业助理医师851人，注册护士1101人；拥有医疗床位2586张，其中医院床位1680张。全市乡镇卫生院拥有卫生技术人员594人，床位789张。

十一、人民生活和社会保障

年末户籍人口52.97万人，比上年末减少了133人；常住人口41.73万人；城镇化率50.74%，比上年提高了0.6个百分点。全年出生人口8311人，出生率14.9‰；死亡人口3339人，死亡率5.98‰；自然增长人口4972人，自然增长率8.91‰。

全年城乡居民人均可支配收入20023.6元，同比增长8.6%。其中，城镇居民人均可支配收入24224元，同比增长9.5%；农村居民人均可支配收入13526.2元，同比增长8%。

年末全市城镇职工参加基本养老保险（含离退休）人数59910人，比上年增长42%，其中，参保职工（包括企业职工）35411人，比上年增长91%；参加城乡（镇）基本医疗保险424271人，比上年增长3%，其中，参加城镇职工基本医疗保险42209人，比上年减少1%；参加城乡（镇）居民基本医疗保险382062人，比上年增长4%。参加失业保险15432人，比上年减少24%；参加工伤保险23476人，比上年持平；参加生育保险23529人，比上年增长1%。

2017年年末在册低保对象7267人，其中，城镇1088人，农村7197人（含五保对象1018人）。低保资金（含各类补贴）支出3141.49万元；城镇、乡村低保平均标准分别为每人每月580和400元，分别比上年增长29.3%和35%。获得生活补助的城乡低收入家庭持证重度残疾人3153名，发放补助金额724.44亿元。

全年共支出医疗救助金499.97万元，比上年增加113.3万元，救助11192人次。年末拥有社会福利机构18所（敬老院17所，社会福利院1所），敬老院床位758张，敬老院在院人数307人，福利院床位200张，在院人数127人。

十二、资源、环境和安全生产

全年水资源总量2.88亿立方米，同比下降2.3%。平均降水量1468.2毫米，较上年偏少19.5%。年末全市大型水库蓄水总量9653万立方米，比上年减少37.6%。全市发电装机容量108.92万千瓦，增长0.3%。其中，火电装机容量72.5万千瓦，水电装机容量36.42万千瓦。农村自来水普及率91.6%。

全年规模以上工业综合能源消耗量24.64万吨标准煤，同比增长3.2%。全年全社会用电7.31亿千瓦时，下降4.1%。其中：工业用电3.16亿千瓦时，下降10.8%；住宅用电2.2亿千瓦时，增长3%。

全年完成造林更新面积5708公顷，同比增长27.5%，其中，人工造林1535公顷。全市森林幼苗抚育面积5000公顷。完成义务植树90万株。

全年全市平均灰霾天气日数6天，比上年增加2天；全年日照时数1391.1小时，比正常年份偏多14.7小时；年降水量1473.5毫米，比上年偏少20%。

全市共发生各类生产安全事故117起，死亡21人，受伤30人，直接经济损失281.03万元，与上年同期相比，事故起数上升19.39%，死亡人数上升75%，受伤人数下降30.23%，直接经济损失上升 418.98%。

注：

1. 本公报中 2017 年数据为初步统计数。

2. 地区生产总值、各产业增加值绝对数按现价计算，增长速度按可比价计算。

3. 资料来源：各相关部门。

2017 年主要经济指标

年末常住人口 41.73 万人

户籍人口 52.97 万人

地区生产总值 122.27 亿元

第一产业增加值 23.83 亿元

第二产业增加值 26.66 亿元

其中：工业增加值 20.30 亿元

第三产业增加值 71.77 亿元

第一、第二、第三产业构成 19.5∶21.8∶58.7

人均地区生产总值 29387 元

全社会固定资产投资 45.03 亿元

社会消费品零售总额 66.42 亿元

外贸进出口总额 1776 万美元

外资到位资金 143 万美元

一般公共预算收入 5.91 亿元

一般公共预算支出 32.22 亿元

住户存款余额 121 亿元

城镇居民人均可支配收入 24224 元

农村居民人均可支配收入 13526.2 元

医疗卫生机构床位 2586 张

附　录

乐昌十大名菜

2017年12月13日，“我最喜爱的乐昌十大名菜”评选活动评选结果，香芋扣肉、白辣椒山坑鱼干等10道特色菜肴入选。

1.白辣椒山坑鱼干

介绍：这道菜入口辣香辣润，用料上选取乐昌本地出产的辣椒，皮鲜肉厚，当地人每年选用第一班辣椒制白辣椒，装坛加盐腌制。加上乐昌山涧小鱼晒制而成的鱼干，山涧水清澈甘甜无污染，肉质鲜嫩味美，鱼干吸收了白辣椒的色香，变得灿黄喷香，辣得爽口且充斥着油香，堪称地方一道绝色美味。

2.香芋扣肉

介绍：选用著名张溪香芋，张溪土质为稀流冲积沙壤土，土层深且肥沃，所产香芋个大肉嫩，内有槟榔花纹，煮熟时松软如棉，香气四溢，令人闻之垂，向来为宴请嘉宾喜上名菜。另一边肥腴的本地土猪的五花肉制成的扣肉香味浓郁。香芋吸收了扣肉的荤香，而扣肉充盈着香芋的醇厚，食材食味之间取长补短，令整道菜口感润滑，美味非常。

3.瓤花生豆腐

介绍：花生豆腐以农家榨油后的花生枯为原料，用山泉水磨制，是地道的绿色保健食品。瓤花生豆腐入口劲道、有嚼劲，豆腐清香无渣，肉馅和外层的豆腐完美中和，吃起来完全不腻人，令人忍不住再夹一块品尝。

4.煎焖禾花鱼

介绍：禾花鱼养殖在稻田，吃的是落下的稻

穗花，所以鱼肉本身还有一股淡淡的禾花香味，鱼肉质细嫩，骨软没有腥味，配上清甜芋荷，整锅鱼汤金黄璀璨，鲜香四溢，口感上提味生津，让人百吃不厌。

5.团子肉

介绍：团子肉是乐昌北面乡镇宴席的重要菜式，用料上选用乐昌土猪的五花肉，团子肉的表皮炸得金黄酥脆，入口皮脆肉香，凝脂如雪，肥而不腻，而且带有一股淡淡的甜酒味，香味十分馋人。

6.农家蒸猪红

介绍：猪红选用新鲜的农家猪红，新鲜猪红用“蒸”的方法，最大程度保持了猪红新鲜的原味，蒸猪红还可放入油渣、粉肠等，上桌前再撒上油炸花生，使菜式口感层次更加丰富，猪红味道更加鲜甜，口感细腻润滑，是秋燥滋补的美味。

7.马蹄肉丸

介绍：这道马蹄肉丸口感清香，入口不仅有肉丸劲道的口感，还有马蹄的脆爽在里边，用料上采用有“地下雪梨”美名的北乡马蹄，加入的马蹄粒让肉丸整体甜爽无比，沁人心脾。

8.酸笋炒大肠

介绍：该道菜需要精确掌握火候和油温，以及爆炒时间，是乐昌厨师的出师之作，或者毕业考试题目。酸笋的辣与酸在与大肠的高温爆炒中，其美妙的味道早已被韧性十足的猪大肠完美的吸收，猪大肠入口不仅口感十足，而且口味却是独特的酸辣味道，可谓是一道让人垂涎的美味。

9.擦菜鸡煲

介绍：大家俗称为“擦菜”的其实就是酸菜，先把青白菜叶放在太阳下晒一二天，切成小碎块，然后装入一个瓦罐中倒扣上盖子，一个月左右便成擦菜了。煲中的鸡肉肉质鲜嫩紧实，搭配上擦菜打煲，散发着浓郁的香味，汤煲色泽金黄，鸡肉完全吸收了擦菜的味道，鸡味显得突出，口感脆爽，品尝过后幸福感油然升起。

10.月婆鸡

介绍：乐昌客家人的媳妇坐月子，为了补身体需要食足一个月的鸡方能恢复元气，所以也就有了这道月婆鸡，这道菜用甜酒把鸡煮熟，甜酒的甜香酒味充斥着每一块鸡肉，鲜香的鸡肉不仅多汁，而且味道非常鲜美，肉嫩滑不柴，不失紧致弹性，汤底焕发出金黄的色泽，越吃越香。

（市旅游局　供）

中国最美古村落——楼下村

楼下村全貌　　（吴卫东　摄）

2017年，楼下村被评为“中国最美古村落”。

楼下村，位于廊田镇南面，距离镇政府约4公里，与鹿江、圩坪、寨头、平富等自然村相邻。始建于隋朝初年（约581），开基祖邓亨甫见楼下地势平坦有发展前景而迁入形成。因建有7座古炮楼，村沿其周缘扩建而取名楼下。

村庄坐落于廊田河左岸盆地腹地。主要山岭有牛牯墩山，高约300米；廊田河在村的西边流经而过。隋朝（581）属梁化县辛陂乡土头都。民国时期（1941）属乐昌二区。1949年新中国成立后属乐昌县三区。1958年属乐昌廊田公社。1987年属乐昌县廊田镇。1994年属乐昌市廊田镇楼下行政村至今。

世居村民姓氏有21个，第一大姓氏为邓姓，隋初（581）从湖南汝城迁此定居；第二大姓氏为沈姓，元朝初年从长来迁移至本地；第三大姓氏为陈姓，清乾隆年间从始兴迁至此地。

2017年年末，全村有户籍人口4296人，其中男性2227人、女性2069人；实际在村2446人。80岁以上老人有87人，最年长者年龄98岁（女）。留守儿童95人。户籍人口中，生活主要依靠农业收入的人口约2000人；常年在城镇生活和打工的人口约1800人。村民均为汉族，使用方言楼下话。

传统经营以种植水稻为主，是乐昌的重要产粮区之一，同时兼种花生、红薯，玉米，油菜，大豆、甘蔗等农作物；20世纪90年代引入外商大面积种植反季节蔬菜。家庭饲养鸡、鸭、鹅、猪等。现时经营仍以水稻为主，兼种蔬菜、马蹄、花生，养猪、鸭、鹅、鱼等。村民主要收入来源中，农业生产占60%、务工工资收入占30%、其他占10%。该村的特色农产品有香米、马蹄。特色食品有炒米、灰水糍、楼下酒、豆豉等。唐代当地“灵溪酒”闻名广东，屈大均著《广东新语》记载：“《诏国史补》‘酒则有岭南之灵溪、博罗’。灵溪在乐昌东北，源出泠（灵）君山，以其水酿，曰灵溪酒。”乐昌解放前，楼下酒以制作精巧、清香味醇而闻名城乡，这与“灵溪酒”的酿制历史是有关联的。

乡道644线经该村；2006年全村村道实现水泥硬底。1967年通电，20世纪90年代通程控电话，21世纪初通网络，2006年通自来水。村内有1座小学，村属体育场有2个，广场1个，村民活动中心2个和1间藏书5000册的农家书室。

村里现存传统民居40座，其中代表性民居有维绪六兄弟众厅，建于清咸丰年间，占地面积约300平方米。大门内缩，高门槛，厚板门，门上装有雕刻，有前厅、前天井、后厅、后天井、神龛、隔扇门、耳房等。保存现状完好，仍有人居住。

邓亨甫公祠　　（廊田镇供，摄于2016年）

现存宗祠1座，为邓亨甫公祠。坐东北向西南，于民国36年（1947）和1998年重修。砖木结构，重修后部分为钢混结构，面阔五间19.9米，二进深33.4米，通高约8米，面积665平方米。硬山顶正脊葫芦刹两侧鳌鱼吻兽砖雕博古脊。大门前石狮一对，上四阶为头门，广三路，三扇双开大门，门扇上彩绘浮雕门神，门首楷书“邓亨甫公祠”。一进头门，天井两侧二层庑廊。正厅屋脊砖雕博古脊。穿斗式十六架梁。

其他传统建筑有4座门楼：科第名家门楼、文魁阁、奕世簪缨门楼和积厚流芳门楼。科第家门楼建于明崇祯十三年（1640），坐东南向西北，门前为前坪，俗称“江背坪”，素有“为仓板泄气水口，全族盛衰所关”之说（引自楼下村《邓氏族谱》）。面阔4.3米，进深4.3米，通高约6米，面积18.5平方米。门楼为青砖砌筑歇山式屋顶，楼脊中央饰有宝珠葫芦形玻璃刹顶，两侧有鳌鱼吻兽，瓦面是灰色板瓦覆盖，残存绿色琉璃瓦勾头滴水。文魁阁始建于明代，文化大革命后作过重修。青砖砌筑二层楼阁式结构。东南与西北走向，面阔6米，进深4.5米，通高约8米，面积27平方米。单檐歇山式四角翘起，正脊葫芦刹顶两侧鳌鱼吻兽，绿色琉璃瓦珰、勾头滴水，拱券式砖砌拱门。奕世簪缨门楼始建于明代，东南与

科第名家门楼（廊田镇供，摄于2012年）

文魁阁（廊田镇供，摄于2012年）

奕世簪缨和积厚流芳门楼　（廊田镇供，摄于2012年）

西北走向。通面宽3.2米，通进深3.6米，面积11.5平方米，拱圈式拱门。硬山顶，楼脊顶有砖砌灰塑透雕。前檐下三层挑斗栱承托。二层楼阁。积厚流芳门楼始建于明代，坐北向南。为仿牌坊顶砖木结构。面阔约3.5米，进深3.15米，通高约4米，面积11平方米。

代表性碑刻有“天石岩石刻”和“里山拱桥石刻”，前者立于民国30年（1941），现存于天石岩；后者立于明朝。代表性匾额有“总述堂匾”和“巷裕堂匾”，前者书于清嘉庆庚辰年，现存于水楼巷的汝砺厅里；后者书于1907年，现存于邓亨甫公祠。代表性楹联“亨甫祠柱联”，目前有前联，后联已失，书于民国初年，现存于亨甫祠内。

楼下村有座天石岩庙，建于民国28年（1939），供奉神灵为王母娘娘。主要民间祭神活动有王母娘娘的开光醮，每年八月十二日为娘娘生日诞,当地村民会在这天到庙里举行民间祭神活动。

楼下《邓氏族谱》自宋绍圣初（约1094）至民国5年（1916），先后修族谱七次。但由于保管不善，第1—6次所修的族谱已失，仅存民国5年（1916）由邓彝伦纂修的族谱；2011年邓玉祥主编的《楼下村志》出版，这次修村志，楼下邓氏可定为第八次修族谱。解放前，楼下村邓氏订立了鼓励读书办法，规定每岁“清明”或“冬至”祭祖时，有功名者每人“功名肉”2.5千克以上，学历越高，颁肉越多。并规定在高小以上学校读书者，每人给以补贴银10元。

该村的民俗技艺有舞狮和八音。舞狮形成于明末清初，狮子分两种，一种醒狮（大狮）、一种朗狮(青狮或小狮)。舞狮的内容包括场地舞、采青、会狮等项，各有各的套路，以喜庆、年节的拜年为主。八音形成于清末，所谓“八音”，即是八个人分别手持大鼓、木鱼、钹、铜锣、胡琴、唢呐、箫、筒，他们又分别扮演各种角色进行自拉、自打、自唱的一种表演形式。每年的年节，八音队都会为村民演奏。

楼下村盛传一个“仙人印”的传说：天石岩的大门右侧有一石壁，石壁上有一凹形身似完整的人形踪影。据清同治十年（1871）《乐昌县志》传文记载：门外石现有六祖形迹。六祖法名惠能，26岁决心北上学佛。途中曾经过廊田的宝林精舍，智远禅师为其指明去黄梅拜师的路线。到黄梅来后，得到五祖弘思教诲，继承了五祖衣钵，成为禅宗第六代传人，称为六祖。为了报答

八音表演（廊田镇供，摄于2012年）

智远法师的指路之恩，把廊田的宝林精舍扩大规模，命名为宝林寺。一天信步游到天石岩，见一牧童，将牧童身后的一块石头点化成一只活羊，并叫牧童帮忙将身后的羊赶过来。牧童明知身后一块石头，怎么一下变成了羊？就随口骂了一句粗话，六祖大怒，身体变大，往后一仰，将背后的大石壁压出一个约3米高、1米宽的人印。后来楼下村人就称六祖身形迹为仙人印。

该村名人众多，其中比较知名的人物有：邓梦荐，生于南宋嘉泰年间，为楼下村第一位考取进士的人，授翰林院学士，任皇宫教授，封朝散大夫，是楼下历史上职位最高的官员。邓颙（容）（1410—1448），明正统十三年（1448）升江西按察司佥事，未上任，闽浙一带发生以邓茂七为首的农民起义。邓颙作为县令带兵围剿，因寡不敌众被俘，邓茂七劝其投降，邓颙反而怒骂邓茂七等为贼，恨不能食其肉。于是年11月5日被害。天顺元年（1457）邓颙被朝廷封为忠毅，附设在韶州张文献（张九龄）公祠与张九龄同享祭祀。

据《楼下村志》记载，清咸丰九年（1859）春，太平军豆皮春部占领乐昌县城。不久，豆皮春派兵到楼下筹款筹粮，并与楼下村武装发生战事，烧房百多栋，所烧房子占全村的1/3，不少村民无家可归。

（廊田镇　供）

乐昌市非物质文化遗产项目简介

乐昌渔鼓

乐昌渔鼓表演　　　　（钟志　摄）

渔鼓，又称“道情”，源于唐代的九真、承天等道曲。乐昌渔鼓，起源于乐昌民间圈地作场而演唱的灯彩歌舞——“踩矮台唱调子”。清代中叶流行于乐昌的城关四乡等地，早期的演出活动，文献记录可见于清康熙五年（1666）的《乐昌县志•风俗》述：“立春先一日，坊民扮戏剧。”“清歌急管，达曙洋洋，扮魑魅侏儒之像，以衣饰相丽，沿市婆娑，类古之傩者。”延至清代中叶，出现以此为职业的班社。据三溪琅头村《邝氏族谱》所录“下手戏台碑志”云：海、澄、清三房子弟，为春祈秋报，增娱乡里，曾“不为势阻，资管弦以邀，”组建“余庆堂”班社，并登上新建戏台，“创为扮演”。新中国成立后，文艺工作者和业余爱好者不断收集、整理、移植、改编和创作，丰富乐昌渔鼓的表现内容，促进这一地方戏曲的发展。

乐昌渔鼓主奏乐器为渔鼓（又称“道筒”，一种用竹筒蒙上蛇皮或猪尿泡制作而成的乐器）、简板、杯、碟。演奏时，其中一人左手怀抱渔鼓筒，执简板击节，右手三指叩击渔鼓打花；另一人则手拿杯、碟伴随着渔鼓和音乐声有节奏地轻轻撞击，发出清脆悦耳的声音。所唱的曲子名曰“渔鼓调”。传统曲目有《三姑记》《紫姑记》《珍珠塔》《劝世歌》《张春打楼》《晒绣鞋》等。演唱形式则有走唱、坐唱、表演唱等形式，其舞台演唱语言为乐昌坪石镇的官话。2006年至今，乐昌市精心打造的渔鼓说唱《山村调解员》、渔鼓表演唱《村官老林》荣获广东省第五、第六届群众戏剧曲艺花会编剧、导演、作曲、演员演出等六项金奖，且作为文艺精品一同送戏下乡，让普通老百姓享受到精品艺术带来的美的享受和心灵的震撼。从此，乐昌渔鼓的创作和表演进入巅峰时期，成为乐昌文化的一大品牌。

该项目于2013年11月被列为广东省第五批非物质文化遗产名录项目，项目传承人邓显根，2014年被列为韶关市级非物质文化遗产传承人。

乐昌花鼓戏

乐昌花鼓戏，俗名“唱花鼓”或曰“调子戏”，起源于乐昌民间圈地作场而演唱的灯彩歌舞——“踩矮台唱调子”，上演剧目多为“二小戏”和“三小戏”（小生、小旦、小丑），反映当时社会面貌，民俗风情和民间的生活状况，表

传统花鼓戏《打鞭进城》（钟志　摄）

现人民群众愿望和心声。

清末民国初，受外来剧种的影响，乐昌花鼓戏开始出现一大批诸如《云南寻夫》《下洛阳》《张春打楼》等大型戏。音乐唱腔多为民间小调，以调弦、月琴为主奏乐器，其舞台演唱语言为乐昌坪石镇的官话。在唱法上有独唱、对唱、旁唱、接唱、内唱、伴唱、齐唱、合唱等形式。素有小、笑、活之称。新中国成立后，文艺工作者和业余爱好者不断收集、整理、移植、改编和创作，丰富乐昌花鼓戏剧目的表现内容，促进这一地方戏曲的发展。1956年和1957年，一代名伶何万杰带领由三溪艺人组成的业余戏班主演的花鼓戏《打鸟》参加粤北（韶关）专区会演和广东省农村业余剧团会演，分别获得演出和演员一等奖及优秀剧目、优秀演员、优秀演出奖。2016年11月，乐昌花鼓戏《打鞭进城》参加“2016年越粤戏越精彩——粤剧与全省地方戏曲剧种（粤东北片区）交流演出暨学术研讨会”，入围10个最受欢迎节目，并入选“粤戏越精彩”总会演。2015年11月，花鼓小戏《树正影儿斜》参加广东省第八届群众戏剧曲艺花会，荣获金奖。

该项目2011年被列为广东省第四批非物质文化遗产名录项目，项目传承人邓天财，2012年被列为广东省第三批非物质文化遗产传承人。

乐昌青蛙狮

乐昌青蛙狮属于民间舞蹈，是广东独具特色的拟兽舞蹈，是象征着勇敢和力量以及驱魔、避邪、保人平安、带来吉祥等民俗色彩的娱人娱神

青蛙狮表演　　　　（钟志　摄）

活动，过去不仅在乐昌的三溪、秀水、坪石、黄圃等镇广为流行，而且还有不少民众自发组织的表演团体，如《狮子堂》《狮子会》，在年节喜庆场合起舞助兴，青蛙狮是当地群众所喜闻乐见的一种民间舞蹈。据清乾隆四十年（1775）三溪镇《大泉邓氏族谱》记载，青蛙狮在三溪至少流传了两百多年。

青蛙狮由民间艺人6人表演，一人舞狮，“笑面佛”和“灵猴”则伴狮起舞，其余三人分别敲锣、击鼓、打钹伴奏。表演时，“笑面佛”和“灵猴”各戴面具先后上场，手执葵扇、彩巾、青草，围绕狮子的前后左右，用幽默、风趣的形态，做出各种逗、引、惊、惧的舞姿动作，配合蛙狮瘙痒、舔毛、抖毛、打滚、跳跃、跌扑、腾翻、直立等动作套路表演。2011年11月，拟兽舞蹈《青蛙狮》，参加广东省第五届群众文化音乐舞蹈花会荣获金奖。

2008年8月，乐昌青蛙狮定为乐昌市第二批非物质文化遗产名录项目。2009年10月被列为广东省第三批非物质文化遗产名录项目，项目传承人邓国良，2012年被列为广东省第三批非物质文化遗产传承人。

九峰山歌

九峰山歌属于民间音乐。据考究，九峰山歌起源于南宋隆兴年间（1163—1164）。在艰苦的环境中，瑶民用歌声来宣泄内心的苦闷之情。后来，瑶汉逐步融合在一起，瑶民把平日所唱的歌传教于汉人。

九峰山歌唱词分为四大类，有反映田间劳作辛苦的“劳动歌”；有互诉爱慕之情的“爱情歌”；有追求美好未来的“生活歌”；有揭露旧社会受剥削、受压迫和对新社会热情讴歌的“时政歌”。九峰山歌的腔调有山歌调、过山帮、下南京和杉木歌等，曲调优美动听，清丽质朴，在乐昌一带颇有影响。2014年9月，原创客家山歌《坎山人》参加广东省文化厅、广东省公共文化促进会、广东省音乐家协会、东莞市文化广电新闻出版局、东莞市清溪镇人民政府主办的“广东省首届客家新民歌作品征集评选活动暨客家新民歌歌会”比赛中，荣获“最佳歌曲奖”“最佳作词奖”“最佳作曲奖”和“优秀辅导奖”，市文化广电新闻出版局荣获“最佳组织奖”共五项大奖。2016年11月，九峰山歌表演唱《武江边上对山歌》，参加广东省文化厅、广东省侨联、东莞市人民政府联合举办的2016年“两岸暨港澳地区”客家山歌（东莞•凤岗）邀请赛，荣获银奖。

该项目2007年3月被列入“广东省第二批非物质文化遗产保护项目”。项目传承人罗家茂，2007年5月被列为广东省第一批非物质文化遗产传承人。

九峰山歌《啦打》剧照　（市文化馆　供）

五山纸马

纸马，又称“马灯”“马舞”，此舞出自唐代，属宫廷歌舞。后来，这种娱乐活动传至民间，被各地乡坊艺人所吸收，并逐渐变成新春闹锣鼓、献艺作贺的灯彩歌舞。据《乐昌县志》记载：“有习弹唱者，以音乐配之，用四小童，二骑纸马，一坐纸轿，一人推之，步骤安闲，声调可听，皆导以锣鼓。遍游村坊燃爆以迎，妥相招待。”颇受村民喜爱。五山纸马表演由10多人组成演出队，其中分马童、骑手、仙女(挑花篮)、花棍。舞蹈动作与队形摆布全靠马童引路指挥，马的奔腾跳跃，全在于骑手双脚的跑、跨、跳、跃来表现。表现的内容丰富多彩。唱腔多采用当地的一些民间小调，以调胡、花鼓、堂锣、钹、唢呐等为主奏乐器，唱词通俗易懂，曲词与锣鼓节奏基本固定。

该项目于2016年10月被列为韶关市第六批非物质文化遗产名录项目。

五山纸马表演　　　　（丁瑞玲　摄）

传统技艺乐昌沿溪山茶

乐昌白毛茶历史悠久，古时在全国就颇有影响。唐贞元五年（789），唐代茶圣陆羽在广州任职期间，对所曾饮用的韶州茶（届时韶州茶的主要产区在乐昌）十分赞赏，专程到乐昌考究乐昌茶，并在乐昌西石岩洞内壁题“枢室”二字。陆羽在“茶经六之饮”辑录全唐名茶中记载：“韶州生黄茶，产于韶州各县，成以乐昌为贵。”明末清初诗人屈大均在《广东新语》云：“乐昌有毛茶。茶叶有白毛，其味清凉。”清代《乐昌县志》则称乐昌白毛茶“有通鬼神之奇效”。为历代宫廷贡品。在朝廷和民间，乐昌白毛茶还成为官民上门做客馈赠的礼物，影响甚远。民国16年（1927），陶铸回湖南开展兵运工作路过乐昌沿溪山时，喝了几碗当地老百姓泡的白毛茶后，爬山涉水30千米仍感口有余甘。1956年，时任中南局和广东省委第一书记陶铸建议乐昌在沿溪山办茶场，大力发展乐昌白毛茶。因此，乐昌沿溪山成为乐昌白毛茶的主产地。多年来，乐昌沿溪茶在全国、广东历届名优茶评比中名列前茅，多次荣获全金奖、银奖和一等奖，是全国名茶之一。

乐昌沿溪山茶的主要特征是茶叶肥厚，条索紧细微曲，身披茸毫，色泽银白透绿，香气清高，伴有荷花芳香，汤色绿而透亮，滋味醇厚甘爽，茶味持久，叶底嫩绿匀整明亮，具有消腻解毒、清肝明目、提神醒脑、舒筋活络等功效。此外含有多种人体必需的微元素，常饮具有一定的抗结石、抗癌和预防糖尿病的功效。

近年来，沿溪山茶场为提高生产效率和经济效益，采用机器加工制作茶叶，传统手工制茶技艺面临失传的境地。2009年，乐昌市成立乐昌市非物质文化遗产保护中心。选派文化工作者深入九峰、五山、大源、沿溪山等地调查了解乐昌茶叶，对乐昌茶叶传统手工制作技艺进行全程拍摄录制，存档保护，全面系统地保护乐昌茶叶的内容和文化表现形式。同时，加大手工茶叶制作的宣传力度，使乐昌茶叶制作技艺在乐昌长盛不衰、传承发展。

该项目于2015年被列为韶关市第五批非物质文化遗产名录项目，黄燕飞为该项目的传承人代表。（图文编辑 钟志）

沿溪山茶场 （钟 志 摄）

表附—1

乐昌市省、市（县）级文物保护单位一览表

序号	文物点名称	年代	文物保护单位级别	地址
1	应山村应山石桥	清乾隆三十一年（1766）	省级	广东省韶关市乐昌市黄圃镇应山村委会应山村
2	薛岳故居（含薛岳故居、薛氏家祠、薛岳家居、薛岳家族墓、薛岳家族墓寮、伯陵堂）	民国年间	省级	广东省韶关市乐昌市九峰镇坪石村委会大路下村、乐城街道办事处江湾村委会
3	五汪村谭氏宗祠	清代	省级	广东省韶关市乐昌市长来镇和村村委会五汪村
4	朱家村紫阳书院	民国29年（1940）	省级	广东省韶关市乐昌市秀水镇秀水村委会朱家村
5	梅花红七军指挥部旧址	民国20年（1931）	市（县）级	广东省韶关市乐昌市梅花镇梅花村委会石围村莲花祠
6	浆源村红军烈士墓	民国23年（1934）	市（县）级	广东省韶关市乐昌市九峰镇浆源村委会浆源村王家屋后竹子山地
7	龟峰塔	明嘉靖十九年（1540）	市（县）级	广东省韶关市乐昌市乐城街道办事处新村居委会公安局宿舍区山坡顶上
8	赵佗城遗址	秦	市（县）级	广东省韶关市乐昌市乐城街道办事处大昌社区居委会河南农机加油站旁
9	西石岩玄帝赞碑	南宋	市（县）级	广东省韶关市乐昌市乐城街道办事处西联村委会江湾村附近的西石岩洞内
10	金鸡岭人心天里摩崖石刻	明万历十九年（1591）	市（县）级	广东省韶关市乐昌市坪石镇劳动路社区居委会金鸡岭西门处的（金鸡庵）
11	塔岗岭文峰塔	明嘉靖十八年（1539）	市（县）级	广东省韶关市乐昌市乐城街道办事处河南村委会南塔公园内
12	户昌山村李陈氏节孝坊	清道光九年（1829）	市（县）级	广东省韶关市乐昌市庆云镇永乐村委会户昌山村附近

续表附—1

序号	文物点名称	年代	文物保护单位级别	地址
13	小庾岭蔚岭关	清光绪十八年（1892）	市（县）级	广东省韶关市乐昌市两江镇上斜村委会小庾岭山脊上
14	上斜村听泉摩崖石刻	清	市（县）级	广东省韶关市乐昌市两江镇上斜村委会宜乐古道旁
15	圆岭新石器遗址	新石器时代	市（县）级	广东省韶关市乐昌市长来镇东边村委会横岭头村
16	广州节度使墓	唐末至后梁年间	市（县）级	广东省韶关市乐昌市乐城街道办事处月坵村委会老朱家村后山
17	朱目龙村朱氏宗祠	明	市（县）级	广东省韶关市乐昌市廊田镇岩前村委会朱目龙村
18	赵家村赵氏宗祠	清	市（县）级	广东省韶关市乐昌市北乡镇前村村委会赵家村
19	背坑村张氏三公祠	清	市（县）级	广东省韶关市乐昌市长来镇安口村委会背坑村
20	塘口村朱氏宗祠	清	市（县）级	广东省韶关市乐昌市坪石镇肖家湾村委会塘口村
21	上东村欧阳氏宗祠	清嘉庆十二年（1807）	市（县）级	广东省韶关市乐昌市黄圃镇东村村委会上东村
22	中心垒村石拱桥	清	市（县）级	广东省韶关市乐昌市廊田镇农庄村委会中心垒村官陂滩附近
23	大江村月湾桥	清	市（县）级	广东省韶关市乐昌市两江镇普乐村委会大江村
24	下东村水坝	明天启元年（1621）	市（县）级	广东省韶关市乐昌市黄圃镇东村村委会下东村
25	江湾村西石岩寺	清代至民国年间	市（县）级	广东省韶关市乐昌市乐城街道办事处西联村委会江湾村
26	坪田红军烈士墓	民国23年（1934）	市（县）级	广东省韶关市乐昌市五山镇坪田村委会黄家村喇叭形埂子瓦窑内
27	乐昌县人民革命烈士纪念碑	1958年	市（县）级	广东省韶关市乐昌市乐城街道办事处红岭居委会人民公园内
28	李谦烈士墓	民国20年（1931）	市（县）级	广东省韶关市乐昌市梅花镇红七军烈士纪念园内

续表附—1

序号	文物点名称	年代	文物保护单位级别	地址
29	下沙坪村长寿亭	民国 20 年（1931）	市（县）级	广东省韶关市乐昌市沙坪镇沙坪村委会下沙坪村
30	户昌山村大屋里（又名老厅屋）	元	市（县）级	广东省韶关市乐昌市庆云镇永乐村委会户昌山村
31	户昌山村李氏宗祠（含李氏宗祠、李氏家祠）	明清	市（县）级	广东省韶关市乐昌市庆云镇永乐村委会户昌山村
32	户昌山村龙门第书院（含龙门第书院、敬惜字纸塔）	清同治九年（1870）	市（县）级	广东省韶关市乐昌市庆云镇永乐村委会户昌山村
33	下罗家村罗氏宗祠	清	市（县）级	广东省韶关市乐昌市九峰镇茶料村委会下罗家村
34	五山红军长征临时指挥所旧址	民国 23 年（1934）	市（县）级	广东省韶关市乐昌市五山镇麻坑村委会中山书院
35	湘南暴动乐昌遗址（含南昌起义军革命活动旧址、大坪村文昌阁、大坪村新书房、大坪村杨氏宗祠、大坪村文奎楼、张家巷村龚楚故居）	清代至中华人民共和国	市（县）级	广东省韶关市乐昌市坪石镇皈塘村、梅花镇大坪村、长来镇长来村
36	西京古道·乐昌段（含三拱桥村三拱桥、老屋村小坑桥、老坪石宜乐古道、三星坪村三星坪码头、双桥村关春双桥、鹧鸪塘村西京古道、草鞋岭村思源亭、出水岩村暂歇息亭、下开封村石凉亭、下开封村西京古道）	秦代至清代	市（县）级	广东省韶关市乐昌市坪石镇三拱桥村村委会、武阳桥村委会、白竹村委会、三星坪村委会，梅花镇关春村委会、鹧鸪塘村委会，云岩镇出水岩村委会、下开封村委会

表附—2

乐昌市旅行社一览表

单位名称	类别	地址	负责人
乐昌市旅游有限公司	国内旅游业务	乐昌市金融路33号	罗发明
乐昌市长城旅行社	国内旅游业务	乐昌市昌山西路65号	蔡克劲
乐昌市中青旅行社	国内旅游业务	乐昌市文化路紫荆花苑8栋13号	曹建国
乐昌市中青旅行社坪石建祥门市部	国内旅游业务	乐昌市坪石镇商业步行街一栋105房	王建新
深圳市运通国际旅行社有限公司乐昌营业部	国内旅游业务、出境旅游业务、入境旅游业务	乐昌市昌山西路65号	蔡克劲
韶关市春秋旅行社有限公司乐昌营业部	国内旅游业务、入境旅游业务	乐昌市乐城镇站前路嘉裕花苑D座34号铺	罗其芳
广州金马国际旅行社有限公司乐昌营业部	出境旅游业务	乐昌市公主中路顺易华庭J10栋A－6铺	李明洋
中国国旅乐昌营业部	国内旅游业务、入境旅游业务	乐昌市金融路33号	罗发明
韶关市广之旅国际旅行社有限公司乐昌营业部	国内旅游业务、入境旅游业务、出境旅游业务	乐昌市乐城文化路顺易华庭华景轩A12号商铺	姜　虹
韶关市新智游旅行社有限公司乐昌营业部	国内旅游业务、入境旅游业务	乐昌市解放东路67号	黄建东

表附—3

乐昌市酒店一览表

单位名称	星级	法人	单位所在地（地址）	房间数	床位数
乐昌星之光大酒店	3	陈晓群	乐昌市（城南所）解放路57号	90	150
坪石金鸡宾馆	3	陈忠英	乐昌市坪石镇金鸡南路3号	97	195
乐昌市汇丰酒店	3	杨超明	乐昌市人民南路3号	73	121
乐昌市金海洋假日酒店	3	邓乐生	乐昌市长乐路（体育馆侧）	36	77
乐昌市兴华宾馆	2	罗　杰	乐昌市人民中路28号	31	57
乐昌碧桂园凤凰酒店	—	梁裕尤	乐昌市梅乐桥头	129	223
乐昌华城国际大酒店	—	温先运	乐昌市人民中路28号	169	229

索　　引

主题索引

说　明

一、本索引采用主题分析方法，款目按汉语拼音字母（同音字按声调）循序排列。

二、文中的类目题、分目题用黑体字表明，其余用宋体字排印。表格、图片在其款目后分别注明“表”或“图”。

三、索引款目后的数字表示内容所在的页码。

四、本索引对《大事记》等篇不作内容主题分析。

A

B

F

G

H

J

K

L

M

N

P

Q

R

S

T

W

X

Y

Z

表格索引